앙겔라 메르켈

ANGELA MERKEL

Europe's Most Influential Leader

유럽에서 가장 영향력 있는 리더

앙겔라 메르켈
ANGELA MERKEL

매슈 크보트럽 지음 | 임지연 옮김

한국경제신문

프롤로그

우리는 메르켈의 시대에
살고 있다

2005년 9월 18일 총선이 치러진 밤, 앙겔라 메르켈^{Angela Merkel}이 현직 총리 게르하르트 슈뢰더^{Gerhard Schroder}와 동시에 도착하지만 않았더라면 상황은 전혀 달라졌을지 모른다. 마치 운명의 장난처럼 두 정치인은 베를린의 유명한 거리인 운터 덴 린덴에 위치한 졸렌호프^{Zollernhof} 방송국 스튜디오에 마련된 토론장에 동시에 등장했다. 선거 후 전통적으로 당수들이 모여 토론하는 자리였다. "환영합니다, 총리님." 사회자가 반대당의 당수 메르켈에게 문을 열어주며 말했다.

"총리는 그녀가 아니라 바로 나요." 1998년부터 독일 총리로 재임 중인 슈뢰더가 끼어들었다. 이 사회민주당 소속의 정치인은 당황하고 분노한 채 TV 스튜디오에 들어섰다. "정말 우리 당이 메르켈과 협상할 거라 생각합니까?" 슈뢰더가 벽력같이 외쳤다. 그는 테스토스테론을 뿜어대며 맹렬하게 정치적 언쟁을 벌이는 걸로 유명했다. 하지만 메르켈은 마치 '숙녀에게 그런 식으로 말하는 거 아냐'라고 말하는 듯이 조용히 자리에 앉아 있을 뿐이었다. 그녀는 동정표를 얻었다. 슈뢰더는 흥분한 채 졸렌호프에 들어선 순간 사실상 총리직을 잃은 셈이었다.

메르켈이 정치적 직관을 발휘해 상대보다 한 수 앞선 것은 그때가 처음이 아니었다. 선거에서 완벽한 승리를 거두지 못했던 이 여인은 협상 테이블에서는 우위를 점했다. 대중의 지지를 얻었기 때문이다. 몇 주 후 메르켈은 독일 연방 공화국 최초의 여성 총리로 취임 선서를 하며 구세계에서 가장 영향력 있는 정치인, 사실상 유럽의 여제로 첫걸음을 내딛었다.

영어로 쓰인 최초의 전기인 이 책에서는 때로 '정치하는 수학자'라 불릴 정도로 전문적이고 집중력을 발휘한 지도자의 이야기를 풀어내며, 존재감 없던 정치인에서 불과 몇 달 만에 권력의 정점에 오른 온화한 양자 물리학자의 별 특징 없던 과거와 성격 및 열정을 보여줄 것이다. 또한 공산 독재 정권하에서 자라, 한때 불법거주자로 지내며 바텐더로 일하기도 했던 폴란드계 여성으로서의 삶과 시대 상황을 좇을 것이다. 이 이야기는 지금껏, 적어도 영어권에서는 알려지지 않은 것이다.

"내 인생 전반부인 35년간은 잘 알려지지 않았죠." 메르켈은 2004년 11월 18일 〈슈테른Stern〉과의 인터뷰에서 이렇게 말했다. 이 중 후반부 12년간에 대해서는 맞는 이야기다. 많은 이들이 그녀가 동독에서 자라 자연과학을 전공했고 독일 최초의 여성 총리가 되었다는 사실을 알고 있다. 하지만 그 외의 부분은 거의 알려지지 않았다. 짓궂은 구석이 있고 성대모사(심지어 교황까지도)를 즐긴다는 사실은 많은 이들에게 놀라움을 선사할 것이다. 또한 기독교 가정에서 자라났다는 사실도 놀라운 부분이다. 이러한 사실을 비롯해 이 책은 이전에 영어로 쓰였거나 영어권 국가에서 출판된 간략한 메르켈 전기에서는 다뤄지지 않은 내용을 포함하고 있다.

2015년 말 메르켈의 이미지는 바뀌었다. 한때 긴축재정 정책을 밀어 붙였던 엄격한 감독관이 이제 수많은 난민들에게 문을 연 유럽 내 유일한 지도자가 된 것이다. 2015년 독일은 백만 명이 넘는 난민을 수용했다. 지금껏 성급하게 충동적으로 행동하기보다는 철저히 분석하는 편을 선호하는 신중한 지도자로 알려진 메르켈은 달라진 모습을 보였다. 그녀는 이들 새로운 국민을 환영하는 문화를 만들어낸 창조자라는 새로운 역할을 만끽하는 것 같았다. 지난 과거와의 근본적 단절을 의미하는 행동이었을까? 도대체 무슨 일이 일어났던 걸까? 아니면 판단력을 잃은 것인가? 그녀를 지지하는 수많은 이들도 그녀에게 등을 돌렸다. 지금껏 쌓아온 정치 경력을 무위로 돌린 정책의 또 다른 사례가 되는 것인가?

불과 그 몇 달 전만 해도 메르켈은 잘못될 일이 없을 듯 보였다. 서구 자본주의 국가 어디서든 그녀를 향한 칭송의 목소리가 높았다. 정치 전문가 앨러스테어 캠벨Alastair Campbell이 말한 대로, 우리는 '메르켈의 시대'에 살고 있었다. 메르켈은 유럽 세계를 결속하는 문화적 아이콘이 되었다.

만일 메르켈이 총리가 되지 않았더라면 어떤 일이 벌어졌을까? 확신하기는 어렵지만 그녀가 유럽 역사의 중요한 순간에 활약한 뛰어난 지도자라는 사실만큼은 부인하기 어렵다. 그녀의 정치 스타일, 국가와 유럽을 이끌어가는 방식은 상당 부분 그녀의 과거와 남성 동료들에게 무시당하며 평가절하되었던 정치 초년병 시절의 경험에 의해 형성되었다. 그녀의 인내심과 전혀 다른 정치 스타일은 남성 동료들을 놀라게 했다. 물론 그녀는 오판한 적도 있었다. 난민 수용 공약과 중동 지역에서 몰려든 군중을 향한 그녀의 동정심은 우파 지지자들, 심지어 같은 정당 동료들마저 등을 돌리는 결과를 초래했다. 하지만 메르켈은 그들의 반대에도 불구하고 도덕적으로 옳다고 생각되는 정책을 밀어붙였다.

메르켈은 유로존을 구해냈다는 공을 차지할 수 있을까? 난민 위기를 초래했다는 비난을 받지는 않을까? 하지만 역사는 몇몇의 위대한 인물에 의해 발전하는 것은 아니다. "인간은 자신만의 역사를 만들지만, 자신이 원하는 대로 하지는 못한다. 자신이 직접 선택한 환경이 아니기 때문이다". 독일 철학자이자 공산주의자인 카를 마르크스Karl Marx의 이 글을 메르켈도 읽어봤을 것이다. 라이프치히의 카를마르크스대학의 학부 필수 과목인 '마르크스–레닌주의'에서 가까스로 통과 점수를 받은 걸 보면, 그리 깊은 인상을 받은 것 같지는 않지만 말이다.

메르켈은 숙명의 희생자이기도 했다. 하지만 인생은 행운의 기회만으로 결정되지는 않는다. 정치인들은 기회가 주어졌을 때 그것을 잡아낸 사람들이다. "운명과 기질은 하나의 개념에 대한 다른 이름일 뿐"이라고 역사의 위대함에 매료된 독일 낭만파 시인 노발리스Novalis는 말했다.

메르켈은 베를린이나 브뤼셀, 모스크바, 아테네 또는 유럽 및 중동 전역에 분포해 있는 난민 캠프, 이 중 어디에 살든 간에 누구나 받아들여야만 하는 새로운 정치, 경제적 환경을 창조하며 미래를 설계해나갔다.

이 책에서는 온갖 악조건을 극복하고 세계에서 가장 영향력 있는 여성으로 우뚝 선 조용한 전직 과학자의 삶을 통해 신중한 한 여성이 갑자기 내면 깊은 곳의 신념에 눈뜨게 되면서 변화하는 과정을 독일 역사와 더불어 연대순으로 살펴보려 한다. 그녀의 동포들을 경악시키며 2015년 중동 난민들에게 문을 연 결정은 성장 과정에서 체득한 기독교 가치를 따랐기 때문이다. 또한 이토록 지지를 얻지 못하는 정책에 그동안 상당히 축적된 정치적 경력을 건 이유이기도 하다. 신중하기로 유명한 사람이 어째서 이토록 갑작스레 단호한 결단을 내린 걸까? 이 질문에 대한 답을 찾기 위해서는 그녀의 일생을 살펴봐야 한다.

어린 시절의 사건들이 그녀의 성격 형성에 영향을 미쳤다고는 하지만 모든 것이 융합된 때는 메르켈 커리어의 후반기에 들어서였다. 따라서 수학적으로 정확하게 메르켈의 변화 시점을 찾아낼 수 있다.

2015년 10월 말 유럽연합^{EU} 지도자들이 브뤼셀에 모였다. 회의 안건은 단 하나, 바로 난민 위기였다. 불과 한 달 사이에 전례 없이 수많은 사람들이 시리아 내전과 이슬람국가^{IS}의 공포를 피해 도망쳐왔다. 절박한 이 난민을 비교적 환대한 국가는 독일과 스웨덴뿐이었다. 동유럽 국가들은 실제로 불안에 떨었다. 헝가리 총리 빅토르 오르반$^{Viktor\ Orban}$은 더 이상의 난민 수용을 반대하는 편의 비공식적 대변인이나 마찬가지였다. 회원들이 자신을 지지하고 있다고 느낀 헝가리 정치가는 확신에 차 "내가 그렇다고 말했잖아"라고 말하는 듯한 분위기를 풍기며 말했다. "독일이 장벽을 치는 건 단지 시간문제입니다. 그들이 그리 하면 우리가 바란 유럽을 갖게 될 것입니다." 회의장에 침묵이 감돌았다. 메르켈은 고개를 숙이고 잠시 말을 멈췄다가 느리지만 단호하게 동료들에게 말했다. "나는 오랜 세월 장벽 너머에서 살았습니다. 다시는 생각하고 싶지 않은 일이죠."[1]

메르켈은 자신이 정치적으로 살아남을지 확신할 수 없었지만 정치적 이익을 위해 원칙을 저버리고 싶지는 않았다. 다른 국가들이 난민을 거부할 정교한 정책을 고민할 때 메르켈은 단호하게 말했다. "나는 난민을 적으로 취급하자는 경쟁에 참여하지 않을 것입니다." 반대의 목소리가 들렸지만 그녀는 변명하지 않았다. 그전까지 난민 위기는 별다른 어려움 없이 원만하게 해결되는 듯 보였기 때문이다.

ANGELA
MERKEL

1

공산주의 치하에서 보낸
어린 시절

．

"그렇게 말할 수도 있겠군요." 사회민주당 총리 후보 페어 슈타인브뤼크^{Peer Steinbrück}는 경쟁자 메르켈의 부드러운 구어체 말투를 흉내내며 관객을 향해 대답했다. 하지만 객석에 있는 그의 지지자들조차 이런 농담에 웃어주지 않았다. 슈타인브뤼크가 선거에서 처참하게 밀리며 지금껏 그가 기울인 노력이 실패로 돌아갈 조짐이 보였다. 2013년 메르켈이 총리에 재임한 지 8년이 되는 해였다. 정부 부처 수장들은 달갑지 않은 예산 삭감과 긴축재정 정책에 반발하고 있었지만 메르켈은 전보다 더 높은 인기를 구가하고 있었다. 엄마라는 뜻의 '무티^{Mutti}'라는 애칭은 그녀의 행동방식을 고스란히 보여준다. 그녀는 유권자들에게 달래듯이 부드럽게 말하며 이성적이고 차분하며 신중하고 흔들림 없는 사람이라는 인상을 심어줬다.

2005년부터 2009년까지의 '대연정^{Grand Coalition}' 기간 동안 재무장관을 역

임했던 슈타인브뤼크가 무리수를 던질 법도 했다. 자신이 열세라고 생각할 만한 상황이었던 것이다. 독일 경제는 탄탄했고 메르켈은 명실상부한 독일의 리더이자 유럽을 이끌어가는 정치인으로 자리매김하고 있었다.

2013년 9월 22일 밤 슈타인브뤼크가 가장 우려하던 결과가 나왔다. 메르켈이 이끄는 기독교민주연합^{CDU}(기민련)과 자매 정당인 바이에른의 기독교사회연합^{CSU}(기사련)은 41%를 득표했고, 반면에 사회민주당^{SPD}(사민당)은 23%를 득표하는 데 그쳤다. 과반에서 겨우 5석 모자란, 과반에 가까운 의석을 획득한 메르켈의 명백한 승리였다. 대부분 비례대표제로 선출되는 국가에서는 좀체 보기 힘든 결과였다.

메르켈의 인기는 더욱 높아졌다. 하지만 한 가지 작은 문제가 있었다. 2009년부터 메르켈과 연정을 펼친 자유민주당^{FDP}(자민당)이 의회 입성에 실패한 것이다. 메르켈은 다시 한 번 자신의 장기를 발휘해 새로운 합의를 이끌어내야 했다. 그녀는 다시 차근차근 문제를 풀어나갔다. 두 달이 넘도록 새 내각을 구성하는 사이 전 세계는 일촉즉발의 위기 상황에 처해 있었다. 우크라이나에서는 혁명이 일어났고, 아랍의 봄은 여전히 진행 중이었으며, 끝도 없이 늘어나는 그리스 부채는 유로존의 위기를 초래했다. 하지만 메르켈은 평소대로 평온함을 잃지 않았다.

마침내 11월 27일 그녀는 기민련·기사련과 사민당의 대연정을 이끌어내며 새 내각을 출범시켰다. 메르켈은 총리에 유임되었고 기민련의 볼프강 쇼이블레^{Wolfgang Schauble}도 재무장관에 유임되었다. 사민당의 프랑크 발터 슈타인마이어^{Frank-Walter Steinmeier}는 외무장관에 임명되어 2005년부터 2009년의 1기 연합 내각에서의 직책을 다시 맡았다. 이전과 크게 다르지 않은 구성이었다. 정책의 연속성을 우선시한 결과였다. 하지만 슈타인브뤼크의 자리는 없었다. 대신 사민당 당수 지그마어 가브리엘Sigmar Gabriel이 부총리 겸 경제부장관을 맡았다. 그는 메르켈 1기 내각에서 환경부장관을 역임한 노련한 행정가이기도 했다. 메르켈이 원하는 대로 실무적이고 신뢰성 있으며 견실한 내각이 구성되었다.

하지만 이런 상황이 지속되지는 않았다. 그 후 2년간 여러 위기를 겪은 뒤 메르켈은 가장 혹독한 시험인 난민 문제에 부딪히게 된 것이다. 독일 남동부의 가난한 지역인 작센주 하이데나우에 8월의 태양이 빛나고 있었다. 예년보다 더 따뜻한 날이었다. 메르켈이 BMW 7 리무진에서 내리자 지역의 고위 공직자들은 뜨거운 오후의 햇살 아래 땀을 흘리며 독일의 총리를 맞이했다. 보통 밝은 색의 바지 정장을 즐겨 입던 총리는 회색 옷을 입고 있었다. 그녀는 근심어린 심각한 표정으로 작센 주지사 슈타니슬라브 틸리히Stanislaw Tillich, 하이데나우 시장 유르겐 오피츠Jürgen Opitz의 말에 귀 기울였다. 보안요원들은 바짝 긴장한 채 이 세 명의 정치인들이 무장한 경찰들을 지나 굳게 닫힌 문을 통과해 난민센터로 들어가는 모습을 바라봤다.

메르켈은 유럽에서 가장 영향력 있는 정치인이자 9년 9개월째 재임 중인 정부 수장이었다. 명실상부한 자국의 리더이자 유럽에서 가장 두각을 나타내는 정치인인 것이다. 여러 경제학자들의 말처럼 '유럽의 병자'였던 독일을 그녀가 유럽 대륙의 경제대국으로 탈바꿈시켰다는 사실에 이의를 제기할 이는 아무도 없었다. 심지어 반대파들조차 말이다. 다른 국가의 대다수 남성 동료들과 달리 메르켈의 지지율은 하늘을 찌를 듯 높았다. '대체 불가능하다'는 사실은 이미 얼마 전 경쟁자 슈타인브뤼크가 보여줬다. 최근 들어 비판의 목소리가 들리기는 하지만 여전히 대다수의 유권자들은 그녀를 좋아한다.

바로 그날 그녀를 반대하는 이들이 대거 몰려나왔다. 총리에게서 겨우 90미터 정도 떨어진 곳에서 성난 군중들이 결집해 "너희 나라로 돌아가라!", "외국인 추방!" 하고 소리쳤다. 또 붉게 염색한 머리에다 몸에 희미한 문신이 새긴 덩치 큰 여자가 들고 있는 피켓의 '배신자'를 연호하기도 했다.

힘겨운 여름이었다. 그해 초 메르켈은 러시아 대통령 블라디미르 푸틴Vladimir Putin으로부터 잠정적으로 러시아의 우크라이나 개입을 중단한다는 평화안을 이끌어냈다. 그리고 평소대로라면 휴가를 즐기고 있어야 할 여름 동안 메르켈과 유럽 지도자들은 다시 한 번 그리스의 재정 문제를 논의하며 유럽통화연맹European Monetary Union의 파국을 막기 위해 협의해야 했다.

그리고 이제 이민자 위기를 맞이한 것이다. 시리아, 리비아를 비롯한 각국에서 수십만이 넘는 난민들이 국경을 넘어 쏟아져들어오고 있었다. 유럽 국가들은 이 엄청난 규모에 압도되었다. 하지만 메르켈은 침착함을 유지했다. 전례 없는 난민 유입 사태에 직면해 그녀는 "우리는 해낼 수 있다"고 답했다. 매번 "카르타고는 멸망되어야 한다"고 연설을 끝맺었던 로마의 정치가 대 카토Cato the Elder처럼 가을 내내 일관성 있게 반복한 진언이었다.

독일은 동요하고 있었다. 한 달 새 난민센터 공격 횟수가 460회에 달했다. 이는 전년도 전체 공격 횟수를 능가하는 수치였다. 게다가 기사련의 당수이자 바이에른 주지사인 호르스트 제호퍼Horst Seehofer가 계엄령을 선포하라며 공개적으로 총리에게 반기를 들고 나섰다.

동시에 메르켈에게는 정치 이외에 다른 차원의 근심거리가 있었다. 독일의 자동차 제조사인 폭스바겐Volkswagen이 실제보다 오염도가 낮게 나오도록 환경 테스트 결과를 조작했다는 사실이 드러난 것이다. 폭스바겐의 사기극은 메르켈 지지자인 CEO 마틴 빈터콘Martin Winterkorn의 사임으로 이어졌고 회사의 주가도 폭락했다. 독일에서 가장 큰 자동차 제조사의 몰락은 총리에게 정치적 위기를 초래했다. 게다가 교통부장관인 알렉산더 도브린트Alexander Dobrindt가 폭스바겐의 배기가스 테스트 결과 조작 사실을 알고 있었을 수도 있다는 주장이 제기되며 정치적 긴장감이 조성되었다.

하지만 정치란 본래 반대파를 비난하는 게임이다. 도브린트가 제호퍼의 기사련당원이라는 사실이 메르켈에게는 행운으로 작용했다. 그토록 자만심이 하늘을 찌르는 바이에른 주지사를 상대하면서 폭스바겐 스캔들을 협상 카드로 활용할 수 있지 않겠는가? 냉소적이라고? 그렇게 말할 수도 있겠다. 하지만 이것이 바로 정치의 속성이다. 제호퍼의 추종자인 도브린트에게 불리한 증거를 갖고 있다는 사실은 메르켈에게 활로를 열어줬다. 그럴 필요가 있었다. 그때까지 그녀의 지지율이 급락하고 있었던 것이다. 작센에서처럼 성난 군중을 마주하는 일이 이제는 일상이 되어버렸다.

메르켈은 야유를 퍼붓는 군중들 앞에서도 흔들리지 않는 듯 심지어 대담하게 보이기까지 했다. 정치인이 되려면 자신에게 쏟아지는 비난을 견뎌내는 법을 배워야 한다. 메르켈이 대응한 방식에도 분명 저항이 있었다. 하지만 그녀는 성난 군중의 감정을 인정하고 평소 그녀 특유의 부드러운 스타일대로 그들과 정면으로 마주하고자 했다. 대개의 경우 정치인들은 못들은 체하며 성난 외침을 무시한다. 하지만 메르켈은 그렇게 하지 않았다. 부총리 가브리엘은 시위하는 이들을 '쓰레기'라고 불렀지만 메르켈은 다른 전략을 선택했다. 군중들과 진흙탕 싸움을 벌여봤자 소용없다고 생각했다. 오히려 긍정적인 비전을 제시하는 편이 더 나았다. 특히나 한 국가의 지도자라면 말이다. 그래서 그녀는 그렇게 했다. "폭정에서 도망쳐온 사람들을 받아들이는 것은 우리 모두가 해야 하는 일이며 우리가 누구인지 이해하는 것의 일부입니다." 그녀는 TV 카메라를 쳐다보며 말했다. "다른 이의 존엄성에 의문을 표하는 이들 그리고 정의와 인도주의 정신을 발휘해 도와야 할 때 이를 거부하는 이들에 대한 관용은 없습니다."

그녀는 위엄을 드러냈을 뿐 아니라 독일의 자존심을 지켜냈다. 그녀는 집단학살, 폭정, 차마 입에 담기도 어려운 나치 수용소의 공포라는 어두운 과거 역사와 이별한, 포용력 있고 관용적인 새로운 국가를 대표하고 있었다. 하지만 시위자들은 달랐다. 나치의 만자무늬Swastika가 벽에 그려졌고 많은 난민 캠프들은 불길에 휩싸였으며 신나치들은 지난 수십 년간 들리지 않았던 구호를 외쳐댔다. 메르켈은 연단에서 내려와 아기를 안고 있는 젊은 엄마와 함께 사진을 찍었다.

메르켈 역시 과거 그녀의 어머니의 품에 안겨 가혹하고 적대적인 세계의 무장 국경 경비대를 지났었다. 지금 그녀의 국가에 들어오고 있는 난민들과 같은 처지였던 것이다. 아마도 메르켈의 인도주의 정신에 호소하는 것은 그녀가 어린 시절 들었던 이야기, 제2차 세계대전 이후 유럽 국경을 넘어온 수백만의 난민들에 대한 이야기였을지 모른다.

어둠의 심장부로

.
.

1954년 메르켈의 어머니 헤를린트 옌츠쉬Herlind Jentzsch는 생후 8주된 딸을 데리고 고향을 떠나 동독으로 향했다. 아기를 데리고 동독의 별 특징 없는 공산권 마을인 페를레베르크행 기차에 몸을 실은 젊은 어머니는 불안하고 긴장된 기색이 역력했다. 출애굽기에서 모세를 데려가는 미리암처럼 갓 태어난 아기를 안고 가는 26세 어머니의 모습은 마치 성서의 한 장면 같았다. 옌츠쉬는 소련의 독재자 이오시프 스탈린Iosif Stalin의 임명을 받은 권력자 발터 울브리히트Walter Ulbricht가 통치하는 공산국가, 어둠의 땅으로 들어가고 있었던 것이다. 옌츠쉬는 그녀의 딸과 함께 아이 아버지이자 남편인 호르스트 카스너Horst Kasner를 만나러 동쪽으로 향했다. 그는 공식적으로 종교를 인정하지 않는 국가에서 목사로서 소명에 따라 먼저 그곳에 가 있었다.

그들이 향하는 곳은 행복한 보금자리가 아니었다. 1945년 제2차 세계대전 종전 이후 독일은 분리되어 서쪽 지역은 미국, 영국, 프랑스의 서방 세계 동맹의 지배하에 놓이고 동쪽은 소련의 철권 통치하에 들어갔다.

동독 사람들의 삶은 팍팍했다. 1953년 노동자들은 소련의 꼭두각시 체제에 반대하는 폭동을 일으켰다. 라이프치히 남동부 출신의 목수 아들이었던 울브리히트는 1920년대 모스크바의 국제레닌학교에서 잠깐 공부한 것 외에는 정식 교육을 받지 못한 사람이었다. 제2차 세계대전 동안 스탈린과 일했던 울브리히트는 새로운 전체주의 국가 건설이라는 임무에 적합한 유일한 인물이었다. 그의 경력을 보면 마치 이 임무를 맡기 위해 오랫동안 준비해온 것 같았다. 1936년 스페인 내전이 발발하자 그는 공산당 정보원으로 활동하며 스탈린에게 충성하지 않는 독일 지원병을 적발해 제거했고, 그 후 모스크바로 옮겨가 1937년부터 1945년까지 살았다.

1945년 나치 정권이 붕괴한 후 수도 베를린의 서쪽이 서방 동맹의 통제하에 놓였음에도 소련은 독일의 동쪽 지역을 점령했다. 새로운 국가를 건설하는 것이 울브리히트의 임무였다. 그는 주인이자 우상인 스탈린에게 배웠다. '민주적으로 보이되, 우리가 모든 걸 통제해야 한다'가 울브리히트의 모토였다. 독일공산당KPD의 수장으로서 그는 모두가 소비에트 연방의 창립자 블라디미르 레닌Vladimir Lenin이 주장했던 '프롤레타리아 독재'를 지지하는 건 아니라는 사실을 인지하고 있었다. 다시 말해 공산당은 1946년 분리되기 전의 베를린에서 실시된 선거에서 패한 것이다. 하지만 울브리히트는 이에 동요하지 않고 새로운 공산주의 국가는 입헌민주제Constitutional Democracy로 보이지만 사실상 마르크스-레닌주의 체제에 따라 통치되어야 한다는 전략을 충실히 따르며, 사회민주당과 공산당의 합당을 밀어붙여 사회주의통일당SED을 세웠다. 이 정권은 전(前) 국가 사회주의자들을 겨냥한 정당인 독일국가민주당NDPD을 세우기도 했다. 그들의 적을 시스템에 흡수하기 위해서였다.

뒤이어 조작된 선거에서 소수의 국가주의자들과 기독교민주연합, 독일자유민주당LDPD 같은 이름뿐인 자유·보수 정당들이 형식적인 의석을 확보했다. 하지만 군소정당들은 언제나 다수당인 사회주의통일당에 참패했고 사회주의통일당은 투표율 99%의 선거에서 90% 이상을 득표했다.

제도는 민주적이었다. 이론적으로는 말이다. 하지만 블록정당Blockparteien

(주로 전체주의 체제에서 지배 정당의 연정 파트너가 되는 보조 정당. 그러나 지배적인 역할은 수행하지 못한다.─옮긴이)으로 알려진 군소정당들은 모두 사회주의통일당의 지휘를 받았고 체제에 반대하는 이들, 특히 사회민주당원들은 가혹한 처분을 받아 결국은 정권의 정치범 감옥인 호엔쉰하우젠Hohenschönhausen에 갇히고 말았다. 독일민주공화국이라는 공식 명칭에 걸맞지 않은 체제였다. 새로운 국가는 독일보다는 러시아의 영향이 컸고 민주적이지 않은 독재 정권이었으며 '최고 권력은 국민들에게서 나온다'는 공화제의 정의와는 한참 동떨어져 있었다. 모든 권력은 중앙정부에 집중되었다. 몇몇 주는 1949년에 제정된 동독 헌법에 의해 보호받아야 했음에도 몇 개의 주로 이뤄진 이전의 연방제는 폐지되었다.

하지만 울브리히트의 계획대로만 흘러가지는 않았다. 사회주의통일당에 반대하는 세력이 존재했고, 불안하게도 공산국가를 수립하기까지의 과정이 너무 더뎌지고 있었을 뿐 아니라 생산량 증가 목표치는 비현실적으로 높았다. 비단 마셜 플랜Marshall Plan의 영향이 아니더라도 서독 주민들의 생활수준은 급성장하고 있었다. 공식명칭 '유럽 부흥 계획'은 유럽을 재건하기 위한 미국의 원조 계획이었다. 미국 정부는 전후 서유럽 경제 원조에 130억 달러(현재 가치로 약 1,200억 달러 상당)를 투입했다. 당시 미국의 국무장관이었던 조지 마셜George Marshall의 이름이 붙은 이 계획은 동독 노동자들의 생활수준 향상에는 도움이 되지 않았다. 노동자들은 울브리히트 정권의 공허한 공약에 질려버렸다. 공산주의자들은 꿈쩍도 하려 하지 않았다. 아니, 오히려 그 반대였다. 1953년 6월 초 울브리히트는 이른바 '노동자와 농민 국가'의 근간인 노동자들이 생산량을 증대해야 한다는 법령을 반포했다.

그 결과 폭동과 봉기가 일어났다. 1953년 6월 12일부터 16일까지 불과 며칠 사이 베를린과 라이프치히에서 무력 충돌이 벌어졌고 동독 주요 도시에서 시위가 일어났다. 6월 17일 소련군 탱크와 동독 경찰이 무력 개입하고서야 폭동은 진압되었다. 전후 미국에서의 망명 생활을 접고 동독에 돌아와 있던 극작가 브레톨트 브레히트^{Bertolt Brecht}는 시 〈해결 방법〉에서 특유의 재치를 담아 당시 상황을 풀어냈다.

6월 17일 봉기 이후
작가 연맹 총재는 스탈린가(街)에서
전단지를 배포했다.
국민들이 정부에 대한 신뢰를 잃었으니
두 배의 노력을 통해서만 되찾을 수 있다고
씌어 있었다. 그렇다면 차라리
정부가 국민을 모두 해산해버리고
다시 뽑는 편이 쉽지 않을까?

더 이상 울브리히트는 대중들이 자신의 편에 있는 척할 수 없었다. 그럼에도 공산주의 정권 차원에서 현재의 소요 사태는 '서구 파시스트'들의 선동 때문이라고 대대적으로 비난을 퍼부었다. 공산당 지도부가 이러한 선전이 효과를 발휘했다고 믿었는지는 모르겠다. 하지만 국민들의 삶이 더 악화되리라는 사실은 자명했다. 자유선거권 또는 기본적인 민주적 자유를 누리기 어려워지면서 당시 그들에게 남은 선택 사항은 단하나, 바로 떠나는 것뿐이었다.

'직접 보여줘라To vote with your feet'는 표현은 흔히 사용되지만, 이는 원래 소련 공산당 지도자 레닌이 제1차 세계대전 후 짜르Tsar(러시아 황제—옮긴이)의 군대에서 탈영하는 군인을 가리켜 사용했던 표현이었다. 그런데 이러한 표현이 1950년대 들어 수만 명의 동독 주민들이 서방 세계로 떠나면서 독일에서 널리 퍼지게 되었다.

베를린 장벽이 세워지기 10년 전이었던 그때는 비교적 탈출이 쉬웠다. 주민들의 탈출을 체제에 대한 신임을 묻는 국민투표라 할 때 대량 이주는 울브리히트 정권에 대한 신임 투표와 마찬가지였다. 1951년에 165,000명이 탈출했고 1952년에는 그 숫자가 182,000명으로 증가했다. 폭동이 일어난 1953년에는 331,000명으로 치솟았다. 추정 인구 1,800만 명의 국가에서 이렇게 대량 이주가 일어나면 경제적 여파가 생기기 마련이다.

이처럼 많은 이들이 서독으로 이주할 때 옌츠쉬와 그녀의 딸 메르켈은 동독으로 가고 있었던 것이다. 몇 달 전 함부르크 북쪽의 도시를 떠났던 옌츠쉬의 남편 카스너는 이제야 처음으로 자신의 딸을 볼 참이었다. 한자동맹Hanseatic League(중세 시대 독일 북부 상업 도시 간의 상업과 자기 보호를 목적으로 한 연맹)의 최대 도시였던 함부르크는 자긍심이 넘치는 도시였다. 중세 후반에 금융자본주의의 토대가 된 곳으로 무역과 산업이 꽃피웠다. 하지만 1943년 영국과 미국의 '고모라 작전Operation Gomorrash'으로 도시 중심이 폭격을 당해 철저히 파괴되고 말았다. 이 공격으로 시민 4만여 명이 죽었고 한 번의 폭격으로 가옥 414,500채 중 214,350채가 파괴되며 과거 번영을 누렸던 도시의 흔적이라곤 찾을 수 없게 되었다.

카스너는 독일 남서부 라인 평야 위쪽의 하이델베르크대학에서 공부한 폴란드계 신학자였다. 카스너는 목사 시험에 통과한 뒤 영어 교사로 일하던 옌츠쉬와 결혼했다.

카스너의 청년 시절에 대해서는 잘 알려지지 않았다. 1925년에 태어났으며 그의 아버지 루트비히Ludwig는 수도 베를린 팡코 지역의 경찰 간부였다. 원래 가톨릭 집안이었으나 카스너가 4살 때 루터교로 개종하며 이름도 독일식으로 바꿨다. 카스너 집안은 신앙심이 깊었고 개종은 단지 기회주의적인 선택이 아니었다. 루터교에 대한 신앙이 두터웠던 카스너는 군복무를 마친 뒤 신학을 공부하기로 결심했다. 그는 독일에서 가장 역사가 오래된 명문 학교인 하이델베르크대학에 합격해 4년간 공부했다. 그리고 1952년 졸업 후에는 북서부의 산업도시 빌레펠트로 옮겨가 루터교 신학대학인 베텔신학교Kirchliche Hochschule Bethel에서 실천신학(교회 활동의 실천 부분에 대한 이론을 연구하는 신학의 분야로 목회·선교·설교·예배 등을 주로 다룬다.—옮긴이)을 공부했다. 그 뒤 함부르크 북부 빈터후드 외곽의 작은 마을의 주현절 교회Church of the Epiphany에서 임시 부담임 목사직을 제안받았다. 그곳은 산업 지역이라 전쟁 시기 공군 폭격의 목표지였다. 사회적 양심을 지닌 젊은 목사는 할 일이 많았다. 하지만 일만 하지는 않았다. 1952년 카스너는 옌츠쉬를 만났다.

옌츠쉬는 중산층 가정 출신의 북부 미인이었고 그녀 역시 폴란드계였다. 1927년 그녀는 단치히에서 태어났다. 그녀의 아버지 빌리Willi 옌츠쉬는 김나지움(독일의 중등 교육 기관)의 교장이자 저명한 정치인이었다. 발트 해에 면한 항구도시 단치히는 제1차 세계대전 후 독일인의 체류가 허용된 폴란드 내의 독일 도시였다.

옌츠쉬의 성장 과정을 보면 토마스 만Thomas Mann의 소설 《부덴브로크가의 사람들》이 떠오른다. 사업가와 공무원을 지낸 안정적인 집안이었는데, 당시는 구시대의 질서가 급변하는 시대 속에서 어려움을 겪던 때였다. 결국 1920년대의 초인플레이션Hyperinflation과 경제 위기 이후 모든 걸 내려놓고 함부르크로 이주하게 된다.

푸른 눈의 아담한 금발 머리 아가씨 옌츠쉬는 굉장히 키가 크고 운동선수 같은 젊은 목사 카스너에게 반했다. 아마도 그의 결단력과 열정에 빠졌을 것이다. 세계가 핵무기로 무장한 소련과 미국의 대치 상황으로 치닫고 있던 시기, 카스너는 이런 상황에 동요하지 않고 신의 존재를 인정하지 않는 공산주의 국가에서 주님의 말씀을 설파하고 예수 그리스도의 복음을 전하고자 했다.

카스너와 옌츠쉬는 1953년 결혼한 뒤 주현절 교회 가까운 목사관에서 살았다. 삶은 힘겨웠지만 비교적 편안했다. 루터교 교회는 네트워크가 탄탄하고 자금이 풍부했다. 하지만 극도로 긴장된 시기였다. 1953년 3월 스탈린의 죽음으로도 근본적인 정치 상황은 바뀌지 않고 오히려 악화일로를 달리고 있었다. 동구권은 고사하고 서방 세계의 누구도 소련의 상황이 어떻게 전개될지 예측할 수 없었다. 소련의 새로운 지도자 니키타 흐루시초프Nikita Khrushchev는 알려진 바 없는 인물이었다. 그때는 우크라이나 출신 소련의 새로운 지도자가 세계 2위 초강대국의 외교 목표와 전략을 바꿀 조짐이 보이지 않았다. 그가 20차 당대회의 '비밀 연설'에서 개인 우상 숭배를 비판했다는 사실도 3년간 알려지지 않았다.

카스너도 동독의 상황을 모르지는 않았다. 이를 바탕으로 그가 적어도 사회주의 이론을 지지했을 것이라고 해석하는 사람들도 있다. 그는 훗날 '붉은 카스너'라고 알려지기는 했지만 공산주의자는 아니었다. 그 자신이나 딸도 부인하지는 않듯 사회주의를 지지한 것은 그 인도적이고 민주적인 본질 때문이었다. 마치 미국 국회의원 버니 샌더스Bernie Sanders가 사회주의를 지지하는 것과 같았고 동독이나 오늘날 북한 같은 체제를 추종한다는 의미는 아니었다.

젊은 목사의 주된 이주 동기는 복음 전파였다. "주님의 말씀을 전파하기 위해서라면 어디든 갈 것입니다. 아프리카라도 말입니다." 그는 이렇게 말했다.[1] 하지만 그의 소명은 가까운 곳에 있었다. 교회는 그가 동독으로 돌아가기를 원했다.

동독은 루터파 개신교가 교세를 떨치고 있는 지역이었다. 16세기 교황에 맞서 반기를 들고 종교개혁을 시작한 마틴 루터Martin Luther는 현 동독의 남부 지역인 작센의 비텐부르크 출신이었고, 20세기 들어서도 많은 신도들이 허락되는 한도 내에서 그의 가르침을 따르고 있었다. 하지만 종교인들이 공산주의 체제에서 살아가기란 녹록지 않았다. 마르크스가 종교는 민중의 아편이라 선언하기도 했거니와 울브리히트 정권이 열을 올려 루터교도들의 신앙생활을 탄압했다. 목사를 비롯해 교회 직원들까지 기독교도들이라면 고초를 겪었다. 젊은 기독교도들을 위한 축제는 현장에서 금지되었고 YMCA와 비슷한 기독교도 연맹인 유겐 게마인드Jungen Gemeinde는 관련법이 통과되기도 전에 불법 단체로 지정되었다. 법치주의라는 궁극적 이상이 공산주의자들에게는 통용되지 않았던지, 1953년까지 3천 명이 넘는 학생들이 기독교 청년 단체 소속이라는 이유로 다니던 학교에서 퇴학당했다. 그리고 그해 말 루터교도에 대한 탄압 수위가 높아졌다. 공산주의 청년 단체인 '자유 독일 청년Freie Deutsche Jugend, FDJ'이 루터교 청년 단체에 속해 있던 만스펠트 성을 차지했다.

독일 내 루터교를 대표하는 단체인 독일 복음주의 교회Evangelische Kirche in Deutschland, EKD는 정부가 루터교 청년 활동을 불법으로 규정해 기소하는 것을 중지하고 기독교 학생에 대한 차별을 중단하라는 내용으로 동독 지도부에 강력히 항의하는 서한을 보냈다. 정권은 이에 대한 대답으로 드레스덴의 유겐 게마인드 사무소를 급습했다. 소련이 점령한 지역에서 목사의 수가 감소하는 것이 놀랍지 않은 상황이었다. 루터교 교회에서 기꺼이 위험을 감수하고 동독으로 갈 목사를 모집한 건 바로 이러한 이유 때문이었다.

함부르크에서 카스너의 선배였던 한스 오토 뵐버Hans Otto Wölber(훗날 함부르크 교구의 주교가 된다)는 젊은 후배에게 동독에서 그를 필요로 한다고 말했다. 카스너는 동독에 여행 가는 사람들은 '대개 진짜 바보거나 공산주의자'라고 농담하기도 했지만,[2] 원래 동독 지역 출신이었기 때문에 쉽게 설득되었다. 옌츠쉬가 어떻게 반응했는지는 모르겠지만, 첫아이 출산을 기다리고 있었던 터라 서독을 떠난다는 결정이 쉽진 않았을 것이다. 카스너 가족은 이주 준비를 시작했다. 카스너가 먼저 떠나고 옌츠쉬는 아기를 낳아야 하니 남기로 했다.

메르켈은 1954년 7월 17일 함부르크 아임슈뷔텔의 평판 좋은 엘림 병원에서 태어났다. 루터교와 밀접한 관계를 맺고 있는 최신식 병원인 엘림 병원은 아기를 낳기에 좋은 곳이었다. 오늘날조차 이 병원은 자신들의 종교적 뿌리와 헌신에 기반한 '네 이웃을 사랑하라'는 기독교 전통을 따르는 뛰어난 의료 서비스를 제공한다고 자랑스레 내세우고 있다. 1927년 세워진 이 병원은 전쟁 중 일부가 파괴되어 메르켈이 태어났을 때는 재건 중이었다. 엘림 병원은 북부 독일의 루터교 교단에 속해 있었다. 개신교회에서 일하는 남편을 둔 덕분에 옌츠쉬는 병원 입원실을 얻을 수 있었다. 목사의 아내라는 특혜를 본 셈이다.

　메르켈을 낳고 8주 후 어머니는 동독으로 향했다. 유모차를 살 여유가 없었던 탓에 아기는 요람에 넣어 데려갔다.

아버지의 부재
⋮

공산주의 독일에서의 삶은 힘겨웠다. 이는 비단 경제적인 이유 때문만은 아니었다. 새로 이주해온 사람들은 공산 체제에서 환영받지 못했다. 옌츠쉬는 자신이 가르치던 영어와 라틴어를 가르칠 수 없었다. 반혁명적이고 부르주아적인 과목이라는 이유에서였다. 훗날 그녀의 장녀는 어머니가 동독으로 간 것은 오로지 아버지에 대한 사랑 때문이었다고 말했다.[3] 행간의 의미를 살펴보면 분명 그녀는 결코 이주를 원치 않았다는 뜻이다. 그녀가 상근직을 원했는지는 모르겠지만 1950년대에는 18세 이상의 여성 중 45%만이 일자리를 가졌다. 따라서 옌츠쉬도 예외 없이 전업주부로 살아야 했을 것이다. 하지만 스탈린식 통제 국가에서 끊임없이 감시의 눈길을 받으며 살아가는 와중에 서독 출신이라는 이유로 선택의 기회조차 얻지 못하고 차별받는다는 의심은 그녀를 더욱 힘들게 했다. 하지만 그녀는 이를 견뎌내며 앙겔라, 마커스Marcus(1957년 출생), 이렌느Irene(1964년 출생) 세 아이를 기르는 데 집중했다.

　옌츠쉬는 최선을 다해 아이들이 공산 체제에 물들지 않도록 노력을 기울였다. 그녀에게는 염려할 만한 이유가 있었다. 나치 체제하에서 자라난 탓에(1933년 아돌프 히틀러Adolf Hitler가 정권을 잡았을 때 그녀는 4살이었다) 전체주의적이고 억압적인 체제가 어떤 식으로 아이들에게 부모를 감시하게 하며 조직이 국민들의 일상에 잠입하는지 직접 경험했기 때문이었다. 그래서 옌츠쉬는 매일 아이들이 학교에서 돌아오면 아이들을 옆에 앉혀놓고 그들이 그날 학교에서 배운 모든 것에 귀를 기울였다. 그리고 아이들에게 보고하게 하면서 어느 정도는 자신의 생각을 말할 기회를 주었다. 이러한 매일의 대화는 동독 학교의 계획적인 세뇌 교육의 효과를 제한하는 역할을 했다.

훗날 그녀의 딸은 한 신문과의 인터뷰에서 이렇게 말했다. "매일 두 시간 동안 우리가 말하는 것을 들어주셨습니다. 부모님이 나에게 이처럼 말할 기회를 주신 데 감사합니다."[4] 다른 이들의 말에 따르면 옌츠쉬는 고생스럽고 차별당하는 환경에도 불구하고, 그녀의 딸처럼 농담을 좋아하고 적극적이고 친절하며 의연하고 마음이 넓은 사람이었다고 한다.[5]

젊은 부부는 처음엔 동·서독 국경에서 동쪽으로 약 32킬로미터, 베를린에서 북동쪽으로 약 120킬로미터 떨어진 키즈토프에 정착했다. 주민 400여 명의 작은 교구였다. 힘든 생활이 젊은 부부를 기다리고 있었다. 훗날 메르켈은 아기 때라 잘 기억나지는 않지만 "아버지는 염소 젖 짜는 법을 배워야 했고, 어머니는 나이 든 부인에게 쐐기풀 수프 만드는 법을 배웠다. 유일한 교통수단은 모페드(모터 달린 자전거—옮긴이)와 자전거뿐이었다"고 회상했다.[6]

젊은 목사와 그의 아내는 적응해갔다. 학교 선생님과 더불어 이들 부부가 고등 교육을 받은 유일한 사람이었다. 따라서 목사의 책무 외에도 마을 사람들의 문서 업무를 돕고 공산주의 지배 체제가 강화되는 시대에 그들을 지원했다. 지역 농부들은 반혁명분자라는 끊임없는 의심을 받는 와중에 어떤 지주는 정부에 땅 400헥타르를 강제로 몰수당하기도 했다. 자살하는 사람의 수가 급증하고 있었다.

1955년 들어 기독교도에 대한 탄압은 다소 완화되었다. 동시에 독일 양측은 긴장 국면에 접어들었다. 1955년 5월 6일 서독은 소련 침공에 대항하기 위해 설립된 방위 기구인 북대서양조약기구NATO에 가입했다. 며칠 후인 14일 소련은 동독을 창립 멤버로 바르샤바조약기구를 설립했다. 공식적으로는 서방 세계의 공격으로부터 공산국가를 보호한다는 목적을 표방했지만 사실 공산주의 치하의 국가들을 통제하기 위한 수단이었다.

분단 상태가 영구적이진 않더라도 적어도 오래 지속되리라는 전망이 점점 분명해지고 있었다. 서독에서는 재야인사로 지내다 조국을 이끌기 위해 돌아온 80세 총리, 기민련의 콘라트 아데나워Konrad Adenauer가 동독의 공산주의자들에 대해 공격적으로 대처해야 한다고 주장하고 있었다. 아데나워와 자유시장주의 성향의 경제학자 경제장관 루트비히 에르하르트Ludwig Erhardt는 일반 국민들에게 주식(일명 '국민의 주식')을 발행했다. 아데나워와 에르하르트는 가톨릭 사회 윤리와 자유시장경제 모델을 결합한 대중자본주의 시스템을 수립하고 있었다. 이러한 사회주의 시장경제 정책과 미국과의 동맹 관계는 서독 정치의 새로운 기조가 되었다.

카스너를 비롯한 많은 이들이 아데나워와 에르하르트에게 회의적인 시선을 보냈다. 카스너와 그의 동조자들은 서독 총리가 수용한 미국식 가치는 독일 전통과 역사, 문화와 조화를 이루지 못하며 이전 나치 점령기에 앞서 존재했던 사회민주적 이상에 역행한다고 생각했다. 아마도 무엇보다 많은 이들이 서독 영토에 미국 군대를 배치하는 것은 아데나워 쪽의 전쟁 도발 의지를 보여준다고 느꼈다. 이러한 시각은 특히 개신교 신학자들 사이에 만연했는데, 그들 대부분이 가톨릭 총리에 회의적인 좌파 성향의 자유주의자들이었기 때문이다. 아데나워의 종교적 신념은 그가 국가를 분단하는 데 너그러울 수 있었던 또 다른 이유였다. 결국 동독 지역만 없으면 가톨릭이 오래도록 절대 다수를 차지할 것이기 때문이다.

소련, 특히 KGB^{Komitet Gosudarstvennoy Bezopasnosti}는 이러한 변화를 모른 체하지 않았다. 분단과 카스너 같은 개신교 목사들의 순진함을 이용할 방법을 찾았다. 공산주의자들은 기독교도를 박해하는 건 불가능하고 심지어 역효과를 낳을 수도 있다는 사실을 깨달았다. 70%가 넘는 공산당원이 기독교였기 때문이다. 차라리 루터교도들, 적어도 그 지도자들을 제도권에 편입시키는 편이 훨씬 합리적 선택이었다. 그러면 악명 높은 동독 비밀경찰 슈타지^{Staji}가 그들의 움직임을 훨씬 쉽게 감시할 수 있을 것이다.

1958년 초반 공산주의자들은 체코슬로바키아의 수도 프라하에서 기독교평화회의^{conference on Christianity and Peace}를 조직했다. 카스너도 초대받아 포럼에 참가했다. 평화를 사랑하는 소련과 공격적인 서방 세계에 대한 수사가 넘쳐나는 자리였다. 공식적으로는 동독의 신학 교수 베르너 슈마우쉬^{Werner Schmauch}가 조직한 단체로 포장되었지만 실은 동독 공산당과 종교부장관 클라우스 기지^{Klaus Gysi}가 막후에서 조종하고 있었다. 클라우스는 좌파당의 연방 하원의원이자 사회주의통일당의 마지막 당수였던 그레고르Gregor 기지의 아버지다. 50년 후 온화한 인도주의자의 모습을 보이는 아들과 달리 아버지 기지는 강경파 공산주의자였다. 그는 영향력 있는 기독교도 중 당이 이용할 만한 사람을 가려낼 방법으로 회의를 이용했다. 교회를 구할 목적이기도 했지만 순진하게도 공산당이 자신들 편이라 믿었던 탓에 카스너와 그의 동료들은 레닌의 말을 빌리자면 '쓸모 있는 바보'가 되었다.

표현은 급격히 거칠어지고 있었지만 여전히 독일 양측의 국민들은 동쪽과 서쪽을 나누는 국경을 비교적 자유롭게 오갈 수 있었다. 정치인들은 여전히 합의점을 찾으려 애를 썼다. 독일 총리 아데나워는 1955년 모스크바를 방문했고 같은 해 소련도 서독을 주권국가로 인정했다.

동독에서의 시골 생활
●
●

모든 생활이 정치 상황과 같지는 않았다. 카스너와 옌츠쉬는 서독에 가서 가족들을 방문할 수도 있었고 그들의 어린 딸은 종종 함부르크에 사는 할머니 거트루드Gertrud와 함께 지내곤 했다. 그래서 메르켈이 두 살 때는 거의 완벽한 함부르크 악센트로 말을 할 수 있었다. 메르켈은 빨리 말을 배운 반면 걷는 건 그렇지 못했다. 그녀의 부모는 뭔가 문제가 있는 건 아닌지 걱정했고 딸을 아래층으로 데려갔다. "뇌성마비 아이 같긴 했어요."[7] 훗날 메르켈 자신도 이렇게 말할 정도였다. 어린 시절 계단을 오르고 심지어 걷는 것조차 그녀에게는 힘겨운 일이었다.

키즈토프에 살던 기간은 짧았다. 3년 후 카스너 가족은 베를린에서 북쪽으로 100킬로미터 떨어진 인구 2만 명의 중소도시 템플린으로 옮겨 갔다. 템플린은 전에 살던 곳처럼 별 특징 없는 촌구석이 아닌, 오랜 역사와 현대식 건물이 있는 번화한 도시였다. 1930년대에는 나치 지도부 헤르만 괴링Hermann Göring이 템플린 외곽에 있는 특별한 목적으로 건설된 성에 살기도 했다. 카스너 가족이 이주한 1950년대 중반에는 소련 붉은 군대의 공군 16연대를 위한 공군 기지가 설립되어 있었다. 동독인들 기준으로 템플린은 국제적 도시였고 러시아 사람들이 많았던 덕분에 메르켈은 완벽에 가까운 러시아어를 구사할 수 있게 되었다.

카스너는 첫 번째 맡았던 교구인 키즈토프에서 일을 잘해냈음이 분명하다. 그는 승진한 셈인데 아마도 연줄이 좋았기 때문인 것 같기도 하다. 알브레히트 쇤헤르Albrecht Schönherr는 동독 내 루터교 총감독관이었다. 그는 공산주의에 심취했다기보다는 필요 때문이긴 했지만 공산 정권과 손을 잡은 성직자였다. 젊은 목사 카스너는 쇤헤르에게 설교에 전념할 뿐 아니라 신학에 대한 지적 호기심을 가진 사람이라는 인상을 남겼다. 쇤헤르는 훗날 카스너가 재능 있는 선생이었다고 회고했다. 루터교 목사가 되고자 하는 신학생들을 가르칠 목적으로 새롭게 세운 템플린신학대학의 학장으로 그가 선택된 건 당연한 결과였다.

가족들은 발도프라는 복합 건물의 2층으로 이사를 갔다. 그곳에는 공산 체제의 인구 정책으로는 찾기 어려운, 특별 관리를 필요로 하는 아이들을 위한 학교도 있었다. 당시로서는 특이하게 발도프의 아이들은 자유롭게 돌아다니고 정원과 교회에서 운영하는 작업장에서 열리는 다양한 활동에 참여할 수 있었다. 카스너 가족이 도착했을 무렵엔 센터 건물이 허물어지고 황폐했지만 그들은 특별 관리가 필요한 사람들의 도움을 받아 조금씩 복구해나갔다. 마을 사람들이 이곳 주민을 '미친 박쥐들'이라 불렀기 때문에 앙겔라의 친구들은 놀러오려 하지 않았지만, 특별 관리가 필요한 사람들과 함께 생활하는 것은 어린 메르켈의 성격 형성에 큰 영향을 미쳤다. 훗날 그녀는 행복은 건강과 관계없다는 점과 운이 좋지 못한 이들이 오히려 긍정적인 인생관을 갖고 있다는 사실을 깨닫게 되었다고 말했다.[8]

카스너 목사는 새로운 업무에서 탁월한 성과를 거뒀다. 목사의 의무는 일부에 불과했고 주요 업무는 미래의 목사를 훈련시키는 것이었다. "카스너는 정말 대단했어요. 그가 말하면 귀 기울이게 됩니다. 그의 말에는 권위가 있었어요."[9] 그의 동료는 이렇게 회상했다. 비교적 젊은 사람이었음에도(그가 신학대 학장이 되었을 때 겨우 31세였다) 그에게는 카리스마가 있었다. 개방된 사회에 살았더라면 아마도 그는 교수가 되었을 것이다. 하지만 조직은 그런 기회를 주지 못했다.

카스너가 사회주의 사상에 부정적인 입장이 아니었음에도 공산 체제는 비록 민주적 형식으로 포장하기는 했지만 그를 반기지 않았다. 슈타지는 그의 일거수일투족을 감시했다. 공산 체제의 동조자로 유명한 쇤헤르가 그를 지목했다는 사실도 경계를 늦추지 않는 비밀요원들에게는 중요하지 않았다. 이런 점에 있어서 카스너는 비교적 순진했던 것 같다. 슈타지 기록 보관서의 문서에는 그가 1957년 공산국가의 군국화와 제복과 계급장, 반짝이는 훈장에 매혹됨을 경계해야 한다고 경고했으며 울브리히트를 직접적으로 가리키며 '말과 행동이 일치하지 않는 사람을 믿지 말라'고 주의를 줬다고 기록되어 있다.[10] 카스너에게 그의 모든 행동을 본부에 보고할 특수 요원이 배치되었다. 그는 의심스럽게 여길 수도 있었지만(나중에는 그렇게 했다) 당시에는 슈타지의 감시를 알아채지 못했다.

전체주의 체제에서 지도층은 지도자와 국민의 마법과도 같은 단결력을 보여주는 데 집착한다. 전체주의 정치는 모두를 아우르는 활동이며 당의 역사적 임무에 진심을 다해 헌신하지 않는 사람은 불신한다. 카스너는 이런 카테고리에 포함되었다. 적어도 체제에 순응하는 법을 배우기 전까지는 그랬다. 1950년대 후반 작성된 그의 감시 기록에는 '그는 단 한 번도 선거에 참여하지 않았다'는 사실을 고발 사유로 명시하고 있다.[11] 카스너 목사는 감시해야 할 인물이 분명했다. 다른 슈타지 문서에 기록된 대로 그는 '젊은이들을 교회로 끌어들이기 위해 온갖 수단을 사용하는 목사이자 국가에 대한 태도가 부정적이고 경찰을 비롯해 국가가 수행하는 조치에 극도로 부정적인 태도를 보이는',[12] 체제에 잠재적 위협이 되는 인물이었다.

1958년 카스너가 기독교평화회의에 참석자로 선발된 것은 이러한 태도 때문이었다. '적을 포용하라'가 정치 슬로건인 시기였다. 슈타지는 이상주의자인 목사를 모질게 다루기보다는 그를 협력자로 삼을 수 있다고 여겼다. 약간의 자유만 허용한다면 카스너 자신은 알아채지 못한 채 체제에 유용한 인물이 될 수 있을 터였다.

정권이 신학대학을 허용한 이유는 실용성 때문이었다. 스파이와 특수요원들 입장에서는 잠재적 반혁명분자들을 한 곳에 모아놓는 편이 효율적이었다. 신학대학은 곧 브란덴부르크 지역의 루터교단의 중심 또는 그 이상의 중요성을 가진 기관이 되었다. 동독 북부의 목사들 대부분은 길거나 짧게 발도프에 머무를 것이다. 그들은 넓은 기숙사에 머무르며 설교문 작성과 목회자의 조언, 전례(典禮) 문제에 대한 단기 과정이나 수업에 참석해 공동체 의식을 배양할 수 있을 것이다. 때로는 정치적 문제도 토론 주제가 될 것이다. 베를린 장벽이 붕괴되던 시기, 누구보다 거침없이 발언했고 독일 통일 이후에 정치인으로 변신한 라이너 에펠만 Rainer Eppelmann을 비롯해(이 부분은 3장에서 살펴보겠다) 이 과정에 참가했던 목사들 상당수는 훗날 체제에 대한 공공연한 비판자가 되었다.

카스너가 학생들의 비판적인 태도에 책임이 있는지, 즉 그가 직접적으로 장려했는지는 알 수 없다. 그의 순응하는 태도와 명목상으로라도 체제와 우호적 관계를 유지한 데 대해 비판이 적지 않다. 대다수의 사람들은 독재 정권에 맞서 기독교 정신을 행하는 것이 얼마나 어려운지 파악하지 못한다. 언제나 기꺼이 목숨을 걸고 비판하는 이들이 있기 마련이지만 모든 이들이 이러한 순교자의 운명을 타고나지는 않는 법이다. 때로는 탄압받지 않도록 힘센 적과 타협하는 편이 더 나은 선택이기도 하다.

카스너의 비대립적 태도와 쇤헤르 주교와의 좋은 관계는 어느 정도는 효과를 거뒀다. 정부는 템플린신학대학이 전체주의 국가의 안식처가 되도록 허가해줬다. 그리고 슈타지 본부의 끊임없는 감시를 받기는 했지만 학교는 체제에 비판적인 사람들을 위한 피난처가 되었다. 학생들은 동독에서 구하기 어렵거나, 심지어는 금지된 책들까지 읽고 토론할 수 있었다. 당시 그곳에서 공부한 학생들은 발도프에서 토론이 굉장히 활발했다고 기억한다. "(카스너는) 체제에 대한 진정한 비판자는 아니었지만 열린 마음으로 토론에 임했습니다. 카스너는 정부에 대해 이야기할 때 말을 조심하지 않고 비판적인 합리주의자처럼 논쟁했습니다. 마치 프로이센의 장교 같았지요."[13] 훗날 공산주의 체제에 공개적으로 비난의 목소리를 높인 신학자 루디 팡케 Rudi Pahnke 가 말했다.

카스너는 행복하지 않았다. 당시 그는 동독으로 돌아온 것을 후회하는 것 같았다. "술 한잔하고 나면, 카스너는 자신이 어떻게 해서 자유의 지로 서독을 떠나왔으며 얼마나 열심히 일했는지 학생들에게 말했다. 그럼에도 모든 노력이 허사로 돌아가 본인 생전에 교회가 감소되어 결국 대부분 교구에는 목사가 없게 될 거라 생각하는 것 같았습니다."[14] 발도프의 토론 수업에 참여했던 한 학생은 이렇게 회상했다.

그의 절망은 스트레스와 불안, 과중한 업무에서 비롯된 결과였을 것이다. 카스너는 열심히, 어쩌면 지나치리만치 열심히 일했다. 그는 자주 집을 비웠다. 키즈토프에서 살 때는 아빠와 보낼 시간이 많았던 그의 아내와 큰딸은 그의 부재를 받아들이기 힘들었다. 그가 저녁 늦게 돌아올 때면 메르켈은 종종 대문에 올라가 아빠를 기다리곤 했다. "가장 싫었던 건 아버지가 이번에 집에 돌아온다 말해놓고선 늦게까지 도착하지 않는 것이었어요. 하지만 일단 가족이 모두 모이면 보통 가족들처럼 함께 저녁 식사를 했지요. 그러면 세상 부러울 게 없었어요."[15] 그녀는 당시를 이렇게 떠올렸다.

종합해보면, 상당히 일방적인 사랑이다. 지크문트 프로이드 Sigmund Freud 가 메르켈의 설명을 들었다면 이렇게 말할 것이다. 메르켈은 훗날 한 인터뷰에서 "우리 아버지는 언제나 일을 많이 하셨습니다"라고 허심탄회하게 털어놓았다. "일과 여가시간이 확실히 구분되지 않았습니다. 그리고 가끔은 일 때문에 아버지로서의 책임이 희생되기도 했을 겁니다. 아버지는 바쁘셨지만 굉장히 꼼꼼한 분이라 사소한 부분까지 다 챙기셨지요. 하지만 안타깝게도 자식에게는 완벽주의자 부모는 어려운 법이죠.

아버지는 다른 사람에게는 언제나 이해심을 발휘하고 아량을 베풀었지만, 자식들이 실수라도 하면 전혀 다르게 반응하셨습니다."[16]

자식들은 자라서 부모처럼 될까? 부모가 버릇이나 행동을 가르치는 다른 이유가 있는가? 이 질문들의 답이 무엇이건 간에 메르켈이 아버지의 완벽주의와 그녀의 어린 시절 보여준 일에 헌신하는 태도를 물려받은 것만은 확실하다.

1961년 학교에 입학하자 그녀 역시 이처럼 헌신적이고 열성을 다하는 태도를 보여줬다. 메르켈은 굉장히 똑똑하고 성실히 숙제를 하는 아이였다. 하지만 공산주의 국가의 학교는 단순히 학업 성취만을 목적으로 하지 않는다. 어린이와 청소년은 언제나 끈질긴 사상 주입의 1차 목표 대상이며, 여기에는 보다 직접적인 억압과 강압의 방식이 동반되기 마련이다. 전체주의 독재 정권에서 교육과정은 체제의 정치 선전을 강화하는 데 이용된다.

동독 역시 예외는 아니었다. 메르켈은 지역 초등학교 괴테슐레에 입학하자 이내 어디에나 감시의 눈길을 빛내고 있는 빅브라더Big Brother 국가와 맞서게 되었다. 갓 여섯 살이 된 목사의 딸은 '영 파이오니아Young Pioneers'의 가입을 권유받았다. 어린이들에게 공산주의의 미덕을 가르치는 단체였다. 메르켈은 가입 허락을 받지 못했다. 카스너와 옌츠쉬는 "모두가 학교에 가야 하지만, 모두가 영 파이오니아에 가입해야 하는 건 아니란다"라고 큰딸에게 말했다.[17] 큰딸을 대신한 카스너 부부의 결정은 미묘하게 학교생활에 영향을 미쳤다. 공산주의 체제는 물리력을 행사하지 않고도 상대를 압박하는 방법을 잘 알고 있었고 메르켈의 경우가 이를 보여주는 전형적인 예였다. 그녀는 학교생활을 잘해냈다. 조용하고 성실하고 수업 태도도 좋았다. 메르켈은 반에서 최고였다. 하지만 '올해의 학생상'을 받지 못했다. 그 이유는 단순했다. 영 파이오니아가 아니었기 때문이다. 같은 반의 보도라는 이름의 친구는 상을 받았다. 그러자 진정한 친구이자 어린아이 특유의 정의로움과 공정함을 가진 이 소년은 선생님에게 물었다. "앙겔라는 저랑 점수가 같아요. 그런데 왜 상을 받지 못했죠?" 선생님은 메르켈이 영 파이오니아가 아니기 때문이라고 냉정하게 대답했다.[18] 저학년에게도 더 이상의 설명은 필요 없었다.

몇 주 후 교실에서 다시 영 파이오니아 가입 문제가 논의되었다. 메르켈은 가입하고 싶었다. 카스너와 옌츠쉬 둘 다 나치의 청년 단체인 히틀러 유겐트에 가입해야 했던 경험이 있었던 데다가 동조하지 않은 결과를 잘 알고 있었기에 결국은 가입을 허락했다. 아버지의 말에 따르면 언제나 화합을 원했던 앙겔라는 영 파이오니아에 가입했고 자랑스레 '당의 유망 전사'로 선발되었다.

영 파이오니아가 된(나중에는 청년공산주의연맹FDJ의 정회원까지 올라갔다) 메르켈은 주목받을 수 있었고 마침내 상을 받았다. 그녀의 같은 반 친구들은 '두드러지게 뛰어난 학생'이었다고 기억했고, 메르켈이 유명해진 뒤 인터뷰한 선생님 한 분은 구김살 없이 행복한 아이였으며 FDJ의 푸른색 점퍼를 입고 학교 강당을 뛰어다녔다고 회고했다.[19]

복장 선택을 두고 심오한 사상적 징표라 판단하기에는 무리가 있다. 어쨌거나 이제 갓 입학한 아이를 두고 울브리히트 체제의 세뇌 교육에 굴복했다고 하기는 어려울 것 같다. 물론 영 파이오니아의 활동에 참여하며 작은 행사를 기획하는 데 상당한 능력을 보여준 것이 사실이다. 하지만 그녀의 주관심사는 학업이었다. 그녀는 오웰Orwell식의 풍자가 아니라 말 그대로 '우리의 위대한 사회주의 형제국'으로 알려진 국가의 언어인 러시아어에 능통했다. 그녀의 러시아어 선생님은 꼬마 앙겔라 양이 지치지도 않고 열심히 공부했으며, 성인이 되어 헌신적이고 포기할 줄 모르는 정치인 앙겔라 메르켈이 될 자질을 보여줬다고 회상했다. "그녀는 굉장히 열심히 공부했습니다. 버스를 기다리면서도 단어를 외웠죠. 그녀는 스스로 실수를 용납하지 않았어요. 하지만 가끔은 뒤로 빼기도 했지요."[20]

메르켈이 어린 나이에 러시아어를 유창하게 하게 된 것은 단순히 그녀의 자유 의지만은 아닐 수도 있다. 그녀 자신이 1학년 때부터 러시아어를 배우겠다고 한 것 같지만, 학교 교과 과정을 면밀히 살펴보면 4학년부터 러시아어가 편성되어 있다. 교육부장관이 발표한 법령에 따라 러시아어는 학교의 유일한 외국어 교과였고 학생들은 수학과 똑같이 주당 6시간 수업을 받았다. 미술과 회화(개별 과목이다), 역사와 체육은 주당 1시간에 불과했지만 독일어와 문학의 수업 시수는 7시간이었다.

그녀의 부모는 내심 러시아어 공부를 격려했음에 틀림없다. 러시아어를 배우는 것은 메르켈이 당의 방침을 따르고 있음을 전달하는 적절한 방법이자 학년이 올라가면 레프 톨스토이Leo Tolstoy 같은 비판적 작가들의 작품을 읽을 수 있는 기회였기 때문이다. 그녀의 부모는 딸의 교육을 전략적으로 생각했을지 모르지만 메르켈은 톨스토이를 비롯한 위대한 러시아 문호 표도르 도스토옙스키Fyodor Dostoevskii, 알렉산드르 푸시킨Aleksandr Pushkin의 언어를 배우는 그 자체를 즐겼다. 훗날 러시아어 수업에 대한 질문을 받았을 때 그녀는 향수에 젖어 대답했다. "러시아어는 감성이 가득한 아름다운 언어입니다. 음악 같기도 하고, 우울함이 배어 있기도 하죠."[21]

어린 시절부터 두각을 나타낸 다른 과목은 수학이었다. 전체주의 체제의 지식인들은 주로 자연과학과 수학 분야를 연구한다. 뛰어난 물리학자에서 체제의 비판자로 변신한 소련의 안드레이 사하로프Andrei Sakharov를 생각해보라. 이처럼 비상하게 뛰어난 사람이기에 자연의 법칙과 추상적인 수의 세계를 이해하고자 하는 깊은 욕망을 품기도 했지만, 객관적인 자연과학만큼은 쉽게 마르크스의 '사회 운동 법칙'에 포함될 수 없었기 때문이기도 했다. 마르크스주의자들은 공산주의를 과학, 다시 말해 역사가 어떻게 진보하는지 정확히 알려주는 법칙처럼 여긴다. 사회학, 역사학, 심지어 생물학까지는 마르크스-레닌주의의 기본 원리를 따를 수 있었지만 자연과학만큼은 국가의 사상 통제 영역 밖에 있었다. 따라서 수학을 연구하는 것은 '안전'했다.

남동생 마커스처럼 메르켈도 수학과 숫자에 뛰어났다. 마커스는 자연과학을 공부해 프랑크푸르트의 대학에서 물리학 교수로 재직 중이다. 메르켈의 막내 여동생 이렌느는 대학에 가는 대신 전문 치료사 교육을 받았다. 메르켈의 수학 선생님은 볼프 도나스Wolf Donath였다. 사회주의통일당의 정식 당원이었던 그는 세월이 흐른 뒤 이제 유명해진 제자에 대한 기억을 묻는 질문에 신이 나서 대답했다. "앙겔라는 차분하고 논리적이며 노력을 아끼지 않는 멋진 학생이었습니다. 그녀를 가르치는 건 선생으로서 정말 즐거운 일이었습니다."[22] 예상대로 그녀는 거침없이 능력을 발휘하며 몇 년 후 전국 수학 올림피아드 결선까지 진출했다. 사회주의 성과를 보여주는 증거로서 목사의 딸은 동독이 전 세계에 과시할 만한 모범적인 학생이 된 것이다.

서독에서의 마지막 휴가

•
•

바깥세상에서는 냉전이 절정으로 치닫고 있었다. 1958년 11월 소련의 지도자 흐루시초프는 서방 국가들에게 6개월 내 베를린에서 군대를 철수하라고 요구했다. 하지만 그의 요구는 받아들여지지 않았다. 베를린의 사민당 소속 시장 빌리 브란트Willy Brandt는 이에 저항해 동맹 국가들, 특히 미국의 지지와 존경을 한 몸에 받았다. 최후통첩은 3년간의 분쟁을 촉발해 동서독의 분단 상황은 더욱 악화되기에 이르렀다.

가족들은 여전히 서독에서 동독으로, 다소 어렵긴 했지만 동독에서 서독으로 이동할 수 있었다. 카스너 가족들은 여전히 할머니 거트루드를 만나러 함부르크에 갈 수 있었다. 울브리히트 정권이 단독으로 장벽을 세워 영구적으로 국경을 폐쇄하리라곤 생각도 하지 못했다. 동독의 지도자가 기자 회견에서 다소 날카롭고 기괴한 목소리로 장벽을 세울 계획은 없다고 분명히 말했었기 때문이다.

울브리히트의 발언이 진심이었는지를 두고 역사학자들 사이에선 의견이 나뉜다. 이 공산권 지도자는 분명 동독 지식인들의 대탈출을 염려했다. 하지만 베를린 장벽을 세우고 남쪽으로는 체코슬로바키아에서 북으로는 발트해까지 국경 경비를 강화한 것이 이에 대한 대응책이라는 의견엔 논쟁의 여지가 있다. 베를린 장벽이 흐루시초프의 직접적인 명령에 따라 세워졌음을 입증하는 증거들이 있다. 출판된 상당수의 회의록에 따르면 울브리히트가 1961년 8월 1일 소련 지도자와 오랜 시간 전화 통화를 했다고 한다.

흐루시초프로서는 만족스러운 상황이 아니었다. 1960년 한 해 동안

20만 명 이상이 동독을 떠났다. 소련 공산당 서기장은 이러한 상황에 분노했다. "2년 전 내가 당신네 당 대회에서 연설했을 때만 해도 모든 게 통제되고 있었소. 그런데 대체 무슨 일이 벌어진 거요?" 모스크바에 있던 시절부터 이 우크라이나 출신의 소련 독재자를 알고 지내던 울브리히트는 이 상황에 대해 솔직히 대답했다. "국민들이 우리가 충족시킬 수 없는 요구를 하고 있습니다." 공산주의자들조차 현실에 눈을 떠 아무리 독재 정권이라 하더라도 대중의 반대에 맞서서는 어떤 체제도 유지될 수 없다는 사실을 깨달은 것이다.

하지만 흐루시초프는 이러한 상황이 불만스러웠다. 울브리히트의 설명도 그를 납득시키기엔 부족했다. 서기장의 말이 곧 법인 체제에서 명령 불복종은 시베리아 유배형이거나 이보다 더한 처벌을 받을 죄였다. 그가 베를린은 다른 세계와 단절되어야 한다고 고함치자 울브리히트는 당장 베를린 주변에 철의 장벽을 세워야만 했던 것이다.

스탈린이 대학살을 자행하던 시기에 모스크바에 살았던 울브리히트는 명령을 따랐다. 장벽의 건설이 시작되었다. 이것이 바로 전체주의 독재국가의 정치였다. 흐루시초프의 분노와 한 통의 짧은 전화통화만으로 중대한 지정학적 결정이 내려진 것이다.

열흘 후인 8월 11일 금요일 카스너 가족은 옌츠쉬의 어머니와 바이에른에서 휴가를 보내고 돌아오는 길이었다. 그들은 폭스바겐 비틀을 타고 있었다. 카스너는 평소보다 군인이 많다는 것을 알아챘다. 국경을 넘자 숲속에 숨겨진 커다란 철조망이 보였다. 이것이 카스너 가족이 할머니 거트루드와 함께 보낸 마지막 휴가였다. 이틀 후인 8월 13일 일요일 아침 카스너 가족이 교회 갈 준비를 하고 있을 때였다. 공산 정권이 일명 '반파시스트 보호 장벽'을 세웠다는 소식을 들었다.

갓 일곱 살이 된 메르켈은 세상을 깜짝 놀라게 한 그날을 이렇게 기억했다. "그날 아버지는 설교를 하고 계셨습니다. 교회 주변에는 험악한 분위기가 감돌았어요. 절대 잊지 못할 겁니다. 사람들은 울부짖었어요. 어머니 역시 마찬가지였어요. 앞으로 무슨 일이 벌어질지 예상할 수가 없었습니다."[23] 그 후 인류 역사상 전례를 찾아보기 힘든 일들이 벌어졌다. 온 나라가 감옥으로 변한 것이다. 철조망과 감시 초소를 설치해 국경 경비를 강화했고 서베를린 전역을 155킬로미터에 달하는 4미터 높이의 장벽으로 에워쌌다. 민주주의 국가에서는 정부의 제1의 의무가 국민을 보호하는 것이지만 동독의 법은 달랐다. 도망치려 한 수많은 국민들은 국가에 의해 죽임을 당했다. 장벽이 존재한 28년간 벽을 넘으려 했던 173명의 동독인들이 총에 맞아 죽었다.

브란트는 베를린 장벽을 '수치의 벽'이라 이름 붙였다. 그러고는 정치 상징주의에 있어서 뛰어난 행보를 보여줬다. "장벽을 세울 계획은 없다"라는 울브리히트의 발언과 사진을 인쇄한 포스터를 내건 것이다. 그 포스터는 동독에서도 확실히 보일 정도였다. 하지만 무력한 서독이 할 수 있는 건 그것뿐이다.

베를린 장벽의 건설은 메르켈의 '첫 번째 정치적 기억'이었다.[24] 이제 냉전은 새 장으로 접어들었고 삶은 결코 이전으로 돌아갈 수 없을 터였다. 1989년까지는 말이다.

2

베를린 장벽의
그늘에서

:

"앙겔라라고 발음해요. 두 번째 모음에 강세를 줘서요." 꼬마 소녀가 주장했다. 음악 교사 헬가 가브리엘은 한숨을 내쉬었다. 다소 피곤해 보였다. 그녀는 이 7살 소녀를 첫 번째 모음에 강세를 줘 "앤겔라"라고 불렀었다. 하지만 그녀의 제자는 완벽주의자의 면모를 보이며 때때로 그녀를 힘들게 했다. 그 소녀는 〈피너츠Peanuts〉의 루시, 또는 〈심슨 가족The Simpsons〉의 리사와 상당 부분 비슷했다. 그녀는 음악을 썩 잘하지는 못했지만 가브리엘 선생님은 꼬마 앙겔라 양이 노래하기에 나쁜 목소리는 아니었다고 인정했다.[1] 언제나 일등을 하고 싶어 했던 그녀는 매사 열심이었고 꽤 말이 많았다. 하지만 선생님을 굉장히 힘들게 한 것은 아니었다. 앙겔라는 대체로 모범생이었다. 그녀는 다른 아이들이 제멋대로 굴거나 떠들 때 필기를 계속하는 부류였고 자신이 옳다고 여기는 대로 행동하는 애어른 같은 구석이 있었다. 이런 으스대는 듯한 태도를 보이긴 했지만 대체로 그녀는 사랑스러웠다. 따라서 선생님은 가끔 보이는 이런 태도를 참아낼 수 있었다.

괴테슐레에서의 생활은 평온했다. 적극적이고 뛰어난 학생은 학교에서 언제나 환영받는 존재다. 하물며 앙겔라는 두 가지 면모를 모두 갖추고 있었다. 그녀는 수학과 러시아어에 탁월했고 경쟁을 조장하는 동독 교육 제도에 맞춰 설계된 수많은 경시대회에도 참가했다. 하지만 때로는 비현실적인 꿈을 꾸기도 했다. 타고난 재능도 없는데다 걸음걸이조차 둔한 사람인데 피겨 스케이터가 되겠다는 앙겔라의 야심은 조용히 비웃음을 샀다.

하지만 누구도 그녀의 결단력이나 일곱 살답지 않게 꼼꼼히 준비하는 방식만큼은 평가절하하지 않았다. 어떤 것도 운에 맡기지 않았다. 다른 아이들을 다소 짜증나게 했던 그녀의 모토는 '절대 무능함을 보이지 말라'였다.[2] 짜증스럽게 느껴질 수도 있겠지만, 바로 그녀가 모든 일에 접근하는 방식을 정확히 보여주는 문구이기도 하다. 수십 년 후 앙겔라가 메르켈 총리가 되어 보여준 꼼꼼함과 사실을 정확하게 이해하려는 집착은 가히 전설적인 수준이었다. 훗날 세계에서 가장 영향력 있는 여성 정치인이 되고 나서 이러한 성격적 특징은 두드러지게 나타났다. 그녀의 태도는 정치 경력의 정점에 이르렀을 때의 행동과 별반 다르지 않았다.

그녀가 종종 언급하는 다이빙 보드 일화가 이러한 특징을 보여주는 적합한 예다. 3학년 때였다. 체육 선생님은 동독의 뛰어난 올림픽 대표팀에 선발할 체육 영재를 발굴해야 한다는 압박을 받고 있었다. 그는 앙겔라에게 3미터 높이에서 다이빙을 해보라고 제안했다. 앙겔라는 머리부터 집어넣으면 고통스러울 수도 있다는 사실을 알고 있었다. 선생님은 그녀가 발부터 집어넣을 거라고 생각했고, 그러면 다이빙은 그녀에게 맞지 않는다고 선언할 참이었다. 그러면 시간을 절약할 수 있으리라. 앙겔라는 미래의 올림픽 대표 선수 명단에 올라 있는 학생도 아니었던 터라 그다지 신경 쓰이지도 않았다. 하지만 앙겔라는 언제나 자신이 말한 대로 행동했다. 12개의 계단을 올라가 주저하며 물을 내려다봤다. 아찔했다. 그녀는 뒤를 돌았다. 하지만 내려오지는 않았다. 마치 상황을 분석하듯 앞뒤를 오갔다. 다른 아이들은 이런 모습을 신이 나서 바라봤고 특히 남자아이들 몇몇은 웃어대기 시작했다. 하지만 앙겔라는 분석을 계속했다. 마침내 수업이 끝났다는 종이 막 울렸을 때 그녀는 머리를 먼저 집어넣으며 다이빙했다. 그녀는 한 번도 다이빙을 해본 적이 없었지만 도전할 용기를 끄집어낸 것이다. 학생들은 웃음을 멈췄다. 그들 중 누구도 다이빙을 하지 못했다. 하지만 상황을 분석한 뒤 앙겔라는 해낸 것이다.

44년이 흘러 독일 총리가 된 메르켈은 어려운 상황에 처하자 다시 한 번 뛰어들지 말지 분석했다. 이번 결정은 자기 자신이 아닌 다른 이들, 정확히는 수억 명의 사람들의 운명에 영향을 미칠 것이다. 독일 정부는 2008년 미국의 투자은행 리먼 브라더스Lehman Brothers의 파산 이후 전 세계를 휩쓴 금융 위기에 비교적 영향을 받지 않는 편이라고 믿었다. 하지만 심각한 오판이었다. 몇 주 만에 유로존에서 가장 큰 나라가 미국에서 발생한 대재난의 여진을 느끼게 된 것이다.

메르켈은 경제 문제를 다뤄본 경험이 거의 없었다. 그녀는 환경부장관으로 재임했었고 그 전에는 여성청소년부장관이었다. 복잡한 경제 문제에 관해서는 어린 시절 다이빙에 도전할 때와 비슷했다. 과거 다이빙 보드에 올랐을 때처럼 갈등하고 시간을 끌면서 망설이는 듯 보였다. 그러자 템플린의 학교 수영장에서처럼 남자아이들(이번에는 기민련과 사민당의 노련한 정치인들)이 그녀를 두고 '두려워한다'거나 '감당할 능력이 안 된다', '힘겹다'는 식으로 떠들어대기 시작했다.

하지만 기한이 끝날 무렵 그녀는 놀라운 결단을 내렸다. 가능한 모든 결과를 고려해본 뒤 독일 정부는 독일 은행의 모든 예금을 보장하겠다고 선언한 것이다. 동료들을 놀라게 할 정도로 확신에 차고 투지가 느껴지는 결정이었다. 이로 인해 안정 국면에 접어들었고 그녀는 존경을 얻었다.

훗날 메르켈은 동료들과 외신 매체들이 그녀의 우유부단함을 비난할 때 다이빙 보드의 경험을 떠올렸을 것이다. 동급생들이 뭐라 하던 신경 쓰지 않았던 꼬마 앙겔라처럼 성인 정치인 앙겔라 역시 비난에 꿈쩍도 하지 않았다. 그녀는 주저함을 미덕으로 생각했다. 상황을 다각적으로 분석하는 것은 그렇지 않은 경우보다 강인함과 확실함을 보여주는 행동이다. 그녀는 "나는 결단을 내려야 할 때면 상당히 용감해집니다. 하지만 약간의 준비 시간이 필요해요. 가능하다면 뛰어내리기 전에 생각해 보고 싶거든요. 나는 매사 다음에 무슨 일이 벌어질지 예상해보려 합니다. 설사 이런 행동이 소심해 보인다 하더라도 말입니다."[3] 독일 언론은 그녀의 심사숙고하는 성향을 계속해서 비판했다. 하지만 그녀는 지금까지 이렇게 살아왔다. 자극적인 논조의 신문 〈빌트Bild〉의 정치부 기자는 그녀를 '우유부단함을 예술로 승화시킨 여성'이라고 묘사하기도 했다.[4]

학생 시절의 앙겔라에게도 이런 특징이 보였다. 그녀는 괴짜도, 왕따를 당하는 아이도 아니었지만 남들과 다른 아이였다. 몇몇 남자아이들이 그녀를 놀려대긴 했지만 괴롭힘을 당하진 않았다. 대부분 여자아이들

4명 정도와 무리지어 어울렸지만 다른 아이들, 심지어 남자아이들도 그녀를 좋아하는 편이었다. 조직적인 사고력을 발휘해 파티 준비를 잘해냈다. 무엇보다 중요한 점은 자신만큼 똑똑하지 못한 학생들을 기꺼이 도와주려 했다는 점이다. 과거의 동급생은 이렇게 회고했다. "그녀는 언제나 도움을 주는 아이였어요. 만약 문제가 생기면 언제나 앙겔라에게 달려갔지요. 다소 느린 아이가 있으면 앙겔라는 윽박지르지 않고 설명해줬어요." 약간은 뻐기는 듯한 그녀의 태도는 10대에 접어들며 웃고 떠들며 목소리 흉내 내기를 좋아하는 또래 아이다운 태도로 바뀌었다. 사춘기에 접어든 소녀 앙겔라의 사진에 건방진 미소를 띠고 있는 소녀의 모습이 보인 건 당연했다.

카스너 목사의 균형 잡힌 행동

목사의 딸로 살아가기란 쉽지만은 않았다. 괴테슐레의 다른 아이들과 달리 앙겔라는 청바지나 트레이닝복을 입었다. 패션 취향으로 보일 법했지만 사실은 그렇지 않았다. 그저 그럴 수밖에 없었기 때문이다. 앙겔라의 어머니는 정부 허가를 받지 못한 탓에 여전히 일을 할 수 없는 상태였고 아버지가 교회에서 받는 급여는 600마르크 정도에 불과했다. 이는 1960년대 중후반의 평균 임금 655마르크를 밑도는 금액이다. 1960년 이후 많은 동독 여성들이 일을 시작한 덕분에 가구 수입은 두 배가 되었지만 카스너 목사 가족은 도움을 필요로 했다. 함부르크의 가족과 친구들이 보내온 '서쪽에서 온 꾸러미Westpackete'는 박봉의 목사에게 큰 도움이 되었다. 게다가 1961년 8월 베를린 장벽이 건설된 이래 만나지 못한 함부르크의 할머니 거트루드와의 유일한 연결 고리로서 정치 상황을 상기시키는 상징이기도 했다.

그럼에도 카스너는 어떤 점에서는 많은 동포들보다 잘 지낸 편이었다. 동독인 대부분은 고장이 잦은데다 오염물 배출도 많은 트라반트Trabant 한 대를 구입하기 위해 10년을 기다려야 했다. 2기통 엔진으로 동력을 얻는 트라반트는 초보적인 동독 자동차 산업과 서독의 앞선 제조사들과의 수준 차이를 보여주는 상징이었다. 당시 서독의 모든 근로 가정에서는 아우디나 BMW, 심지어 포르쉐까지 보유하고 있었다. 카스너 가족은 다른 가정들처럼 몇 년을 기다리지 않고도 트라반트 한 대를 소유할 수 있었다. 서독의 가족들이 돈을 보내준 덕분에 세컨드카로 폭스바겐도 살 수 있었다.

목사에 대한 이러한 편애에는 이유가 있었다. 공산주의 정부는 경화Hard Currency(가치가 비교적 안정되어 국가 간 거래에서 쉽게 교환할 수 있는 화폐. 미국 달러가 대표적이다—옮긴이)가 부족한 탓에, 이를 유지할 방법의 일환으로 일부 국민을 선정해 외국의 송금 수취를 허가한 것이다. 또한 정부는 루터교 목사에게 세컨드카 구입 기회를 줌으로써 그의 교구민들의 분노를 유발해 목사와 신도 간 틈이 벌어지게 할 수 있었다. 이 같은 전략의 일환으로 정권은 카스너 목사에게 서방 세계, 즉 이탈리아와 서베를린 그리고 미국 여행까지 허가해줬다. 그들은 그가 동독을 떠나지 못할 것을 알고 있었다. 그의 아내와 아이들은 여행 허가를 받지 못한 것이다. 사회주의통일당과 슈타지는 대단히 교활했고 대체로 이러한 전략은 효과를 거뒀다.

카스너 가족은 동독에서 크게 고생하지는 않았지만 언제나 엄격한 감시 하에 지내야 했다. 이제 동독의 기독교도는 '노동자 계급의 적'이라는 오명을 벗고 삶이 개선되었지만 여전히 미묘한 차별을 겪고 감시를 받아야 했다. 슈타지 파일에 따르면 카스너가 은밀한 곳에서는 공산주의에 대한 비판을 쏟아낸다고 하지만 그는 체제에 순응하려는 노력을 기울여왔다. 심지어 장벽이 건설되기 전에도 프라하에 가서 정권이 조직한 평화회의에 참석하기도 했다. 같은 해인 1958년에는 바이센제 워크숍Weißenseer Arbeitskreis, WA에 합류하라는 동독 루터교 수장인 쇤헤르 목사의 제안을 수용했다. 슈타지 파일에 따르면 그 워크숍은 이른바 진보적인, 다시 말해 체제와 협력하려는 신학자들을 대표하는 신학교와 루터교 목사들의 공식적인 토론 포럼이다.

정권은 협력 가능성이 높은 이들을 발굴하는 데 열을 올렸고 카스너는 WA의 주요 인물이었다. 동독에 기회는 남아 있지 않았고 모든 것은 동서 갈등의 맥락에서 정치적 의미에 따라서만 판단되었다. 루터교회 또는 EKD는 동서독이 분단된 이후에도 분리되지 않았고 이러한 사실은 많은 동독 사람들의 가슴과 마음에 영향을 미쳤다.

공산당 최고 기관인 정치국은 거침없는 발언으로 유명한 베를린 주교를 주목했다. 주교 오토 디벨리우스Otto Dibelius는 공식적으로 템플린이 속한 브란덴부르크(베를린 인근 지역) 교구를 이끌고 있었다. 그는 공산주의 체제를 맹렬히 비판하며 동독 정권에 '전체주의 국가에서는 정의가 존재할 수 없다'고 직설적으로 선언하는 공개서한을 보내기도 했다. 동독 정권은 디벨리우스 주교가 'NATO 교회'를 대표하고 있는 것으로 간주했다. 하지만 공산주의자들은 이 루터교 지도자를 '파시스트 제국주의자'로 쉽게 낙인찍으면 역효과를 낳을 수 있다는 사실을 알고 있었다. 어떤 독재 정권도 억압만으로 유지될 수 없는 법이다. 때로는 심각한 반대를 피하기 위해서라도 약간의 불만은 허용할 필요가 있다. 억압적 관용^{Repressive Tolerance}은 대체로 효과적인 무기 아니던가.

울브리히트는 이런 책략의 달인이었다. 과거 기독교에 대한 그의 냉혹한 입장을 뒤집은 채 동독 의회에 기독교 정신과 사회주의의 인도주의적 목표 간 상충되는 부분은 없다고 발언했다. 물론 이러한 발언은 본심이 아닌 전략적 선택이었다. 실제로 성직자들은 변함없이 감시를 받고 있었으며 슈타지의 보고서에 비판적인 언어로 설명되었다. 비밀경찰은 어디서든 감시의 눈길을 그치지 않고 있었다. 전체주의를 비판해 명성을 얻은 독일계 미국인 철학자이자 작가인 한나 아렌트^{Hannah Arendt}는 《전체주의의 기원^{The Origins of Totalitarianism}》에서 비밀경찰은 전체주의 국가에서 가장 우회적이고 효과적인 부분이라고 강조했다. "능률적이고 유능한 비밀경찰은 국가보다 상위에, 표면적인 권력의 이면에, 복잡하게 얽힌 관청의 미로에, 모든 권력 이동의 배후에, 비능률의 혼돈 한가운데 국가 권력의 핵심에 자리 잡고 있다". 카스너와 그의 가족의 감시 수위를 높인 건 바로 이 조직이었다.

1960년대 초반 앙겔라가 막 열 살이 되었을 무렵이다. 그녀의 아버지를 맡은 특수요원이 템플린신학대학에 침투해 목사의 일거수일투족을 보고했다. 어쩌면 그가 잘 속는 사람이거나, 어쩌면 똑똑했거나 또는 다른 선택의 여지가 없었기 때문에 카스너는 울브리히트 체제에 동조했다. 적어도 공식적으로는 말이다. 그는 집이나 발도프에서 동료들과 대화를 나눌 때에는 굉장히 비판적이었지만 공식적으로는 쇤헤르 주교와 함께 사회주의 체제의 교회를 선전하기 시작했다.

카스너는 슈타지 정보원을 훌륭하게 속여 1967년 무렵에는 위협적이지 않은 순응주의자라는 슈타지의 평가를 얻기에 이르렀다. 따라서 그가 대부분 동독에 비판적인 서독의 목사와 주교들과 EKD 회의에 참석했을 때에도 감시의 눈길을 멈추지 않던 슈타지 정보원은 카스너가 공개적으로 디벨리우스 주교를 비난하면서 '우리(동독 정치국)의 정책'에 발맞추려 한다고 보고했다.[5] 카스너에 대한 체제의 신뢰는 상당해서 그들 계획의 중심 역할을 맡기기도 했다. 그렇다고 해서 정식 요원으로 삼은 것은 아니고 신뢰하는 사람으로 간주했다는 뜻이다. 은퇴를 앞둔 디벨리우스 주교의 후임자 선출을 두고 동서독 루터교 사이에서 다시 긴장감이 조성되었다.

분리를 기대하는 이들도 있었다. 그러면 동독 정권은 동독 국민들이 EKD에 관련되는 것을 금지할 테니 말이다. 하지만 이러한 강제력은 언제나 최후의 수단인 법이다. 눈에 띄지 않는 통제 방식을 선호한 사회주의통일당은 교활한 계획을 세웠다. 1967년 1월 18일 정치국 회의에서는 분리 대신 동독 측 인사를 베를린 주교 후보자로 내세우기로 결정한 것이다. 동독 사람이 그 자리를 차지하면 정치적 일격을 가하는 셈이기 때문이다.

그리고 카스너가 이 역할을 맡은 것이다. 사회주의통일당은 영향력을 발휘해 (그리고 약간의 위협을 통해) 브란덴부르크 교구의 주요 인사들이 신학자이자 사회주의통일당원인 귄터 야콥Günter Jacob을 후보로 내세우게 했다. 카스너도 그중 하나였다. 슈타지 비밀요원이 감찰한 바에 따르면, 그와 동료들은 서베를린에 가서 절차에 따라 (그리고 설득력 있게) 야콥 주교의 지지를 호소했다. 정보원의 보고에 따르면 그들은 임무를 잘 수행했다.

하지만 충분하지는 않았다. EKD는 미끼를 물지 않고 커트 샤르프^{Kurt}

Scharf를 선출했다. 새 주교는 동독 입장에선 눈엣가시 같은 존재로 드러
났다. 전임자와 달리 노골적인 의사 표명은 덜하고 외교적인 성향이었
지만 그 역시 울브리히트 체제의 행위를 용납하지 않겠다는 의지만큼은
분명히 드러냈다.

EKD 침투 계획의 실패로 정치국은 전략을 바꿔야 했다. 이제 '자본
주의자'와 '파시스트'들과의 관계를 단절하고자 했다. 체제의 대변인으
로 왕성하게 활동하던 쇤헤르 주교가 동독 루터교 분리 준비 책임을 맡
았다. 카스너도 그와 함께했다. 그는 슈타지가 그의 전향을 진심이라고
믿을 만큼 제대로 일을 해냈다. 그의 행보를 일일이 보고하던 요원이 이
제는 카스너를 칭송하기에 이르렀다. 한때 '사회주의 국가의 적'으로 알
려졌던 인물이 이제는 자국의 정책을 옹호하는 인물로 슈타지의 칭송을
받게 된 것이다.⁶

카스너가 그들을 속인 것인지 또는 진짜 추종자가 되었는지 여부는
논란의 여지가 있다. 많은 이들이 그의 타협 성향을 비판한다. 카스너의
냉담하면서도 오만한 태도는 많은 친구를 사귀는 데 장애가 되었고 상
당수의 동료를 짜증스럽게 했다. 체제의 비판자와 지배 정당의 신뢰를
받는 이 사이에서 섬세하게 균형 잡힌 행동을 하려는 그의 시도는 많은
이들을 불쾌하게 했다. 카스너의 후배인 에펠만 목사는 한때 자신의 멘
토였던 사람에게 격분했다. "내심 생각했습니다. '이런 비열한 인간!'"⁷

이러한 비난이 공정한가? 고결한 척하기는 쉽다. 그리고 고통스러운
순교만이 도덕적인 행동은 아니다. 부양해야 할 가족이 있는 남자의 타
협 의지를 독재 정권에 협력한 증표라고 하기는 어렵지 않은가. 에펠만

이 선배를 체제의 공식 요원이라고까지 비난하지 않았더라면 그의 진심이 전해지며 어느 정도 이해되었을 수도 있다.

카스너는 다른 누구보다 체제와 타협하고 협력하는 데 긍정적이었지만 이를 통해 대가를 얻지는 않았다. 리하르트 슈뢰더Richard Schroder는 또 다른 체제의 비판자로 그 역시 발도프를 자주 방문하곤 했다. 1989년 이후 명망 높은 훔볼트대학교의 신학 교수로 재직 중인 슈뢰더는 앙겔라의 아버지가 정권에서 '신뢰할 만한' 부류로 간주되었다는 사실은 인정했지만 체제와 공모했다는 혐의에 대해서는 카스너를 변호했다. "그는 순응주의자가 아니다. 신학원은 서쪽으로 난 창문과도 같아서 공산당의 방침에 제한받지 않고 서방 세계의 서적과 방문객을 받아들였다."[8]

설사 그렇다 해도, 중요한 점은 가까운 미래에 공산주의 체제가 붕괴할 조짐이 보이지 않던 시기였다는 점이다. 여전히 공식적으로는 무신론을 따르는 체제에서 카스너가 루터교의 불안한 기반을 다지고 안정시키려는 노력을 기울인 것은 당연했다.

인간의 얼굴을 한 사회주의 그리고 죽어버린 꿈

1960년대 후반 동서독의 관계는 완화 국면에 접어들었다. 1961년 존 F. 케네디John F. Kennedy 미국 대통령이 소련이 쿠바에 배치한 탄도미사일 철수를 요구하며 핵무기 사용으로 위협하면서 극에 달했던 핵전쟁의 위협은 감소되었다. 모스크바와 워싱턴의 관계가 개선되고 있다는 낙관론이 조심스럽게 대두되었다. 두 강대국은 부분적 핵실험 금지 조약에 합의하고 고위층 방문이 성사되어 1964년 흐루시초프는 미국을 방문해 카우보이모자를 쓰기도 했다. 소련 진영의 국가들이 사회주의의 인도주의적 면모를 발전시키는 것도 가능해 보였다.

동독은 스탈린 시대의 소련이나 오늘날 북한 같은 공산국가는 아니었다. '노동자와 농부들의 국가'의 국민들은 외국 프로그램을 청취하고 서방 세계의 TV 방송을 수신할 수 있었다. "학교 선생님처럼 국가를 대표하는 사람들이 우리 집에 올 때면 TV 채널을 채널7(서독 방송 채널)에서 채널5(동독 방송 채널)로 바꿨답니다."⁹ 메르켈은 회상했다. 따라서 동독이 교활한 독재 정치를 펼쳤음에도 국민들은 서독은 물론 더 넓은 세상의 사정을 알 수 있었다.

정치에 관심이 높았던 카스너 가족은 서독의 뉴스를 챙겨봤다. 메르켈 자신의 미화된 기억을 포함해 다른 이들의 이야기를 종합해보건대, 그녀는 시사 문제에 상당한 관심을 보였다. "나는 트랜지스터 라디오를 들고 여자 화장실로 숨어들어 서독 대통령 구스타프 하이네만Gustav Heinemann의 선출에 앞서 열린 선거인단의 토론회에 귀를 기울였습니다."¹⁰ 그녀가 소형 라디오를 가지고 있었다는 사실은 1960년대 들어 완화된 분위기의 방증이기도 하다.

1963년 고령의 서독 총리 아데나워가 87세로 마지못해 은퇴하고 에르하르트가 뒤를 이었다. 1965년 에르하르트는 크렘린에 정치적 자유와 궁극적인 통일을 대가로 250억 달러의 융자를 제안했다. 그는 그 돈을 돌려받을 기대조차 하지 않는다고 공공연히 밝혔다. 하지만 소련은 이 제안을 거절했고 동독 측에서도 진지하게 받아들이진 않았다. 무엇보다 이 제안은 국제적 정치인으로서 에르하르트의 순진함만 보여줬다. 이

거구의 경제학자는 숫자와 금융에는 해박했지만 고급 정치, 외교, 국제 관계에서는 아마추어였다. 어쨌든 그가 총리로 재임한 기간은 짧았다. 그는 3년도 채 되지 않아 실각했고 보수주의자 쿠르트 게오르크 키징거Kurt Georg Kiesinger가 뒤를 이어 사민당과 연합 내각을 꾸렸다. 브란트가 부총리 겸 외무부장관에 임명되었다.

키징거는 상당수의 좌파에게 비난을 받았다. 나치 선전부에서 일한 경력과 보수주의 철학자이자 국가사회주의자인 카를 슈미트Carl Schmitt의 가까운 친구였기 때문이다. 반면에 부총리 브란트의 자격은 흠잡을 데 없이 완벽했다. 브란트는 나치에 적극적으로 저항한 이력이 있었을 뿐 아니라 공개적으로 동독을 반대하는 반공산주의자였다. 그는 베를린 장벽이 세워졌을 때 베를린 시장으로서 케네디 미국 대통령이 "나는 베를린 시민입니다Ich bin ein Berliner"라는 유명한 연설을 할 때 옆에 서 있기도 했다.

이 모든 변화가 동독 사람들에게 영향을 미쳤는지는 논란의 여지가 있다. 독일 통일은 요원해 보였고 동독 사람들은 다른 데서 희망을 찾고 있었다. 사실 일부 사람들은 통일 독일에 관심조차 두지 않았다. 카스너는 확실히 공산주의자는 아니었지만 통일에 미온적이었고 인도적인 사회주의에 기반한 국가라는 이상을 품고 있었다. 카스너는 표면적으로는 체코슬로바키아의 발전에 고무되었다. 체코슬로바키아는 개혁 성향의 슬로바키아인 알렉산데르 둡체크Alexander Dubček 공산당 제1서기가 집권해 울브리히트의 반스탈린 체제와는 매우 다른 국가 노선을 걷고 있었다.

체코슬로바키아 공산당KS 중앙위원회 위원인 둡체크는 강경파 공산당 지도자 안토닌 노보트니Antonin Novotny에 반대하는 봉기를 이끌었다. 소련은 둡체크를 신뢰하는 것 같았다. 그의 양친 모두 공산주의자였고 그 자신도 소련에서 태어났다. 이러한 혈통 덕분에 그에게는 약간의 재량권이 있었다. 하지만 노보트니는 눈치채지 못했다. 언제나 당의 강령을 따르며 크렘린의 주인에게 복종해왔기에 그에겐 러시아가 자신을 물러나게 하지 않을까 하는 염려는 없었다. 모스크바가 자신을 지지하고 있다고 잘못 판단한 그는 혁명 진압을 위해 1964년 흐루시초프의 뒤를 이은 레오니드 브레즈네프Leonid Brezhnev를 초청했다.

하지만 짙은 눈썹이 인상적인 고지식한 전문기술관료Technocrat 출신의 소련 지도자는 노보트니를 탐탁지 않게 여겼고, 그는 자신을 반대하는 데 충격을 받았다. 브레즈네프는 완벽한 러시아어를 구사하고 매력적인 둡체크 쪽이 훨씬 유능하다고 판단해 노보트니를 버렸다. 둡체크는 1968년 1월 체코슬로바키아 공산당 제1서기가 되었다. 정권을 잡자마자 그는 개혁을 시작했다. 훗날 체코 작가 밀란 쿤데라Milan Kundera의 소설 《참을 수 없는 존재의 가벼움》에서 묘사되었듯 행복한 시기였다. 1968년 봄 둡체크와 개혁파들은 '인간 얼굴을 한 사회주의'라는 표어를 만들었다. 이 사건은 인도적 공산주의라는 실험이 펼쳐진 체코슬로바키아 수도의 이름을 따 '프라하의 봄'이라 알려졌다.

카스너는 이러한 변화에 고무되었고 심지어 열광했다. 서방 세계의 많은 지식인들 역시 마찬가지였다. 서베를린의 신학 교수 헬무트 골비처Helmut Gollwitzer는 〈어째서 나는 기독교도로서 사회주의자가 되었는가〉라는 제목의 에세이를 발표해 파장을 일으켰다. 많은 개신교 신학자들이 소련식의 공산주의는 반대하지만 골비처를 좇아 자본주의를 비판하며 사회주의를 옹호했다.

카스너는 과도한 탐욕과 소비 사회에 대한 비난의 목소리를 높였다. 그의 기독교 사회주의 신념을 충실히 따르며 자본주의 제도를 비판했다. "중요한 것은 돈뿐이다. 이윤을 내려는 생산자와 사려는, 그것도 필요 이상을 사려는 소비자 모두에게 그렇다. 시장경제는 인간에 의해 형성된 것이니만큼 여기에 의심을 품어서도 안 된다. 모든 것이 시장화되고 있다. 심지어 자연 그 자체도 말이다."[11] 근본적으로 자본주의 제도가 잘못되었다고 믿으며 기독교적 형제애와 사회적 정의가 결합된 인도적 사회주의를 갈망하는 사람에게 프라하의 봄은 매력적이었다. 카스너는 자신이 타협했던 모든 것이 그럴 만한 가치가 있었다고 믿었다. 마침내 초기의 고난 끝에 인간의 얼굴을 한 사회주의가 펼쳐지게 된 것이다. 인도적 기독교 사회주의에 대한 그의 믿음이 실현된 것만 같았다.

둡체크에 영향을 받은 카스너 가족은 1968년 7월 체코슬로바키아 북쪽의 크르코노셰의 작은 아파트를 빌려 휴가를 보냈다. 당시 14살이었던 앙겔라는 여행 기회를 만끽하며 휴가를 오지 않았더라면 여전히 바빴을 아버지와 즐거운 시간을 보냈고 그녀의 어머니는 집안일에서 해방되어 휴식을 즐겼다. 그들이 빌린 아파트의 주인 가족에게는 앙겔라와 동갑인 아들이 하나 있었다. 점점 외향적으로 변해가던 그녀는 누구와도 말할 기회를 놓치는 법이 없었다. 그녀가 주인집 아들과 얘기를 나눈 건 당연했다. 우표를 수집하던 그 소년은 앙겔라에게 노보트니의 얼굴이 그려진 우표를 가지고 있다고 말했다. 훗날 앙겔라는 당시의 일을 이렇게 회고했다.

"나는 그 소년이 우표를 찢어버리는 것을 보고는 그에게 달려가 어째서 수집한 우표를 없애는 거냐고 물었습니다. 그러자 그는 이제 둡체크가 위대한 영웅이 되었으니 노보트니의 초상화 우표는 버려야 한다고 말하더군요."[12]

새로운 체제가 둡체크를 '위대한 영웅'으로 선전하며 프라하의 봄을 이끈 지도자를 우상으로 섬기는 행태를 보고 카스너와 옌츠쉬는 냉정하게 생각해볼 수도 있었다. 하지만 그렇게 하지 못했다. 그들은 열광하는 시류에 휩쓸려 민주적 사회주의 실현의 여명이 밝았다는 희망에 젖어 있었다. 카스너 부부는 주인집 부부에게 이틀간 아이들을 봐달라 부탁하고는 직접 혁명의 분위기를 느끼기 위해 프라하에 갔다. 그곳에서 그들은 진정한 혁명의 특징인 자유와 희망이라는 정확히 규정하기 어려운 정신을 직접 경험했다. 체코슬로바키아 수도에서 이틀을 보낸 후 목사와 그의 아내는 경쾌한 발걸음으로 세 아이들에게 돌아왔다. 그리고 카스너 가족은 흥분되고 열광한 기분에 젖어 템플린에 돌아왔다. 하지만 이런 기분은 오래 지속되지 않았다.

며칠 후 앙겔라는 주말 동안 베를린에 사는 할머니를 방문했다. 8월 21일 일요일 이른 아침 그녀는 뉴스를 들었다. 프라하의 봄이 막을 내렸다는 것이다. 소련군 탱크가 무력 진압하면서 이제 거의 실현된 듯 가깝게 느껴졌던 꿈이 산산조각났다. 모든 동독 사람들이 보던 서방 세계의 TV 프로그램에서는 붉은 군대가 자비를 비는 시민들을 탄압하는 장면을 방송했다. 1953년 베를린과 1956년 부다페스트에서 본 소련 군대의 그것과 같은 장면이었다.

프랑스 철학자 베르나르 앙리 레비Bernard-Henri Lévy는 둡체크의 캐치프레이즈 '인간 얼굴을 한 사회주의'를 비틀어 공산주의를 '인간 얼굴을 한 야만'이라고 칭했다. 레비의 에세이는 좌파의 희망이 좌절되었음을 보여줬다. 하지만 레비와 달리 카스너 가족은 체제를 비판하지 않았다. 카스너와 옌츠쉬는 소련의 침공에 절망했다. 경계의 눈초리를 늦추지 않고 있던 슈타지 정보원은 이런 정황을 알아채고 카스너 목사가 소련의 침략은 '체코슬로바키아 민주주의 탄압이다'라는 의견을 피력했다고 상급자에게 보고했다.[13] 사실을 말했을 뿐이지만 이는 그를 새로운 감시 명단에 넣기에 충분했다.

아마도 성격 덕분이겠지만 앙겔라는 상황의 아이러니를 이해할 수 있었고, 그들이 머물렀던 집의 소년이 노보트니의 초상화가 인쇄된 우표를 당장 버리는 모습이 재미있다고 생각했다. 그 2주 후 개학날 학생들은 "방학 동안 뭘 했나요?"라는 전형적인 질문을 받았다. 앙겔라는 체코슬로바키아에서 만난 소년이 우표를 찢어버린 이야기를 시작했다. 그러자 선생님이 매서운 눈빛으로 그녀를 빤히 쳐다봤다. "그 즉시 이 얘기는 해선 안 된다는 걸 깨닫고는, 바로 다른 이야기를 했지요."[14] 앙겔라는 문제를 피하기 위해 어떻게 행동해야 하는지 알고 있었다. 삶은 그대로 흘러갔다. 그녀는 열심히 공부하고 문제가 될 상황을 피했다. 적어도 그녀의 선생님 중 누구도 그녀가 반사회주의적인 감성을 숨기고 있다고 의심하는 이는 없었다.

러시아어 올림피아드

프라하의 봄 이후 카스너 목사는 세간의 이목을 피하며 지냈다. 이들 가족은 평지풍파를 일으키지 않으려 조심하면서 조용히 신념을 지켜갔다. 앙겔라도 다른 실천적인 기독교도들처럼 확고한 믿음을 가지고 있었다. 15살이 되었을 때 그녀는 자신의 믿음을 재확인했다. 하지만 FDJ 활동도 계속했다. 무엇보다 학업 성적이 뛰어났다. 하지만 그녀의 아버지에 대한 정권의 의심이 더 깊어졌더라면 성과를 거두지 못했을 수도 있었다. 다른 루터교 목사들의 자녀들은 그만큼 운이 좋지는 않았다. 불만을 조금이라도 내색하는 사람들은 신속하고 효과적이며 무자비한 처분을 받았기 때문이다. 투옥, 고문 같은 방식이 아니라 실질적으로 진로가 막혀버리는 식이었다.

체제 선언에도 불구하고 기독교도들은 여전히 적발되고 있었다. 1989년 공산주의 정권의 몰락 이후 템플린 시장이 된 울리히 쇤나이히Ulrich Schoenich도 이런 희생자 중 하나였다. 체제에 순응하지 않는 목사 아버지를 둔 쇤나이히는 FDJ에 가입하지 않았다. 따라서 그는 뛰어난 성적에도 불구하고 엘리트 학교인 EOS 입학 자격을 얻지 못해 고등 교육을 받을 기회를 봉쇄당하고 말았다.

앙겔라 역시 두려움 속에서 살았다. 그녀는 사소한 실수로도 파멸에 이를 수 있다는 생각에 끊임없이 불안에 떨었다. 매일 그녀의 어머니는 대학교에 들어가려면 다른 누구보다 모범적으로 행동해야 한다고 타일렀다. 그녀는 제도적으로 목사의 아이들을 차별한다는 사실을 잘 알고 있었다. 하지만 아버지 직업을 물으면 앙겔라는 그가 목사라는 사실을 부인하지는 않았다. 다만 독일어로 목사라는 뜻의 'Pfarrer'는 운전사라는 뜻의 'Fahrer'와 거의 같은 발음이라는 점에 착안해, 아버지가 기독교 목사라는 반동 부르주아지가 아닌 노동자 계급인 듯 살짝 잘못 발음했다. 다른 사람들이 실제로 그녀에게 넘어갔는지는 확실치 않다. 그녀의 아버지는 꽤 유명한 인물이라 교사들이 앙겔라가 카스너 목사의 딸임을 몰랐을 것 같지는 않다. 하지만 블루칼라 노동자 계급에 대한 체제 집착에 호응하려 노력하는 모습을 통해 그녀가 자신의 처지를 잘 알고 있다는 메시지를 전했고, 그 덕분에 그녀는 피해를 입지 않을 수 있었다.

동독은 자국민을 감시하고 도망치려는 이들을 죽여버리는 정당이 이끄는 사회였다. 전체주의 정부를 국민의 생명뿐 아니라 사고까지 통제하려는 체제라고 정의했을 때 동독은 여기에 정확히 부합되는 인류 역사상 가장 정교한 독재 국가 중 하나였다. 슈타지 자료실을 방문한 이라면 플로리안 헨켈 폰 도너스마르크Florian Henckel von Donnersmarck의 2006년 영화 〈타인의 삶〉과 TV 드라마 〈도이칠란드 83〉의 가상 이야기가 현실과 그리 다르지 않다고 증언할 것이다. 하지만 메르켈은 나쁘기만 하지는 않았다고 털어놓았다. "나는 멋진 어린 시절을 보냈습니다. 서독 사람들은 동독의 모든 것이 정치적이진 않았다는 사실은 간과하더군요."[15] 마치 그녀의 삶을 통제하는 데 최선을 다했던 국가를 변호하려는 묘한 욕구를 느끼는 것 같았다.

역사학자와 사회과학자들의 시각에서 동독이 전체주의 국가인지 아닌지는 결국 의미론적 문제다. 분명 체제는 세뇌와 위협을 통해 자국민을 틀에 맞추려 최선을 다했다. 교육은 억압적인 제도의 중요한 부분이었다. 학교에는 기회란 남아 있지 않았고 앙겔라가 다니던 학교도 예외는 아니었다. 전체주의 체제는 역사적 유물론에 적합한 새로운 인간형을 만들어내고자 한다고들 한다. 앙겔라와 다른 학생들도 자신들이 다닌 교육 기관은 대장간과 같았고 그 틀에 맞추려 하지 않는 사람들은 배제되었다[16]고 분명히 말했다.

앙겔라는 세뇌 교육에 순응했다. 적어도 겉보기엔 그랬다. 학생으로서의 근면함과 조용한 태도가 한몫했다. 그녀가 피해를 입지 않은 다른 이유는 완벽한 러시아어 구사 능력 때문이다. 학교에서는 매년 러시아어 경시대회를 열었다. 앙겔라는 승부욕이 강했다. "앙겔라는 뭘 하든 언제나 1등을 하고 싶어 했어요." 그녀의 동급생은 이렇게 기억한다. 러시아어 면에서 그녀는 두말할 나위 없는 최고였고 러시아어보다 수업 시간이 많은 과목은 없었다. 1969년 앙겔라는 8학년임에도 특별 허가를 받아 9학년 대상의 전국 러시아어 경시대회에 참가했고 동메달을 받았다. 다음 해에는 시, 군, 전국 단위로 열린 '러시아어 올림피아드'에서 금메달을 획득해 부상으로 레닌 탄생 100주년 기념 해에 모스크바 견학을 다녀왔다.

김나지움에서

앙겔라의 중학 시절 러시아어와 수학 성적은 최고 엘리트 학교인 EOS 고등학교나 김나지움 어디든 갈 수 있을 정도였다. 그 무렵 앙겔라와 동급생들은 공산주의 엘리트 학교에 진학할 학생으로 선발될 수 있도록 행동해야 한다는 정보를 들었다. 앙겔라의 초등학교 시절 음악 선생님과 결혼한 가브리엘 교장은 철저한 공산주의자였다. 비사회주의자인 동생이 보내온 선물을 되돌려 보냈다는 사실을 자랑스레 떠벌리던 인물이 자신의 학생들도 똑같이 행동하기 바랄 것이라는 건 자명했다. 이러한 방침은 특히 앙겔라에게 문제가 되었다. 카스너가는 형편이 넉넉지 않아 서독의 친척들에게 서방 세계의 옷을 물려 입고 있었기 때문이다.

가브리엘 교장은 비타협적인 자세를 강조하기 위해 독일의 유명 백화점인 카슈타트 바렌하우스의 쇼핑백을 들고 다니는 학생들조차 의심했다. "무슨 다른 증거가 필요한가? 자본주의 백화점의 쇼핑백이 반사회주의 성향을 드러내지 않는가?" 그는 슈타지식의 공포와 위협을 흉내냈다. 이를 여실히 보여주는 일화가 있다. 앙겔라의 동급생인 보도 이르케 Bodo Ihrke(1989년 이후 사민당 소속 시의원이 되었다)는 사업가 기질이 있는 소년이었다. 서독의 친척들에게서 그는 〈브라보Bravo〉지 몇 부를 받곤 했다. 최신 팝송과 서방 세계의 유명인들의 사생활을 다루는 다소 저속하지만 유해하지는 않은 잡지였다. 이걸로 돈을 벌 수 있다고 생각한 기업가 소년은 데이빗 캐시디David Cassidy, 도니 오스먼드Donny Osmond나 베이 시티 롤러즈Bay City Rollers의 최신 소식을 알기 위해 기꺼이 상당한 금액을 치르려는 친구들에게 잡지를 복사해 팔았다. 가브리엘 교장은 현장에서 그를 잡았다. 그는 재발 시에는 영구 퇴학이라는 경고를 받고 정학 처분을 받았다. 그리고 다시는 이런 일을 저지르지 않았다.

김나지움 시절의 앙겔라는 지금과는 다른 모습이었다. 괴테슐레의 모범생은 사라지고 이제는 파티에 가고 친구들과 몰래 담배 피우기를 즐겼다. "우린 숲에 가서 담배 피우는 걸 좋아했어요." 그리고 담배를 가져온 건 앙겔라였다고 한 친구가 기억했다.[17] 막내 여동생이 태어난 뒤 앙겔라는 발도프 근처의 작은 헛간 같은 건물에 자신만의 방을 얻었다. 앙겔라는 프랑스 인상파 화가 폴 세잔Paul Cézanne을 특히 좋아했다. 앙겔라도 60년대의 다른 십대 청소년들처럼 팝뮤직을 좋아했다. 친구들은 롤링 스톤스를 좋아했지만 앙겔라는 그렇지 않았다(하지만 역설적이게도 40년 후 그녀가 속한 기민련은 롤링스톤스의 〈앤지Angie〉를 그녀의 선거 캠페인송으로 이용한다). 앙겔라가 좋아한 건 비틀즈, 그중에서도 폴 매카트니Paul McCartney였다. 그녀가 러시아어 올림피아드 일등 부상으로 떠난 모스크바 여행에서 처음으로 산 음반은 비틀즈의 〈노란 잠수함Yellow Submarine〉이었다.

그녀의 동급생과 학교와 FDJ의 친구들은 자주 놀러왔다. 초등학교부터 앙겔라와 같은 반이었던 이르케는 카스너 목사가 다소 무섭고 엄격했다고 기억했다.[18] 하지만 10대 입장에선 나이가 들어 보이는 서른 넘는 사람이 그렇게 보일 법도 했다. 하지만 목사는 거의 집에 있지 않았고 앙겔라의 어머니는 온화하고 또 친절했다. 발도프, 특히 엽서로 뒤덮인 앙겔라의 방은 친구들 사이에서 집합소로 인기가 높았다.

보통 10대 청소년들처럼 앙겔라도 간혹 부모를 걱정시키곤 했다. 그녀는 저녁에 친구들과 어울려 외출하고 싶어 했지만, 그녀의 어머니는 다른 아이들과 모페드 타는 걸 금지했고 어떤 경우에도 정해진 시간이면 집으로 돌아와야 했다. 그녀는 반발했을까? 그런 감정을 공공연히 드러내진 않았다. 그녀는 부모와 대립하지 않을 타협점을 찾았다. 이는 훗날 정치인이 되어 빛을 발한 특징이었다. 부모님의 통제에서 벗어나기 위해 앙겔라는 종종 베를린에 사는 친할머니댁에 갔다. 할아버지 루트비히는 1959년에 돌아가셨지만, 할머니 마르가레테Margarethe는 근심걱정이 없는 편이라 10대 손녀딸이 놀러오면 상당한 자유를 허락했다(어쩌면 외로웠기 때문인지 모른다). 굉장히 외향적인 앙겔라는 10시까지, 가끔은 그보다 늦은 시간까지 밖을 돌아다녔다. 그녀는 박물관에 가고 동베를린 이곳저곳을 다니며 만나는 누구와도 열렬히 대화를 나눴다. 그렇지만 그녀가 시내 쏘다니기를 좋아하는 부류는 아니었다. 술 마시고 남자아이들과 어울리는 건 그녀 취향이 아니었다.

알다시피 메르켈은 약칭 CDU라는 정당의 대표가 된다. 훗날 그녀의 동창 중 하나는 기자에게 이에 관련된 농담을 했다. "앙겔라는 학창 시절에 이미 CDU의 회원이었습니다. '키스 무경험자 클럽Club Der Ungeküssten'이었죠."[19] 그녀의 물리 선생님도 다르게 표현하기는 했지만 같은 인상으로 기억하고 있었다. "앙겔라는 남자아이들이 고개를 돌리게 하는 부류는 아니었지요."[20] 앙겔라도 김나지움 시절 자신의 연애사는 그리 흥미롭지 않았다고 순순히 인정했다. "학창 시절 나도 가끔은 남자아이를 좋아하기는 했지만 꽤 순수한 감정이었습니다. 그때는 감정 변화가 빠르지 않았어요. 요즘처럼 그런 일이 자연스럽지는 않던 시대였어요. 그리고 난 노는 부류는 아니었고요."[21] 예외가 있긴 했지만 그녀는 목사의 딸이라는 기대치에 부응했다. 가브리엘 교장도 앙겔라를 문제아로 기억하고 있지 않았다. 그녀는 어른을 존중했고, 만일 그녀가 비판적이라고 한다면 모든 젊은이들이 권위를 비판한다고 해야 할 것이라며 그녀가 체제를 비판하지 않았다고 과거 공산주의자는 훗날 털어놓았다.[22] 여러모로 앙겔라는 상당히 순응하는 모습을 보였으며 FDJ가 준비한 공연에 조심스레 참여할 때도 스탈린식의 국가를 비판하는 기색을 드러내지 않았다. 훗날 독일 최대 보수 정당의 지도자가 되는 여성은 공산주의 청년 단체의 지역 부대표가 되었다. "앙겔라는 비판하지 않고 동조했다고 기억합니다." 한 선생님은 이렇게 회고했다.[23]

이런 태도를 체제에 헌신한 증거라고 하기엔 어렵다. 주위를 의식해야만 하는 독재 국가였고 앙겔라는 자신이 FDJ 활동을 했다는 사실을 한 번도 숨기려 하지 않았다. "그래요, 나는 즐겁게 FDJ 활동을 했습니다." 그녀는 이렇게 말했다. 왜일까? "여가 활동 때문이었습니다. 동독에서는 이런 활동은 오로지 이런 식의 집단을 통해서만 가능했거든요."[24] 십중팔구는 저자세를 취하며 정부로부터 차별받지 않도록 의심 살 만한 행동을 하지 말라는 어머니의 조언에 귀를 기울였기 때문일 것이다.

12학년 말 18세의 앙겔라는 아비투어Abitur를 치른 뒤 졸업만을 남겨두고 있었다. 아비투어는 학문적 문제를 더 강조하기는 하지만 김나지움 졸업장과 마찬가지였다. 그녀가 속한 12b반은 최상위권 학생들로 구성되었고 앙겔라는 그중에서도 뛰어난 학생 중 하나였다. 김나지움 졸업반 때 앙겔라는 수학, 물리학 그리고 당연히 러시아어에서 최우등을 차지했으며 그 결과 앙겔라는 일찌감치 대학 입학을 확정지었다. 모든 게 안정적이고 장밋빛이었다. 하지만 단 하나의 사고로 그녀의 노력이 허사로 돌아갈 위기에 처했다.

학년 말 졸업 직전에 학생들은 공동 프로젝트를 수행해야 했다. 자신들이 공산주의 기본 원리를 존중하며 이해하고 있다는 사실을 보여주는 일종의 공연이었다. 이러한 프로젝트는 '컬투어슈툰데Kulturstunde'라고 불렸지만 문자 그대로 '문화 시간'은 아니었다. 오히려 그보다는 학생들을 교육 또는 세뇌하는 데 전념하는 시간이었다. 대체로 컬투어슈툰데 통과는 형식적 절차에 불과했지만 앙겔라와 그녀의 동급생들은 하마터면 모든 걸 날려버릴 뻔했다.

학생들은 몇 달에 걸친 시험 끝에 지쳐 있었다. 과로하면 깊이 있게 사고하지 못해 잘못된 판단을 내리게 되기도 한다. 12b반 학생들 역시 예외가 아니었다. 학생들은 제국주의자에 맞서 투쟁하는 인물에 대한 연극을 준비해야 했다. 사실 당시 분위기로 미뤄보건대 베트남에 대한 연극이 적절했다. 이 동남아시아의 나라는 미국과 한창 전쟁 중이었고 동독 정부는 베트콩 반군과 미국의 후원을 받는 남베트남군의 전쟁을 선전에 이용하고자 했다.

물론 학생들도 자신들이 무엇을 해야 하는지 잘 알고 있었다. 하지만 그들은 약간의 감성을 보여주고 싶었고 그들 모두 대학에 합격한 터라 상대적으로 안전하다고 생각하기도 했다. 그들은 한계를 시험해보기로 결정했다. 베트콩에 대한 연극을 올리는 대신 모잠비크 해방전선FRELIMO 과의 연대를 보여주는 사건을 상연하기로 한 것이다. 모잠비크의 포르투갈 제국주의 세력에 맞서 싸운 FRELIMO는 좌파이긴 하지만 마르크스주의를 추종하는 혁명 조직은 아니었다. 이론상으로는 합리적인 선택이었고 학교 측의 요구 사항을 충족하는 것이기도 했다.

하지만 몇몇 학생들은 겁이 났다. 전하는 바에 따르면 앙겔라도 그중 하나였다. 학생들은 이 연극을 상연하는 것이 적절하지 않다는 사실을 깨달았을 수도 있다. 학교 FDJ 회장이자 앙겔라와 같은 반인 페터 블리스는 담임선생님 찰리 혼에게 달려가 자신들이 연극을 완성하지 못해 무대에 올릴 수 없다고 말했다.

"그래. 그건 너희들 잘못이니까, 너희들이 직접 학교에 안내하고 어째서 연극을 완성하지 못했는지 전교생에게 설명해야 한다." 이유를 납득하지 못한 혼 선생님은 이렇게 말했다.[25]

2시에 가까워졌을 무렵 반 전체가 무대에 올랐다. 블리스가 앞으로 나왔다. "나는 그가 취소 이유를 말할 것이라고 예상했습니다." 혼 선생님이 말했다.[26] 하지만 블리스는 공연 취소를 공지하는 대신 곧 시작하겠다고 안내하며 이렇게 선언했다. "우리는 베트남 국민은 물론이고 모잠비크의 해방을 위해 투쟁한 FRELIMO와의 연대도 보여주지 못할 것이다."

이러한 안내가 충분하지 않은 듯 학생들은 더 나아간 발언을 이어갔다. 투쟁하고 있는 아프리카 동지들에 대한 지지를 언급하며 국제 공산당 운동가인 인터내셔널가(歌)를 불렀다. 하지만 최대의 적, 미국 제국주의자들의 언어인 영어로 부른 것이다. 거기에 한 술 더 떠 한 학생이 함축적인 시로 유명한 반골 시인인 크리스티안 모르겐슈테른Christian Morgenstern의 시를 낭송했다. 학생들은 시인의 감성을 충분히 살려 대담하게 시집 〈교수대의 노래〉 중 퍼그에 대한 시를 낭송했다. "인간이여, 조심하지 않으면 벽 위에 있는 또 다른 질그릇이 될지니." 사회주의 체제의 연대를 다루는 연극에서 '벽'이라는 단어를 입에 올리고 독재 정부를 조롱하는 시를 낭송한 것은 그다지 현명하지 못한 행동이었다. 12b반은 불장난을 한 것이다.

학교는 전체주의 국가의 행정가와 공무원들의 예민한 반응에 대해 이야기했다. 지금껏 살펴봤다시피 불만을 갖는 이들에 대한 인내심이 굉장히 낮은 가브리엘 교장은 분노해 고함을 질렀다. "이번 일은 단단히 각오해야 할 거다." 그의 직속 상사인 지역 교육감 클라우스 플레밍Klaus Flemming은 이번 일을 보고받았다. 플레밍은 학생들에게 신속한 처분을 내릴 것을 요구하며 대학 입학 취소를 제안했다. 불만분자들을 용인할 수 없었다. 대학 입학이 취소될 수 있다는 건 막연하고 이론적인 얘기가 아니었다. 힘들게 얻어낸 자리를 취소하는 건 드문 일이 아니었다. 훗날 찰리 혼 선생은 이렇게 회고했다. "그레이프발트 근처의 학교에서는 이와 비슷한 사건으로 김나지움의 모든 학생들이 합격이 취소된 경우도 있었죠."[27]

앙겔라는 충격을 받았고 그녀의 부모도 그보다 덜하지는 않았다. 수년간 그들은 체제에 순응해왔고 앙겔라 자신도 FDJ에 가입하고 러시아어에서 탁월한 성적을 거두며 모범적인 사회주의 학생으로 지내왔다. 그런데 지금 일순간의 충동적인 행동으로 그간의 노력이 허사로 돌아갈 위기에 처한 것이다. 카스너 목사는 좌절했다. "나는 절망했고 지독히 두려워졌습니다. 내가 아는 고위층 인사를 찾아가야겠다고 생각했죠." 그는 쇤헤르 주교를 찾아가 오랜 친구에게 도움을 간청했다.[28] 이 고위 성직자는 힘껏 도와줬다. 어쨌든 앙겔라는 이 치명적인 연극을 선동한 주모자가 아니었거나 적어도 그렇게 보였다. 그녀는 그저 친구들과 대립하지 않으려 했을 뿐이다. 적어도 주교는 정부와 접촉할 때 이렇게 주장했다.

하지만 마침내 그녀를 구한 건 다른 문제였다. 김나지움의 학생들 선발은 물론 성적에 의한 것이지만 상당수의 학부모가 공산당의 특권층인 노멘클라투라Nomenklatura에 속해 있었기 때문이기도 했다. 이들은 지역의 교육 책임자인 플레밍에게 문제를 제기했다. 당 최고위층의 아이들의 대학 입학이 취소된다면 정치적으로 곤란해질 것이다. 이처럼 영향력이 막강한 부모를 건드리면 어떤 결과가 초래될지는 자명했다. 야심이 컸던 플레밍은 이 사건의 결과로 자신의 출셋길이 막힐까 염려했다. 엘리트 학교의 학생 전원의 대학 입학이 갑자기 취소된다면 그 지역을 담당하는 그에게 비난이 쏟아질 수도 있었다. 최소한 당장은 아니더라도 잠재적으로 그렇게 될 것이다. 지금 책임지지 않는다면 훗날 자신의 발목을 잡을 수도 있다. 그는 학생들의 대학 입학을 취소하자는 처음의 결정을 뒤집었다.

플레밍 교육감과 가브리엘 교장은 이 문제를 그냥 넘어가기로 결정했지만 한 사람의 피해자가 나왔다. 심각한 사건이 벌어졌는데 아무런 조치를 취하지 않는다는 건 나약하다는 증표와도 같았다. 누군가는 희생되어야 했다. 몇 주 후 혼 선생은 교장실에 불려갔다. "그들은 나에게 진상을 고백하고 당장 학교를 떠나겠다는 의미를 담은 진술서 한 장을 내밀었습니다. 그러고는 '자네가 여기에 서명할 때까지 우린 자리를 뜨지 않을 걸세'라고 말했지요."[29]

혼은 좌천되어 중학교로 내려갔고 사태는 그가 학교를 떠나는 것으로 가볍게 마무리되었다.

3

라이프치히의
앙겔라

∶

앙겔라는 의학을 공부하고자 했다. 인정받는 안정된 직업이었다. 그녀
는 점수를 받고는 결심했다. 그녀는 세부적인 것에 타고난 관심을 가지
고 있음을 입증했다. 따라서 그녀의 부모는 딸이 카를마르크스대학에
서 물리학을 공부하러 남부의 대도시 라이프치히에 가겠다고 하자 적잖
이 놀랐다. 이것이 자유로운 선택이었는지는 확실치 않다. 동독처럼 엄
격한 통제 국가가 이런 전공을 선택하도록 격려했을 가능성도 없지는
않다. 하지만 그녀는 집을 떠날 좋은 기회로 여겨 라이프치히행을 선택
했을 수도 있다. 19세의 앙겔라는 발도프의 목사관을 답답하게 느끼고
있었고 템플린은 밀실공포증을 유발한다고 생각했다. "난 떠나고 싶었
습니다. 무엇보다 이 작은 도시를 벗어나고 싶었던 거지요." 훗날 그녀
는 이렇게 고백했다.[1]
　동독을 비롯한 다른 모든 공산국가는 비판받을 이유가 적지 않지만,

학생들에게 다른 나라에서는 거의 제공하지 않던 경제적 지원을 해줬다는 점만큼은 인정해야 한다. 학비도 무료였고 모든 학생들은 190마르크 상당의 상환하지 않아도 되는 급여를 받았다. 숙련된 노동자 평균 급료의 삼분의 일에 해당하는 금액이었다. 게다가 앙겔라와 친구들이 받은 교육은 최고 수준의 것이었다. 1953년 라이프치히대학교에서 이름을 바꾼 카를마르크스대학교는 평판이 훌륭한 학교였다. 졸업생들의 명성은 독일을 비롯해 영국과 미국의 대부분 대학교와는 비교도 되지 않을 정도였다. 그중에는 철학자 고트프리트 라이프니츠Gottfried Leibniz와 프리드리히 니체Friedrich Nietzsche, 작곡가 리하르트 바그너Richard Wagner, 독일의 국민 시인 요한 볼프강 폰 괴테Johann Wolfgang von Goethe, 역사학자 레오폴트 폰 랑케Leopold von Ranke, 그리고 노벨 물리학상 수상자 베르너 하이젠베르크Werner Heisenberg와 구스타프 헤르츠Gustav Hertz가 있었고, 헤르츠는 전자파의 존재를 밝혀낸 물리학자 하인리히Heinrich 헤르츠의 조카로 최근에야 은퇴했다. 앙겔라는 수세기의 유구한 전통과 최근에는 자연과학, 그중에서도 물리학에서 세계 수준의 학문적 성과로 이름을 떨친 대학교 입학을 앞두고 있었던 것이다.

앙겔라와 70명의 신입생 동기들(그중 63명은 남자였다)이 공부하는 전공은 비교적 사상의 영향을 받지 않았다. 물리학 법칙은 프리드리히 엥겔스Friedrich Engels가 말하는 '과학적 사회주의'와 쉽게 결합될 수 없었다. 훗날 앙겔라가 말했듯 말이다. "내가 물리학을 공부하고 싶었던 이유는 동독 체제가 기본적인 연산 규칙과 물리학 법칙은 억압할 수 없었기 때문입니다."[2] 그럼에도 불구하고, 어쩌면 그렇기 때문에 물리학과 지구과학 학부 학생들은 마르크스 정치경제학과 러시아어를 필수 과목으로 이수하고 양자역학, 수학, 고전 물리학과 전기학 같은 과목을 공부하는 것 외에 기초 군사 훈련을 받아야 했다.

대학교에서는 학생들에게 학문적 역량은 공산주의에 적극적으로 헌신하는 정신 자세와 관련되어야 한다고 열렬히 주입했다. 전도유망한 학생들은 사회주의 사회를 위해 일하려는 의지를 입증해야 했다. 학생 대부분은 FDJ의 회원이었고 그중 상당수는 DSF, 학문 교류를 통해 동독과 소련의 우호를 촉진하려는 선전 단체의 회원이기도 했다.

앙겔라는 DSF의 회원은 아니었지만 FDJ에서는 적극적으로 활동했다는 사실은 훗날 공개적으로 인정했다. "학생 시절 나는 FDJ의 회원이었습니다. 문화부장을 맡아 공연 티켓 구입을 담당했지요." 어느 기자가 과거에 대해 불편하지 않은 질문을 던지자 그녀는 이렇게 대답했다.[3] 이 대답이 앙겔라가 단순히 문화부장 이상의 역할을 했다는 암묵적인 인정이라고 파악할 수도 있다. 하지만 그녀가 당의 방침을 따르지 않는 데 그치지 않고, 가끔은 어기기도 했다는 사실을 보여주는 정황 증거가 있다. 예를 들어 그녀는 간헐적으로 루터교 학생 모임에 나갔다. 종교 단체에 대한 대학 당국의 양면적인 태도에도 불구하고 그녀는 이러한 일을 감행한 것이다. 그렇다고 해서 기독교 신앙에 대한 헌신이 종교적 믿음을 위해 커리어를 희생시킬 만큼은 아니었다. 따라서 그녀는 루터교 모임의 학생 대표를 맡아달라는 제안은 거절했다고 한다. 훗날 그녀가 어떻게 말을 했든 간에 기독교에 대한 헌신이 인생의 원동력이 되었다고 하기는 어렵다.

앙겔라는 그다지 정치에 상관하지 않았다. 하지만 왜 그랬을까? 동독에서의 정치적 참여는 서방 세계와는 그 양상이 달랐기 때문이다. 하지만 정치 문제에 대해서는 관심을 유지하며 철의 장막 너머의 개발 상황에 귀를 기울였다. 모든 이의 주의를 끈 서독 정치인은 브란트였다.

빌리 브란트, 영웅의 생애
•

〈영웅의 생애〉는 독일의 작곡자 리하르트 슈트라우스Richard Strauss의 음시 (音詩) 제목이다. 독일에서 위대함을 나타낼 때 즐겨 사용하는 표현인데, 전 독일 총리 브란트야말로 이러한 표현에 들어맞는 삶을 산 인물이다.

1970년대 초반은 동서독 양측 모두에서 파란만장한 시기였다. 서독에서는 1969년 보수당과 사회당의 대연정이 깨지고, 사민당의 브란트는 시민의 자유와 자유시장경제를 지지하는 자민당과 연정을 구성했다. 하지만 이보다 중요한 것은 (적어도 동독인들의 입장에서) 브란트가 '동방 정책'을 펼쳐 공산주의 제도를 묵인하지 않고 울브리히트 체제와 실용주의적 관계를 발전시키고자 한 것이다.

이전 서독 정부는 동독과 타협하지 않는 강경 노선을 채택했었다. 서베를린의 시장이었던 브란트는 울브리히트 체제의 반대에 앞장서, 훗날 한 역사학자의 기록에 따르면 모든 의무적인 반공산주의 의식과 이에 따른 발언 행사에 참여했다고 한다.[4]

1969년까지 서독 외교 정책의 기조는 동독을 정식 국가로 승인하는 어떤 국가와도 외교 관계를 맺지 않는다는 이른바 '할슈타인 원칙'을 따르고 있었다. 서독 외교부 차관인 베르너 할슈타인Werner Hallstein의 이름을 딴 이 원칙은 이론상으로는 타협의 여지가 없어야 했으나 실제로는 적용에 일관성이 없었다(서독은 소련이 동독을 승인했음에도 국교를 맺었고, 기민련과 사민당의 대연정 정부는 체코슬로바키아와 루마니아, 유고슬라비아를 공산국가로 승인했다).

브란트는 '관계 회복을 통한 변화'를 슬로건으로 내걸고 공산주의 국가를 공식적으로 승인하지는 않은 채 동독과 협력을 추구했다. 어느 정도는 세계의 현실을 받아들인 정책이기도 했다. 어쨌거나 동독은 존재하고 있었고 통일은 요원해 보였다.

TV 방송을 통해 카리스마를 발휘하고 여성층에 어필하는 등 존 F. 케네디와 상당 부분 비슷한 정치인이었던 브란트는 1960년대와 1970년대 초반의 독일 정치를 상징하는, 아마도 그 이상의 의미를 지닌 인물이다. 따라서 여기서 그의 일생을 간략히 다루고 가는 편이 앞으로 전개에 도움이 될 것이다.

그는 1913년 북부 지역의 뤼벡에서 사생아로 태어나, 헤르베르트 어네스트 카를 프람Herbert Ernst Karl Frahm이라는 이름으로 세례를 받았다. 1932년 김나지움을 졸업했지만 정치적 이유로 대학 진학을 하지 못했다. 학업을 이어갈 수 없었던 그는 조선소 수습사원으로 일했지만 대부분의 시간을 다양한 신문사에 기사를 쓰는 데 할애했다.

어린 시절 사회민주당에 입당한 그는 1933년 나치가 정권을 잡자 독일을 떠났다. 그는 노르웨이에 망명해 노르웨이어를 완벽히 배운 뒤 빌리 브란트라는 이름으로 개명했다. 노르웨이 국민으로 그는 나치 독일을 격렬히 비판했다. 노르웨이어로 쓴 몇몇 기사에서 히틀러 체제를 풍자하며 국가 사회주의자들에게는 눈엣가시가 되었다. 1940년 히틀러가 노르웨이를 침공해 점령하자 브란트는 스웨덴으로 도망쳐 스웨덴어를 배워 기자로 활약했다. 또한 비밀리에 노르웨이 첩보 기관을 위해 일하며 노르웨이 교환 학생으로 위장해 나치 독일에 잠입하기도 했다.

종전 후 브란트는 노르웨이 국적을 버리고 다시 독일 국적을 회복했다. 전쟁 시기, 폭정에 적극적으로 저항한 완벽한 활약상에 힘입어 그는 독일 정계의 선두주자로 급부상했다. 많은 정치인들, 특히 기독민주당은 나치와 불편하지만 친밀한 관계를 유지했었다. 브란트는 그렇지 않았다. 그는 자신의 평판을 효과적으로 이용했다. 1957년 그는 불과 42세의 나이에 서베를린 시장이 되었다. 그 도시는 한 국가이자 소도시이기도 했으므로 그는 효과적으로 그곳의 통치자이자 독일 상원 의원이 되었다.

모두가 브란트를 좋아한 것은 아니었다. 1961년 총리직에 입후보했을 때 정적들의 비방 선전의 희생자가 되기도 했다. 기민련 소속 총리 아데나워는 이 젊은이의 능력을 인정하기는 했지만, 그를 '그 녀석'이라거나 '이른바 빌리 브란트라는 자'라 지칭했다.⁵ 특히 후자의 별칭은 브란트에게 조국을 저버린 배신자라는 이미지를 씌우기 위한 의도였다. 이러한 전략을 이용한 이는 독일 남부 바이에른을 거점으로 하는 기사련의 비대하고 원기왕성하고 전도유망한 정치인 프란츠요제프 슈트라우스Franz-Josef Strauss였다. 이 바이에른의 정치인은 브란트에게 망명 기간 동안 실제로 무슨 일을 했는지 물으며 브란트가 독일인이 아닐 수도 있다는 의혹을 일으켰다.

아데나워는 베를린 장벽의 건설은 소련이 브란트를 총리로 만들기 위한 시도의 일환이라는 믿기 어려운 의혹을 제기하며 그를 향한 공격을 이어갔다(장벽은 1961년 연방 의회 선거 유세 기간 동안 건설되었다).

이 중 어떤 것도 사실에 근거한 것이 없었다. 반면 슈타지 최고위층은 브란트가 총리가 되면 어떤 상황이 벌어질지 불안에 떨었다. 아데나워 처럼 호전적인 냉혈한 전사가 총리로 있는 편이 공산주의 선전 목적에 더 바람직했다. 반면에 브란트는 위협적인 존재였다. 동독 정부는 이기 적인 관점에서 보수 정부가 다시 구성되기를 바랐다. 그래서 나중에 밝 혀진 바에 따르면 그들을 돕기도 했다고 한다. 슈타지 간부 마르쿠스 볼 프Markus Wolf는 브란트가 미국 스파이라는 설부터 게슈타포였다는 설까지 기민련과 독일 언론에 날조된 거짓 정보를 은밀히 흘렸다. 이 중 어떤 것도 사실이 아니었지만 아데나워와 공산 체제 양측 모두의 이익에 보 탬이 되었다.

두 번의 도전 실패 후(1965년에 재도전했다) 대연정의 외무장관을 맡았던 브란트는 마침내 1969년 연방 선거에서 승리를 거뒀다. 그는 즉시 일명 '사회주의' 독일보다 자신이 속한 독일이 더 수준 높고 다양한 사회 정책 을 펼친다는 사실을 보여줄 개혁에 착수했다. 그리고 무엇보다 중요한 것은 서독이 제2차 세계대전의 상흔을 직시하고 사과할 의향이 있음을 보여줬다. 이는 오래전에 실천했어야 할 행동이었다.

심리학자 알렉산더Alexander와 마르가레테 미처리히Margarete Mitscherlich 부부 는 유명한 저서 《애도하지 못하는 능력》에서 독일인 대다수는 과거를 수 용하지 못하는 심리 상태에 있으며 나치 시대에 대한 집단 기억상실을 위해 애쓰고 있다고 주장했다. 그들은 동포들에게 과거를 수용하도록 애써야 하며 이는 '과거사 인정'에서 시작한다고 역설했다.

일리 있는 주장이었다. 제2차 세계대전 직후 나치 당원이었던 실업가 상당수가 미국, 영국, 프랑스 등의 서방 동맹 국가들의 축복을 받으며 사업을 이어갔다. 독일이 경제적으로 재기할 발판을 마련하고 1920년대부터 1930년대 초반의 긴축으로 야기된 급진주의의 대두를 막았다는 것은 실용주의적 관점에서는 어느 정도 이해 가능하다.

하지만 브란트는 정치적으로 독일인들이 과거의 잘못을 속죄해야 한다는 생각을 갖고 있었다. 그의 반대파와 전임 총리 키징거는 요제프 괴벨스Josef Goebbels의 선전부에서 일한 경력이 있었고 여전히 전 나치 주요 인사들과 교류하고 있었다. 과거의 과오를 인정하지 않는 것은 동독 공산주의 체제의 정책 특징이었다. 지금껏 보았다시피 울브리히트는 NDPD를 창당하면서 구 나치당원들과 손을 잡았다.

하지만 집단적 부인은 더 이상 지속될 수 없었다. 수동적인 방관자들조차 나치 체제가 저지른 범죄를 받아들여야 한다고 느꼈다. 브란트는 그의 동포들이 과거를 직면하기 바랐지만 정치인으로서 점수를 따고도 싶었다. 그는 앞으로 나아가 독일의 잘못을 마주하는 모습을 보여주고자 했다. 반면에 동쪽의 반대파는 그렇게 할 수도, 그렇게 할 생각도 없었다. 덕분에 브란트는 우위를 차지할 수 있었다.

정치적으로 브란트는 뭔가를 해야 한다는 압박감을 느끼고 있었다. 정치는 절대로 외부와 단절된 상태에서는 할 수 없는 것이다. 1968년 학생 봉기가 전 세계를 강타했고 그 목적과 대상은 천차만별이었다. 미국의 버클리와 컬럼비아대학교의 시위 학생들은 베트남전을 반대했고 1968년 파리에서 일어난 이른바 '5월 혁명'은 전쟁 영웅 샤를 드 골Charles de Gaulle 대통령의 독재에 맞서 일어난 것이었다. 서독의 68세대는 구세대의 집단 망각에 반발했다. 무엇보다 젊은 시위자들은 과거 나치였던 교수들에게 가르침을 받고 나치 체제에 협력했던 정치인들이 통치하는 나라에 살고 있다는 사실을 끔찍하게 생각했다.

경찰이 1930년대 독재 정권을 떠오르게 하는 방식으로 베를린 학생 시위를 탄압한 사실은 상황을 걷잡을 수 없이 악화시켰다. 경찰이 학생 지도자를 총으로 쏴 죽인 것이다. 동독이 불만의 불길에 기름을 부었다는 소문이 있었지만 당시에는 밝혀지지 않았다. 훗날 학생 브루노 오네소그^{Bruno Ohnesorg}를 죽인 서독 경찰이 동독 슈타지 비밀요원이자 동독 공산당원이라는 사실이 밝혀졌다.

그다음 해 브란트가 총리에 선출되며 저항하는 분위기는 다소 잦아들었다. 그는 독일 의회의 취임연설 석상에서 'Wir wollen mehr Demokratie wagen(더 많은 민주주의를 행하자는 해석이지만, 이 슬로건의 시적 느낌이 제대로 전달되지는 않는다)'이라는 슬로건을 외치며 학생 운동뿐 아니라 독일인의 집단적인 과오에 대한 관심을 밝혔다. 여기서 보여준 민주주의에 대한 의지와 '선량한 독일인'이라는 경력은 그에게 신뢰할 만한 지도자라는 이미지를 주었고 동시에 동독 체제는 수세에 몰리게 되었다.

기자로 일했었던 브란트는 미디어, 특히 TV의 영향력을 잘 알고 이를 효과적으로 활용했다. 1970년 그는 오더 나이세 라인^{Oder-Neiße-Line}을 독일과 폴란드의 국경선으로 확정짓는 평화 조약을 체결하기 위해 바르샤바에 갔다. 국가 원수 방문의 관례에 따라 그는 나치 점령기 동안 폴란드 수도에 생겨난 게토의 희생자 추모공원에 갔다. 독일인들이 무차별적으로 유대인을 죽인 곳으로 13,000여 명이 그곳에서 학살당했고 그중 6,000명은 산 채로 불태워졌다.

추적추적 비가 내리는 흐린 날이었고 평소처럼 정치부 기자들과 소수의 파파라치만이 그의 뒤를 따랐다. 아무도 무슨 일이 벌어질지 예상하지 못했다. 그런데 브란트가 갑자기 사전 조율된 의전을 깨뜨렸다. 위령탑 앞에 무릎을 꿇고 고개를 숙인 것이다. 이 선량한 독일인이 동포의 잘못을 속죄하는 것 같았다. 독일에서 '바르샤바의 굴복'이라 불리기도 했던 이날의 행동은 전후 어떤 독일 지도자보다 영향력 있는 행동이었다.

물론 브란트가 TV를 활용하는 뛰어난 감각을 가진 영리한 정치인이라고 냉소적으로 보는 이들도 있다. 노벨 문학상 수상 작가이자 한때 브란트의 연설문 작가였던 귄터 그라스Gunter Grass는 소설 《나의 세기》에서 브란트의 '무릎 꿇음'을 이렇게 썼다.

"내 글은 실리지 못할 것이다. 사람들은 착한 체하는 사람을 원한다. '그는 모든 죄를 짊어졌다…'라거나 '갑자기 총리가 무릎 꿇었다' 또는 과장하면 '독일을 대신해 무릎을 꿇었다!'라는 식으로 말이다. 갑자기라니, 세상에! 이보다 더 계산된 행동은 있을 수 없다. 그를 부추긴 수상한 존재, 그러니까 그의 비밀 첩보원이자 협상가, 다시 말해 독일 국민들에게 그가 독일 영토를 포기한다[6]는 불쾌한 선언을 보기 좋게 포장해 알린 존재는 분명 가톨릭인 체하고 있다. 무릎 꿇기라는 행위를 통해서 말이다. 그는 무엇을 믿는가? 아무것도 믿지 않는다. 완전한 보여주기다. 당신은 그를 칭찬하겠지만 오로지 저널리즘의 관점에서는 특종감으로만 보일 뿐이다."

이 냉소적인 글에는 비단 구 나치 당원만이 아닌 보통 독일인들이 브란트를 바라보는 불편한 시선이 고스란히 드러나 있다. 당시 여론조사 결과를 보면 독일인 대부분은 그의 행동에 찬성하지 않았음을 알 수 있다. 하지만 그는 당당히 생각을 밝혔다. 서독은 과거의 과오를 수용하고 있다. 동독과는 다르다는 사실을 암묵적으로 드러냈다. 다른 나라는 브란트가 무릎 꿇은 행동을 환영했다. 그가 1971년 노벨 평화상을 받고 그

몇 주 후 〈타임〉지에서 올해의 인물로 선정된 것도 놀랍지 않은 결과다.

브란트의 다른 업적이자 동독의 미움을 산 또 다른 이유는 사회개혁을 향한 열정이었다. 서독의 경제 기적은 공산주의자들에게 근심거리였다. 브란트는 사회 개혁을 통해 서독의 부(富)가 균등하게 배분될 수 있으며 사회적 시장경제Social Market Economy는 울브리히트가 말하듯 부자 자본주의자들만을 배불리지 않는다는 사실을 보여주고자 했다. 브란트가 실행했듯 '인간의 얼굴을 한 자본주의'는 사회의 빈곤계층도 배부르게 할 수 있다. 교육, 의료보건 그리고 무엇보다 동독 난민의 재훈련 비용에 지출을 늘림으로써 브란트는 공산주의자들을 압박했다.

이러한 개혁이 많은 사람들이 자신의 몫을 소유하는 자유시장경제를 토대로 이뤄졌다는 사실은 동독 지도층의 주목을 끌었고 서독이 가난한 형제를 앞지르고 있다는 브란트의 메시지를 인식시켰다. 동독 공산주의자들은 난국에 처했다. 고전을 면치 못하는 축구팀처럼 공산당 중앙위원회는 감독을 교체했다. 울브리히트는 안쓰러울 만큼 카리스마가 부족한 새된 목소리의 피도 눈물도 없는 노회한 관료 에리히 호네커Erich Honecker에 밀려났다. 사람들은 새로운 동독 지도자가 브란트의 정책에 상당하는 개혁을 시작하리라 기대했다. 그는 개혁을 시작하지 않았다. 브란트의 정책에 발맞출 수 없었던 것이다. 어떤 점에서 호네커는 그럴듯한 슬로건과 꼼꼼하게 연출된 선전으로 지독히도 부족한 합법성을 포장하려 하며 동독 독재 정권을 희화했다고 볼 수도 있다.

1974년 10월 6일 FDJ가 동독 건국 25주년을 기념하기 위해 준비한 행진이 이에 들어맞는 예시다. 청년 20만 명이 애국적인 사회주의 노래를 부르며 베를린을 행진할 때, FDJ 단장 에곤 크렌츠Egon Krenz는 '동독의 청

년들은 충성을 재다짐하고 국가를 위해 지치지 않고 기꺼이 봉사하겠다'
고 선서했다.[7] 크렌츠가 실제로 그렇게 믿었는지는 알 수 없다. 어쨌거
나 그들은 동독 국가 〈폐허에서 부활하여〉를 부르지 않았다. 호네커는
국가 부르는 것을 금지하고 향후 악기로만 연주하라는 명령을 내렸다.
이러한 조치는 '독일, 하나 된 조국'이라는 가사가 호네커의 정치 철학
또는 적어도 공산주의 혁명이 전 세계적으로 일어날 때까지 독일의 분
단은 영원히 지속되리라는 그의 시각과 일맥상통하지 않았기 때문이다.

체리 칵테일
:

앙겔라가 10월 6일 행진에 참여해 동독에 충성을 보였는지는 알려지지
않았지만 그랬을 가능성이 적지 않다. 물론 그녀가 FDJ 회원이었다고
해서 체제에 열의를 보이기는커녕 자유 의지로 참여했다고 하기는 어
렵다. 훗날 "나는 자유라곤 없는 동독 제도가 정말 싫었습니다"[8]라는 그
녀의 발언으로 미뤄 참여했을 공산이 크다. 하지만 그녀는 대학을 다니
는 동안 심지어 그 이후에도 공개적으로 이러한 적개심을 드러내지 않
았다. 앙겔라는 평지풍파를 일으키지 않았다. 그럴 만한 동기도 없었
다. 그녀는 불만을 적극적으로 표출하는 열정에 사로잡혀 있지 않았다.
1970년대 중반까지 정치는 그녀의 관심사가 아니었다. 물리학은 힘든
학문이었고 그녀는 열심히 공부하는 학생이었다.

　당시 그녀의 삶에 자연과학 외에 다른 관심사가 생겼다. 그녀 역시 사
교를 시작한 것이다. 대학 1학년 때 그녀는 울리히[Ulrich] 메르켈을 만나 교

제를 시작했다. 울리히는 그녀보다 한 살 연상이었지만 병역 의무로 1년 늦게 학업을 시작했기 때문에 같은 1학년이었다. 그는 작은 사업체를 경영하는 사업가의 아들로서 바텐더로 아르바이트하는 앙겔라에게 푹 빠졌다. 그는 멀리서 그녀를 바라보기만 하다가 함께 레닌그라드로 수학여행을 갔을 때 행동을 개시했다.

앙겔라와 울리히는 학업 이외의 관심사 상당 부분을 함께했다. 울리히가 기억하듯 '굉장히 행복한' 시기였다. "우리는 함께 영화나 연극을 보러 가고 여행을 다녔습니다. 아, 물론 동독에서 갈 수 있는 한도 내에서 말이죠."9 앙겔라와 울리히는 라이프치히 시절이 근심걱정 없던 시간이었다고 기억했다. 앙겔라는 학생회 활동과 바텐더 아르바이트를 계속하며, 그녀의 말을 빌리자면 위스키와 체리 칵테일을 팔아 이윤을 내면서 처음으로 자본주의를 경험했다.10 위스키였는지 보드카였는지는 중요하지 않다(당시 위스키는 공급 부족이었고, 대신 보드카는 독·소 친선협회 DSF를 통해 노동자 지급용으로 넉넉히 공급되었다). 그녀가 즐거워했다는 사실이면 충분하다.

2년 후인 1976년 앙겔라와 울리히는 함께 살기 시작했다. 그들은 작은 아파트를 구했다. 다른 두 커플과 화장실 하나를 공유해야 하는, 좋다고 하기 어려운 집이었지만 집세가 20마르크로 그들이 매월 받는 학비보조금의 5분의 1 정도에 불과한 싼 집이었다. 그리고 1년 후인 1977년 9월 결혼했다. 앙겔라와 가장 친한 친구인 에리카 호엔츠쉬가 신부 들러리였다. 앙겔라는 아버지가 예식을 집도하지 않더라도 아버지 교회에서 기독교식 결혼식을 올리고 싶다고 주장했다. 아버지의 후배가 주례를 섰고 목사는 딸을 데리고 입장했다.

앙겔라는 23살, 울리히는 24살이었다. 그녀는 푸른색 웨딩드레스를 입었다. 그녀가 가장 좋아하는 색깔이자 공산주의 청년 조직 FDJ의 공식 색깔이었다. 진정한 사랑이었나? 이러한 질문에 앙겔라는 신중한 태도로 대답했다. "우리는 미래를 함께한다는 사실만 생각했지만 동독에서는 결혼을 일찍 하는 분위기였습니다. 결혼을 하면 집을 구하기 훨씬 쉬웠거든요. 그래서 서로를 알아가기에 충분한 시간을 갖지 못했습니다. 요즘 사람들은 좀 더 시간을 두고 결혼하더군요."[11] 울리히는 훨씬 단호하게 대답했다. "물론 사랑했죠."[12]

신혼여행을 길게 떠날 여유는 없었다. 그들 둘 다 졸업반이라 어려운 시험을 통과해야 했기 때문이다. 앙겔라는 시험 외에도 체력 테스트를 통과해야 했다. 그녀는 100미터 달리기를 해야 했지만 잘해내진 못했다. 하지만 실험실에서는 탁월한 성과를 올렸다. 핵물리학에 대한 그녀의 논문은 상당히 뛰어나서 영어권 과학 분야 학술지인 〈화학 물리학Chemical Physics〉에 발표되었다.[13]

앙겔라와 울리히는 굉장히 정치적이지도, 언제나 당의 강령을 충실히 따르는 순응주의자도 아니었다. 1977년 서독 잡지 〈슈피겔Der Spiegel〉이 그때까지 알려지지 않았던 정치 철학자 루돌프 바로Rudolf Bahro가 좌파 성향의 사회주의적 관점으로 동독 체제를 조목조목 비판한 책《대안》을 발췌해 발표했다. "공산주의 운동은 인류의 근본적 문제를 해결하고 존재론적 의문에 대한 답을 찾겠다는 약속으로 시작되었다. 사회주의 국가를 자처하는 나라는 공산주의를 따르지만 실제 문제를 들여다보면 전혀 다른 이야기가 펼쳐진다"는 비판은 냉혹하지만 의심의 여지없는 사실이었고, 바로 이 점이 체제에 위협적인 책으로 간주된 이유였다. 슈타지는 신속하게 움직였다. 다음 날 바로는 체포되었다. 하지만 그의 책은 암암리에 퍼져나가 순식간에 베스트셀러가 되었다. 바로는 30년형을 선고받았고 그의 변호를 맡은 이는 그레고르 기지Gregor Gysi라는 젊은 변호사였다. 동독 종교부장관의 아들인 젊은 기지는 훗날 좌파당Die Linken의 당수가 되지만 변호사로서는 바로에게 도움이 되지 못했다.

앙겔라는 책의 결론에 전적으로 동의하지는 않았지만 흥미롭게 읽었다. "친구들과 나는 《대안》을 과학적으로 분석하며 읽었습니다. 우리는 몇 날 밤에 걸쳐 모든 장에 대해 토론했었지요."[14] 그녀는 말했다. 불법 금서에 대한 토론에 참가하는 것, 심지어 그 책을 갖고 있는 것만도 범죄 행위였다. 동독에서는 이러한 위법 행위를 가혹하게 처벌했다.

하지만 호네커 체제는 이러한 탄압만으로 불만을 잠재우기 어렵다는 사실을 알고 있었다. 과학자이자 철학자인 로베르트 하페만Robert Havemann처럼 유명한 지식인들은 가택 연금되었고, 바로와 가수 볼프 비어만Wolf Biermann(1970년대 국제적으로 유명한 포크 가수)은 동독에서 쫓겨났다. 그들은 추방된 사람을 가리키는 공산주의 신언어로 '아우스게뷔르거트Ausgebürgert (문자 그대로 시민권을 잃은 사람이라는 뜻)'라 불렸다. 추방된 또 다른 지식인은 《희망의 원리》를 써서 미국, 프랑스, 독일의 좌파 학생 운동에 영향을 미친 마르크스주의 철학자 에른스트 블로흐Ernst Bloch였다. 골칫덩이들의 추방은 체제가 불만 세력을 다루는 가장 즐겨 사용하는 방법이 되었다. 이렇게 665명이 추방되어 시민권을 잃은 것으로 추정된다.

특히 비어만은 체제의 골칫거리였다. 그는 다소 경이로운 인물이었다. 유대계 공산주의자였던 그의 아버지는 나치에게 죽음을 당했다. 비어만은 함부르크 출신이었지만 사회주의 이상을 믿고 젊은 시절 자발적으로 동독으로 이주해왔다. 하지만 그는 지독히 실망하게 되었다. 수학과 철학을 공부하던 학생은 우디 거스리[Woody Guthrie]와 밥 딜런[Bob Dylan]에게 영향을 받아 1960년대 후반 곡을 쓰기 시작해 학생들 사이에서 엄청난 인기를 얻었다. 앙겔라와 울리히도 다른 이들처럼 그의 음악을 들었다.

자신이 여전히 사회주의자라고 주장했음에도(어쩌면 그랬기 때문에) 비어만은 점점 체제의 방해자가 되고 있었다. 서독 콘서트 투어 후 동독 정권은 외설 행위와 반역죄로 그의 시민권을 박탈했다고 선언했다. 그들은 이전에도 사람들을 추방했었고 그때 대부분 사람들은 추방되며 행복해했기에 체제는 이처럼 거센 반응이 있으리라곤 예상하지 못했다. 지금껏 당에 충성하던 12명의 유명한 지식인과 작가들은 체제를 비판했다. 그들 중에는 소설가 크리스타 볼프[Christa Wolf]도 있었다. 그녀는 동독에서 유일하게 국제적 찬사를 받은 작가였다. 베를린 장벽이 세워지기 불과 며칠 전 동독으로 돌아가기로 결심한 여자의 이야기인 《나눠진 하늘》의 작가인 볼프는 공산주의 정권의 얼굴 마담 역할을 해왔었다. 하지만 이제 그녀는 호네커에게 공개서한을 보낸 서명인 중 하나가 되었다. 반드시 공개서한을 알리기 위해 볼프와 동료 서명자들은 이를 국외로 몰래 빼낸 뒤 AFP 통신사를 통해 불복종과 불만의 징후를 널리 발표했다. 비어만을 지지하는 목소리가 높아지며 많은 대학에서 자발적인 항의 시위가 일어났고 라이프치히대학교도 그중 하나였다.

FDJ 단장 크렌츠가 작성한 슈타지 파일에 흥미로운 부분이 있다. "얼마 전 FDJ와 사회주의통일당에서 쫓겨난 물리학과 학생이, 학생들이 모이는 술집 '목마른 페가수스'에서 열리는 파티에 참석해 볼프 비어만을 지지하는 서명을 받으려 한다. 하지만 다행히 이러한 도발은 중지되었다"고 서술되어 있다.[15] 이 학생이 앙겔라라고 추측하고 싶겠지만 그럴 가능성은 희박하다. 그녀는 FDJ에서 쫓겨나지도 않았고 사회주의통일당원도 아니었기 때문이다. 게다가 보고서에는 여학생이 아니라 남학생이라고 명시되어 있다. 하지만 그 학생도 물리학과인데다 그녀가 '목마른 페가수스'의 바텐더였으니 앙겔라를 몰랐을 리는 없다.

앙겔라는 학생 시위에 참여하지 않았다. 그녀 자신도 이를 인정했다. 체제에 반대하는 일을 한 적 있느냐는 질문에 그녀는 이렇게 대답했다.

"음, 물론 반대한다는 것을 어떻게 정의하느냐에 따라 다르겠지만, 나는 반대하는 조직에 속한 적 없었고 인권 운동을 하지도 않았습니다. 하지만 점차 동독 체제를 비판적으로 바라보게 되었습니다."[16]

그 무렵의 본
•
•

동독 정권이 급격히 미숙함을 드러내며 수세에 몰려갔지만 단 하나, 서독보다 압도적으로 우월한 부분이 있었다. 그것은 바로 비밀 정보기관, 첩보 업무에 있어서는 타의 추종을 불허하는 슈타지였다.

브란트의 동방 정책은 동독 체제를 흔들어놓았다. 그는 위협이 되는 존재였지만 그를 제거하기란 어려웠다. 사회민주당과 자유민주당부터 보수정당인 기민련 및 기사련까지 줄줄이 이탈하자 기민련의 당수 라이너 바르젤Rainer Barzel은 1972년 브란트의 불신임안을 투표에 붙였다. 하지만 놀랍게도 브란트는 260대 247표로 살아남았다. 그는 다시 싸울 수 있었다. 브란트는 다시 힘을 얻어 놀라운 조치로 동독을 압도했지만, 호네커 체제를 곤란에 빠뜨리던 그의 능력이 갑자기 불안해졌다. 이제 그는 동쪽의 상대를 놀라게 할 능력을 상실한 듯 보였다. 누구도 그 이유를 알지 못했다.

그 해답이 밝혀지자 세상은 충격에 빠졌다. 1974년 4월 26일 금요일 외설적이고 선정적인 기사로 독일 내 최대 발행부수를 올리는 신문사 〈빌트〉는 '브란트의 보좌관, 동독 스파이 혐의로 체포되다'는 헤드라인으로 기사를 실었다. 이 기사는 브란트와 서독에 큰 타격을 주었다. 그의 가까운 자문역이자 정치적으로는 비서였던 귄터 기욤^{Günter Guillaume}이 슈타지 스파이였던 것이다. 동독은 서독 정부의 심장부, 총리실에 첩자를 심어둔 덕분에 브란트의 행보를 예측할 수 있었다.

동독의 승리였다. 하지만 당시 슈타지 해외 첩보국 책임자였던 볼프는 이에 대한 소감을 묻자 상당히 양면적인 모습을 보였다. "한편으론 물론 총리실에 스파이를 잠입시킬 수 있었던 우리 측의 승리지만, 다른 한편으로는 그가 발각되었다는 것은 중요 정보를 제공하던 정보원을 잃었다는 의미이기도 하다."[17] 후자는 심각한 문제였다. 이제 서독은 경계를 게을리하지 않으며 의심의 눈초리를 거두지 않을 것이다. 게다가 서독의 새 총리 헬무트 슈미트^{Helmut Schmidt}는 브란트와 다르긴 하지만 동독을 앞지를 수 있는 만만찮은 정적(政敵)이었다.

앙겔라, 베를린으로 이주해 슈타지를 피하다
•

라이프니츠는 낙관주의 철학자였다. 그는 우리가 '최선의 세계'에 살고 있으며 악의 존재도 신의 숭고한 계획의 일부라는 사상을 발전시켰다.

하지만 이러한 세계관은 볼테르^{Voltaire}가 희극 소설 《캉디드^{Candide}》에서 라이프니츠를 순진한 철학자 팡글로스 박사로 묘사하며 풍자의 대상이 되기도 했다. 라이프니츠의 종교적 함의는 배제되었지만 이러한 철학관은 동독인들에게 상당히 매력적으로 다가왔다. 공산주의 체제는 라이프니츠가 쉽게 표현한 용어를 빌려 국가의 정체성을 설명하곤 했다. 라이프니츠의 업적 중 하나는 1701년 브란덴부르크 과학협회를 설립한 것이다.

1978년 대학을 졸업하자마자 앙겔라가 과학계 커리어를 시작한 곳은 바로 이 명망 높은 기관이었다. 울리히도 그곳에 일자리를 얻었다. 하지만 라이프니츠의 브란덴부르크 과학협회에서 이름을 변경한 과학학술원은 울리히의 경우는 모르겠지만 그녀의 1지망은 아니었다.

원래 그녀는 튀링엔 중부의 인구 3만 명 정도의 소도시 일메나우공과대학교에 지원했다. 앙겔라의 이력서는 훌륭했다. 학점도 좋고 추천서 내용도 좋았다. 그녀가 면접 기회를 잡은 건 놀라운 일이 아니었지만 놀라운 건 면접 그 자체였다. 두 명의 면접관이 슈타지 요원이었던 것이다.

24살의 물리학과 졸업생 등줄기에 식은땀이 흘렀다. 죄 없는 사람이라도 비밀경찰 앞에선 두려워지기 마련이다. 두 남자는 아무 증거나 내밀지도 그녀를 협박하지도 않았다. 그저 지원자 면접을 보고 있었다. 물론 앙겔라가 예상한 것과는 달랐지만 말이다. 그들은 필요한 모든 정보가 담긴 파일을 앞에 놓고 그 내용이 맞는지 확인하려 할 뿐이었다.

"좋아, 서독 라디오 방송을 얼마나 자주 듣나? 최근에 서독에서 청바지를 받은 건 언제였지?" 그들은 질문했다. 하지만 사실 대답의 내용을 미리 알고 있었다. 그들은 예의 바르고 심지어 유쾌하기까지 했다. 그들은 앙겔라를 채용하려 하고 있었다. 그녀는 국가의 적이 아니었다. 그런 사람이었다면 그들은 다른 방법을 썼으리라. 그래서 그들은 물었다. 요원이 되지 않겠나?

앙겔라는 주저했다. 아니 그녀는 그렇게 기억했다. 제안을 단호하게 거절한다면 의심을 살 테고 그러면 자신의 커리어는 물론 그녀가 사랑하는 이들에게까지 화가 미칠 것이다. 하지만 이 제안을 받아들이면 친구와 가족을 염탐해야 하는 데다 이러한 일을 행한다는 것은 자신의 신념에 위배되는 일이었다. 그래서 그녀는 훨씬 세련된 다른 해결책을 선택했다. 부모님이 귀에 못이 박히게 얘기했듯 자신은 비밀을 지키지 못하는 사람이라고 말했다. "저희 부모님은 언제나 슈타지에게 제가 수다쟁이라서 아무도 제 입을 막을 수 없다고 얘기하라 하셨죠. 그리고 제가 남편에게도 이 비밀을 지킬 수 있을지 모르겠다고도 얘기했습니다."[18] 그녀는 이렇게 회상했다.

슈타지 요원은 당황했다. 이 여자는 분자, 원자, 미립자의 세계에서 살고 있는 순진한 과학자가 분명했다. 이렇게 생각 없는 공부벌레는 비밀경찰에 필요 없었다. 그들은 예절 바르게 그녀에게 감사를 표했다. 그녀는 일자리를 얻지 못했다.

앙겔라가 스파이로 일하지 않았다는 사실을 믿지 못하겠다는 이들이 있다. 그녀가 슈타지에게서 월급을 받았는지 여부는 확실히 알 수 없다. 다만 그녀를 혹독하게 비판하는 이들조차 아직까지 이런 혐의를 입증할 확실한 증거를 제시하지 못하고 있다. 슈타지 기록보관소는 누구에게나 열려 있다. 그녀의 친구 중 상당수가 정보원이었음이 드러났다. 하지만 앙겔라는 그런 것 같지 않다.

앙겔라와 울리히는 일메나우에 가는 대신 앞서 말한 과학 아카데미에 일자리를 얻었다. 울리히는 광학중앙연구소의 조수가 되었고, 앙겔라도 물리 화학 부문에서 비슷한 자리를 얻었다. 모든 것이 안정되어 보였다. 그들은 운이 좋게도 베를린 장벽에서 멀지 않은 베를린 중앙의 마리엔가에 아파트를 얻었다. 집은 허름했지만 메르켈 부부는 누구도 크게 신경 쓰지 않았다. 사실 분단된 도시의 동쪽 아래를 깊이 지나 서독으로 향하는 지하철 소리가 끊임없이 들렸다. 하지만 앙겔라는 분단 상황을 끊임없이 상기시키는 소리가 거슬리지 않았다. "그녀가 장벽 가까이 사는 걸 굉장히 고생스럽게 여긴다는 느낌은 없었습니다." 오랜 시간이 지난 후 함께했던 생활에 대해 묻자 울리히는 이렇게 대답했다.[19]

두 사람 모두 열심히 일했다. 지나치게 열심히 한 것 같다. 울리히는 자주 집을 비웠다. 라이프치히의 대학 시절에는 종종 함께 학회에 갔고 해외여행에 서로를 동반할 기회를 놓치는 법이 없었다. 하지만 베를린으로 옮겨온 뒤 뭔가 달라졌다. 앙겔라는 다른 공산주의 국가에 홀로 여행가는 일이 잦아졌고, 울리히는 대부분 연구실에서 지냈다. 동료들은 그들의 사이가 멀어지고 있음을 눈치챘다. 하지만 겉보기에는 평온했다. 이런 일은 입에 올리기 어려운 문제였다.

앙겔라와 울리히는 대화를 많이 하지 않았다. 말다툼이나 고함치는 일도 없었고 그저 멀어지고 있으며 마치 남과 사는 듯한 느낌뿐이었다. 결혼 생활은 1981년 어느 겨울날 아침 갑작스레 끝났다. 울리히는 당시를 이렇게 기억했다. "어느 날 갑자기 그녀가 짐을 싸 함께 살던 아파트를 떠났습니다. 그녀는 가능한 모든 결과를 가늠해보고 장단점을 분석했습니다. 우리는 웃으며 헤어졌습니다. 우리 둘 다 재정적으로 독립되어 있었으니 나눌 것도 많지 않았습니다. 그녀는 세탁기를 가져가고 나는 가구를 받았습니다. 그중 몇 가지는 아직까지 사용하고 있지요."[20]

앙겔라는 다시 한 번 늘 그래왔듯이 꼼꼼히 상황을 분석하고 결과를 고려한 뒤 행동에 옮겼다. 그녀가 어려운 상황을 해결하는 방식이었다. 한참 뒤 총리가 되었을 때의 정치적 난국 분석 방식으로 그녀가 자신의 사생활을 분석했다는 사실은 꽤 흥미로운 지점이다.

시간을 빨리 돌려 34년 뒤로 건너뛰어보자. 메르켈 총리는 곤란한 상황에 처해 있었다. 몇 주 사이에 난민들이 EU 국경으로 물밀 듯 쏟아져 들어왔다. 시리아와 리비아 내전으로 마치 성서의 탈출기를 재현하듯 대탈출이 일어났고 대다수의 밀입국자들은 독일로 들어왔다. 독일의 우파 언론은 결단을 촉구했고 국경이 인접한 다른 국가들은 국경을 봉쇄했으며, TV 화면에는 헝가리를 비롯한 다른 남부 유럽 국가에 들어가려는 절박한 가족을 구타하는 경찰의 모습이 방송되었다.

하지만 독일에 도착한 사람들은 난민 등록이 허용되었으며 대부분 독일 내 체류를 허가받았다. 독일은 다른 나라와는 달랐다. 하지만 그곳에서도 정치인들과 여론 형성자들은 분노의 수사(修辭)를 사용해 '독일 무슬림 국가'가 되어가고 있다는 분노를 표출했다. 특히 구 동독 지역의 보통 국민들은 항의 단체를 조직했다. 총리의 정치적 동지들조차 어째서 메르켈이 입을 다물고 있는지 물었다. 그렇다면 그녀는 어디에 있었는가?

그녀는 베를린에 있었지만 침묵하고 있었다. 최근 3차 구제금융을 신청한 그리스 정부와의 힘겨웠던 협상 이후 탈진한 상태였다. 독일 언론은 메르켈이 씀씀이가 헤픈 남부 국가를 처리한 방식을 칭송했다. 하지만 이제 새로운 문제가 불쑥 대두되었다. 일촉즉발의 엄청난 위기였다. 메르켈 총리는 무엇을 하고 있었나? 그녀는 상황을 분석하고 있었다. 오래전 동베를린 작은 아파트에서 그랬듯 선택 사항을 따져보고 다음에는 무엇을 해야 할지 생각해봤다. 독일 언론과 유권자들은 그녀를 이해하지 못했다. 그렇지 않았더라면 하늘 높이 치솟았을 영향력도 타격을 입고 있었다. 지금껏 쌓아온 정치 경력이 비극적으로 끝날 것이라는 이야기가 돌았다. 메르켈도 다른 정치인과 마찬가지인 것인가? 지지율은 올라갈까? 권좌에 앉은 지 10년 만에 그녀의 인상적인 커리어는 끝나게 되는 것인가? 그녀의 종말을 알리는 지표가 드러나고 있었다. 2015년 올해의 독일어로 선정된 단어는 '메르켈하다Zu Merkel'라는 동사였다. '극도로 수동적이다'로 정의되며 절대 찬사라고는 할 수 없었다.

하지만 메르켈은 여전히 꿈쩍도 하지 않았다. 한 달 후 그녀가 갑작스럽게 입을 열었다. 하지만 그녀의 메시지는 광분한 무리들의 요구는커녕 대부분의 사람들이 기대하는 것과도 달랐다. 그녀는 상황을 분석하고 다양한 선택 사항을 검토한 뒤 독일은 난민을 수용할 인도적 의무가 있을 뿐 아니라 경제적으로도 수십만의 젊은이들을 받아들이는 편이 합당하다는 결론에 도달했다. 독일은 극심한 연금 위기에 직면하고 있었다. 독일 노년층의 연금을 지불할 젊은이들의 수가 적었다. 이민자 수용은 힘든 과제가 되겠지만 반드시 필요했다. 메르켈은 심사숙고를 거듭했고 누구도 예상치 못한 조치를 취했다. 독일이 난민을 통합할 수 있는지 묻는 질문에 그녀는 간결하게 대답했다. "우리는 할 수 있습니다."[21]

앙겔라의 결정은 대중적 지지를 얻지 못했고 그녀의 가깝고 친한 이들조차 그녀의 결정을 비판했다. 2015년 난민 수용 결정과 1981년 이혼 결정을 내리기까지의 과정은 놀라우리만치 유사하다. 이혼 결정 역시 가족들의 환영을 받지 못했지만 어쨌거나 메르켈은 그렇게 결정했다.

다시 우리 주인공이 동독에 살던 시절로 되돌아가자. 옌츠쉬와 카스너는 딸의 이혼을 반기지 않았다. 딸의 이혼은 목사의 엄격한 루터교 가치관에 부합하지 않는 일이었다. 하지만 앙겔라는 개의치 않았고 불과 96킬로미터밖에 안 되는 거리에 살았음에도 이 당시에는 부모님을 자주 찾아가지 않았다. 부모님과의 관계는 "사랑하고 친밀했지만 거리감이 있었다. 우리는 서로에게 생각할 시간을 주었다"고 그녀는 부연했다.[22]

이혼은 젊은 과학도와 부모님 사이에 엄청난 거리감을 낳았다. 앙겔라는 결혼이 실수였다고 느꼈다. "모두들 결혼하니까 우리도 결혼해야 한다는 생각이었습니다. 요즘 사람들에게는 바보처럼 보이겠지만, 우리는 결혼에 대해 충분히 진지하게 생각해보지 않았습니다."[23]

이혼은 물론 마리엔스트라세의 아파트를 나오는 것조차 힘든 도전이었다. 앙겔라가 처한 일상적이고 현실적인 문제와 어려움을 빼놓는다면 그녀의 삶을 불완전하게 다루는 셈이다. 살 곳을 찾는 재미없는 문제를 살펴보면 이 책의 주인공에 대한 놀라운 사실을 알게 된다. 앙겔라가 불법거주자가 된 것이다.

그녀는 울리히와 살던 집을 나와 친구이자 동료인 한스–요르그 오스텐을 찾아갔다. 그는 앙겔라가 나타난 그날 저녁을 기억하고 있었다. "그녀는 저희 집 문간에 서서 '더 이상 참을 수 없어서 집을 나와버렸어. 이혼하려고 해. 잠시 너희 집에 머물러도 될까?'라고 말했습니다."[24] 하지만 친구의 소파에서 자는 건 장기적인 해결책이 아니었다. 앙겔라의 다른 친구들도 친절히 도움을 줬지만 안정적인 거주지를 찾는 건 별개의 문제였다. 당시 동베를린은 주택난이 극심했다. 경제 상황 때문에 대대적인 도시 개발이나 새로운 아파트 건설도 어려웠다. 원칙적으로 모든 주택과 아파트는 국가 소유였다. 하지만 공산주의 국가의 비대한 관료 조직은 사실상 무능력했다. 그들은 비어 있는 아파트가 어디인지도 알지 못했다.

앙겔라의 오랜 동료이자 가까운 친구인 우츠 하페만은 출근길 라인하르트가에 비어 있는 낡은 집을 발견했다. 그는 곰곰이 생각했다. 공공주택 임대사무소인 스타틀리히 보눙스베챠프트Staatliche Wohnungwirschaft가 빠뜨린 집 같았다. 그러면 앙겔라가 이사와도 되지 않을까? 물론 빈 집에 이사 오는 것은 엄격히 말해서 합법적이라고 할 수 없었다. 사실상 불법 거주였다. 우츠는 불법 행위에 대해 몇 가지 알고 있었다. 그의 새아버지인 철학자 로베르트 하페만Robert Havemann은 체제를 비판했다는 이유로 가택연금 상태였다.

하지만 우츠는 제도의 허점을 이용할 줄도 알았다. 앙겔라는 아파트를 보고는 친구 몇 명을 데리고 와 전기 드릴로 자물쇠를 부셔 문을 열고는 황폐한 아파트를 꾸미기 시작했다. 앙겔라는 DIY에 능숙하지 않아 우츠와 친구들이 벽을 칠하고 낡은 스토브를 설치하는 동안 우츠의 아이들을 돌봤다.

앙겔라는 이주 신고를 했고, 경찰은 우츠가 '펠릭스 크룰(토마스 만의 소설 《사기꾼 펠릭스 크룰의 고백》에서 차용한 것-옮긴이) 같았다'고 할 정도로 제정신인 사람이라면 믿기 어려운 거짓말에 속아 넘어갔다. 앙겔라는 프렌츠라우어 베르크의 템플리너가에 집다운 아파트로 이사할 때까지 2년간 그 집에 살았고 비교적 황폐했던 그 지역은 베를린 장벽이 무너진 뒤 자유롭고 유행이 빠른 지역으로 탈바꿈했다. 그녀는 독신 여성으로 새로운 삶을 시작했다. 평소대로 자신의 할 일을 하며 친구들과 어울리고 박사과정을 시작했다.

헬무트가 가고, 다른 헬무트가 오다

그사이 다시 냉전시대가 도래했다. 1960·1970년대의 동구권과 서구권 간 긴장 관계가 완화되었던 데탕트 시대가 막을 내리고 있었다. 하지만 신뢰가 금가기 전 일어난 사건은 세계를 핵전쟁의 위기로 몰고 갔다.

1975년 앙겔라가 아직 '목마른 페가수스'에서 체리 칵테일을 만들고 있을 때 전 유럽 국가들과 미국, 캐나다의 정상들은 핀란드의 수도 헬싱키에서 회담을 갖고 협약을 도출했다. 동서독 양측은 상호 국경을 승인하고 상대 국가의 '내부 문제'에 간섭하지 않기로 맹세했다. 전 세계 언론은 헬무트 슈미트가 에리히 호네커와 이야기 나누는 사진을 실었다.

동독은 기뻐하지 않을 이유가 없었다. 그들은 그토록 갈망하던 승인을 얻어냈고 반대급부로 제공해야 할 것도 없거나 또는 그렇다고 믿었다. 공산당이 유일하게 양보한 부분은 인권과 기본적인 자유를 공식적으로 승인해야 하는 것뿐이었다. 독일 출생의 미 국무장관 헨리 키신저 Henry Kissinger 는 이러한 변화에 감명받지 않은 사람이었다. "무의미한 협약입니다. 그저 좌파에게 보여주기에 불과한 겁니다." 미국 대통령 제럴드 포드 Gerald Ford 에게 이렇게 말했다.

하지만 역사는 예리한 키신저 박사의 예상이 틀렸음을 입증했다. 국제법에 얽매이지는 않았지만, 헬싱키 선언은 종종 벌어지는 인권 침해 사례에서 공산국가의 인권 활동가들이 사용할 강력한 무기이자 근거가 되었다. 말할 필요도 없이 헬싱키 선언으로 갑작스레 엄격히 법의 지배를 따르거나 동유럽에서 정치적으로 독립된 법정이 설립되지는 않았다. 하지만 헬싱키 협약은 점차 공산주의 국가에서 반체제 인사들과 자유주의 운동의 공약이 되어갔다. 역사학자 존 루이스 개디스^{John Lewis Gaddis}는 저서 《냉전의 역사^{The Cold War}》에서 "헬싱키 선언은 이러한 (공산주의) 체제에 사는 사람들, 적어도 그중 용기 있는 사람들이 자신들의 생각을 말할 수 있는 공식적 허가를 주장할 수 있게 되었다는 데 의미가 있다"고 주목했다.

헬싱키 선언은 동서독의 긴장을 완화하기 위해 체결된 수많은 조약들 중 최후의 조약이었다. 신냉전시대를 시작한 것은 공산주의 국가들, 다시 말해 크렘린의 결정이었다. 1978년 소련은 새롭게 개발한 SS-20 탄도 핵미사일로 중거리 핵미사일을 대체하기로 결정했다. 이 신무기는 기술적으로 복잡하지 않은 것이었고 러시아인들이 중부 유럽에서 군사력을 확고히 하려는 의도가 드러난 결정이었다. 하지만 1979년 12월 NATO 정상 회의에서 서방 세계의 동맹들은 소련이 당장 군비 축소 협상에 응하지 않는다면 서부 유럽에 퍼싱II 미사일과 신 크루즈 미사일을 배치하겠다고 선언했다. NATO의 이중전략^{Double Track Decision}으로 알려진 이 전략으로 두 열강과 그 동맹국들 간 대치 상태는 급격히 악화되었다. NATO의 결정이 있은 지 몇 주 후 소련은 아프가니스탄을 침공했다.

다시 약간의 배경 설명을 하자. 1978년 친소파(親蘇派) 누르 타라키^{Nur Taraki}가 쿠데타를 일으키자 이슬람 세력들이 일제히 반발하고 일어났다.

이에 타라키는 대량 학살로 대응했지만 상황은 악화되기만 할 뿐이었다. 그러자 그는 동맹국 소련에 원조를 요청했다. 브레즈네프는 타라키에게 고문 역할을 할 병력을 파병했다. 하지만 소련은 이내 그들의 동맹이 상황을 해결할 자금이 부족하다는 사실을 깨달았다. 그리하여 40군이 배치되었다. 1979년 크리스마스, 브레즈네프는 지금까지의 친구를 처형하도록 명령하고 바브락 카르말Babrak Karmal이 이끄는 꼭두각시 정부를 세웠다. 브레즈네프의 신속한 행동은 서방에 보내는 명백한 신호였다. 소련의 대 아프가니스탄 정책은 크렘린의 냉혹하고 무자비한 외교정책이 어떻게 실행되는지 보여주는 사례였다. 하지만 서방 세계는 손쓸 방도가 없었다. 미국과 그 동맹들은 1980년 모스크바 올림픽을 보이콧함으로써 대응했다. 그리고 몇 달 후 미국 유권자들은 소련에 맞서 강경 노선을 주장하는 공화당의 로널드 레이건Ronald Reagan을 대통령으로 선출했다.

레이건의 구호는 이제 과학 아카데미에서 박사학위 취득을 앞두고 있던 앙겔라에게 와 닿았다. 이혼 후 그녀는 보다 정치에 관심을 갖게 되었고 새로 사귄 친구들 상당수가(대부분 물리학자와 화학자들이었다) 동서독 관계의 발전에 열정적인 관심을 보이고 있었다. 하지만 앙겔라와 그녀의 동포들 또는 소련 지배하에 사는 사람들 입장에서는 청신호가 아니었다.

동구권의 폴란드에서는 자주관리노동조합 운동 솔리다르노시치 Solidarność(자유노조)가 힘을 얻어 공산당 제1서기 에드바르트 기에레크Edward Gierek의 비교적 개방적인 체제에서 성장할 수 있었다. 하지만 2차 냉전(보통 1979년 이후를 이렇게 부른다)으로 소련과 서방 세계의 긴장이 증폭되면서 폴란드가 자유로워지리라는 어렴풋한 희망도 사라졌다. 기에레크는 보이치에흐 야루젤스키^{Wojciech Jaruzelski} 장군에게 제거되었다. 그는 폴란드 귀족이었으나 공산주의자로 변신해 모스크바에서 군사 교육을 받았다. 자유노조의 조합원이 성인 인구의 1/3에 상당하는 9백만에 달하자 야루젤스키는 계엄령을 선포했다. 기에레크는 수감되었다. 앙겔라는 과학 대표단의 일원으로 폴란드에 방문했을 때 직접 이 과정을 목격했다. 그녀는 충격을 받았고 공산주의 사상에 대해 더욱 의구심을 품게 되었다.

동서방의 긴장 상태는 악화일로를 걷고 있었다. 앙겔라와 그녀의 새 친구들은 서독 TV를 통해 이러한 상황을 지켜봤다. 그리고 정부도 이를 알고 있었다. 정부의 감시를 피할 수 있는 것은 아무것도 없었다. 과학 아카데미는 11,700명 규모의 자동화 소총으로 무장한 정예 부대인 펠릭스 제르진스키^{Felix Dzerzhinsky}(1877~1926, 소련의 비밀경찰 KGB의 전신인 체카^{Cheka}의 설립자) 경비 연대 본부 바로 옆에 위치했다. 하지만 공안국이 무력을 행사하던 폴란드와는 달리 슈타지는 보다 교묘한 수단을 사용했다.

전체 핵물리학자와 반목하는 것은 근시안적 행동이었다. 그들은 보다 정교한 신무기를 개발하는 데 필수적인 존재 아닌가. 게다가 전통적인 강압책을 따르면 체제에 반대하는 세력을 지하로 숨어들게 할 위험이 있었다. 그러면 더욱 통제와 감시가 어려워질 것이다. 따라서 공산당은 문화 회의체를 조직했다. 그 회의체에서 서독의 많은 이들이 군비 확장에 격렬히 반대한다는 사실이 알려졌다. 이 사실이 많은 이들을 각성시킨 것은 아니었지만 그중에서도 젊은 기독교도들은 군사화 반대 운동을 시작했다. 늘 그렇듯 이러한 반대 운동은 현명한 전술을 사용했다. 소련의 예술가 예브게니 부체티치^{Yevgeny Vuchetich}가 만든 조각품의 제목 〈칼을 쳐서 보습으로〉를 활용한 것이다. 이 작품은 유엔에 기증되어 현재 뉴욕의 유엔본부 앞에 전시되어 있다. '칼을 쳐서 보습으로'라는 구호는 이사야서의 "그분께서 민족들 사이에 재판관이 되시고 수많은 백성들 사이에 심판관이 되시리라. 그러면 그들은 칼을 쳐서 보습을 만들고 창을 쳐서 낫을 만들리라"(이사야서 2 : 4-옮긴이)에서 나왔지만, 소련의 유명 예술가를 거론함으로써 운동은 그저 다른 공산국가 동지에 존경을 표하는 것이라고 주장할 수 있었다. 하지만 동시에 구약성서의 구절을 인용해 자신들의 기독교 신앙을 드러냈고 이는 미국 정치인들의 공감을 얻었다.

독립적인 평화 운동은 동독 체제에서는 골칫거리가 되었고 반대 운동이 생겨나기 시작했다. 템플린의 가족들 중에서는 앙겔라의 남동생 마커스가 체제에 반대하는 과학자와 의사들과 함께 토론회를 조직했다. 앙겔라는 이런 활동에는 참가하지 않았다. 그녀는 박사 논문을 마무리 중이었고 무엇보다 삶을 즐기고 있었다.

서독의 평화 운동 역시 정부에 반대해 일어났다. 사민당 소속의 총리 슈미트는 NATO 이중전략의 설계자였다. 하지만 사회주의적 경제 정책을 시행하라는 당 내부와 경비 감축과 사회보장 예산 삭감을 요구하는 연정 파트너인 자유민주당의 거센 반대에 부딪히고 있었다. 지지를 얻기 어려운 상황이었다. 1982년 10월 1일 슈미트는 독일 의회의 불신임투표로 물러났다. 자민당이 반대당인 기민련·기사련 편에 선 것이다. 보수주의자 헬무트 콜Helmut Kohl이 슈미트의 자리를 이어받았다.

슈미트는 사임 연설에서 자유가 없고 권리는 박탈된 동독 국민들이 정책에 대한 선거권을 보장하는 정부에 대한 불신임 투표를 어떻게 바라볼 것인지 질문을 받았다. 그는 연단에서 내려와 관중을 바라보며 말했다. "마지막으로 한마디만 하겠습니다. 동독 주민들도 이 장면을 보고 있다는 것을 알고 있습니다." 평소답지 않게 감정에 도취된 듯 잠시 말을 멈춘 뒤 동독 주민들을 향해 말했다. "여러분들이 우리에게 보여준 신뢰에 감사드립니다. 여러분을 실망시키지 않겠습니다. 모두가 우리의 결속이 지속될 수 있음을 믿고, 또 그렇게 되어야만 합니다."

슈미트는 씁쓸하면서도 다소 감정에 휩쓸렸던 것 같다. 후임 콜이 동독 동포를 향한 결속 의식을 조금이라도 보여줬더라면 이러한 발언은 없었을 것이다. 작가 에른스트 윙거Ernst Jünger 같은 이들은 이를 두고 간결하게 논평했다. 의회에서 투표가 실시되던 날 모든 걸 지켜본 노작가는 이렇게 썼다. "오후 세 시, 하베무스 파팜Habemus Papam('새로운 교황님이 선출되었다'는 뜻의 라틴어), 하나의 헬무트가 가고 또 다른 헬무트가 오다."[25]

새로운 총리는 외견상으로는 전임자와 상당히 달랐다. 슈미트는 세련되며 교양 있고 코카콜라를 마시며 줄담배를 피우는 이른바 '교양시민Bildungsbürger'이었다. 그는 '교양'이라는 독일인들의 이상, 다시 말해 공복(公僕)은 미국에서 사업가나 프랑스에서 관료에게 요구하는 기준보다 지적이어야 한다는 이상을 구현한 인물이었다.

하지만 슈미트의 후임자는 굉장히 달랐다. 1930년 콜은 서독 남서부의 칙칙한 산업도시 루트비히샤펜 암 라인에서 중간 관료의 아들로 태어났다. 콜은 대학에 진학했지만 학문적으로는 두각을 나타내지 못했다. 다소 촌스럽고 비대한 그에게는 지방 출신의 분위기가 느껴졌다. 학업을 마친 뒤 그는 화학산업협회VCI에서 일했다. 콜은 지적인 인물은 아니었지만 정치 전략가였다. 그는 막후에서 은밀히 로비하고 영향력을 발휘하는 수완을 익혔다. 그는 화학산업협회에서 일할 때처럼 기민련 내에서 지위가 올라갔다. 그는 당내 소장파의 창립 멤버 중 하나였고 29

세의 나이에 벨기에, 룩셈부르크와 국경을 면하고 있는 라인란트-팔츠의 주의원에 선출되었다. 3년 사이에 콜은 의회 내 당 간부회의 위원장의 위치까지 올라갔다. 마흔이 되기 전인 1966년 그는 기민련의 동료 페터 알트마이어^{Peter Altmeier}를 누르고 주지사가 되었다.

정치적으로는 콜을 평가절하하는 이유를 납득하기 어렵다. 1973년 라이너 바르첼^{Rainer Barzel}이 선거에서 브란트에게 패배한 뒤 그의 뒤를 이어 기민련의 당대표가 되며 젊은 나이에 정치적 성공을 거뒀다는 사실은 존경받아야 한다. 콜은 '양배추'라는 뜻이었고 많은 이들이 그의 이름을 놀림거리로 삼았다. 만화가 한스 요한 게오르그 트랙슬러^{Hans Johann Georg Traxler}도 이 기민련 정치인의 신체적 특징을 살려 콜을 서양배로 그림으로써 이런 분위기에 한몫했다. 그때부터 콜은 '배'라 불리며 희화되었다.

콜은 이렇게 놀림거리가 된 데 분노했고 이 도시 출신을 싫어해 언제나 그에게 싸움을 걸려고 했지만 그는 비상한 정치 전략가이자 인맥을 중시하는 사람이었다. 정치 게임이 무엇인지 본능적으로 이해하는 사람이었다. 1976년 콜은 선거에서 슈미트에게 패배했다. 그는 1980년 선거를 기다렸지만 바이에른의 자매정당 기사련의 우파 지도자 프란츠요제프 슈트라우스에 밀려 기민련·기사련 연합의 대표로 선출되지 못했다. 당시 콜은 슈미트가 이기기 어려운 상대라는 사실을 알고 있었다. 슈트라우스가 패배하면 그의 남부 경쟁자는 치명적인 타격을 입으리라고 판단했다. 연합은 4% 차이로 패배하고 사민당이 승리를 거뒀다. 슈미트는 총리직을 연임했고 콜은 독일 연방 의회 내 기민련·기사련 연합의 원내대표직을 유지했다. 바이에른의 주지사였던 슈트라우스는 자신의 지역구로 내려가며 대표직을 내려놓았다.

약간의 운이 따르기는 했지만 콜의 계산대로였다. 비록 선거를 치르지는 않았지만 이 덕분에 그는 다른 기회를 얻었다. 1982년 총리직에 오르며 그는 독일인들에게 새 출발의 기회를 주고 싶었다. 변화의 시대였지만 그는 우선 권한이 필요했다. 콜은 새로운 선거를 치렀다.

1983년 3월 기민련·기사련 연합은 상당한 지지표를 획득했다(1980년의 결과보다 4% 상승한 수치). 사민당의 다소 지루한 새 당수 한스요헨 포겔Hans-Jochen Vogel은 선거에서 패배했다. 여전히 자유민주당과 공동으로 통치해야 했지만 콜은 권한을 갖게 되었다.

영국과 미국에서는 복지 예산을 삭감하는 자유시장경제 정책을 주장한 마가렛 대처Margaret Thatcher와 레이건이 선출되었다. 콜은 자유 기업 체제를 깊이 따르지는 않았지만 이와 비슷한 변화를 만들고자 했고, 가톨릭 교리를 따르는 그는 경제적인 것보다는 '도덕과 영적인 변화'에 더 관심이 있었다. 하지만 콜의 문제는 연정으로 구성된 정부라는 점이었고 연정 파트너인 자유민주당은 앞서 슈미트 정부의 파트너이기도 했다.

게다가 콜을 더 불안하게 한 것은 그의 정부는 이전 정부보다 도덕적이지 못하다는 인상을 남긴 것이다. 전통적인 가치를 설파하면 역효과를 낳을 수도 있었다. 10년 후 영국의 존 메이저John Major 수상이 '기본으로 돌아가자'는 캠페인을 시작하고서야 깨닫게 되는 사실이었다(보수당 고위층의 혼외정사 스캔들로 수포로 돌아가고 만 것). 콜 총리 역시 위선적이라는 비난을 받았다. 독일의 경우에 정치인들의 성적인 욕망보다는 탐욕과 부정부패가 문제였다. 자유주의 경제를 따르는 경제부장관 오토 그라프 람프스도르프Otto Graf Lambsdorff는 사민당과 자민당의 분열을 이끌어낸 인물로, 철강과 석탄 복합 기업인 플릭 코퍼레이션Flick Cooperation의 불법 정치 자금을 받았다는 스캔들에 연루되었다. 람프스도르프는 사임했지만 콜도 돈을 받았다는 기사가 발표되면서 상황은 더욱 악화되었다.

콜은 살아남았지만 전통적인 사회적 자유주의 정책 추진을 찬성한다는 도덕적 수사는 자제했다. 반대파 사민당은 혼란 상태에 빠져 환경 보호와 핵무기에 반대하고 핵발전소 폐쇄를 주장하는 좌파 계열의 신생 정당인 녹색당에 위협받고 있었다. 사민당은 좌파로 돌아서야 했고 덕분에 콜은 중앙 정계의 권력을 잡을 수 있었다.

콜은 실책과 까다로운 성격에도 불구하고 독일 경제를 안정시키고 동독과 상당한 차이를 벌려놓았다. 하지만 서독이 경제 경쟁에서는 이겼을지도 모르지만 첩보전에 있어서는 동독이 여전히 한 수 위였다. 훗날 슈타지가 '플릭 스캔들' 폭로를 주도했다는 사실이 밝혀졌다. 기민련 당원이자 플릭 코퍼레이션의 로비스트였던 한스 아돌프 칸터^{Hans-Adolf Kanter}가 악명 높은 슈타지 해외 첩보국장 볼프에게 이 이야기를 팔아넘긴 것이다. 동독의 스파이 대장은 자신의 인맥을 가동했다. 다음 장에서 보게 되겠지만 그가 막후에서 주도적 역할을 수행한 것은 이번 한 번이 아니었다.

4

참을 수 없는 존재의
지루함

:

카스너는 불만스러운 표정으로 주위를 둘러봤다. 그의 딸은 이제 갓 서른이 넘었고 그녀의 부모는 그녀가 베를린에 얻은 아파트를 보러 템플린에서 올라왔다. 앙겔라는 아버지의 찬성을 구하고 싶지만 그렇지 못하리라는 사실을 알고 있는 듯 다소 긴장하고 부끄러운 기색이 역력했다. 그리고 역시 아버지는 달가워하지 않았다.

"오래 살 생각은 아니겠지?" 카스너 목사가 고개를 저으며 말했다.[1] 그는 마음에 들지 않았다. 그는 딸이 과학자가 되고서도 학생 때처럼 속 편히 살고 있다고 생각했다.[2] 그의 말은 상처가 되었다. 앙겔라는 언제나 아버지의 자랑이자 기쁨을 주는 딸이었다. '아마 아버지가 가장 사랑하는 자식'이었던 것 같다고 그녀도 말했다.[3] 그리고 이는 옳지 않았다. 앙겔라는 많은 성과를 거뒀다. 그녀는 라이프치히대학교 물리학과를 최우등으로 졸업했고 그녀의 논문은 영문 학술지에 실렸으며 국가에서 가장 권위 있는 연구소에 일자리를 얻었다. 대체 뭘 더 바라겠는가?

그러나 아버지의 입장에서 딸의 사생활은 다소 엉망진창처럼 보였다. 적어도 그의 개신교적 가치 기준에 따라서는 말이다. 앙겔라의 이혼은 굉장히 당황스러웠다. 카스너 목사와 그의 아내는 교구민들이 앙겔라의 안부를 물을 때면 상투적인 대답밖에 할 수 없었다. 그녀는 박사과정에 몰두하는 대신 세계 방방곡곡을 여행 다니며 시간을 보내는 것 같았다. 남동생이 과학자로 자리 잡았을 때도 앙겔라는 세계를 돌아다니며 여전히 수도에서 독신으로 살고 있었다. 그녀의 동창들 대부분 고향 템플린으로 돌아와 가정을 꾸리기 시작했는데 말이다. 부모는 앙겔라가 학생의 신분을 유지하며 보헤미안 같은 삶을 살고 있기 때문에 정식으로 거주 허가를 받지 못한 아파트에 불법거주 하고 있다고 믿었다.

울리히와 이혼한 직후(최종 서류 작업이 마무리된 것은 1982년이었다) 앙겔라는 여행을 떠났다. FDJ에는 외국 여행 수속을 대행해주는 유겐트투리스트라는 훌륭한 여행사가 있었다. 물론 가능한 여행지는 다른 사회주의 국가뿐이었다. 대부분 FDJ 정회원이었던 앙겔라와 그녀의 동료들은 소비에트 연방의 아제르바이잔과 그루지야(현 조지아공화국—옮긴이)로 여행을 떠났다. 마치 뒤늦게 인생과 다른 젊은이들과의 교류를 즐기고 있는 것 같았다. 하지만 조지 오웰식Orwellian의 Überwachungsstaat(사찰국가, 'surveillance state'라는 표현은 이 독일어 단어에 내포된 강렬한 의미를 전달하기에 부족하다)인 동독은 '바흐만'이라는 슈타지 요원을 붙여 그녀의 일거수일투족을 파악했다. 비밀요원은 보고할 것이 별로 없었다. "그녀는 기차를 타고 여행한 뒤 버스를 탔습니다. 그러고는 소치에서 동독으로 들어오는 비행기를 탔습니다." 그는 규정대로 베를린의 상관에게 보고했다. 앙겔라에게는 의심스러운 구석이 없었다. 그녀는 바르게 행동하고 있었다. 보고는 이어졌다. "소련의 환대와 본질에 대해 상당히 긍정적으로 받아들였습니다."[4]

하지만 삶이란 언제나 흥미진진하지만은 않는 법이다. 아니, 오히려 그 반대다. 그녀의 월급은 650마르크, 숙련된 노동자의 월급 1,000마르크보다도 적었다. 교육 수준이 그녀 정도 되는 사람에게는 충분치 않은 금액이었다. 게다가 아카데미에서의 일은 그녀의 기대만큼 재미있지도 않았다. 라이프치히와 고향 템플린에서 그녀는 전도유망한 학생으로 많은 이들의 기대를 한 몸에 받았다. 하지만 지금 그녀는 서른 살의 대학원생일 뿐이다. 삶은 더 좋아질 수 있었다. 사실 그녀의 아버지는 그녀도 이미 알고 있던 핵심을 짚었을 뿐이다. 아버지의 말이 그토록 가슴을 후벼판 것도 바로 이런 이유 때문이었다.

상황은 악화될 수 있었다. 적어도 그녀는 사교 활동을 할 수 있었고, 다른 직업과 달리 과학자가 된 덕분에 다른 사회주의 국가를 여행할 수도 있었다. 서른 살 생일이 지난 직후 앙겔라는 당시 체코슬로바키아의 프라하에 갔다. 그녀의 친구 오스텐이 J.헤이로프스키 물리화학연구소의 펠로십fellowship 자리를 주선했다. 그녀에게는 현실에서 벗어나 박사과정을 마치고 양자화학의 국제적 권위자인 루돌프 자라드니크Rudolf Zahradnik와 일할 수도 있는 반가운 기회였다.

앙겔라는 혼자 가지 않았다. 혼자 여행 다니다 보면 다른 생각을 할 수도 있기 때문에 정부는 혼자 여행 다니는 것을 장려하지 않았다. 과학자들이 쌍으로 다니면 언제나 서로의 행동을 보고할 수 있었다. 누가 스파이인지 아무도 알 수 없었고 바로 이처럼 불안감을 조성하는 것은 슈타지가 즐겨 사용하는 방법이었다. 프라하로 함께 간 동료는 과학자 요아힘 자우어Joachim Sauer 박사였다. 앙겔라보다 몇 살 연상인 그는 당시 결혼해 아들 둘을 두고 있었다.

자우어는 앙겔라의 학위 논문을 도운 사이였다. 이상할 건 하나도 없었다. 그는 이미 그 분야의 권위자로 인정받은 인물이었다. 하지만 프라하에서도 계속해서 앙겔라를 감시했던 '바흐만'은 이들이 다소 지나치게 가까워지고 있다고 언급했다. 앙겔라와 새로 사귄 친구 역시 정치 이야기를 나눴다. 자우어는 정치적으로 강경한 입장이었고 체제의 정치와는 상당히 배치되는 견해를 갖고 있었다. 그는 미국 대통령 레이건을 좋아했다. 앙겔라의 다른 친구인 미카엘 실드헬름은 앙겔라와 그녀의 친구들이 점차 과학 이슈보다는 정치 이야기를 더 많이 하게 되었다고 회상했다. "앙겔라와 제가 통했던 부분은 화학이나 물리, 수학과는 전혀 관계가 없었습니다. 사실 옆 연구소의 동료가 매일 두 번씩 터키식 커피를 들고 오느냐 마느냐가 전부였어요."[5]

이렇게 규모가 커진 커피 타임에서 물리학자와 화학자들은 수소 결합이나 궤도 함수, 소립자가 아닌 페레스트로이카Perestroika를 시행한 국가의 놀라운 발전상과 리하르트 폰 바이츠제커Richard von Weizsacker 대통령의 제2차 세계대전 종전 40주년 기념식 연설에 대해 이야기를 나눴다.[6] 페레스트로이카는 1980년대 중반부터 소련에서 실시된 정치경제의 개혁을 뜻하며, 바이츠제커는 서독의 새 대통령이었다.

일단 시작되자 빠르게 진행되었다. 앙겔라의 정치적 각성을 이해하기 위해서는 당시 역사를 이루는 데 영향을 미쳤던 요소들의 독특한 융합을 파악해야 한다. 귀족 출신의 바이츠제커는 기민련 소속으로 서베를린 시장에 선출되었고 1984년 서독의 대통령이 되었다. 보수적인 남작

(독일 귀족계에서 두 번째로 낮은 작위) 가문 출신이기에 강경 노선을 택할 것이라고 생각하는 이들이 있었다. 하지만 그는 그렇게 하지 않았다. 예상과는 달리 그는 새로운 소련 공산당 서기장 미하일 고르바초프^{Mikhail Gorbachev}에 접근한 것이다. 그가 1985년 봄에 취임한 뒤 동서 양진영 간 관계 변화의 조짐이 보이고 있었다. 바이츠제커는 이렇게 말했다.

"양측이 상대를 기억하고 존중하는 것은 중요합니다. 소련 공산당 서기장 고르바초프는 종전 40주년 기념식에서 소련 지도부는 반독일 감정을 자극할 의도가 없다고 선언했습니다. 그리고 소련은 국가 간의 우호 증진에 전념한다고 말했습니다. 동서 양측을 이해하려는 소련의 노력과 전 유럽에서의 인권 존중을 의심한다면 모스크바가 보내온 신호를 무시하지 말아야만 합니다. 우리는 소련 사람들과 친선 관계를 맺고자 합니다."[7]

과학자들의 커피 타임에서 화제가 된 건 바로 이 부분이었다. 그들은 페레스트로이카에 흥분했다. 무엇보다 유혹적인 것은 지금껏 막후에서 조종하는 독재 체제였던 소련이 호네커 체제를 비판하고 나선 사실이었다. 그리고 서독은(적어도 바이츠제커의 연설에 따르면) 동독 정치국에 반대해 크렘린의 편을 들고 있었다. 그야말로 진일보된 상황이었다.

소련의 변화는 독일 통일 과정에 있어서 중대한 영향을 미쳤고 간접적으로는 무명의 검증되지 않은 과학자를 10년도 되지 않는 새에 각광받는 정치인으로 이끌었다.

고르바초프와 글라스노스트

●
●

1985년 3월 15일 모스크바의 날씨는 우중충하고 추웠다. 폴란드의 작곡가 쇼팽Chopin의 장송행진곡의 구슬픈 곡조가 모스크바 중심의 붉은 광장에 울려퍼졌다. 마지막 공산주의 지도자인 콘스탄틴 체르넨코Konstantin Chernenko의 관이 국기에 덮여 크렘린 성벽 근처의 동토로 내려가고 있었다. 소련 지도자들은 레닌 묘 중심으로 모여 있었다. 불과 3년 동안 벌써 두 번이나 그곳을 찾은 것이다.

1982년 레오니드 브레즈네프가 죽고 전 KGB 국장 유리 안드로포프Yuri Andropov가 뒤를 이었다. 그는 막후에서 첩보 기관을 지배하며 소련 정치 기구 중 최고에 올려놓은 개혁가였다. 안드로포프는 언제나 현대화에 찬성한 것은 아니었다. 그에게는 완고하며 비타협적인 공산주의자라는 평판이 있었다. 1956년 부다페스트 대사로 재직 중일 때 헝가리를 침공해야 한다고 흐루시초프를 설득한 사람이 바로 그였다. 또한 안드로포프는 1968년 프라하의 봄 탄압을 주도한 인물이기도 했다. 그는 공산주의를 확산시키고자 하는 실용주의자이자 현실주의자였지만 그 방법은 상황에 따라 달라야 하며 따라서 국제 정치계의 주류에 맞춰 독재 체제를 완화해야 한다는 사실을 깨닫고 있었다.

때로는 강경파들이 변화를 이끌어내기도 한다. 반공산주의자인 미국 대통령 리처드 닉슨Richard M. Nixon이 중국을 방문했듯 말이다. 몬타나주 민주당 상원의원 마이크 맨스필드Mike Mansfield는 이렇게 말했다. "오직 공화당원, 어쩌면 닉슨만이 이러한 기회를 만들어낼 수 있었고 무사히 넘어갈 수 있었다."[8]

안드로포프 역시 그랬다. 브레즈네프 사후 소련 경제는 아무리 낙관적으로 봐도 침체 상태를 벗어나지 못하고 있었다. 안드로포프는 계획경제의 오류를 인정하고 그 개선안에 대한 공개 토론을 허용했다. 동시에 무능한 지도자들과 정부 각료들을 해고했다. 그가 집권하는 동안 장관 17명이 일자리를 잃었다. 하지만 한 사람만은 특혜를 입었다. 고르바초프였다. 이 젊은 변호사는 1979년 49세라는 경력이 일천한 나이에 공산당 최고 조직이자 사실상 소련 내각인 정치국에 진입했다. 고르바초프는 안드로포프의 수하가 되었고 이 나이 든 지도자는 그의 새로운 정치적 발견에 많은 기대를 걸었다.

안드로포프는 1984년 2월 겨우 69세의 나이로 죽었다. 그의 후계자 체르넨코는 그보다 훨씬 보수적이었다. 서독의 시사 잡지 〈슈피겔〉에서 '시베리아 출신의 사나이'라고 불렸듯, 체르넨코는 공산주의 체제의 변화를 원하는 이들의 이야기에는 조금도 귀를 기울이지 않는 강경파였다. 개혁파들에게는 다행스럽게도 그는 너무도 노쇠해서 지지자들이 바랐음에도 그들에게 반격을 가할 수 없었다. 그는 거의 대중 앞에 모습을 드러내지 않았고 언제나 주변의 부축을 받았다. 73세의 주당에 줄담배를 피우는 골초의 건강 상태는 집권하고 몇 달 후 열린 10월 혁명 기념 행사의 퍼레이드에서 겨우 관중들을 향해 손을 흔들 수 있을 정도였다. 소련의 관영 언론을 전혀 믿지 않는 서방 언론은 그가 여러 질병에 시달리고 있다고 추측했다. 이 기사는 정확했다. 체르넨코는 취임한 지 겨우 13개월 만인 1985년 봄에 죽었다. 부검 결과에 따르면 그는 만성 기종, 울혈성 심부전과 간경화를 앓고 있었다고 한다. 개디스가 《냉전의 역사》에서 그를 "첩보 보고서의 내용이 위급한지 아닌지 판단조차 할 수 없었던 마치 좀비 같은 쇠약한 노인네"라고 묘사한 것도 무리는 아니다.

소련 지도자들의 연이은 죽음은 미국과 서방 동맹국들에게 문제가 되었다. "그들이 계속해서 나보다 먼저 죽어나가니 대체 어떻게 러시아인들과 만나야 하겠는가?" 당시 74세의 레이건이 농담 삼아 물었다. 레이건의 질문에 대한 대답은 고르바초프라는 존재로 나타났다. 1985년 아직 쌀쌀한 3월의 장례식장에서 손님들을 맞이한 이는 고르바초프였다. 그는 한동안 실질적인 책임자였고 그의 앞길에 방해가 될 만한 도전자는 없었다. 개혁파들이 정치국의 권력 투쟁에서 승리했다.

대부분의 국장(國葬)이 그렇듯 이번에도 보통 때라면 만나기 힘든 외국의 지도자들이 만나 인사를 나누는 좋은 기회로 활용되었다. 장례식은 우방, 특히 적국과도 비공식적으로 대화를 나눌 좋은 핑계거리가 되어준다. 체르넨코의 장례식에서 동독의 호네커와 서독 총리 콜은 처음으로 직접 만날 수 있었다. 사실 동독 지도자는 1984년에 비공식적으로 서독 총리를 만나러 가고자 했지만 체르넨코가 이를 허용하지 않았다. 이제 만남의 기회가 생긴 것이다.

분명히 고르바초프가 동서독의 접촉을 장려한다는 사실은 앞으로 다가올 변화를 보여주는 첫 번째 징조였다. 그는 이미 '생각이 깨인 사람'이라는 평판을 얻고 있었다. "나는 고르바초프 서기장이 좋습니다. 대화가 통하는 사람이랍니다." 반공산주의자로 유명한 영국 수상 마가렛 대처는 고르바초프가 집권하기 몇 달 전인 1984년 12월 그를 만난 뒤 이렇게 말했다.

서방 언론들이 부르는 식으로, 소련의 새 지도자 '고르비'는 콜과 호네커가 최대한 빨리 만나기를 원했다. 독일의 두 지도자는 기뻐했다. 그들은 직접 만났을 뿐 아니라 회담의 목적 역시 현실의 문제를 해결하려는 실용성에 두고 있었다.

고르바초프에게 동서독 문제는 다소 성가신 골칫거리에 불과했다. 그에게는 더 중요한 일이 있었다. 그의 고민은 서로 다른 문제인 듯하면서도 복잡하게 얽혀 있는 것, 경제와 미국의 잠재적 위협이었다. 그 연결고리는 전략방위구상Strategic Defense Intiative, SDI, 일명 '별들의 전쟁'이었다. 레이건은 방위 체제를 '평화를 지키기 위한 방패'라고 부르며 이를 개발하고자했다. 발사된 미사일을 레이저로 도중에 파괴한다는 구상인데, 어떤 면에서는 새로운 발상은 아니었다. 발사된 미사일을 도중에 격추하는 시스템은 오랫동안 존재해왔다. 소련의 'ABM-1 Galosh'도 탄도 미사일을 요격할 수 있었다. 하지만 레이건이 지지한 SDI는 저공비행이 가능한 유도미사일인 크루즈 미사일도 요격 가능했다. 사실 SDI 시스템이 가까운 미래에 구현될 거라고 생각하는 과학자들은 거의 없었다(그중에는 권위를 인정받는 독일 물리학회도 있었다). 하지만 고르바초프는 위험을 감수할 수 없었다. 레이건의 계획에 대응해야 했다. 하지만 불행히도 그에게는 스타워즈 시스템에 대응할 연구를 시작할 돈도, 과학 역량도, 기술 시설도부족했다. 다른 전략을 세워야 했다.

고르바초프는 소비에트 연방을 해체하고 정치력으로 공산주의의 종언을 고한 사람으로 묘사되어왔다. 하지만 이는 소련이라는 거대한 국가를 약화하려는 의도가 아니라 강력하게 만들기 위한 계획에 착수한 것이라는 사실은 도외시한 설명이다. 그의 전술은 정치적이었다. 그는 유럽 평화 운동에 참여한 많은 젊은이들이 레이건의 대외 정책과 방위안에 회의적이라는 사실을 알고 있었다. 그의 전략은 미국을 배제한 채 공통된 유럽인들의 운명과 유럽의 가치를 역설함으로써 미국과 유럽 사이를 이간하는 것이었다. 계속해서 그는 '유럽 공통의 집Common European Home'이라는 개념을 언급하며 무엇보다 사실상 모두 하나라는 메시지를 전했다.[9]

'유럽 공통의 집'이라는 개념은 갑자기 대두된 것이 아닌, 유럽연합 집행위원회European Commission의 새 위원장 자끄 들로르Jacques Delors가 지지하는 발상과 밀접한 관련이 있었다. 프랑수아 미테랑François Mitterrand의 사회주의·공산주의 정부에서 1981년부터 1984년까지 재무부장관으로 재임했던 그는 복지부동 상태에 빠진 유럽경제공동체European Economic Community가 경제와 통화 그리고 가능하다면 정치까지도 통합하는 조직으로 거듭나게 하려 했던 적극적이고 카리스마 넘치는 정치인이었다.

고르바초프의 개혁과 더불어 들로르와 그의 동료들은 '그 어느 때보다 더 가까워진 연합(1957년 하나의 통일된 유럽이라는 목적을 위해 최초로 체결된 로마조약의 문구를 인용한 것)'을 위해 노력했다. 모든 재화와 서비스를 이용할 수 있고 노동자들이 자유롭게 이동할 수 있는 단일 시장을 만듦으로써 들로르는 유럽이 미국과 같은 하나의 독립체로 인식되기를 바랐다. 그리고 이 프랑스인은 의원들이 영향력을 발휘하고 나아가 유럽연합 집행위원회가 제시한 제안에 거부권을 행사할 수도 있는 적법한 유럽의회를 만들어 초기 단계의 '유럽합중국United States of Europe'을 설립하고자 했다. 이러한 발상은 1986년 단일유럽의정서Single European Act라는 조약에 모두 포함되었다.

이 프로젝트를 누구보다 열렬히 지지한 사람 중에는 콜이 있었다. 단일유럽의정서의 주목적은 시장의 규제를 철폐하고 유럽 국가 내 무역장벽을 없애며, 구속력 있는 환경보호 규약을 제정하고 유럽의회에 힘을 싣는 데 있었다. 로마조약으로 유럽 국가들의 공통된 대외 정책의 합의를 도출할 기본적인 방법은 마련되었다.

고르바초프가 서유럽 대중들에게(심지어 회의적인 정부에게도) 좋은 평가를 받은 문구 '유럽 공통의 집'을 역설하던 바로 그 시기에 KGB는 서유럽의 평화 운동에 영향을 미칠 음모를 꾸미느라 바빴다. 이 계획은 미국의 상대 CIA보다 성공적이었다. 이후 역사와 문서 연구 결과, 평화 운동을 주도하는 이들이 KGB 요원들과 밀접한 관계를 맺었다는 주장이 당시에는 묵살되었으나 신빙성 있다는 주장이 대두되고 있다. '적극 공작Active Measures'이라는 작전명으로 KGB와 슈타지는 논쟁의 기조와 취지를 바꾸기 위해 허위 정보를 퍼뜨리고 조직 내 잠입하거나 직접적으로 뇌물을 제공하는 등 모든 수단을 동원했다.

이러한 노력은 상당히 성공을 거뒀다. 앙겔라조차 고르바초프의 주장을 신뢰했으니 말이다. 레이건이 모든 탄도미사일을 폐기하라는 제안을 거절하자 고르바초프는 유럽 내 여론과 언론 전쟁에서 승리를 거뒀다. 레이건은 강경파이고 전쟁광이며 동독 사람들(심지어 서독 사람들조차)이 받아들인 시각으로는 잘못한 쪽이었다. "미국에 대한 앙겔라의 믿음은 큰 타격을 입었습니다. 물론 몇 시간 뒤 회복되기는 했지만 말입니다." 그녀는 마음을 털어놓는 친구 자우어에게 속내를 얘기했다.[10]

고르바초프의 문제는 서유럽의 주요 정치인들 상당수가 회의적이라는 사실이었다. 소련은 지난 40년의 영광으로 포장하지 않았고 앙겔라의 친구 자우어처럼 많은 이들이 소련 지도자의 말을 믿어주지 않을 도리가 없었다. 소련에 대한 긍정적 시각을 갖는다는 건 단순히 말에 그치는 것이 아니라 행동을 필요로 했다.

공산주의 체제, 심지어 전체주의 국가는 권력은 포기하지 않은 채 권위적 속성을 바꿔야 했다. 이러한 목표를 달성하기 위해 고르바초프는 '글라스노스트Glasnost(단어 자체는 홍보라는 뜻이지만 일반적으로 개방이라고 번역됨)'와 '페레스트로이카Perestroika(재건)', '민주화Demokratizatsiya'라는 개념을 제시했다. 과학 아카데미가 자리한 베를린 아들러스호프의 허름한 건물의 과학자들에게 새롭고 놀라우며 짜릿한 소식이었다.

레나테의 여행

실화소설Roman à clef이란 유명한 실존 인물을 약간의 변형을 가해 가상의 인물로 그려낸 소설을 말한다. 미카엘 쉰드헬름Michaek Schindhelm의 소설 《로버트의 여행》도 이러한 장르에 속하는데, 등장인물 중 하나가 메르켈을 모델로 하고 있다.

쉰드헬름은 훗날 새로 창립된 베를린 오페라 재단의 사장이 되기는 했지만 원래 과학자였다. 메르켈처럼 그도 사이비 과학적인 마르크스 이론에 덜 오염된 과목이라는 이유에서 물리학을 전공하기로 결정한 수재 그룹에 속했었다. 또는 오늘날 그는 이렇게 말한다. 그는 보로네시주립대학교(소련의 엘리트 과학 교육 기관)에서 양자 화학으로 학위를 받은 뒤 고향 동독으로 돌아와 과학 아카데미에서 일했다. 그곳에서 메르켈과 같은 사무실을 썼다. 몇 년 후 그는 당시의 경험을 토대로 소설을 썼다.

메르켈은 《로버트의 여행》에서는 '레나테'로 불렸는데 소설에서 중심 역할을 하지는 않는다. 쉰드헬름은 그녀를 환멸을 느낀 연구원으로 묘사한다. "나와 같은 사무실을 사용한 레나테는 환멸을 느낀 젊은 과학자의 전형이었다. 그녀는 몇 년 전 박사학위를 받았고 그녀의 열정은 브란덴부르크 방백령 지역Margraviate of Brandenburg에서 홀로 자전거를 타는 것으로 충족되었다".[11]

앙겔라에게는 생활이 다소 지루하게 느껴졌다. 비록 적은 금액이기는 하지만 월급도 1,020마르크로 올랐다. 하지만 "신발 한 켤레 320, 겨울 코트 한 벌 400"[12]이라고 적어놓은 걸 보면 풍족하지는 않았다. 일은 재미가 없었고 전처럼 자유롭지도 않았다. 삶은 지루한 일상이 반복되며 우울하고 따분해져갔다. "매일 아침 일찍 집을 나서 프렌츠라우어베르그에서 S-Bahn(열차)을 탄 뒤 7시 15분에 도착해 일을 시작하죠. 기초 연구를 하기에는 굉장히 이른 시간이죠."[13]

앙겔라가 살아오면서 홀로 자전거를 탔는지는 확실치 않다. 당시 그녀는 사귀는 사람이 있었고 계속해서 여행을 다녔다. 하지만 직장에서 해고되지는 않았다. "앞으로 25년간 쥐꼬리만 한 예산으로 과학 연구를 계속할 거라는 전망은 그리 매력적이지 않았습니다."[14] 그녀는 훗날 이렇게 말했다.

그녀는 박사학위를 땄고 부서 책임자인 클라우스 울리히Klaus Ulrich는 그녀의 연구 능력을 칭찬했다. 또한 그녀가 일하는 방식을 평하며 몇 년 후 정치인이 될 거라는 예언 같은 발언을 하기도 했다. 울리히 교수는 "앙겔라는 뭔가 해낼 것 같은 느낌이 들었습니다. 그녀는 목표를 향해 성실히 일하지만 자신만의 생각이 확실한 여성이었죠"라고 말했다.[15]

상사의 말에 따르면 앙겔라는 자신의 견해를 확고하게 드러내지는 않았다. 정치적으로도 마찬가지였다. 그녀의 아버지가 점점 정치 성향을 과감히 드러내며 체제를 비판하고 반대하는 모임에 참여하고 심지어 적극적으로 조직했던 데 반해 앙겔라는 여전히 방관하고 있었다. 아마도 이처럼 조심스럽게 행동한 덕분에 32세 때 동독 정부가 공식적으로는 '비사회주의 경제 구역'이라 부르는 함부르크에서 열리는 사촌의 결혼식에 갈 수 있었을 것이다. 슈타지는 그녀가 망명할 가능성이 있다고 생각하지 않았거나 그럴 이유가 없다고 여긴 것 같다. 앙겔라는 일정에서 벗어나지 않았다. 성인으로서 공산주의 치하의 동유럽에서 살아온 경험에 미뤄 그녀는 출발 전에 다소 불안해졌다.

"동독에서 온 여자가 혼자 호텔에서 하룻밤 묵을 수 있을지 잘 몰랐습니다. 당신이 생각하기엔 별 시답잖은 고민으로 보이겠지요. 난 부다페스트, 모스크바, 레닌그라드, 폴란드를 혼자 여행하고 도보로 소련을 횡단해본 사람이지만 그 당시에는 여자 혼자 호텔에 묵을 수 있는지가 확실하지 않았어요. TV에서 본 범죄 프로그램이 떠올랐지요."[16]

그녀는 예정대로 결혼식에 참석한 뒤 서독 남부의 아름다운 보덴제 Bodensee를 여행했다. 그 지역 콘스탄츠대학교University of Konstantz에 근무하는 동료에게 들러 쇼핑도 했다. "나에게 도이치마르크(서독 화폐 단위)가 별로 없었지만 콘스탄츠의 여름 세일 기간이라 할인하는 물건을 몇 가지 살 수 있었습니다. 50마르크짜리 핸드백을 할인해서 20마르크에 사고, 남자친구를 위해 셔츠도 두 벌 샀습니다."[17] 그녀는 이 남자친구가 누구인지는 말하지 않았다.

쇼핑을 한 뒤 북쪽으로 160여 킬로미터 떨어진 독일 중부의 카를스루에로 가서 당시 그녀가 관심을 가졌던 최첨단 연구 분야인 나노기술의 권위자 라인하르트 아를리히Reinhard Ahlrichs 교수를 만났다. 하지만 그녀에게 깊은 인상을 남긴 것은 교수의 연구 발견이 아닌, 공공 교통 시스템이었다. 금방이라도 망가질 듯한 동독의 기차와 성능 좋고 빠른 유선형의 서독의 기차는 놀라울 정도로 두드러지게 대비되었다. "분데스반 Bundesbahn(서독의 국영철도—옮긴이)의 도시철도를 처음 타본 것이었지요. 기술력이 얼마나 경이롭게 느껴지던지! 아, 이런, 정말 놀라웠어요."[18] 일상생활을 엄격히 통제받는 데 익숙한 동독 사람은 서독 사람들의 행동을 보고 문화 충격을 받았다. "(카를스루에에서) 학생들과 젊은이들이 기차에서 의자에 발을 걸쳐놓고 앉아 있었어요. 의자 위에 말이죠. 이렇게 멋진 기차인데! 나는 정말 분노했답니다."

앙겔라는 집으로 돌아온 뒤 소련 공산당 기관지 〈프라우다 Pravda〉를 읽기 시작했다. 충성스런 공산당원이 되었다기보다는 고르바초프 체제가 공산주의라는 울타리를 흔들어대고 있었고 동독 공산당 정치국도 그 영향에서 자유롭지 못했기 때문이었다. 〈프라우다〉는 비판적인 내용은 싣지 않았지만 더 이상 공산주의의 경이로움에 대한 비현실적 장밋빛 이야기만 재탕하고 있지는 않았다.

공산주의의 종말
●
●

고르바초프의 새로운 중점 노선은 공산주의 위성국가들의 반대에 부딪혔다. 칠면조는 크리스마스에 찬성표를 던지지 않는 법이다. 호네커 체제는 특히 불안해했다. 그는 민주화에 빠져 있지도 않았고 심지어 동쪽에서 불어오는 새로운 흐름에 관심도 없었다. 고르바초프는 불가능한 것을 원했다. 그는 제도적으로는 개방하되 공산당의 권력 장악력은 놓치지 않으려 했다.

흐루시초프가 통치하던 정치적 이완기로 돌아가 소련은 불만을 받아들이고 심지어 다른 정치적 견해도 허용했다. 동독 지도층은 곤경에 처했다. 그들은 고르바초프에 반대했지만 그렇다고 드러내 말할 수 없었다. 하지만 발언의 행간에는 명확한 메시지가 담겨 있었다. 공산당 이념 담당 정치국원 쿠르트 하거Kurt Hager는 수사적으로 물었다. "이웃이 자기 아파트 벽지를 바꾸려 한다고 해서 당신의 집 벽지도 바꿔야 할까?"[19] 그의 질문에 대한 답은 거의 들리지 않지만 '아니오'로 이미 정해져 있었다.

동독 정권도 처음에는 고르바초프의 노선에 동조했다. 1987년 9월 오랜 숙원이었던 호네커의 서독 방문이 성사되었다. 양국이 서로를 국가로 인정하고 있지 않았기 때문에 정확히는 공식 방문은 아닌 셈이지만 콜은 동독의 상대를 환영하는 분위기를 조성하기 위해 온갖 노력을 기울였다. 붉은 카펫을 깔고 군악대가 동독 국가를 연주했다. 그러자 통일 독일이라는 표현이 있다는 이유로 국가의 가사를 부르는 것을 금지했던 동독의 지도자는 이제 "국경이 우리를 나누지 못하는 날, 동독과 폴란드 인민 공화국의 국경이 하나로 이어지는 날이 올 것이다"라는 견해를 밝혔다.[20]

호네커는 공개적으로 자신감을 드러냈다. 어쩌면 잘못 생각했거나, 역사의 법칙에 따르면 결국 사회주의 통일 독일로 귀결되기 마련이라고 믿었을지도 모르겠다. 만일 이렇게 믿었다면 심각한 오판을 한 셈이다. "동독의 생활수준은 1970년대 초반 이래로 나아지지 않아 서독에 비해 상당히 떨어진다." 한 역사학자는 이렇게 말했다.[21] 1년 전 앙겔라는 여행하며 실상을 정확히 목격했다. 서독은 동쪽의 작고 가난한 형제 국가를 압도적으로 앞서고 있었다.

동독 국민들의 행복지수는 점점 낮아지며 힘겨워졌다. 일부 사람들은 점점 대담해져갔다. 동독 고위 지도층은 분열되었지만 강경파들이 여전히 우위를 점하고 있었다. 호네커와 그의 후계자 크렌츠, 에리히 밀케 Erich Mielke('공포의 사자'라 불린 국가 보안 담당 정치국원)와 빌리 스토프 Willi Stoph 수상은 어떤 식의 양보도 거부한 채 필요하다면 무력을 동원해서라도 모든 불만 세력을 억압하고자 했다. 어쨌거나 억압 정책은 1953년 동독, 1956년 헝가리, 1986년 헝가리, 1981년 폴란드에서도 효과를 거뒀다. 동독이라고 안 될 이유가 없지 않은가.

우선은 강경파들이 우위를 점하고 있었다. 1987년 11월 슈타지는 루터교회와 연결된 시온 교회의 환경주의자들이 세운 환경 도서관을 급습했다. 하지만 이런 강경책도 충분하지 않았다. 한 달 후 반정부파는 로자 룩셈부르크 Rosa Luxemburg 추모 집회에 현수막을 들고 나타났다. 룩셈부르크는 공산주의의 얼굴이자 무신주의를 따르는 국가에서 성녀와도 같았다. 사회주의를 위한 순교자 룩셈부르크는 1919년 민족주의자인 제1차 세계대전 참전 군인에게(표면적으로는 사회민주당 정부의 승인을 받았다고 한다) 살해되었다. 그녀는 추상적이지만 비판적인 공산주의를 믿었고, 아마도 그 이면에는 그녀가 절대적으로 신봉되는 레닌과 러시아 혁명을 비판했다는 사실이 동지들을 불편하게 했을 것이라는 이유가 숨겨져 있다. 룩셈부르크는 표현의 자유를 옹호하기도 했다. 반정부파가 베를린 거리를 행진하며 휘두른 플래카드에 쓰인 것은 룩셈부르크의 저서 《러시아 혁명: 비판적인 평가》의 인용문이었다. "자유는 항상 다르게 생각하는 이의 자유일 뿐이다".

시위대는 오래 버티지 못했다. 주모자들은 체포되거나 감옥에 수감되었고 참여한 이들 중 일부는 시민권을 박탈당하고 서독으로 추방되었다. 동독에 변화는 찾아오지 않았고 정권은 룩셈부르크가 쓴 글의 의미가 무엇인지 토론하는 데 조금도 관심이 없었다.

하지만 소련의 변화를 목도한 반정부파는 결의를 다질 뿐이었다. 그들은 고르바초프가 소련을 개혁하는 방식을 추종했다. 동구권의 '빅브라더'는 지금까지 훌륭한 공산주의 국가의 본보기였다. 예전에는 〈프라우다〉나 〈스푸트니크Sputnik(소련 잡지의 독일어 번역판)〉를 읽는 것은 체제를 지지한다는 의미였지만 이제는 반대의 상황이 되었다. 호네커와 그의 후계자로 지명된 크렌츠의 동조를 얻은 밀케는 〈스푸트니크〉를 금서로 지정해버렸다. 체제의 기관지 〈신독일Neues Deutschland〉은 소련의 잡지가 역사를 왜곡하는 우를 범하고 있기 때문에 이러한 금지 조치는 반드시 필요했다는 기사를 실었다.

일부 젊은이들과 생각이 깨인 동독 공산당 고위층들에겐 이러한 조치가 오래 지속되지 못하리라는 사실이 자명해 보였다. 소련은 개입하지 않았다. 이 상황을 염려하는 사람은 단 하나, 바로 슈타지의 대외첩보국장 볼프뿐이었다.

볼프는 안드로포프 같은 개혁가가 되고자 했다. KGB 국장 출신의 소련 서기장처럼 볼프도 강경파였지만 변화의 바람이 거세지기 시작했다는 사실을 깨달았다. 유대인인 그의 아버지가 히틀러가 정권을 잡자 소련으로 도망쳐온 덕분에 볼프는 완벽한 러시아어를 구사할 수 있었다. 그는 소련의 동료들과 매일 연락을 주고받으며 자신의 어학 능력을 과시하기를 즐겼다. 러시아인들도 그를 좋아했다. 러시아 친구들에게 '미 챠'라는 애칭으로 불리던 모스크바항공대학교^{Moscow Aviation Institute} 졸업생은 KGB에서 좋은 평판을 얻고 있었다.

KGB가 지원했던 또 다른 인물은 드레스덴의 사회주의통일당 서기 한 스 모드로^{Hans Modrow}였다. 1987년 초 고르바초프는 불발에 그치긴 했지만 모드로를 호네커의 자리에 앉히려는 쿠데타를 시도했었다. 호네커는 고 르바초프가 자신을 몰아내려 한다는 사실을 눈치챘다. 그는 소련의 통 치자가 필요 없는 지도자를 몰아낼 때 얼마나 냉혹해지는지 최근의 사 례를 통해 절감하고 있었다. 결국 1979년 소련은 아프가니스탄의 지도 자 타라키를 처형하지 않았던가. 하지만 호네커는 자신에게 똑같은 일 이 벌어질 것이라고 생각하지 않았다. 그것은 고르바초프의 스타일이 아니었다.

그러면 그는 어떻게 했을까? 이상적으론 볼프와 모드로를 숙청해야 했지만 당시 상황에서는 불가능했다. 정치적 주인의 동의를 얻지 못한 다면 꼭두각시 왕이 되기란 어려웠다. 호네커는 뒤로 물러나 기다렸다. 고르바초프가 오래갈 수 없다고 생각했다. 게다가 문제가 많기는 했지 만 동독의 경제는 소련보다 훨씬 탄탄했다. 개혁은 필요 없었다. 그는 참고 견딜 만하다고 생각했다. 사실 동독 경제가 붕괴 직전의 심각한 위 기 상황이라는 진실을 호네커는 간과하기로 한 것이다.

어쨌거나 당분간 호네커는 무사했다. 실패로 돌아간 1987년의 쿠데타 결과 교착 상태가 이어졌다. 호네커는 국가 수반직을 유지했지만 그의 반대파는 사회주의통일당 내부에 남아 있었다. 그와 동시에 상황은 호 네커에게 불리하게 돌아갔다. 슈타지는 지금껏 그래왔듯 사회주의통일

당의 명령을 따르려 하지 않았고 반대 성향의 집단 조직이 허용되었다.

정치에서는 흐름이 중요하다. 그런 점에서 베를린 동쪽의 7,353킬로미터 떨어진 곳, 정확히는 베이징에서 일어난 사건은 굉장히 중요한 의의가 있다. 1989년 봄 고르바초프가 중국을 방문 중인 바로 그 시기에 중국 수도의 천안문 광장에서 학생 시위가 벌어졌다. 중국의 실권을 쥐고 있던 최고지도자 덩샤오핑(鄧小平)은 단호하게 대응했다. 5월 20일 계엄령을 선포한 뒤 인민군 30만 명을 동원해 시위대를 해산시켰다. 알려진 바에 따르면 이 과정에서 200명 이상이 죽었다고 한다. 명실상부한 호네커의 후계자 크렌츠는 '질서를 유지하기 위한 단순 행위'라며 이번 조치를 지지하며 중국 지도층에 이러한 메시지를 전하려 베이징에 방문했다. 그의 행동은 모스크바와 동독 국민들에게 신호를 보낸 셈이었다.

1989년 가을 라이프치히에서 군중 시위가 일어나자 많은 이들이 사회주의통일당이 중국과 똑같은 방식을 사용할까 두려워했다. 매주 월요일 수만 명의 사람들이 모여 미국 독립 선언문의 '우리 국민들은We the people'에서 인용한 '우리가 국민이다We are the people'라는 슬로건을 외쳤다. 일명 '월요 시위'는 다른 도시로도 확산되었다. (동독 북부의 항구 도시 로스토크에서는 목요일에 시위를 해서 '목요 시위'로 알려지게 되었다. 이 시위를 주도한 사람은 훗날 통일 독일의 대통령이 되는 요아힘 가우크Joachim Gauck 목사였다.)

호네커와 크렌츠, 스토프, 밀케는 자신들이 가진 패를 검토한 뒤 동독 건국 40주년 기념식의 귀빈으로 베를린에 와 있던 소련의 최고 지도자에게 상의했다. 하지만 당연히 어떤 도움도 받지 못했다. 고르바초프는 직설적으로 말했다. 호네커 일파와 나눈 대화 기록의 독일어 번역본을 보면 그는 "인생은 늦게 오는 자를 벌한다"라는 훗날 유명해진 발언을 했다.

1989년 10월 7일 기념행사는 호네커에게 실망만을 남겼다. 동독의 성과를 칭송하는 환호를 기대하며 신중히 연출한 퍼레이드가 '고르비, 고르비, 고르비'라는 고르바초프의 친숙한 별명을 연호하는 외침에 뒤덮이고 만 것이다.

이때까지 확고부동한 독재자이자 가장 비타협적인 공산주의 옹호자 크렌츠는 정치 개혁의 조류에 휩쓸려 제거되지 않기 위해선 신속하게 행동해야 될 상황임을 깨달았다. 고르바초프는 다시 한 번 모드로를 지도자로 밀고 있었다. 크렌츠에게는 시간이 없었다. 그는 호네커를 지지했던 또 다른 정치국원 귄터 샤보브스키Günter Schabowski를 찾아갔다. 샤보브스키는 구세력에게 시간이 얼마 남지 않았다는 데 동의했다. 1989년 10월 17일 아침 크렌츠는 호네커를 찾아가 물러나라고 말했다. 호네커는 항변하며 퇴임을 거부했지만 이런 저항은 무의미하다는 사실을 잘 알고 있었다. 노정치가는 동의하지 않을 수 없었다.

시의적절한 조치였다. 크렌츠와 샤보브스키를 비롯한 중앙위원회 위원들은 그날 오후 회의가 예정되어 있었다. 정기 회의였을 뿐 회의 안건 중 긴급 사안은 없었다. 하지만 호네커와 크렌츠의 짧은 독대 후 상황이 바뀌었다. 크렌츠는 호네커에게 아들 같은 존재였다. 그런데 이제 마치 브루투스Brutus처럼 크렌츠 역시 정치적 단검을 휘둘러 자신을 정상으로 이끌어준 이의 경력을 끝내버렸다. 예정대로 회의는 2시에 시작되었다. 2시 15분에 회의가 끝난 후 동독 관영 통신사 ADNAllgemeiner Deutscher Nachrichtendienst은 2시 16분 "에곤 크렌츠가 동독 공산당 중앙위원회 서기장으로 선출되었다"는 급전을 쳤다.

고르바초프는 격분했다. 언질도 받지 못했던 것이다. 그는 모드로를 원했지만 그 자리엔 크렌츠가 앉았다. 46세의 새 서기장은 국민들이 원하는 인물도 아니었다. 가무잡잡한 피부에, 중고차 영업 사원처럼 더블 버튼 재킷을 입고 미소 짓는 새 지도자는 마치 사기꾼처럼 보였다. 저항 가수 볼프 비어만은 '웃고 있는 바보' 같다며 새 서기장을 혹평했다. 비어만을 비롯해 다른 반체제 동독인들은 크렌츠 동지를 좋아하지 않았다는 것만으로 분위기는 충분히 전달될 것이다.

크렌츠는 이러한 비판을 인식하지 못했고 어째서 사람들이 자신을 반대하는지 진심으로 이해하지 못했다. 다른 정치국원들처럼 그도 비난이 들리지 않는 삶을 살아왔다. 흔들리지 않고 그는 즉시 모스크바로 향했다. 이때 한 기자가 그가 서기장에 선출된 날 일어난 반대 시위를 어떻게 생각하느냐고 묻자 크렌츠는 깜짝 놀라 대답했다. "나를 반대하는 시위가 일어났다는 겁니까? 난 그렇게 생각하지 않습니다. 하지만 여기서 중요한 점은 우리가 민주적 사회주의를 건설할 독자적인 기회를 가졌다는 사실입니다."[22] 물론 그의 권력이 도전받지 않고 지도자의 지위를 유지하는 범위 내에서 사회주의를 구현하겠다는 뜻이다. 그는 몽상의 세계에 홀로 살고 있었다.

크렌츠는 개혁가라는 이미지를 내세웠지만 이를 진지하게 생각하거나 또는 자신이 상당 부분 간여한 과거사를 청산하려는 사람으로 보이기란 어려웠다. 날이 갈수록 그의 권력 기반은 약화되어갔다. 상황을 진정시키려는 모든 시도가 점점 확산되는 시위 세력에 도전받을 뿐 아니라 볼프와 모드로가 자신들의 지위를 활용해 새 지도자를 비방했기 때문이기도 했다.

크렌츠는 난감한 상황에 처했다. 자신의 지지자들을 공략해 참신한 인물로 자리매김해야 했고 경쟁자들 감시도 해야 했다. 그는 반대파를 포용하는 전략을 선택했다. 그들에게 결정권을 주고 행동에 책임지게 한 것이다. 오래전부터 사용되어온 효과가 검증된 방법이었다. 1989년 11월 7일 크렌츠는 모드로를 빌리 스토프의 후임 수상으로 삼고 공포의 국가보안부 수장 밀케는 해고하는 안을 상정했다. 수상은 그리 중요하지 않은 자리다. 신중하고 사려 깊은 전술처럼 보였다. 하지만 크렌츠의 계획에 변수가 생겼다.

동독 체제의 가장 심각한 정치 문제는 체코슬로바키아와 헝가리를 통해 서독으로 국민들의 탈출이 꾸준히 이어지고 있는 것이었다. 이에 호네커는 인접한 공산국가로의 여행을 금지했다. 크렌츠는 가장 먼저 체코슬로바키아 여행 금지 조치를 해제했다. 새 지도자는 민중의 지도자가 되고 싶었다. 그는 인기를 갈구했고 자신에게 해결책이 있다고 생각했다. 그는 서독 국경을 개방하기로 결정했다.

1989년 11월 9일 6시 30분 크렌츠의 비공식 대변인 샤보브스키가 기자 회견을 열었다. 그는 서독 여행 제한을 해제한다고 발표했다. 그의 설명은 구체적이지 않았다. 단지 "자격 심사 없이 개인의 해외여행이 가능하다"고만 했을 뿐이었다.

이탈리아 통신사 ANSA^{Agenzia Nazionale Stampa Associata}의 60세 기자 리카르도 에르만^{Riccardo Ehrman}이 간단한 질문을 하나 던졌다. "언제부터 효력이 발휘됩니까?" 이 공산당 관료는 당황한 듯 잠시 말을 멈췄다 입을 열었다. "내가 아는 한 지금 즉시 효력이 발휘됩니다." 그러고는 덧붙였다. "한시도 지체하지 않고." 충격적인 발표였지만 동독 국민들에게는 반가운 소식이었다. 이 상황을 직접 목격한 사람의 증언이다.

"우리는 라디오와 TV에서 방송되는 뉴스를 믿을 수 없었습니다. 차를 타고 국경으로 향했지요. 쇤하우저 알레쯤 이르러 차에서 내려 사람들 무리를 따라 보른홀머 스트라세를 거쳐 장벽으로 갔습니다. 우리가 도착했을 때는 이미 수백 명의 사람들이 국경 앞에 서 있었고 그중 일부는 기대어 있기도 했습니다. 그들은 경비병들과 이야기를 나누며 어떠한 공격 행위도 하지 않았습니다. 수십 년간 거만하게 국경 초소를 오갔던 군인들도 이제 더 이상 자신들이 무엇을 해야 하는지 알지 못한다는 사실을 깨달았던 겁니다. 순식간에 경비병의 거만한 태도가 사라졌습니다. 갑자기 국경 초소의 문이 열리고 우리 모두 앞다퉈 보른홀머교로 달려갔습니다."[23]

사우나에서 보낸 저녁

화요일 저녁이었다. 앙겔라에게는 요일마다 정해진 일과가 있었다. 화요일에는 사우나에 갔다가 친구와 맥주 한 잔을 한다. 두 잔도 아닌, 딱한 잔. 수요일 아침에는 7시 15분에 직장에 가야 했기 때문이다.

1989년 11월 9일 화요일도 별반 다르지 않았다. 또는 그렇다고 그녀는 생각했다. 분명 수많은 사람들이 보른홀머 스트라세 쪽으로 걸어가고 있다는 사실은 알고 있었다. 그날 이른 저녁 그녀도 샤보브스키의 기자 회견을 뉴스를 통해 봤지만 아무렇지 않게 생각했다. 하지만 어머니에게 전화하는 사이 상황이 급변하고 있다는 것을 알아챘다.

"우린 평소 '장벽이 무너지면 킴핀스키(서베를린의 최고급 호텔)에 가서 저녁 식사를 하자'고 얘기하곤 했습니다. 나는 어머니에게 '이제 그때가 온 것 같아요'라고 말했죠. 하지만 이렇게 순식간에 일어날지 전혀 몰랐답니다. 그래서 평소대로 6시에 친구와 사우나에 갔지요."[24]

앙겔라의 시간 기억에 다소 착오가 있다. 샤보브스키의 기자 회견은 메르켈이 이미 사우나에서 땀을 빼고 있을 때인 6시 53분이 되어서야 시작했다. 하지만 이러한 사소한 오류는 중요하지 않다.

9시 맥주 한 잔을 하고 술집을 나서니 거리는 광란의 도가니였다. 말 그대로 수천 명의 인파가 쏟아져나와 뵈즈교를 넘어 국경으로 향하고 있었다. 앙겔라도 그들과 어울려 지금껏 동독인들의 출입이 금지되었던 다리를 건너 국경을 넘어 서베를린에 들어갔다. 그녀는 먼저 공중전화를 찾아 함부르크에 사는 이모에게 전화하려 했다. 그런데 불현듯 서독 동전이 없다는 사실을 깨달았다. 그녀는 이후의 이야기를 들려줬다.

"나는 어떤 가족을 만났고 어쩌다 그들의 집에 갔습니다. 거기서 전화를 할 수 있었지요. 그들은 쿠담(쿠푸르스텐담Kurfurstendamm. 서베를린의 최대 쇼핑거리)으로 돌아가 오늘을 자축하고 싶어 했습니다. 하지만 나는 집에 돌아가야 한다고 말했습니다. 다음 날 아침 일찍 일어나야 했으니까요. 당시 나는 그렇게 많은 낯선 사람들과 친구들을 감당하기 어려웠어요. 이미 내 기준을 상당히 넘어선 상태였어요."[25]

이 말이 당시 그녀의 기분을 정확히 설명한 것인지, 오랜 시간이 지난 후 기억이 재구성된 것인지 확실치 않다. 하지만 현대 유럽 역사의 가장 희열 넘치는 순간조차 이처럼 절제된 어조로 묘사한다는 사실만큼은 정말 흥미롭다. 앙겔라는 분위기에 휩쓸리지 않고 자신의 일상을 따랐다.

다음 날 그녀는 평소처럼 출근했다. 실험실에서 자신의 업무를 모두 마친 뒤 그녀는 여동생 이렌느를 데리고 서베를린에 갔다. 앙겔라에게 아직 할 일이 있었으므로 오래 머물지는 않았다.

국경이 개방되고 이틀 후 앙겔라는 양자 화학 세미나 참석차 폴란드에 갔다. 그녀는 기차에서 동료들의 이야기를 듣고 깜짝 놀랐다. "이제 '3일째'는 없을 거야. 모든 상황을 보면 통일로 귀결된다고. 그러면 동독은 서독의 지배를 받게 되겠지." 그녀의 한 동료가 이렇게 말했다.[26]

폴란드 북부 도시 토루의 니콜라우스코페르니쿠스대학교Nicolaus Copernicus University의 동료는 그녀를 보고 깜짝 놀라 "이렇게 흥분되는 일이 벌어지는데 어째서 여길 온 거예요?" 하고 물었다. "그들은 이제 독일의 통일이 코앞에 닥쳤다며, 자신들이 다음에 베를린에 올 때면 독일은 통일되어 있을 거라고 했죠. 난 정말 놀랐어요. 하지만 동시에 세상에 눈을 뜨게 되었지요.[27] 마치 '멀리서 사건을 바라보는 사람이 앞날을 더 명확히 내다본다'는 말처럼 말이에요."[28]

상황은 빠르게 변해갔다. 11월 10일 라이프치히에서 시위대가 '우리는 하나'라고 외치기 시작했다. 크렌츠는 빠르게 권력을 잃어갔다. 마치 충분히 염려하지 못했던 듯 그는 국가계획위원회 의장 파울 게르하르트 쉬러Paul Gerhard Schürer가 작성한 침울한 보고서도 받았다. 보고서에는 암울한 동독 재정 상황이 상세히 설명되어 있었다. 자금 투입이 없다면 동독은 부채를 상환하지 못하고 파산할 위기에 처해 있었다. 하지만 보고서에는 그 어떤 해결책도 제시되어 있지 않았다. 하지만 제안은 현실적이기는커녕 건설적이지도 않았다. 보고서상에 언급된 구체적인 해결책은 동서 베를린에서 2004년 올림픽을 공동 개최하는 방안뿐이었다.

1,230억 도이치마르크의 긴급자금대출이 지급되지 않는다면 이로써 체제는 막을 내리고 말 것이다. 서독에서 국경 개방에 대한 대가를 줄 거라고 믿은 크렌츠는 알렉산더 샬크-고로드코프스키Alexander Schalck-Golodkowski를 서독에 파견했다. 그는 서방 세계의 물품 수입을 총괄하는 정부 기관 상업조정회의KoKo 의장이었다. 샬크-고로드코프스키는 권력을 쥐고 있으면서 수상쩍은 구석이 있는 인물로 돈만 치르면 무엇이든 구해줬다. 일설에 따르면 그는 포르노 비디오 배급을 독점해 적잖은 부수입을 올렸고 호네커에게 자그마치 4,864개의 포르노 비디오를 제공했다고 한다.

샬크-고로드코프스키가 서독 정치인들과의 협상을 위해 파견된 것은 이번이 처음은 아니었다. 그는 서독 재무장관 슈트라우스와 협상을 통해 1983년 차관을 받아내는 데 성공했고 그로써 조국의 부도를 막았다. 하지만 지금 상황은 그때와 달랐다. 콜은 일견 회유하는 듯 말했다. 그는 기꺼이 동독이 필요로 하는 만큼의 서독 도이치마르크를 투입하겠지만 이에 대해 그가 제시한 조건은 동독 공산당의 예상을 뛰어넘는, 심지어 라이프치히 거리의 시위대의 요구를 훨씬 능가하는 수준이었다.

서독 의회 연설에서 콜은 이렇게 말했다. "사회주의통일당은 권력 독점을 포기하고 자유로운 다당제 선거를 도입해야 한다. 이러한 선행 조건이 수용된다면 기꺼이 경제 원조를 논의하겠다." 쉽게 수용하기 어려운 힘든 조건이었다. 하지만 콜은 여기서 멈추지 않았다. 그는 잠시 말을 멈췄다가 고개를 들더니 두드러진 사투리로 다시 말을 이어갔다. "또한 재정 원조는 경제 제도의 근본적 개혁, 다시 말해 계획경제 폐지와 시장경제 발전을 조건으로 한다는 점을 명확히 한다."

공산당 중앙위원회에게는 반갑지 않은 반응이었다. 크렌츠는 비난을 받고 물러나야 했고 모드로가 수상이 되었다. 앙겔라의 폴란드인 동료의 예언이 실현된 것이다. 11월 28일 콜은 독일 통일 '10개항 계획'을 발표했다. 불과 한 달 전만 해도 서독인 중 10년 내 독일 통일 가능성을 믿는 사람은 28%에 불과했지만 이제 48%로 치솟았다. 콜은 역사의 파도를 타고 아무도 예측하지 못했던 기회를 붙잡았다.

국경 남쪽의 체코슬로바키아에서는 1968년 소련 침공 후 취임한 강경파 구스타우 후사크Gustáv Husák가 쫓겨났다. 공산당 지배 체제가 붕괴되고 불과 며칠 만에 프라하의 봄을 이끈 영웅 둡체크가 의회 의장으로 복귀했다. 그리고 12월이 가기 전 극작가이자 한때 정치범이었던 바츨라프 하벨Vaclav Havel이 대통령으로 선출되었다. 유럽 공통의 집을 세우려던 고르바초프의 시도는 성공을 거둔 셈이다. 비록 그가 바라거나 기대한 방식은 아니었지만.

공산주의의 붕괴는 기념비적이고 역사적이며 전혀 예상치 못했던 일대 사건이었다. "폴란드에서는 10년, 헝가리에서는 10달, 동독에서는 10일 걸렸다"고 티모시 가튼 애쉬Timothy Garton Ash(옥스퍼드대학에서 유럽학을 가르치는 정치학자. 유럽현대사, 특히 독일 통일과 유럽 통합 연구의 권위자다−옮긴이)는 우스개 삼아 평했다. 하나 더 덧붙이자면, 일 년 후 루마니아에서는 불과 10시간 만에 니콜라에 차우세스쿠Nicolae Ceausescu를 몰아냈고 이틀 후 처형했다. 평온한 과거 같으면 도저히 이뤄지기 어려운 일이었다. 1848년 혁명(1848년 이탈리아에서 시작되어 프랑스, 독일, 오스트리아 등으로 퍼져간 유럽 대륙에서 동시에 일어난 혁명. 혁명의 명분은 국가마다 달랐지만 공통된 이념은 유럽의 민주화였다.−옮긴이)을 목격한 19세기 역사가 야코프 부르크하르트Jacob Burckhardt의 서술이야말로 적절하고 심지어 예언처럼 보인다. "역사는 갑자기 숨이 멎을 만큼 빠르게 움직이기도 한다. 과거 몇 세기에 걸쳐 이뤄졌을 변화가 마치 스쳐 지나는 유령처럼 순식간에 일어나며 몇 주 또는 몇 달 사이에 이뤄진다. 메시지는 공기를 통해 전파되며… 모든 것이 변화한다".

이제 새로운 장이 열리고 지금껏 알려지지 않았던 과학자가 누구도, 심지어 그 자신도 예상하지 못했던 장면에 등장하게 된다.

5

앙겔라,
메르켈이 되다

•
•
•

어느 금요일 초저녁 트라반트601 한 대가 털털거리며 느릿느릿 동베를린 북동부 교외를 지나고 있었다. 나투르파크 바르님을 지나 제데니커스트라세까지 이어지는 A114 고속화 도로를 타서 도르프스트라세 쪽으로 빠져 몇 킬로미터만 가면 템플린이었다. 초대받기는 했지만 갑작스러운 방문이었다. 앙겔라의 남동생 마커스와 아버지 카스너는 그녀에게 자신들이 반체제 인사들과 지식인들을 위해 조직한 세미나에 참석하라고 종종 요청했었다. 그들이 세미나를 운영한 지는 오래됐지만 지금껏 그녀는 '바쁘다'거나 '미안하지만 급한 일이 생겼다'는 등의 핑계로 피했었다. 다시 말해 온갖 구실을 대서라도 가지 않으려 했던 것이다.

하지만 1989년 9월 23일 그녀는 순수하다 못 해 철학적으로 들리는 '인간은 무엇인가' 세미나에 모습을 나타냈다. 국가의 정치적 문제를 논의하는 모임을 위장하기 위한 이름이었다. 이 시점에서는 누구도 베를린 장벽이 무너지리라곤 생각도 하지 못했고 카스너의 말을 빌리자면 참석자 상당수는 '감당할 수 없는' 일이 벌어질까 염려했다.[1] 앞 장에서 이야기했듯 동독의 몇몇 도시에서 시위가 일어났지만 아직 그 결과는 불투명한 상황이었다.

카스너와 마커스는 새로운 포럼Neues Forum, NF 설립에 관여하고 있었다. 이 저항 단체는 카티아 하페만Katja Havemann(반체제 인사 로버트 하페만의 미망인)이 시작한 것으로 그 아들은 앙겔라의 과학 아카데미 동료였다. 앙겔라가 정치에 구체적인 관심을 갖게 된 것은 어쩌면 이런 관계 때문일지도 모른다. 지금까지 정치란 실험실에서 커피 마시며 토론하던 주제였을 뿐이다. 개혁 운동이 힘을 얻으면서 앙겔라는 베를린 겟세마네 교회의 세미나에 참석하기 시작했다. 이 세미나에 참석한 사람들은 추상적이고 철학적으로 인권 문제를 논의했다. 앙겔라 자신이 말했듯 이러한 형이상학적 토론이 지루해 죽을 지경이었다. "나는 정치란 결과로 말해야 한다고 믿습니다." 무정부주의적 풀뿌리 민주주의 사상은 그녀에게 와 닿지 않았다. "힘이 없다면 혼란이 생긴다." 그녀의 결론이었다.[2]

몇 주 후 앙겔라가 템플린의 세미나에서 말을 많이 하지 않은 것도 아마 이런 이유 때문이었을 것이다. 참석자 대부분은 지루한 철학적 의문을 토론하느라 바빴다. 카스너 목사의 세미나의 다른 참석자였던 저명한 서독 신학자 크리스토퍼 프레이Christofer Frey는 모임 중 조용히 있던 둥근 얼굴에 상냥한 표정의 여성을 기억했다.[3] 앙겔라가 말을 하는 때는 일요일 그녀의 트라반트를 타고 교회에 갈 때뿐이었고, '동독이 변화하더라도 서독처럼 되지 않을 것이다'와 같은 말들이었다.[4]

당시 앙겔라가 정치 참여에 주저했다는 결론으로 이어질 수도 있겠지만 어쨌거나 분명한 점은 그녀가 개혁 운동에 참여하기 시작했다는 점이고, 이 자체만으로도 그녀로서는 충분히 용기를 낸 행동이었다. 아직까지 공개적으로 체제를 비판할 준비는 되어 있지 않았다. 하지만 그녀 자신은 다르게 기억하고 있다. "내 마음속에서는 이미 사회주의를 단념한 상태였습니다. 여러 사상을 혼합해 다른 사회주의('인간의 얼굴을 한 사회주의' 같은) 사상을 만들어낸다는 발상은 나에게 와 닿지 않았습니다."[5]

현실적으로 문제는 앙겔라의 기억보다 훨씬 복잡했다. 저명한 작가 크리스타 볼프Christa Wolf가 대담하게 동독이 사회주의 국가로 남아야 하는지 의문을 제기했을 때 앙겔라와 그녀의 결혼식 들러리를 섰던 대학 친구 호엔츠쉬는 강경한 어조로 반박 편지를 썼다. 다행히 카스너의 현명한 개입 덕분에 게재되지는 않았다. 앙겔라와 호엔츠쉬가 쓴 편지의 내용은 다음과 같다. "만일 당신이 아직도 사회주의를 믿는다면, 의심을 그만두고 사회주의의 실현에 헌신하는 편이 훨씬 중요하다".[6] 1년도 되지 않아 보수파의 의석으로 독일 연방 의회에 선출되는 사람의 반응은 물론 마르크스의 철학을 거부하기로 결심했다는 사람의 발언이라 보기에 어려운 발언이다.

하지만 지금과는 다른 시대였고 독재 정권에서 세뇌받으며 성장한 사람에게 잘못을 묻기는 어렵다. 어쨌든 이 시기의 앙겔라는 언젠가 자신이 민주적으로 선출된 보수 정치인이 되리라곤 예상하지 못했다. 사회주의의 미래에 대한 당시 앙겔라의 생각은 의문으로 남아 있지만 포기 발언은 훗날 우리를 믿게 할 만큼 확실치는 않은 것 같다. 하지만 상황이 정신없이 빠르게 변하는 와중에 분명히 생각하기란 어려운 법이다. 따라서 그녀를 비판하는 이들이 말하듯 그녀를 변절자로 간주하는 것은 부적절하다. 정치에 흥미를 갖게 되고 현실적인 방법으로 정치에 관여하고자 하는 생각을 갖게 된 것만은 확실하다.

템플린을 다녀오고 얼마 지나지 않아 앙겔라는 민주개혁Demokratischer Aufbruch, DA 사무소를 찾아갔다. 변호사 볼프강 슈누어Wolfgang Schnur가 이끄는 소규모 지식인 모임이었다. 앙겔라는 남동생을 통해 이 조직을 알게 되어 적극적인 성격이 아님에도 자발적으로 가입했다. 그녀가 가입한 조직은 여전히 불법의 언저리에 있었다.

민주개혁은 1989년 10월 1일 루터교 목사 에르하르트 누베르트Erhart Neubert의 아파트에서 정식으로 창립되었다. 장벽이 무너지기 약 한 달 전인 이 시기까지도 슈타지는 여전히 모든 것을 통제하에 두고 있었다. 또는 그렇게 노력을 기울이고 있었다. 비밀경찰은 모임의 실체를 눈치채고 모임이 열리기로 되어 있던 교회 입구를 봉쇄했다. 참가자들은 이런 조치를 예상하고 목사의 집에 모였다. 4주 후 민주개혁은 마침내 강령에 합의했다. 하지만 급변하는 정치 상황에 따라 곧 입장을 바꿔 한 달 후 베를린 장벽이 무너진 뒤 민주개혁은 다른 정치 노선을 찬양하게 된다. 이제 사회주의 담론은 한쪽에 미뤄두고 '고도의 생태의식을 가진 사회주의 시장경제'에 집중했다. 이들이 더욱 전념한 것은 다른 형태의 소유권이 나란히 존재할 수 있는 경제 구조 변화였다.

정치에 뛰어들다

앞 장에서 언급했듯 베를린 장벽의 붕괴 이틀 후 앙겔라는 학회 참석차 폴란드에 갔다. 폴란드인 동료와 나눈 대화는 그녀에게 생각할 거리를 던져줬다. 민주개혁 가입은 미온적인 대응이었지만 어쨌거나 이 시기에서는 실제 정당보다는 정치 토론 모임이 합리적인 선택이었을 것이다. 앙겔라는 정계에 입문하려 하면서 실제 정당 중 하나를 선택해야 했다. 그러면 어느 당으로 갈 것인가? 그녀는 먼저 새롭게 태어난 동독의 사회민주당 SPD^{Sozialdemokratische Partei in der DDR}를 찾아갔다. 그녀는 직속 상사이자 친구인 클라우스 울리히와 함께 갔다. 그는 그 자리에서 가입서류에 서명했지만 앙겔라는 회의적인 생각이 들었다. "처음에는 모든 게 괜찮았습니다. 서독에서 당내 업무를 정리하러 온 누군가가 들어왔지요. 모두가 서로를 '너^{du}'라고 부르더군요." 처음 본 사람에게 '당신^{sie}'이라는 정중한 표현이 아닌, 격식 없는 사이에서나 쓰는 인칭대명사를 사용하는 사람을 처음 본 35세 물리학자는 짜증이 치솟았다. "그러고는 〈형제여, 태양을 향해, 자유를 향해〉를 부르기 시작하더군요." 당시를 떠올리는 그녀의 말에는 무시하는 기색이 역력했다. 이 노래는 1917년 10월 혁명 중 인기를 얻었던 러시아 노래였고 1989년 라이프치히 월요시위에서도 불렀었다. "거긴 나와 맞지 않았어요." 앙겔라는 이렇게 결론 내렸다.[7]

그녀의 짜증을 돋운 다른 이유는 서독에서 온 사민당원들이 서로를 '동지'라고 부르는 것이었다. 이 상황에서 그녀가 거리감을 느낀 건 당연했다. 기민련이나 자민당 등의 다른 정당을 고려했는지는 확실치 않다. 환경 문제에 전념하고 있던 남동생 마커스는 새로운 포럼^{NF}에 가입했다. 새로운 포럼은 선거에 참여할 계획이었다. 앙겔라는 이들도 만나보았지만 또다시 실망만 느끼고 말았다. 이미 그녀는 몇 달 전 겟세마네 교회에서 풀뿌리 민주주의를 경험해보지 않았던가. 그녀는 회의에 빠졌지만 상황이 달라졌을지도 모른다고 생각했다. 하지만 그렇지 않았다.

"나는 한 모임에 나갔습니다. 사회주의 사회에 대한 바로(좌파 계열의 반체제 인사)의 사상에 대해 토론하고 있더군요. 그들의 의견에 조금도 공감할 수 없었어요. 동독 내 반체제 운동과 연대하는 모습을 보여주고 싶어 모임에 갔지만 조금도 마음에 들지 않았습니다."[8]

앙겔라는 당황했다. 그때는 사민당이 가장 영향력 있는 정당이었지만 그녀는 그들을 무시했다. 무엇을 하려는 걸까? 다행히도 민주개혁이 12월 7일 라이프치히 회의에서 적법한 정당으로 변화해 1990년 5월로 예정된 동독 국회의원 선거에 참여하기로 결정한 것이다.

앙겔라는 조직을 위해 일하겠다며 자원했다. 이런 일을 하기에는 필요 이상의 자격이었지만 그녀는 누구도 하려 하지 않던 지루한 일을 즐겁게 해냈다. 그녀의 정치 경력은 베를린 중심 마리엔가에서 선거 홍보물을 나눠주는 것으로 시작되었다.

1년도 지나지 않아 지루하고 재미없는 일에 자원했던 정치 신입은 내각장관이 되었다. 하지만 그녀의 경력이 시작되기 전에 우연한 사건들이 일어나 앙겔라는 누구도 보지 못했던 자신의 새로운 모습을 보게 된다.

헬무트 콜과 통일 과정

앙겔라가 막 정치에 입문했던 시기의 정계 상황은 지금껏 정치사에서 보지 못한 숨 가쁜 속도로 급변하고 있었다. 11월 28일 콜은 모두를 충격에 빠뜨린 독일 통일안을 제시했다. 구체적인 일정표 없이 콜은 루퍼트 숄츠Rupert Scholz 박사의 도움을 받아 수립한 10개항 계획을 발표했다. 숄츠 박사는 콜 내각에서 국방장관을 맡았지만 그해 봄 총리는 이 책벌레 법학자를 쫓아내 뮌헨대학교 법학대학장으로 복귀시켰다. 하지만 콜이 잘못을 인정한 뒤 둘은 화해했다.

콜은 양국이 순차적으로 하나로 합치되, 만일의 사태를 상정해 만든 기본법 23조(1949년 제정된 서독 기본법 23조는 '기본법은 우선적으로 서독 지역 내에 유효하고, 독일의 다른 지역은 독일 연방에 편입된 이후에 그 효력이 발휘된다'는 내용이다.─옮긴이)에 따라 동독이 연방 공화국(서독)에 편입되는 방안을 제안했다. 콜은 영국 수상 마가렛 대처나 미국 대통령 조지 H. W. 부시George H. W. Bush(아버지 부시─옮긴이)는커녕 고르바초프와도, 그의 친구 미테랑 프랑스 대통령과도 상의하지 않았다. 정치는 순간의 기회를 잡아채는 게임이니 말이다.

강대국들이 입장을 표명하기도 전에 동독 체제는 붕괴되고 말았다. 12월 3일 정치국원들이 사임했다. 불과 몇 주 전 그들 앞에서 몸을 사렸던 사람들이 이제는 지금껏 무소불위의 두려운 존재였던 공산당 고위 간부들에게 치욕적인 비난을 퍼부어댔다. 보통 상황이었다면 동독 의회 의원들은 거수기계의 역할에 충실했을 것이다. 하지만 이제는 달라졌다. 지금껏 부르주아 정당으로 폄하됐던 블록정당들은 동독 공산당과 노선을 달리하며 공산당 부역자들을 수용했다. 국가 보안부 수장 밀케는 동료들에게 애원했다. "나는 인류를 사랑합니다. 나는 정말 모든 인간을 사랑합니다." 하지만 그의 애원은 조소와 야유에 묻혀버렸다.

동독 의회는 사회주의통일당의 권력 독점을 철폐하는 취지의 결의안을 통과시켰고, 3일 후인 1989년 12월 4일에는 성난 군중들이 라이프치히의 슈타지 본부에 쳐들어갔다. 12월 7일에는 정당들이 1차 원탁회의를 갖고 자유 총선거를 열기로 결정했다. 12월 9일 콜이 동베를린을 방문하자 두드러진 개성이 없던 이 정치 지도자는 마치 록스타처럼 열광적인 환영을 받았다. 이번 방문에 동행했던 아들 발터Walter는 이렇게 기억했다. "숨이 멎을 만큼 놀라운 광경이었습니다. 시야가 넓게 확보된 높은 자리에서 내려다보니 이 역사적인 사건을 직접 목격하려는 인파가 운터 덴 린덴 거리에 가득 차 있었습니다."⁹

콜은 신속하게 행동했다. 몇 달 전 언론에서 공개적으로 '대역죄'라고 성토하던 때 정치적 책임을 졌던 총리는 이제 자신의 페이스를 따르고 있었다. "탁월한 기교Virtuosity는 공연예술의 속성이기 때문에 정치는 흔히 예술로 정의된다." 독일계 미국인 정치 철학자 한나 아렌트는《과거와 미래 사이Between Past and Future》에서 이렇게 서술했다. 1989년 12월부터 1990년 초반까지 상당 기간 인텔리겐치아의 조롱을 받아왔던 콜은 정치라는 공연예술의 대가였다. 그의 10개항 계획은 친구와 적을 막론하고 모두를 충격에 빠뜨렸다. 전 총리 브란트라는 유명하고 극단적인 예외적 인물이 속해 있던 사민당은 통일의 효과에 회의적이었다. 하지만 콜의 정책은 느리지만 꾸준히 지지를 얻어가고 있었다.

신속히 행동하며 정치적 계획을 제시한 인물은 비단 콜만이 아니었다. 동독 수상인 모드로도 5월에 총선을 치르겠다는 동독 의회 계획에 대략적으로 동의했다. 하지만 모스크바를 다녀온 후 모드로는 3월 18일 이전에 총선을 치러야 한다고 입장을 선회했다. 공산당 지도자는 사회주의통일당이 방대한 지역 조직을 관리하고 있었기에 예상보다 많은 사람들이 동독 공산당에 투표할 것이라고 상당히 자신했던 것이다.

그의 서독 측 상대는 총선 시기를 앞당기는 안을 받아들이는 것 외에 다른 선택의 여지가 없었다. 하지만 콜의 가장 큰 걱정은 공산당이 아니라 부활한 사민당이었다. 동독 사민당이 선거에서 좋은 결과를 얻을 것이라는 분위기가 팽배했다. 그러면 신속한 통일을 목표로 하는 콜의 계획에 문제가 생길 수도 있었다. 즉 한동안 완전한 통일은 뒤로 미뤄질 가능성도 있었다.

또한 콜은 독재 정부 시절 사회주의통일당에 협력하는 블록정당의 하나였던 동독 기민련이 무거운 짐을 지고 있다는 사실도 잘 알고 있었다. 이 문제는 민주개혁, 우파 계열의 DSU(독일사회연합Deutsche Soziale Union, 1989년 12월 라이프치히에서 설립되었다)와의 동맹을 통해 부분적으로 해결할 수 있었다. 반면에 공식적으로 서독 기민련과 별개의 합법적인 독립체인 동독 기민련과의 연합도 장점이 있었다. 동독 기민련은 전국적으로 방대한 조직망을 갖추고 5,000명 이상의 지방 정치인을 당원으로 두고 있었다. 이러한 인력을 동원할 수 있다면 기민련은 사민당에게는 없는 기초 조직을 갖춘 셈이다. 서독 사민당은 동독에 돈과 전문적인 조언을 쏟아부었지만 사민당에게는 정작 중요한 경험 많은 지역 유세원이 부족했다.

콜과 그의 동지들은 조직의 이점을 택했지만 식민지 침략자처럼 보이지 않도록 조심해야 했다. 통제력을 유지하고자 한다면 적당한 거리를 유지하고 동독인들이 스스로 선거를 치르게 해야 했다. 적어도 그렇게 보일 필요가 있었다. 그는 뛰어난 음악가 로타어 데메지에르Lothar de Maiziere(그는 법률가가 되기 전 베를린 심포니 오케스트라에서 비올라를 연주했다)와 팀을 꾸렸다. 알이 작은 안경을 쓰고 턱수염이 덥수룩한 데메지에르는 체제와 가까우면서도 루터교 사회의 지도자격 인물로서 교회 형제들을 위한 대변인 역할을 했다. 이러한 활동 덕분에 카스너와 교분을 맺게 되었고 콜의 기민련이 동독에 보여주려는 이미지에 적합한 인물로 선정된 것이다.

콜은 지지도를 높이고 싶었다. 하지만 지금 단계에서는 기민련이 자력으로 충분한 의석을 확보하기 어려워 보였고 바로 이런 이유로 민주개혁과 동맹을 맺게 된 것이다. 야권으로 알려진 조직과 선거 운동을 함께 하면서 콜은 기민련이 변절했다는 비난을 떨쳐낼 수 있었다. 민주개혁, 동독 기민련과 독일사회연합은 '독일을 위한 동맹'이라는 연합에 합의하고 1990년 1월 30일 공식 회의를 가졌다.

콜은 독일의 새 '친구들'이 엄청난 착각을 할 수도 있다는 위험을 감수했지만, 한편으로는 이미 데메지에르나 민주개혁의 지도자 볼프강 슈누어, 독일사회연합의 지도자 한스빌헬름 에벨링Hans-Wilhelm Ebeling이 계획과 다르게 행동할 경우를 대비한 대책을 마련해뒀다. 콜과 그의 조언자들은 성실히 책임을 다했다. 2월 초 데메지에르가 '체르니Czerny'라는 가명으로 슈타지 정보원 노릇을 했다는 사실이 드러났다. 서독 총리는 데메지에르, 슈누어, 에벨링을 좋아하지 않았다. 콜의 일기를 보면 그가 이 세 정치 신인들이 선거가 치러지기도 전에 이권 다툼을 벌이는 모습을 적잖이 즐겼던 것 같다. 그는 이날의 회의를 이렇게 기억했다. "동독 기민련의 키르쉬너Kirchner가 기민련이 승리한다면 데메지에르가 수상이 되어야 한다고 했다. 그러자 에벨링 대신 참석한 디스텔Diestel이 '빨갱이'는 그럴 자격이 없다면서 데메지에르를 반역자로 지칭해 실제로 싸움이 벌어졌다."[10] 콜은 일거에 이들을 제압할 수 있었지만 마음껏 떠들게 뒀다.

이 시기의 메르켈은 정치 피라미에 불과했다. 정치병에 걸린 그녀는 새로운 민주주의 실험에 참여하기로 결심했다. 그녀는 과학 아카데미에 3개월의 무급 휴가를 신청했다. 그녀의 역할은 그럴듯하진 않았지만 중요하지 않은 것도 아니었다. 그녀의 짧은 정치 인생 최초로 공식 직위에 선출되었다. 1990년 1월 23일 베를린의 민주개혁은 지역 회의를 열고 대변인이 필요하다는 결론에 도달했다. 앙겔라가 자원했다. 누구도 반대하지 않았지만 투표를 거쳐 그녀가 선출되었다. 미래에 그녀가 겪을 선거와 비교해 유겐트클럽 게라르 필립에서 열린 선거는 형식적 절차에 불과했다.

원대한 계획에서 그리 중요하지 않은 부차적 역할이었지만 얼마 지나지 않아 앙겔라는 그 이상의 능력을 갖췄다는 사실이 명백히 드러났다. 처음에는 민주개혁 합류가 좋은 선택으로 보이지 않았지만 간접적으로 앙겔라의 능력을 빛낼 기회를 준 셈이었다. 작은 정당의 일원이 된 덕분에 주목받을 수 있었던 것이다.

민주개혁의 지도자 슈누어는 다소 평판이 부풀려진 인물이었다. 화려한 넥타이와 1950년대 로큰롤 스타 같은 머리 모양만 봐도 어떤 부류인지 짐작이 될 것이다. 어쨌든 그는 겸손하게 몸을 낮추지 않고 선거 운동 기간 일찌감치 차기 동독 수상은 자신이 되어야 한다고 선언했다. 이렇게 스스로 우월하다고 생각하는 인물이니 콜이 민주개혁 지원을 위해 파견한 정치 컨설턴트 한스크리스찬 마스^{Hans-Christian Maaß} 같은 하급 당원과 공무원들을 만나지 않은 건 놀랍지도 않은 일이다.

슈누어는 콜과 한 배를 타면서 자신이 콜과 동급이라고 여겼다. 이 덕분에 앙겔라에게 다시 한 번 기회가 주어졌다. 기민련의 공식 두뇌집단인 콘라트 아데나워 재단의 대표단이 방문하자 그는 앙겔라에게 가서 만나도록 했다. "하지만 제게는 그럴 자격이 없습니다." 그녀가 대답하자 슈누어는 재빨리 반응했다. "그러면 자네를 당 대변인으로 임명하지." 메르켈은 "그때부터 모든 일이 잘 풀렸다"고 기억했다.[11] 아니, 그녀의 커리어가 잘 풀렸다고 하는 편이 보다 정확하겠다. 가련한 슈누어는 그만큼 운이 좋지 못했다. 그는 점점 거만해져갔고 오만함이 도를 넘었다. 선거를 불과 4일 앞둔 1990년 3월 12일 〈슈피겔〉은 반박 불가능한 증거와 더불어 슈누어가 슈타지의 비밀요원이었다는 기사를 실었다. 에펠만 목사를 비롯해 그의 친구들은 믿으려 하지 않았다. 친구가 어떻게 그리 오랜 시간 동안 자신을 배신할 수 있겠는가? 불가능한 일이었다. 하지만 〈슈피겔〉이 전향한 전직 스파이에게 입수한 슈타지 파일을 읽은 뒤 목사의 의혹과 의심이 깨끗이 사라졌다. 그가 슈타지에 합류하자 슈누어가 "동독에 부정적이고 적대적인 인물들, 특히 에펠만 목사를 적극적으로 포섭하라"고 명령했다는 것이다.[12]

폭로 기사로 민주주의의 집Haus der Demokratie 내의 당 본부는 충격과 혼란에 휩싸였다. 슈누어 자신도 신경쇠약으로 성 헤드비그 병원 정신과에 입원했다. 통일 후에는 독일 변호사 협회에서 그의 변호사 자격을 박탈했고 이후에는 의뢰인 정보를 슈타지에 넘긴 혐의로 형법 241조에 의거해 실형을 선고받았다.

에펠만을 비롯한 다른 친구들은 치가 떨리는 배신감을 느끼며 좀처럼 충격에서 헤어나오지 못했다. 하지만 무언가 해야 했다. 앙겔라의 행동은 모두를 놀라게 했다. "나는 모든 서독 언론을 몰아냈습니다. 그래야 우리가 확실히 대책을 논의해볼 수 있었으니까요." 그녀는 당시를 이렇게 기억했다.[13] 압박감 속에서도 행동력을 발휘하는 그녀의 능력을 미화한 것일 수도 있겠지만, 설사 그렇다 하더라도 당시 상황에 대한 메르켈의 기억은 그녀의 단호한 조치를 직접 목격한 기자의 설명에 비하면 상당히 절제된 편이다. 라디오 방송 기자인 토마스 슈바르츠는 당시 상황을 이렇게 기억했다. "사무실은 완전히 난리법석이었습니다. 모두들 주저앉아 넋이 빠져 있었지요. 언론 매체는 물어뜯을 듯 달려들고 있었고요…. 하지만 앙겔라는 침착하게 정신을 차리고 있었습니다. 마치 세상에서 가장 자연스러운 일이라는 듯한 모습이었죠. 당 간부들도 이 젊은 여인만 바라보고 있었습니다."[14] 혼란을 수습하는 그녀의 능력은 다른이들도 주목했다. 슈누어가 슈타지 요원이었다는 사실은 민주개혁에 도움이 되지 않았다.

선거에서 당 득표율이 0.92%에 그쳐 동독 의회에 진출한 사람은 손에 꼽을 정도였다. 그나마 기민련과 연합한 덕분이었다. 굉장히 실망스러운 결과였다. 당 내 일부 낙관주의자들은 민주개혁이 20% 이상 득표할수 있으리라고 예상했고, 심지어 여론조사상으로도 10%로 예측됐다. 선거의 가장 놀라운 결과는 데메지에르의 당이 동맹이 실패한 지역에서성공을 거뒀다는 점이다. 사민당이 21.9%를 얻은 데 반해 40.8%의 득표율로 기민련은 신속한 통일에 전념할 다수 내각을 구성할 수 있었다. 선거에서 사회주의통일당이 16.9%를 득표한 것은 일견 굉장한 수치로 보이지만, 크렌츠가 만면에 희색이 가득한 채 사회주의통일당이 지방선거에서 99.9%의 득표율을 얻었다고 선언한 지 1년도 지나지 않아 일어난결과였다. 상황은 완전히 달라졌다.

예상치 못한 결과였다. 그간 사민당은 가장 인기 있는 당이었지만 이제 데메지에르는 통치하는 법을 배우고 통일 협상에 참여해야 했다. 소도시의 변호사에게는 복잡하고 힘겨운 책임이었다. 여기서 다시 한 번 앙겔라에게 예기치 않은 기회가 주어졌다. 이 기회를 잡으면 앞길이 험난하겠지만 인적 네트워크를 쌓고 성공할 가능성이 열려 있었다.

선거일 밤, 그리고 앙겔라의 등장

앙겔라는 선거 결과에 실망했지만 놀라지는 않았다. 오히려 이를 통해 더욱 결연해졌다. 민주개혁은 베를린 북동쪽 프렌츠라우어 베르그에 있는 뮐레 레스토랑에 모였지만 그녀는 곧 자리에서 일어나 동독 의회가 있는 공화국궁Palast der Republik으로 향했다. 앞으로 몇 달간 민주개혁이 종속적인 역할을 하는 데 그칠 것임을 알고 더 높은 목표를 세운 것이다. 승자를 만나야 했다. 가까스로 들어가보니 공화국궁 안은 정신없이 혼란스러웠다. 그녀는 직접 데메지에르를 만나지는 못하고 그가 인터뷰하는 모습만 지켜봤다. 기회를 놓치지 않기로 결심한 그녀는 베를린 중심가 피셔린셀에 있는 소련 스타일의 쇼핑 아케이드 겸 셀프 서비스 식당인 그로스가스트태트 아혼블라트에 갔다. 기민련이 성대한 승리 축하 파티를 여는 곳이었다. 앙겔라는 들어가려 했지만 프레스 카드나 초대장도 없었기 때문에 보안요원에게 제지되었다. 실의에 빠져 낙담한 채 그녀는 4킬로미터를 걸어 뮐레로 돌아갔다. 도착하니 이미 자정이 지난 시간이었다.

　그런데 낙담한 민주개혁 당원들에게 놀라운 손님이 찾아왔다. 데메지에르였다. 그녀는 즉시 그에게 말을 걸기 시작했다. 그는 연대의식을 보여주고 싶었고, 그녀는 그의 측근 그룹에 접근하고 싶었다. 이제 앙겔라의 기분이 나아졌다. 다시 피셔린셀의 기민련 파티에 갔고 이번에는 입장할 수 있었다. 집념과 끈기가 보상을 받아 그녀의 운이 바뀌기 시작했다. 그녀는 또 다른 데메지에르를 만났다. 토마스 데메지에르는 그녀가 커리어를 시작할 때 중요한 역할을 했을 뿐 아니라 이후 그녀의 인생에 큰 영향을 미쳤다. "기민련 파티에 가서 로타어 데메지에르의 사촌이자 조언자인 토마스 데메지에르를 만났습니다. 앞으로 정치가 나아갈 방향에 대해 이야기를 나눈 뒤 그는 민주개혁을 잊지 않겠다고 약속했습니다."[15] 그녀는 이렇게 말했다.

앙겔라는 예술적으로 인맥을 쌓았고 깊은 인상을 남긴 것은 확실하다. 어쨌든 다음 날 토마스와 로타어 데메지에르가 만났을 때 그녀의 이름이 언급되었으니 말이다. 신임 동독 수상은 지금껏 알고 있는 몇몇 사실을 연결하기 시작했다. 자신이 상당히 진보적인 루터교 목사의 딸을 추천받은 적 있으며 바로 그 딸이 어젯밤 민주개혁 모임에서 자신과 대화를 나눈 열정적인 젊은 여성이라는 사실을 깨달았다. 우연히, 물론 그녀의 인내심 덕분이지만 그의 사촌도 기민련 파티에서 같은 여성과 대화를 나눴다. 하지만 그녀를 신뢰할 수 있을까? 데메지에르의 팀에 합류시킬 만한 자격을 갖췄나? 그는 여기저기 수소문하기 시작했다.

마스는 이제 갓 태동한 정당의 자립을 돕기 위해 파견된 서독 개발부의 보좌관이었다. 데메지에르의 자문으로서 마스는 기민련 정치인들이 팀을 꾸리는 것을 도왔다. 그는 정치적 시야가 넓은 현지 인재를 찾기로 결심했다. 12월에 만났던 사람 중 나약해 보이고 경험이 많지 않은 데메지에르를 보좌하는 데 필요한 모든 자질을 갖춘 한 여성이 떠올랐다. 그나저나 그 여성은 누구지? 마스는 "과학자인데, 절제력 있고 집중력 있는데다 행동력도 있는 사람입니다. 민주개혁 출신이라 연정 비율 맞추기에 적합한 인물입니다"라고 설명했다.[16] 결국 그들 모두 같은 사람, 앙겔라 박사를 얘기하고 있었다.

학생 시절 동독에서 탈출한 목사의 아들인 마스는 행동파였다. 그는 즉시 앙겔라의 주소를 받아 차를 몰고 프렌츠라우어 베르그로 달려가 그녀의 집 초인종을 눌렀다. 앙겔라는 그를 보고 깜짝 놀랐다. 엄밀히 말하자면 그녀는 일이 없는 상태였다. 과학 아카데미에 돌아가 불과 몇 달 전까지만 해도 그녀를 사로잡았던 양자 분자 역학, 진동 전자 상호작용을 비롯해 각종 난해한 문제에 대해 논문을 쓰는 건 진작 흥미를 잃었다. 마스를 보자 그녀는 반가우면서 호기심이 일었다. "저를 기억하십니까?" 마스가 물었다. 당연히 기억하고 있었다. 훗날 마스는 당시를 이렇게 기억했다. "메르켈은 내 차를 타고 동독 의회로 가는 길에야 대답했습니다."[17]

사흘 후 앙겔라는 동독 새 정부의 부대변인에 임명되었다. 사실상 공보국장 마티아스 겔러Matthias Gehler에 이은 2인자의 지위였다. 엄청난 승진이자 상당한 급여 인상도 이뤄졌다. 그녀의 급여는 이제 월 2,500마르크로 올랐다. 과학 아카데미 시절보다 2배 인상된 것이다. 공무원 채용 절차가 아직 확립되지 않아 서류 작업에 이틀 정도 걸렸다. 1990년 4월 9일 겔러는 이탈리아에서 편지 한 통을 받았다. "제안을 감사히 받아들이겠습니다"라고 씌어 있었다.

앙겔라는 이탈리아로 휴가를 떠났다. 상황이 얼마나 많이 바뀌었는지 보여주는 단적인 예였다. 6개월 전까지만 해도 서방 세계로 여행가는 건 불가능했다. "내 파트너가 사르데냐에서 열리는 콘퍼런스에 초대받아 저도 함께 가고 싶었습니다. 지금껏 열심히 일했으니 제게 며칠 햇살을 받을 여유를 준 거죠."[18] 그녀는 돌아오자마자 업무를 시작했다.

그녀의 어학 능력은 예상보다 쓰임새가 많았다. 출장이 잦아졌는데, 이 전직 화학자는 특히나 옷을 그다지 신경 쓰지 않았다. 이러한 사실은 그녀의 동료들을 즐겁게 했고 로타어 데메지에르의 마음에 들었다. "그녀는 마치 학생 같은 모습이었고 분위기 역시 그랬습니다." 바지 정장에 하이힐을 신은 다른 여성과 비교했을 때 앙겔라의 샌들과 청바지 차림은 드레스 코드에 맞다고 하기 어려웠다. "모스크바로 출장 가는 길, 우리는 그녀에게 코트와 새 구두를 마련해줘야 했습니다." 데메지에르는 이렇게 회상했다.[19] 앙겔라가 전문적인 외교관으로 보이지 않았을 수도 있지만 누구도 그녀의 일처리에 대해서는 흠을 잡지 못했다. "정부 대변인으로서 그녀는 최고였고 동베를린에서 가장 협조적인 공무원이었습니다." 〈디벨트Die Welt〉(독일에서 가장 영향력이 큰 신문사 중 하나-옮긴이)의 최고 통신원 데트레브 알러Detlev Ahlers는 이렇게 기억했다. 앙겔라의 인맥과 업무에 대한 평판은 나날이 커져갔지만 그녀는 여전히 정계의 피라미에 불과했다.

새 정부는 선거를 통해 통일을 추진해갈 힘을 얻었지만 강대국들은 독일 통일의 가능성에 의견일치를 보지 못했다. 고르바초프는 '유럽 공통의 집' 노선을 포기하지 않았다. 공산주의식 표현을 빌리자면 그는 여전히 중립국 지위의 '신 독일'을 구상하고 있었다. 물론 여기에는 미국 핵무기가 철폐되어야 한다는 뜻이 내포되어 있었다. 미국 대통령 조지 H. W. 부시는 그 반대를 원했다. 통일 독일이 나토에 가입하는 것이었다.

국제법에 따라 두 강대국이 제2차 세계대전의 다른 승전국인 프랑스와 영국의 동의를 얻어야 했다. 영국은 독일 통일을 원치 않았다. 마가렛 대처는 독일, 특히 콜에 대한 반감을 결코 숨기지 않았다. 동독 총선 이후 영국 수상은 자제하지 못하고 런던 주재 프랑스 대사에게 감정을 쏟아냈다. "이제 독일의 위협에 맞서 프랑스와 영국이 힘을 합쳐야 한다. 콜은 무슨 짓이든 할 작자다. 그는 다른 사람이 될 것이다. 주제 파악도 하지 못하고 자기가 왕이라도 되는 듯 행동하기 시작할 것이다."[20]

하지만 대처가 생각한 대로 흘러가지는 않았다. 그녀는 총리가 자신을 가리켜 즐겨 쓰는 표현대로 라인란트팔츠 출신 촌놈의 기교와 결단력을 과소평가했다. 콜은 시골 출신이었고 세련된 동료들에게 무시당했던 이러한 내력은 오히려 장점으로 작용했다. 고르바초프는 미테랑에게 그를 가리켜 '시골 출신의 촌놈'이라고 설명했다. "여기 소련에서는 지방의 한미한 정치인들도 여섯 수는 앞을 내다본다. 하지만 그는 아니다."[21] 이 러시아인은 쓴맛을 보고서도 콜을 무시했다.

미테랑은 통일을 서두른 결과가 두려웠지만 대체로 상황을 잘 받아들인 편이었다. 부시 대통령이 미테랑에게 "프랑스의 대통령으로서 (통일에) 찬성하느냐"고 묻자, 이 프랑스인은 "동구권에 변화가 찾아온다면 반대하지 않는다. 그리고 만일 독일인들이 원한다면 반대하지 않을 것이다"라고 답했다.[22]

미테랑이 가장 염려한 것은 고르바초프의 미래였다. 그가 걱정할 만한 이유가 있었다. 소련의 지도자는 미테랑에게 독일 통일 저지를 도와달라고 요청하며, 그러지 않을 시에는 고르바초프가 군사 정권에 의해 실각할 위험이 있다고 경고했다. 이 프랑스인은 자신이 과연 대처의 두려움을 잠재울 수 있을지 점점 의심이 짙어졌다. "고르바초프는 절대 통일 독일이 나토 체제에 편입되는 것을 수용하지 않을 테고 미국은 독일이 동맹을 이탈하는 데 동의하지 않을 것이다. 그러니 걱정하지 말자." 그는 영국 수상을 달랬다.[23] 통일이 이뤄지지 않을 확신이 커지자 미테랑은 유럽 카드를 꺼내들어 유럽연합이 힘을 얻으면 통일 독일은 큰 문제가 되지 않을 거라고 제안했다. 이 시점에서 "우리가 할 수 있는 것은 유럽연합을 더욱 매력적으로 만들어 궁극적으로 통일된 독일이 동서 진영 사이에서 균형 잡기를 하기보다는 유럽연합을 선택하도록 하는 것이다."[24]

이것이야말로 콜이 필요로 하던 탁월한 발상이었다. 만일 유럽연합이 힘을 얻는다면 독일은 위협적인 존재가 아닌 유럽연합국의 가장 큰 나라가 될 뿐이다. 프랑스는 독일을 비롯해 유럽 대륙의 다른 국가들과 통화를 공유하고 이러한 구상이 완성되면 고르바초프는 '유럽 공통의 집'이라는 비전을 구현할 수 있다. 콜을 지지하는 조지 부시 역시 만족할 것이다. 독일은 어떤 조건하에서도 나토 회원국으로 남을 것이다.

대처를 제외한 모두가 만족하는 안이었다. 영국 수상은 다시 자신의 힘을 과대평가했다. 그녀가 독일 통일 반대 의견을 고집스레 고수하자 다른 국가들은 그녀를 밀어내고 논의를 계속했다.

물론 콜은 거래에 대가를 치러야 했다. 하지만 고르바초프의 요구 사항은 그가 처음에 걱정했던 것보다 적었다. 두 독일은 나토군이 전 동독 영토에 주둔하지 않고 독일의 동쪽 국경을 문제 삼지 않으며, 소련에 무이자 차관 명목으로 550억 도이치마르크를 지불하는 데 합의했다. 서독 GDP의 8일분에 상당하는 엄청난 금액이었지만 구성상 당연히 치러야 할 적은 비용이었다.

앙겔라와 2 + 4 협상

이러한 회담에 앙겔라가 연관되었을까? 데메지에르 내각의 부대변인이라는 낮은 직책을 고려하면 협상 테이블 근처에 가지도 못하는 것은 당연한 일이다. 하지만 그녀는 해냈다. 다시 한 번 인맥과 행운이 그녀를 도운 것이다. '2 대 4' 형식으로 두 독일은 영국, 프랑스, 미국, 소련과 협상에 임했다. 콜과 외무장관인 한스디트리히 겐셔^{Hans-Dietrich Genscher}가 주협상자였고 수상과 외교장관을 겸임하고 있는 데메지에르는 모스크바에서 협상에 참여했다. 그가 러시아어를 하지 못했기 때문에 앙겔라의 러시아어와 영어 능력이 빛을 발했다. 그는 협상 기간 내내 상사를 도우며 언론에 정보를 제공했다. 데메지에르는 점차 앙겔라의 분석력에 의존하게 되었다. "그녀는 복잡한 문제에도 금세 답을 찾아냈습니다." 데메지에르는 이렇게 기억했다.²⁵ 독일 협상팀은 보통 러시아인들의 생각이 궁금해지자 앙겔라에게 거리로 나가 직접 물어보도록 했다. "고르바초프는 스탈린이 이뤄낸 성과를 내주려 한다", "고르바초프는 제2차 세계대전의 성과를 잃어가고 있다"는 의견이 많았다. 데메지에르는 이러한 분위기가 걱정스러웠다. 콜은 이런 여론은 무시하고 밀어붙이기로 결정했다. 그리고 그 결정은 성공을 거둬 9월 12일 2+4 조약이 승인되었다. 영국은 끝까지 동독 영토에 나토군 주둔을 금지하는 조항에 반대했지만 부시가 대처를 설득하자 그녀는 마지못해 동의했다. 부시는 이라크의 사담 후세인^{Saddan Hussein}의 침공으로 또 다른 문제에 직면하고 있었기에 독일 통일에 대한 영국의 반대에 신경 쓸 여력이 없었다.

둘이 하나가 되다

•
•

통일에 적극적인 사람은 콜뿐만이 아니었다. 총리는 제2차 세계대전 승전국들의 동의를 얻어내는 데 중요한 역할을 했지만 두 독일의 통합에 대한 내부 협상에는 거의 개입하지 않았다. 이러한 역할을 맡은 것은 오랫동안 콜의 명실상부한 후계자로 알려진 쇼이블레와 동독 정치인 귄터 크라우스Günther Krause였다. 특히 크라우스는 훗날 국민들의 신임을 잃게 되기는 하지만 통일 과정에서 스타로 떠올랐다. 토목공학 박사인 크라우스는 탁월한 능력으로 30대 초반에 컴퓨터공학과 교수로 채용되었다. 1970년대 중반 이후 자신의 과학적 기량과 정치술을 발휘하며 동독 기민련에서 적극적으로 활동했다. 동독 총선 이후 그는 메클렌부르크-포어포메른의 기민련 의장이 되었다. 이 젊은이를 흠모한 데메지에르는 그를 통일의 세부 사항 협의를 담당하는 정무장관으로 임명했다.

쇼이블레 박사 역시 인상적이다. 이 지적인 변호사는 콜의 정무장관으로 일하며 해결사로 활약했다. 1986년 콜이 무심코 고르바초프를 요제프 괴벨스Joseph Goebbels에 비교했을 때 문제를 해결한 것은 바로 이 젊은 변호사였고, 1987년 호네커의 서독 방문을 주관한 것도 쇼이블레였다. 이제 내무장관이 된 쇼이블레는 그야말로 믿을 수 있는 사람이었다.

몇 주 사이에 크라우스와 쇼이블레는 사실상 화폐 가치를 잃은 동독 마르크를 서독 도이치마르크로 교환한다는 골자로 사회·화폐 동맹을 창설한다는 합의를 이끌어냈다. 화폐주권이 프랑크푸르트의 분데스방크Bundesbank(독일연방은행. 제2차 세계대전 후 서독의 중앙은행 역할을 했다-옮긴이)로 이양되는 동안 본의 정부는 동독의 낙후된 도시에 보조금을 전송했다. 1990

년 6월 초 이미 두 독일은 이름을 제외하고 하나로 통합된 상태였지만 1990년 8월 31일 통일 조약에 합의하면서 공식 통합이 마무리되었다. 9월 20일 동독 의회는 찬성 299표, 반대 80표, 기권 1표로 통일 조약을 공식적으로 통과시켰으며 서독 의회도 같은 날 찬성 442표, 반대 47표, 기권 3표로 승인했다.

통일은 법적으로 헌법에 의거했으며, 이는 훗날 신 독일 정부가 동독의 공무원과 정치인들이 공산주의 시절 저지른 범죄에 대해 기소할 때 서독의 법조항에 의거하도록 했다는 점에서 중요한 의미를 지닌다.

앙겔라는 어디에 있었나? 이번에도 앙겔라는 중요하면서도 꼭 필요한 역할을 맡았다. 물론 공식적으로 협상팀에 속하지는 않았지만 대변인으로서 보여준 탁월한 업무 역량은 크라우스에게 높이 인정받았다. 협상팀이 업무를 마무리하자 앙겔라는 새벽 2시 8분에 출근해 통일 조약의 세부 내용이 담긴 1,000페이지짜리 법률 문서를 요약해 언론에 배포했다. 자신의 업무를 마친 뒤에도 집에 갈 수 없었다. 다른 곳에서도 그녀를 필요로 했기 때문이다.

전도유망한 슈트랄준트-뤼겐-그림멘의 의원후보

8월 31일 통일 조약이 체결된 후 앙겔라는 일터를 옮겨야 했다. 일자리가 없을까 걱정할 필요는 없었다. 콜의 내각에 임명된 크라우스가 그녀의 일자리를 보장했다. 앙겔라는 성실하게 일에 전념한 보상을 받았다. 크라우스의 추천으로 정부 정보원Government Information Service, BPA에서 전과 같은 직위의 상급 공보관 자리를 얻었고 병원장이나 국립대학 총장에 상당하는 급여를 받게 되었다. 정치인이 된 크라우스는 마음에서 우러난 친절로 그녀를 임명한 것은 아니었다. 이제 연방 정부에서 내각 각료가 된 상황에서 그는 자신의 정치적 기반을 다지려 했던 것이다. 몇 안 되는 오씨ossi(동독 출신을 가리키는 신조어) 중 하나로서 그는 친구와 동맹, 인맥이 필요했다. 앙겔라는 인맥이 넓었고 많은 사람에게 호감을 얻고 있었다. 그녀를 공개적으로 유급 공보 비서관으로 삼으면 크라우스에게 큰 도움이 될 것이라는 계산이었다.

하지만 크라우스가 필요로 한 것은 홍보 담당자일 뿐 아니라 12월 1대 독일 의회가 선출되면 의회 조직 내 동맹이 되어줄 사람이기도 했다. 그는 안전한 앙겔라가 국회의원으로 선출될 수 있는 안전한 지역구를 찾아야 했다. 크라우스의 시선은 발트해에 인접한 구 동독 북부의 메클렌부르크-포어포메른주의 슈트랄준트-뤼겐-그림멘stralsund-rügen-grimmen 선거구를 향했다. 메클렌부르크-포어포메른의 기민련 의장으로서 크라우스는 자신의 지역구에 기반을 다져둘 필요가 있었다. 기민련 지지 지역이기에 천재지변이나 슈타지 첩보원이라는 과거가 폭로되지만 않는다면 후보가 누구라도 국회의원에 당선될 수 있었다.

이미 두 사람이 입후보를 준비하고 있었다. 외부에 드러나지 않고 당본부에서 보좌관으로 경력을 쌓은 클라우스 헤르만Klaus Hermann과 독일 북서부 브레멘의 저축대출은행 임원 출신인 한스귄터 젬케Hans-Günter Zemke였다. 특히 젬케는 그 지역에서 필요한 투자를 유치해온 것으로 이름을 알린 강력한 도전자였다.

후보자를 선출하기 위한 회의는 이미 9월 16일에 열렸지만 후보 선출에 대한 몇몇 의문이 제기되면서 투표 과정에서 문제가 드러났다. 젬케는 정확한 법적 절차대로 이행되었는지 조사할 것을 요구했고 그에 따라 9월 27일로 후보 선출은 미뤄졌다.

크라우스는 이 기회를 잡아채기로 결심했다. 그는 이 지역에서 영향력이 큰 기민련 당원 볼프강 몰켄틴Wolfgang Molkentin에게 연락해 바로 본론에 들어갔다. "메르켈을 선출하시오." 그가 말했다. "메르켈이 누굽니까?" 당황한 지역 정치인이 물었다. 크라우스는 당 고위층에서 선호하는 후보자라고 알려줬다. 그리고 거기서 멈추지 않고, 즉시 뤼겐 섬의 당 책임자 프리드헬름 바그너에게 전화를 걸었다. 바그너는 젬케의 확고한 지지자였기에 그의 말에 흔들리지 않았다. 그가 설득되지 않자 크라우스는 그가 지지하는 후보에게 전화를 걸어 따끔하게 경고하고는 다시 안심시켰다. 젬케는 크라우스의 로비에 넘어갔다. "그들(지구당)은 한 번도 들어보지 못한 메르켈 씨를 원치 않았습니다."[26] 그는 말했다.

하지만 크라우스의 결심은 생각보다 확고했다. 다음에 접촉할 사람은 우도 팀Udo Timm, 상급 의회에 진출하고 싶어 하는 지역 정치인이었다. 그는 주 의회 진출을 위해 크라우스의 지원을 원했고 크라우스와 거래할 만한 두터운 지역 인맥을 확보하고 있었다. 그는 전직 농민당 의원이자 현재 지역 기민련 조직 중 하나에서 중요한 자리에 있는 안드레아 쾨스터Andrea Köster에게 연락을 취했다. 둘은 메르켈을 불러 팀의 집에서 일종의 면접을 갖기로 했다.

27일로 예정된 선출일을 불과 일주일 앞둔 시점에서 메르켈은 독일에서 가장 큰 섬의 그림 같은 도시 베르겐에 있는 팀의 작은 빌라에 갔다. 그녀는 정신을 바짝 차리고 단단히 마음먹었다. 크라우스가 자신을 콜이 가장 아끼는 후보로 소개한 것은 상당한 이점으로 작용하겠지만 자칫하다간 오만해보일 수 있다는 사실을 잘 알고 있었다. 그녀는 다른 수를 쓰기로 했다. 평소처럼 옷을 입어 거부감을 느끼지 않도록 했고 자신은 뜨내기 출마자가 아니라는 점을 몇 번이고 강조했다. 쾨스터는 그녀에게 넘어갔다. "그녀도 동독 출신이더군요, 나처럼 말이죠."[27]

몰켄틴과 팀, 쾨스터는 활동을 개시했다. 그들은 27일 후보자 선출일에 하우스 데 아미Haus der Armee로 지지 세력을 집결시켰다. 5시 45분 메르켈이 등장했다. 단순한 드레스에 수수한 화장, 실용성을 생각한 듯 짧은 머리를 한 그녀를 처음 본 젬케는 위협적인 상대로 여기지 않았다.

1차 투표에서 젬케는 45.9%를 득표했다. 메르켈은 31.5%를 얻었지만 헤르만은 21%만을 확보하는 데 그쳐 후보에서 탈락했다. 젬케는 1차 투표에서 과반수를 득표하지 못했지만 우위를 점하고 있었기 때문에 그리 염려하지 않았다. 그의 지지자들도 메르켈의 지지 세력을 과소평가해 일부는 자리를 뜨기도 했다. 이미 밤 11시가 넘은 시각이었고 다음 날 출근해야 했다. 자정이 지나 개표하고 보니 젬케는 더 이상 우위가 아니었다. 1차 투표에서 309표를 얻었던 젬케는 274표를 얻는 데 그쳤다. 메르켈은 280표를 얻어 승자로 선포되었다. 처음 정치 모임에 참석한 지 채 1년도 되지 않았고 기민련에 입당한 지 불과 한 달 만에 그녀는 통일 독일의 연방 의회 후보자가 된 것이다. 가족 중 가장 활발한 정치 활동을 하는 그녀의 남동생 마커스조차 누나의 빠른 출세에 "놀랍다"는 말 외에 달리 할 말을 찾지 못했다.

메르켈을 도운 이들에게도 좋은 결과가 있었다. 쾨스터는 베르겐 시장이 되어 지금까지 그 자리에 있으며 팀은 기민련 후보자로 그해 10월에 주 의회 의원으로 선출되었고, 메르켈은 총리가 된 후 몰켄틴에게 독일 최고 공로훈장 분데스베르딘슈트크로이츠^{Bundesverdienstkreuz}를 수여했다. 뒤늦은 외교적 거래인지 그저 아름다운 우연인지는 확실치 않다. 하지만 고위층 친구는 언제나 유용한 법이다.

6

콜의 딸

•
•

"확인한 거야? 자네, 정말로 미카엘 글로스^{Michael Glos}와 헤르만 오토 솔름스^{Hermann Otto Solms}와 상의한 건가?" 삼촌처럼 친근하게 대하던 평소와는 달리 콜은 메르켈을 엄한 표정으로 쳐다봤다. 그녀는 대답할 말을 찾지 못해 머뭇거렸다. 다른 동료들도 그녀를 쳐다봤다. 감정이 북받칠 것만 같았다. 지금껏 이런 실수를 저지른 적이 없었다. 보통 모든 걸 확인했다. 하지만 지금 콜은 동료들 앞에서 그녀를 바보 취급하고 있다. 마치 다른 이들 모두가 그녀에 대해 떠들어대듯 버림받고 홀로 남겨진 느낌이 들었다. 더 이상 견디기 힘들었다. "사람들이 나를 놀리는 기분이 들었습니다. 남자였다면 소리 지르고 말았을 겁니다. 하지만 나는 달랐습니다. 눈물을 삼키는 수밖에 없었지요." 그녀는 당시 상황을 이렇게 기억했다.[1]

그녀는 남성 중심인 콜 내각에서 이렇게 감정을 표출하는 건 치명적인 행위라는 사실을 잘 알고 있었다. 1995년 초여름 내각 각료들은 전대미문의 높은 스모그를 경감하기 위해 그녀가 발의한 차량 규제안을 논의 중이었다. 하지만 그녀의 동료인 교통부장관 마티아스 비스만Matthias Wissmann과 귄터 렉스로트Günter Rexroth는 그녀의 계획에 반대했다. 그리고 평소 메르켈을 자신의 제자로 여기던 콜마저 이번에는 두 남성 동료의 편을 드는 것 같았다. 상황이 좋지 않았다. 여기서 울음을 터뜨리면 그녀가 졌음을 또 히스테리컬한 여성이라는 사실을 만천하에 알리는 셈이다. 참아야 했다. 그녀는 눈물을 닦고 의연한 표정을 지었다.

자신이 괴롭힘 당한다고 느낀 건 이번이 처음이 아니었고 이런 점이 그녀의 약점이라는 것도 잘 알았다. 1991년 봄 이스라엘로 첫 해외 순방을 떠났을 때도 그녀를 주목받는 실무자 취급하는 대사에게 무시를 당해 눈물을 쏟았다. 당시 지역 언론 〈슈투트가르트 차이퉁Stuttgarter Zeitung〉은 4월 15일자 신문에서 젊은 장관을 동정하는 기사를 실었다.

오토 폰 가블렌츠 대사가 집중해서 귀를 기울이는 가운데 하인츠 리센후버(교육부 실무자)가 과학 협력에 대해 열변을 토하는 사이 앙겔라 메르켈은 한마디도 하지 못한 채 자리만 지키고 있었다. 대다수 동독인들과 마찬가지로 분명 그녀도 나서기 좋아하는 서독인들에게 밀려났다고 느꼈을 것이다.

하지만 그녀가 눈물을 흘린 사실은 보도되지 않았다. 언론계에 있는 메르켈의 친구들은 다른 신참들에게 하듯 잔인한 상처를 주지 않았다. 하지만 그녀는 공격받기 쉬운 대상이었고 그녀 자신도 문제가 있다고 생각했다. 잘 울고 감정을 드러내는 행동은 불리하다는 사실을 알고 있었다. 그녀는 시사 주간지 〈슈피겔〉의 한 기자에게 마음을 터놓고 말하기도 했다. "나는 좀 더 단단해져야 해요. 그렇지 않으면 일을 해낼 수 없을 거예요."[2] 하지만 아무리 노력해도 단단해지기는 어려웠다.

독일 역사상 최연소 장관

메르켈은 5년 6개월 동안 내각장관으로 일했지만 언제나 아웃사이더처럼 느껴졌다. 불과 35세의 나이로 독일 최연소 내각장관이 된 이래 믿기 힘들 만큼 힘겨운 시간을 보내왔다. 그녀는 기민련에 입당한 지 두 달 그리고 1990년 국회의원으로 선출되고 겨우 한 달 만에 내각에 합류했다. 사람들 사이에서 메르켈의 벼락출세를 두고 말이 많았다. 적절한 비유인지는 모르겠지만 지금껏 보지 못한 속도로 하늘로 날아오른 것이다. 하지만 그녀는 1990년 9월 27일 슈트랄준트-뤼겐-그림멘 선거구에서 근소한 차이로 젬케를 누르고 후보자로 선출된 이후로 자신의 월계관에 안주하지 않았다.

그 후 1주도 지나지 않아 베를린에서 독일 통일 기념식이 열렸다. 10월 1~2일 동안 기민련은 함부르크에서 동독 기민련과 서독 기민련을 법에 따라 공식적으로 완전히 통합하기 위한 전당대회를 열었다. 전도유망한 후보자 메르켈도 초청받았지만 단지 선거구를 대표하는 인물이 된 것만으로 만족하지 않았다. 당 핵심층에 진입해 고위층으로 올라가고 싶었던 것이다. 그녀는 영향력 있는 의원들과 만날 기회를 만들기 위해 인맥을 활용했다. 전 동료 한스 가이슬러Hans Geisler에게 도움을 요청했다. "나를 콜에게 소개해줄 수 있어?" 훗날 작센주의 사회보장장관이 된 가이슬러는 당시 그녀의 부탁을 기억하고 있었다.[3] 그는 기꺼이 부탁을 들어줬다. 메르켈이 모르고 있었지만 남성 우위라는 그의 내각 이미지를 개선시켜줄 젊은 여성을 찾고 있던 콜은 이미 그녀의 재능을 주목하고 있었다.

그들은 9월 30일 콜이 좋아하는 고풍스런 분위기의 식당 라타우스켈레에서 만남을 가졌다. 독일 전통 음식을 좋아하는 풍채 좋은 콜은 간판요리인 으깬 감자와 소금에 절인 쇠고기, 비트를 쪄낸 캐서롤을 주문했다. 원래는 가볍게 인사나 나누는 정도로 준비된 자리였지만 그들은 생각보다 오랜 시간 대화를 나눴고 그런 뒤 그는 메르켈을 본으로 불러들였다. 계획이 있었던 것이다.

"본에 가서 줄리안 베버Juliane Weber의 사무실에서 기다리던 때가 아직도 생생해요." 훗날 메르켈은 당시를 이렇게 회고했다.[4] 베버는 콜 비서실장으로, 그가 지역 정치인으로 이름을 알리기 시작할 때부터 총리의 오른팔 역할을 맡아 막강한 영향력을 행사하는 정치적 판단에 빈틈이 없는 여성이었다. 메르켈은 눈치채지 못했지만 베버의 사무실에서 기다리게 한 것은 일종의 시험이었다. 보통 정계 입문자들이었다면 분위기에 압도되어 바짝 얼어붙었겠지만 메르켈은 베버의 영향력이나 명성을 잘 알지 못했다. 그들은 간단한 대화를 나눴다.

마침내 메르켈은 콜을 만나 가벼운 대화를 이어갔다. 당시 상황에 대해 그녀는 이렇게 기억했다. "우리는 선거 캠페인에 대해 간단한 대화를 나눴는데, 콜은 상당히 기쁜 표정이었습니다."[5] 그녀의 느낌이 맞았다.

콜은 만족했다. 그는 이미 보안기관에 그녀가 문제에 연루될 법한 일이 있는지 슈타지 문서기록을 확인해보도록 했다. 문제의 소지가 없다고 밝혀지자 그는 계획을 행동에 옮겼다. 하지만 그러기에 앞서 앙겔라가 선출되어야 했다.

콜의 계획을 알지 못한 채 메르켈은 선거 유세를 이어갔다. 그리고 그녀의 선거구에서 48.5%라는 인상 깊은 지지율을 얻었다. 마치 대관식을 치르는 듯 압도적인 득표였다. 콜은 좌파 계열의 사민당 후보 오스카어 라퐁텐Oscar Lafontaine을 쉽게 물리쳤다. 이제 메르켈 인생의 새 장이 열리게 된 것이다.

구 서독 중심부인 노르트라인-베스트팔렌주의 작고 번잡한 정치 도시인 본에 입성한 메르켈은 문화 충격을 받았다. 그녀는 압도당하지 않으려 노력했다. 이전에 언론 매체를 통해서나 보던 거물급 유명 정치인들과 같은 자리에 앉아 있는 것은 여전히 바짝 긴장되는 일이었다. 선거 며칠 후 그녀는 1982년부터 1998년까지 콜의 내각장관 자리를 지켰던 노버트 블림Norbert Blüm 옆에 앉게 되었다. 블림은 콜의 내각에서 가장 영향력이 큰 장관 중 하나였다. 앙겔라는 소심하게 위축된 모습을 보이지 말아야겠다고 결심했다. "TV에서나 보던 사람들 옆에 앉아 있었습니다. 정말 떨렸지만 속으로 생각했어요. '적분 공부도 해냈는데, 블림과 얘기하는 건 그만큼 어렵지 않잖아, 안 그래?'"[6]

순식간에 메르켈이 내각에서 한 자리 얻을 거라는 소문이 파다하게 퍼졌다. 소문이 사실이라면 콜은 그녀에게 어느 자리를 줄 생각인가? 답은 알려지지 않았다. 기민련·기사련은 자민당과 선거 전의 연합을 지속하고 있었지만 3당의 당수들은 여전히 세부 사항을 논의 중이었다. 그러는 동안 앙겔라는 연방 수도에서 알고 지내는 몇몇 기자들과 이야기를 나눴다. 그들은 콜이 그녀에게 어느 자리를 줄 것인지 토론했다. 메르켈의 친구인 〈디 차이트Die Zeit〉의 고참 기자 데트레브 알러는 메르켈이 "가족과 여성 문제에는 관심 없다"고 말했다고 회고했다.[7]

며칠 후 콜은 그녀를 여성청소년부장관으로 임명했다. 메르켈은 알러에게 했던 말은 깨끗이 잊고 자신의 전문 분야가 아니라는 점을 인정하기는 했지만 즉시 기회를 잡았다. "나는 이 같은 이슈에 대해 경험 부족은 물론이고 깊이 있게 고민해보지도 않았습니다. 분명한 것은 나의 조건에 적합한 자리였다는 겁니다. 여성이고 동독 출신에 젊었으니까요. 여러모로 안성맞춤인 자리였지요. 하지만 정책에 대해서는 깊이 생각해보지 않았습니다. 통일 과정 동안 여성과 청소년 문제는 내가 관심을 기울인 분야가 아니었습니다."[8]

그녀는 말을 이었다. "나에게 이러한 도전은 한편으로 큰 기회이기도 했습니다. 예를 들어 교통부장관이 되어 큰 금액을 다루고 로비스트 무리를 상대해야 하는 귄터 크라우스와 달리, 큰 위험 부담 없이 권력 게임의 규칙과 방법을 배울 수 있었으니까요."[9]

메르켈이 인계받은 부처는 보건, 가족, 여성 문제를 아우르는 큰 조직의 일부였다. 하지만 콜은 나이 든 남성 중심의 내각이라는 비판을 반박하려는 정치적 이유에서 자신의 내각에 여성을 많이 포함하고자 했다. 그래서 이전의 1개 부처를 보건부(게르다 하셀펠트Gerda Hasselfeldt, 기사련), 노인가족부(한네롤레 뢴쉬Hannelore Rönsh, 기민련), 여성청소년부(앙겔라 메르켈, 기민련)로 나눈 것이다.

1991년 1월 18일 취임선서를 한 뒤 첫 번째 임무는 낙태법의 개정이었다. 그것은 정계에 입문한 지 채 일 년도 되지 않은 젊은 여성은 물론 어느 정치인에게도 힘겨운 과제였다.

통일 위기와 경제 침체

전 세계적으로 긴장과 격동의 시기였다. 소련은 붕괴를 시작했고 1991년 말 고르바초프가 사임하면서 마무리되었다. 그해 초 1월 17일 미국이 이끄는 연합군은 사막의 폭풍 작전을 수행해 쿠웨이트를 점령한 이라크군을 몰아냈다. 역사적 이유로 인해 독일은 어쩔 수 없이 작전에 참여했지만 콜은 다시 한 번 작전 비용을 치를 수표책을 꺼내야 했다. 이렇게 해서 부시 미국 대통령이 새로운 국제 질서를 지지하고 강화하는 데 독일이 제 몫을 다했다는 사실에 만족하기를 바랐다.

"우리 입장에선 낙하산 부대 하나 파견하는 쪽이 훨씬 쉽고 비용도 절감되지만, 헌법에 의거해 그럴 수 없군요." 콜은 미안해하며 미 국무장관 제임스 베이커Jame Baker 3세에게 양해를 구했다.[10] 미국은 이러한 입장을 이해했지만 콜에게 보통 상황에서 보다 많은 분담금을 요구했다. 하지만 콜에게는 한 가지 문제가 있었다. 자금이 부족했던 것이다. 2+4 협상에서 소련에 대응한 기조는 자금 제공이었다. 그는 미국에도 똑같이 대응했지만 재무장관 테오 바이겔Theo Weigel은 동독의 5개 주를 연방에 편입하는 비용이, 콜이 선거 유세 기간 동안 유권자에게 낙관적으로 말했던 것보다 급증할 것이라는 사실을 분명히 인지하고 있었다. 동독은 크렌츠가 쫓겨난 뒤 파산 위기에서 벗어났고 공산국가가 당시까지 근근이버틸 수 있었던 건 서독의 개입 덕분이었다.

동독의 산업은 경쟁력이 없었다. 제조된 제품들은 질이 낮아 시장에 내놓기 어려운 수준이었다. 콜은 이러한 사실을 인지하고, 동독 주민들을 물론이고 동독 기민련 출신의 새로운 동료들도 자신의 약속 파기를 결코 이해하지 않으리라는 사실도 잘 알았다. 콜은 선거 유세 동안 명백한 메시지를 전달했다. "독일 통일에 증세는 필요 없습니다. 저는 세금을 올려야 한다고 생각하지 않습니다."[11] 그는 통일에는 비용이 들지 않으며 동독인들도 서독인들 정도로 생활수준이 향상될 거라고 약속했다.

이러한 공약은 이행되기 어려웠고 콜 자신도 개인적으로는 이 사실을 인정했다. 1990년 11월 콜의 천적 대처의 뒤를 이어 영국 수상직에 오른 서커스 단원의 아들이자 보수당 출신의 온화한 존 메이저와의 만남에서 직설적으로 말했다. 당시 회의록을 보면 콜이 나쁜 소식을 영국 동료와 공유해야 할 만큼 상황이 심각했음을 알 수 있다.

"구 동독 경제는 붕괴되었소. 예상했던 것보다 훨씬 안 좋은 상황이오. 우리는 동독 경제가 수출 총액에서 300억 도이치마르크 정도는 기여할 것이라고 생각했는데, 이제 그 수치는 0으로 뚝 떨어졌소."[12]

해법은 단 한 가지, 동쪽의 가난한 새 친구를 돕기 위해 서독에서 세금을 올리는 것이었다. 하지만 이러한 조치도 '오씨'들 사이에 만연한 절망감을 감출 수는 없었다. 그들은 콜이 약속을 어겼다고 느꼈다. 실업률이 두 자릿수로 치솟아 1991년에는 20% 후반에 이르렀다. 구 동독의 사회주의 계획경제에서는 알지 못했던 현상이었다. 14,000개에 달하는 국영기업의 민영화 작업을 맡은 신탁관리청Treuhandanstalt은 대대적인 반대에 직면해 1991년 후반에는 청장 데트레브 로베더Detler Rohwedder가 마르크스주의 테러 단체인 적군파^{Red Army Faction}의 사주를 받았다고 추정되는 암살자에 의해 살해되는 사건도 일어났다.

독일 경제의 침체는 기민련 내각에서 동서 계파의 갈등으로 이어졌다. 통일 후 부총리가 된 로타어 데메지에르와 교통부장관 귄터 크라우스는 노골적으로 콜의 정책에 반대하며 콜의 계획에 대한 반대의사를 숨기지 않았다. 더 중요한 점은 콜도 크라우스의 아이디어, 특히 유료도로와 운전자들이 고속도로를 이용할 때면 요금을 내야 한다는 제안을 비판했다는 점이다. 내분이 점차 과열되면서, 갑자기 데메지에르가 슈타지 요원이었다고 폭로되었다. 물론 동독인들은 격렬히 부인했다. 콜은 1990년 3월부터 이러한 혐의를 인지하고 있었는데, 데메지에르가 총리와 맞서자 이러한 폭로가 이어진 것은 우연이라고 보기에는 석연찮은 구석이 있다.

메르켈은 어느 쪽이었을까? 분명 그녀는 동독 동료들 편에 서 있지는 않았다. 하지만 그렇다고 그들을 비난하지도 않았다. 그들과 연루되지 않고 자신의 일만 했다. 언론은 그녀를 '회색 쥐'라고 불렀다. 그녀는 장관처럼 보이지 않았고 여전히 사람들의 시선을 개의치 않고 담배를 피웠다.

팀을 꾸리다
•
•

메르켈은 정치 경력을 쌓는 데 콜에게 신세졌다는 사실을 알고 있었지만, 한편으로는 '뚱뚱보^{Der Dicke}(정부 내에서 덩치 좋은 총리를 부르는 별명)'의 그늘에서 벗어나야 한다는 사실도 알고 있었다. "세련되게 말하자면, 독립된 개인으로 보이기 위해 싸워야 한다는 것을 알고 있었어요. 콜이 아닌, 다른 이들에게 말이죠. 사람들은 나라는 사람을 '구색 맞추기'라고 이미 멋대로 단정 지었더군요. 굉장히 화가 났죠."[13] 그녀는 말했다.

언론이 그녀가 여성청소년부에서 일하는 모습을 자세히 들여다봤더라면 그녀를 좀 더 존중했을 것이다. 메르켈은 권위를 세우고 주목받기로 마음먹었다. 독일 내각장관들은 해당 부처의 국장(공무원 조직을 통해 승진한 실무자)과 의회 보좌관, 두 명의 고문에게 조언을 받는다. 국장은 실무 및 법 절차 등의 비정치적인 문제를 맡고, 보좌관은 국회의원 간 연락 등의 정치 문제를 맡은 정치인이다. 여기에 덧붙여, 장관은 개인 비서 한 명과 보좌관, 참모장, 대변인을 둔다.

메르켈은 고위직 공무원을 교체했다. 그녀의 모든 보좌진들은 자신과 가깝고 믿을 만한, 그녀가 직접 만나보고 고른 전임자에게 충성하지 않는 이들이었다. 여기에는 그럴 만한 이유가 있었다. 행정부 하나를 장악하기란 쉽지 않다는 사실을 잘 알고 있었고 콧대 높은 관료들이 가장한 고압적인 태도로 그녀를 애송이 취급할까 두려웠기 때문이다.

관료를 펜대나 굴리는 따분하고 태만과 무능의 전형으로 취급하는 미국과는 달리, 효과적인 군대 제도를 기반으로 공무원 제도를 수립한 프리드리히 대제Frederick the Great 시대까지 거슬러 올라가는, 즉 역사 깊은 독일의 공무원들은 사회적으로 높이 인정받았다. 높은 급여와 정년이 보장되는 공무원에 대한 존중은 20세기 초반 더욱 강화되었다. 사회학자 막스 베버Max Weber는 관료제가 경쟁력 있으며 고급 교육을 받고 급여 수준이 높은 개인이 합리적인 원칙을 수행하는 정부 형태라고 강조했다.

따라서 연방 정치계의 고위 공무원들은 선거로 뽑힌 정치인 따위는 대단하게 여기지 않는 상당한 자부심을 갖고 있었다.

메르켈은 전임자들과는 달랐고, 심지어 휘하의 공무원들을 당황하게 했다. 지금 독일 의회 대변인으로 있는 전임자 리타 쉬스무스Rita Süssmuth 와 달리 신임 장관은 수다를 즐기는 타입이 아니었다. 그녀는 단호하고 목표 지향적이며 다른 공무원들의 말을 빌리자면 '퇴근 후 맥주 한잔하러 가는 부류'가 아니었다.[14] 반면 쉬스무스는 파티를 즐기는 사교적인 인물로 종종 자신의 보좌진을 저녁 식사에 초대하곤 했다.

아직도 언론에서는 그녀를 '콜의 딸'이라고 불렀지만, 메르켈은 업무적으로 조직 내 가장 냉혹한 비판자들에게조차 깊은 인상을 남겼다. 중간 간부급 공무원들은 비록 그녀만의 방식대로이긴 하지만 그녀가 일을 해내는 능력이 있음을 인정해야 했다. "그녀에게는 집중력과 지성, 핵심을 이해하는 능력이 있었습니다. 굉장히 인상적이었지요." 그녀는 "참모진들과 복잡한 문제를 토론하면서 '동물적인 정치 감각'을 개발해나갔습니다."[15]

메르켈의 장관 첫 해는 정책적으로는 별 문제없이 지나갔다. 정치적으로는 통일 비용 증가를 두고 동서독 기민련 의원 간 긴장 국면이 이어졌다. 데메지에르의 문제는 더욱 심각해져갔다. 콜도 처음에는 그의 사임을 막으려 애쓰며 궁지에 몰린 부총리에게 내각에 남아달라고 간곡히 설득하는 공개서한을 보내기도 했다. 하지만 모두 쇼였다. 압력이 커지면서 데메지에르의 입지는 점점 좁아져갔다. 총리실에서 전략적으로 정보를 흘린 덕분이었다. 1991년 11월 23일 동독에서 민주적으로 선출된 마지막이자 유일한 수상은 패배를 인정하고 사임했다.

그는 억울했다. 그는 메르켈이 도움이 필요한 시기에 자신의 손을 잡아주지 않았다고 불평했다. "메르켈이 과거에 자신을 도와줬던 누구와도 결부되려 하지 않는다는 느낌을 받았습니다."[16] 그의 한탄이 옳은지 따질 필요는 없다. 앙겔라는 어느 정도 공감을 표하기는 했다. 데메지에르가 다른 정치인보다 더 혹독한 비난을 받는다고 지적하기도 했지만 전 후원자이자 상사가 '슈타지의 위장 잠입 요원이었다'는 기조를 유지했다. 하지만 "슈톨페Stolpe(과거 전력이 문제가 된 또 다른 정치인)는 그냥 있는데, 데메지에르는 본인 입장을 듣기도 전에 유죄로 확정지어버렸다"[17]고 말을 이었다. 상당히 호의적인 내용이지만 그녀의 전 상사가 정쟁에서 밀려나고 두 달 후에 나온 발언이었다.

메르켈이 공개적으로 데메지에르를 옹호하지 않은 것은 특별히 높이 평가할 일은 아니지만 정치적으로 충분히 납득되는 행위다. 그녀는 그의 몰락으로 자신에게 기회의 문이 열렸음을 즉시 깨달았다. 그녀의 현실적인 접근은 기민련의 국무장관 폴케 뤼에Volker Rühe에게 깊은 인상을 남겼다. 뤼에는 콜에게 그녀를 브란덴부르크 지구당 의장에 임명하자고 제안했다. 다시 말해 데메지에르가 마지막으로 유지하고 있던 직책을 인계받은 것이다. 뤼에는 〈프랑크푸르트 룬트샤우Frankfurter Rundschau〉와의 인터뷰에서 이렇게 말했다. "데메지에르의 후임(브란덴부르크 지구당의 새 의장)을 새로 편입된 주 출신으로 임명하는 것은 당 내부 발전에 중요한 의미를 지닙니다."[18] 그리고 메르켈은 동독 출신이었다.

사실 숨겨진 다른 계획이 있었다. 정치란 이런 게 아닌가. 사악한 속셈이 원칙에 입각한 주장이라는 옷을 입고 이상적인 말로 포장된 것이다. 콜과 뤼에는 우파적 시각으로 콜의 합의 정치와 부딪쳤던 전 기민련

국무장관 게오르그 하이너 가이슬러^{Georg 'Heiner' Geißler}의 영향력을 지워버리고자 했다. 가이슬러는 퇴임 후 반세계화의 열렬한 대변인으로 활동하고 있었지만 1980년대에는 우파 강경파로 분류되었다.

가이슬러의 지지자로 유명한 울프 핑크^{Ulf Fink}가 공석이 된 자리에 입후보하겠다고 선언했다. 핑크는 베를린 시의원을 지내긴 했지만 독일 남부 프라이부르크에서 태어났다. 따라서 공식적으로는 그 지역 출신이 아닌 셈이다. 반면에 메르켈은 '오씨'였다. 하지만 그녀의 선거 운동은 너무 늦게 시작되었다. 돌이켜 생각해보면 뤼에가 그리 신속하게 행동한 것은 아니었다. 기반을 닦거나 화합할 시간적 여유가 없었다. 지구당은 '아데나워 하우스(기민련당사)의 총아'로 설명되는 인물을 좋아하지 않았다.¹⁹ 서민들의 생활수준이 점점 열악해지고 공산주의 치하에서보다 더 가난해진 브란덴부르크에서 점점 인기를 잃어가는 콜의 지지를 받는 후보자라는 사실은 그리 먹혀들지 않았다. 결과는 놀랍지 않았다. 메르켈은 67표를 얻어 121표를 얻은 핑크에게 지고 말았다. 그녀는 졌지만 많은 걸 배웠다.

선거 패배는 그리 치명적이지 않았다. 핑크를 상대한 덕분에 당 지도부의 신임을 얻은 것이다. 위로 차원에서 뤼에와 콜은 그녀에게 부당수직을 제안했다. 그들이 선심 쓸 만한 자리였다. 권력을 행사하고 책임져야 하는 자리는 아니었지만 그녀가 콜의 호의와 지원을 받고 있으며 그녀의 충성에 대한 보상이라는 분명한 메시지를 전할 수 있었다. 1991년 12월 드레스덴에서의 기민련 연례 전당대회에서 719명 위원 중 621명이 그녀에게 찬성표를 던졌다.

당내에서 꾸준히 성장해오고 있음에도 메르켈의 어려움은 여전히 정치인으로서 역량을 보여주지 못하는 것이었고, 따라서 문제를 해결해 성과를 낼 능력을 입증해야 했다. 그녀의 첫 번째 도전 과제는 낙태 문제에 관련한 형법 218조였다.

218조
·
·

기민련 내에서 낙태는 까다로운 문제였다. 동독의 개신교도이자 이 문제에 있어서 진보적인 시각을 가진 메르켈은 보수 가톨릭 신도들을 기반으로 한 당의 반대에 맞닥뜨릴 수밖에 없었다. 동독에서는 낙태법은 비교적 진보적이었다. 1972년 동독 의회의 표결에 따라 임신 20주까지 낙태가 허용되었다. 하지만 대법원이 헌법에 의거해 낙태를 허용한 미국과 달리 1992년 독일 헌법재판소는 낙태는 '어머니의 자궁에서 자라고 있는 생명의 생존권을 침해하는 행위'라고 판결했다. 서독은 낙태를 찬성하지 않는 분위기였고 따라서 이 문제는 보다 진보적인 법률 제정과 심지어 헌법 수정까지 주장하는 상당수 좌파들과 첨예하게 대립하는 뜨거운 감자로 남아 있었다. 통일 조약에 따라 1대 통일 의회에서는 모든 문제를 논의해야 했다. 이제 복잡한 정계에서 의견 일치를 끌어내는 건 메르켈의 몫이 되었다.

개인적으로 메르켈은 법률 완화를 지지했다. 하지만 그녀의 지위는 정반대였다. 우파, 특히 바이에른 기사련과 기민련 우파는 폴란드식 해법의 낙태 전면 금지를 원했다. 반면에 사민당, 자민당, 동맹90·녹색당 Bündnis90·Die Grünen(서독 녹색당과 동독 시민운동 단체의 동맹)은 완전한 낙태 자유를 원했다. 메르켈의 개인적 신념은 후자 쪽이었지만 이 안건이 자신의 정치 경력에 큰 영향을 미칠 것이며 진보적인 법안은 다수의 지지를 얻기 어렵다는 사실을 인지하고 있었다. 반면에 여론조사에 따르면 동독 여성의 78%와 서독 여성의 56%가 통일 전 동독에서 존재했던 법조항에 따라 낙태 합법화에 찬성하고 있었다. 양측의 양보가 필요했다. "나는 공개적으로 입장을 밝히는 대신 어느 정도 타협이 필요하다는 쪽이었습니다. 그 편이 보다 현실적이고 정치적으로 실행될 가능성이 높으니까요."[20] 그녀는 당시 이렇게 말했다.

의회 토론에서 그녀는 본 안건의 목적은 어머니들이 낙태에 의지하지 않고도 임신을 겪어내는 걸 돕는 방법을 모색하는 데 있다고 주장하며 '이런 이유에서 낙태 문제에 형법을 적용하는 것은 부적절하다' 식의 회유하는 입장을 펼쳤다. 그리고 낙태를 원하는 여성은 먼저 의사와 상담해야 한다는 타협안을 제시했다. 이렇게 양보함으로써 소속 정당을 회유해 법안의 찬성을 이끌어낼 수 있기를 기대했다. 사실상 한층 진보된 새로운 낙태법이었다. 그녀의 책략은 성공을 거뒀다. 메르켈과 기민련 진보층은 찬성표를 던졌고, 사민당과 자민당도 마지못해 찬성표를 던졌다.

독실한 가톨릭 신도인 콜은 놀라긴 했겠지만 법안에 대해 특별히 염려하지는 않았다. 그는 개인적으로 낙태는 개인적 문제이며 정치적으로 다룰 사안이 아니라고 생각했다. 하지만 그 역시 그의 지지자들을 달래야 했다. 정치적 수완을 발휘해 제정된 법안이 법원의 심사를 거치도록 제안했다. 법적 절차를 이용해 까다롭게 얽힌 정치 상황을 타개한 것이다. 독일 의회 의원들은 어떤 법의 합헌성에 의심을 품게 되는 경우 법이 효력을 발휘하기 전에 헌법재판소에 상정할 수 있었다. 쇼이블레는 메르켈에게 이번 헌법소원이 그녀에게 정치적 기회가 될 수도 있다고 제안했다. 그녀는 조언받은 대로 행동했다.

모든 언론이 납득한 것은 아니었다. 1992년 7월 3일 〈디 차이트〉지는 메르켈의 갈지자 행보를 비난하며 '위선에는 끝이 없다'고 논평했다. 하지만 정치적으로는 젊은 장관의 승리로 보였다. 결국 그녀는 논란거리였던 법안을 통과시켰고 나아가 대중들의 인기와 기민련·기사련의 67% 지지를 얻었다. 동시에 기민련·기사련 동료들을 달랠 수도 있었다. 모두가 카를스루에 헌법재판소는 새 법안을 폐기하지 않으리라는 것을 알고 있었다. (그리고 1년 후 기본법과 양립한다고 선포되었다.) 그녀의 충성과 성실함은 다시 한 번 보상받았고 이번 경우에는 예상치 못한 기민련 내 루터교 계파의 지지를 얻었다. 1992년 9월 메르켈은 복음주의 위원회^{EAK}의 회장으로 선출되었다. 영향력 있는 자리는 아니었지만 1960년대 기민련 외무장관 게르하르트 슈뢰더(이후의 사민당 출신 총리와 동명이인임)와 훗날 연방 대통령이 되는 로만 헤어초크^{Roman Herzog}처럼 저명한 정치인으로 도약할 수 있는 발판이 되었다.

메르켈은 즉시 '기독교 가치'에 집중해 기독민주당의 기독교 가치를 되살리겠다고 약속했다. 유럽에서 가장 진보적인 낙태법을 설계한 지 불과 몇 달 만에 동료 신도들은 위선에는 끝이 없다는 결론이 틀리지 않았음을 알게 되었다. 하지만 정치란 이런 것이다.

메르켈은 뒤셀도르프에서 열린 기민련 연례 전당대회에서 부당수로 재선출되었다. 그녀는 연방 정계 상층부를 향해 느리지만 꾸준히 가파른 비탈길을 오르고 있었다.

크라우스의 몰락

∶

"그처럼 높이 올랐다 깊이 추락한 이는 누구도 없었다". 〈프랑크푸르터 알게마이네 일요판Frankfruter Allgemeine sonntagzeitung〉 신문은 이렇게 글을 맺었다. 문제의 인물 크라우스는 살아남으려 최선을 다했음에도 상황을 지켜보며 사임하는 것 외에 할 수 있는 일이 없었다. 2년 전 그는 통일 조약을 설계하며 동독 출신의 정치 신인 중 가장 빛나고 재능 있는 인물로 평가받았다. 그러다 기본 조항을 어겼다는 것이 밝혀져 이미지를 구기고 말았다. 흔히 있는 일이지만 그의 경력을 끝장낸 건 사소한 문제였다. 모든 증거가 크라우스 박사가 부처예산을 가족 이사에 유용했다는 사실을 가리키고 있었다. 중범죄는 아니었지만 크라우스가 고속도로 통행료를 부과하겠다는 논란의 여지가 많은 정책을 두고 콜과 반목한 이후 그는 좋은 먹잇감이 되었다. 독일의 주간(州間) 고속도로는 자동차를 사랑하는 독일인들에게 불가침 영역이라는 점에서 크라우스의 경력은 암초에 부딪힌 것이다. 그를 쫓아낼 핑계거리를 찾고 있던 콜에게 이사 업체의 청구서가 발견되었다. 언론 역시 크라우스가 국가 예산을 유용해 청소부를 고용했다는 증거를 찾아내자 그는 더 이상 자리를 지킬 수 없었다.

크라우스의 개입으로 행정 기관에 일자리를 얻고 의회 입성과 그 밖의 다른 기회를 얻은 메르켈은 처음에는 그를 지원했다. 1991년 9월 그녀는 지역 언론 〈오스티 차이퉁Ostee-Zeitung〉과의 인터뷰에서 자신은 그의 성과를 가치 있게 생각하며 그를 지지한다고 밝혔다. 하지만 그 후 얼마 지나지 않아 좀 더 신중한 태도를 견지하며 지금껏 그녀의 지원자였던 이에 대한 질문에 정치인답게 대답했다. "나는 크라우스가 이뤄냈던 성과를 가치 있게 생각합니다."[21] (과거 시제를 사용했다는 점을 주목하라.) 내각 내 크라우스의 자리가 더욱 위태로워지면서 그녀는 그가 종잡을 수 없는 사람이라고 비난했다. 다시 말해 당의 시한폭탄 같은 골칫거리라고 한 것이다. 크라우스는 실망감에 치를 떨었지만 메르켈은 출세에 눈먼 사람이라며 적의를 가득 담아 그녀의 줏대 없는 기회주의를 비난하는 것 외에 다른 방법이 없었다.

냉소적이고 비정하게 비칠 수 있음에도 메르켈이 그를 지원하지 않은 데는 이유가 있었다. 콜과 뤼에는 그녀를 고향의 지구당 의장으로 만들 계획이었다. 당 내부에서 그녀에게 대적할 만한 상대는 없었다. 주지사 베른트 자이트$^{Bernd\ Seite}$는 반대할 만한 지위가 아니었다. 1993년 7월 메클렌부르크-포어포메른주의 주도 슈베린에서 열린 특별 전당대회에서 위원 159명 중 135명의 찬성을 얻어 그녀의 명함에 타이틀이 하나 추가되었다.

보다 영향력 있는 자리에 집중하기 위해 그녀는 EAK 회장직을 사임하고 기민련 내에서 기독교 가치를 회복시키겠다는 발언을 그만뒀다. '검은 속내가 없는 듯 행동하던 순종적인 목사의 딸'이라는 설명은 20년이 지난 상황에서 바뀌어야 했다.[22]

1994년 총선
•
•

"국가대표팀에 선발될 기회는 서독 출신들에게만 있지 않습니다." 메르켈은 말했다. 하지만 그다지 자신감 있는 말투가 아니었다. 메시지가 분명히 드러나지도 않았다. 그녀는 주저하고 있었다.

안건은 독일 대통령 후보자 선출이었다. 상징 정치를 통해 새로운 국가의 불만 세력을 달래려는[23] 콜은 새로 편입한 작센주의 보수파 법무장관 스테픈 하이트만Steffen Heitmann을 차기 독일 대통령으로 추천했다. 하이트만은 논란이 많은 인물이었다. 1993년 9월 좌파 계열 신문 〈쥐트도이체 차이퉁Süddeutsche Zeitung〉과의 인터뷰에서 '독일인들은 영원히 홀로코스트에 대해 속죄하지 않을 것'이라는 시각을 드러냈다. 많은 이들이 그의 관점에 공감했지만 하이트만의 표현에 당혹감을 표출하는 이들이 훨씬 더 많았다. 메르켈이 조심스레 지지하던 쉬스무스는 이러한 공약에 반대했다.

하이트만은 후보에서 사퇴했고 이제 메르켈은 메클렌부르크-포어포메른 지구당 의장으로 하이트만이 잘못했다고 해서 그 자리가 자동적으로 서독 출신에게 가는 것은 잘못이라고 주장하며 콜의 그림자에서 벗어나려 하고 있었다. 다소 두서없는 발언 뒤(모두를 즐겁게 하려는 목적이 분명하다), 그녀는 동독 사람들이 현재로선 최고위직이 서독인에게 가야 한다는 사실을 기꺼이 수용할 것이라고 마무리했다.

메르켈은 타고난 웅변가는 아니었다. 그녀의 개입은 형식적으로 보이면서 당 지도부를 당혹하게 하지 않으려는 계산이 깔려 있었다. 당은 바이에른 출신으론 보기 드문 개신교도이며 헌법재판소 재판관인 헤어초크를 선택했다. 헤어초크의 선임 또는 메르켈이 여기에 개입했는지 여부는 그날의 주요 안건이 아니었다. 선거인단이 헤어초크를 선출할지 확실하지 않았다. 자민당이 사민당 후보 요하네스 라우Johannes Rau를 지지했기 때문이다. 헤어초크는 3차 투표에서야 선출되었다. 1994년 모든 이들의 시선이 독일 의회 총선으로 향했다.

보통 상황이었다면 콜은 패배했을 것이다. 경제는 회복되지 않았고 그는 약속을 깨뜨렸으며 통일 이후 그의 몇몇 내각장관들은 스캔들과 권력 남용으로 물러났다. 하지만 행운은 다시 한 번 '영원한 총리'로 이름을 떨치고 있던 그의 편에 섰다.

독일 북부의 덴마크와 국경이 맞닿은 슐레스비히 홀슈타인의 사진 잘 받는 주지사 비요른 엥홀름Björn Engholm 사민당 후보는 대중적 인기가 높았고 느긋하게 파이프 담배를 피우는 모습에서 보듯 온화하고 자신감 있는 인물이었다. 엥홀름은 자신에 대해 중상모략·비방 캠페인을 계획한 사실이 폭로되어 물러난 뒤 자살한 기민련의 우베 바르셀Uwe Barschel의 주지사직을 물려받았다. 하지만 엥홀름에게는 유감스럽게도 2년 후 그 역시도 비열한 수를 썼다는 사실이 폭로되었다. 불명예 퇴진한 전임자의 위법 행위에 대한 청문회에서 엥홀름은 거짓말을 했고 그 결과 물러나야 했다. 마침내 승자를 찾아냈다고 생각했던 사민당은 원점으로 되돌아가야 했다.

당 내부 투표에서 루돌프 샤핑Rudolf Scharping 라인란트−팔츠 주지사가 총리 쪽에 대항할 후보자로 선출되었다. 하지만 전 육군 장교이자 열렬한 사이클리스트(그는 훗날 독일사이클연맹 회장이 된다)는 효과적인 선거 캠페인을 펼치기 어렵다는 사실을 알았다. 그의 두 경쟁자 오스카어 라퐁텐(1990년 선거에서 패배했음)과 시장친화적인 북부 니더작센 주지사 게르하르트 슈뢰더로 인해 공정한 선거 운동을 펼치기 어려웠다. 사민당은 후보자를 트로이카 중 하나로 소개했지만 누가 선출될지 선거 결과는 예측할 수 없었다. 하지만 다소 얌전한 샤핑이 사민당 내 두 파벌을 상대하기는 힘겨워 보였다.

사민당과 그들의 동맹 녹색당은 독일 의회 672석 중 288석을 점유하고 있었다. 콜은 10석 더 많았다. 과반수는 아니었지만 콜이 연임하기에는 충분했다. "어렵겠지만, 이런 게 인생이지." 그도 인정했다.[24] 메르켈은 1990년의 득표율 48.5%보다 0.1% 상승한 수치로 재선에 성공했다. 하지만 기민련이 41%를 얻는 데 그친 전체적인 결과를 고려했을 때 내세우기 힘든 성공이었다. 그녀가 본에 돌아오자 상황은 훨씬 나아졌다. 콜은 그녀에게 놀라운 선물을 선사했다. 새로운 직책이었다.

선거 전 그녀는 자신의 부처가 해체될까 두려워했었다. 그녀의 전임자는 동독 출신의 클라우디아 놀테Claudia Nolte였다. 메르켈의 새로운 직책 환경부장관은 승진인 셈이었다. 모든 면에서 상급직이었다. 환경 문제는 예나 지금이나 독일 정치에서 가장 중요한 이슈였다. 콜은 그녀의 충성에 보상해준 것이다. 하지만 총리의 결정에는 언제나 몇 가지 동기가 복합적으로 작용했다. 이번 경우 그의 주목적은 적극적이며 굉장히 뛰어난 클라우스 퇴퍼Klaus Töpfer를 몰아내는 데 있었다.

그는 부처가 처음 생긴 1년 후인 1987년부터 환경·자연보전·원자력 안전부의 장관을 맡고 있었다. 차관 클레멘스 슈트뢰트만Clemens Stroetmann 과 함께 퇴퍼는 환경부 입지를 공고히 다졌다. 이들 두 사람은 몇몇 독일 산업에서 규제와 오염 배출을 제한하는 데 성공했다. 하지만 바로 이것이 문제였다. 상당수의 사업가들은 퇴퍼가 지나치게 유능하다고 느꼈다. 그들은 환경 보호에 덜 열정적인 이를 원했다. 정치 성향에 상관없이 모든 유권자들에게 '녹색' 문제가 얼마나 중요한지 인지하고 있던 콜은 전문가이면서 정치적 융통성도 발휘할 수 있는 인물을 원했다. 과학자이자 충성심 있는 당원인 메르켈이야말로 그 자리에 적임인 인물이었다.

　그녀는 이전 부처에서 내각장관으로서의 경력을 시작했다. 그녀는 과거와 이별해야 할 때임을 누구보다 잘 알고 있었다. 그녀는 막강한 슈트뢰트만 차관이 실질적으로 환경부를 만들어냈고 그가 본에서 가장 뛰어나고 박학한 공무원이라는 사실도 알고 있었다. 바로 이러한 이유 때문에 그는 물러나야 했다. 메르켈은 환경 문제 전문가를 원치 않았다. 그녀가 원한 사람은 행정가였다. 슈트뢰트만은 고액의 퇴직금을 받고 행정 전문가 에르하르트 야우크 Erhard Jauck 에게 자리를 넘겨줘야 했다. 영향력이 큰 슈트뢰트만을 사실상 해고한 메르켈의 결단은 언론의 큰 관심을 받으며 갈등을 피하려는 소심한 여성의 놀라우리만치 변화한 모습을 보여줬다.

　메르켈이 참모진의 새로운 수장을 임명했다는 소식은 그리 주목받지 못했다. 그녀는 베아트 바우만 Beate Baumann 이후 메르켈의 정치 생활 중 가장 신임받는 보좌관이 되는 여성이다. 31세의 언어학자는 10대 시절부터 기민련의 정식 당원이었다. 그녀는 반핵 시위에 열정적이었고 미국과 영어 사용권 국가를 높이 평가하는 보수주의자였다. 김나지움 교사가 될 목적으로 잠깐 케임브리지대학교에서 공부했지만 크리스티안 불프 Christian Wuff (당시는 니더작센주의 중간급 정치인이었다) 사무소에서 인턴으로 일한 뒤 메르켈에게 추천되었다. 둘은 잘 맞았고 공통된 정치 철학을 공유하고 있었다. 메르켈은 그녀를 고용했고 그렇게 역사적인 파트너십이 시작되었다.

1995년 4월, 기후변화 협약

:

1995년 봄 독일은 1차 국제 기후변화 회의를 개최했다. 클라우스 퇴퍼는 전 세계의 동료들을 맞이할 시간을 고대하고 있었다. 이제 그는 지역개발부장관으로서 이번 회의의 부책임자였다. 주빈은 메르켈이었다. 그녀의 어려운 임무는 개발도상국들의 온실가스 배출 감축을 유도하는 법적 구속력 있는 방안을 이끌어내는 것이었다. 1년 전 일본에서 합의한 교토조약에 의해 기본 틀이 마련되어 있었다. 이제 그 내용을 실행에 옮겨야 할 때였다. 국제 정치 경험이 없는 정치인에게는 어려운 과제였다. 218조에 대한 협상에서 메르켈은 회유책을 펴고 다른 정책 분야에서는 경험이 풍부한 정치인들에게 자문을 구했다. 회의 첫날 그녀는 1991년부터 환경·삼림·기후변화부장관으로 재임 중인 인도의 카말 나스^{Kamal Nath}와 밀접한 업무 관계를 맺었다. 부드러운 목소리의 인도 정치인은 새로 사귄 독일 친구가 훗날 많은 상황에서 응용하게 되는 조언을 해줬다. "위원들을 개발도상국과 산업국가 그룹으로 나눠라."[25] 그녀는 나스의 제안을 따랐다. 위원들이 각각의 회의실에 들어가자 그녀는 양쪽을 오갔다. 1995년 4월 6일 아침 6시 그녀는 결론을 끌어냈다. 위원들은 산업국가들이 1997년까지 탄소배출을 감축하는 일정에 서명해야 한다는 데 동의했다. 그 자체는 인상적인 결과가 아니지만 이후 더 개선된 방안을 마련할 토대를 닦은 셈이었다. 보통은 신임 환경부장관이 이뤄낸 작은 승리로 일컬어졌다.

메르켈이 슈트뢰트만을 해고하자 동요하며 그녀의 능력에 회의적인 시선을 보냈던 환경부 공무원들은 그녀가 기대 이상, 어쩌면 퇴퍼 이상의 성과를 거뒀다는 사실을 인정하지 않을 수 없었다. 다시 한 번 실용주의가 완강한 투지와 융통성을 누르고 승리를 거뒀다. 미진한 결과라고 비난받았지만(특히 반대당인 사민당에서) 메르켈은 실용주의적 접근을 자신의 미덕으로 만들었다.

"물론 몇 년에 걸쳐 최선의 결과가 나올 때까지 타협이란 없다는 입장을 고수할 수도 있습니다. 하지만 나는 만장일치의 박수를 받지 못하더라도 한 번에 한걸음씩 나아가는 편이 좋습니다. 결국 모두가 조금 실망한다면 어쩌면 어느 정도의 타협도 괜찮지 않겠습니까."[26]

피, 스모그, 눈물 그리고…

1995년 4월 기후변화 협상에서 어느 정도 성공을 거뒀음에도 여전히 의심스러운 시선이 존재했다. 이번 장의 서두에서 언급했듯 그녀는 특정차종의 운행 금지안에 대한 동료들의 반대와 다른 각료들과 상의하지 않았다는 콜의 꾸짖음에 눈물을 쏟았다. 내각 회의 이틀 후 렉스로트와 비스만은 타협안에 동의했다. 오존이나 스모그가 미리 설정해둔 최고치에 이르면 촉매변화장치(자동차의 공해 방지 장치-옮긴이)가 없는 차들은 운행을 금지시킨다는 내용이었다. 울었건 울지 않았건 간에 앙겔라는 다시 한 번 목적을 달성했다.

모두가 메르켈의 스타일을 좋아한 건 아니었다. 슈뢰더는 냉혹한 비판자 중 하나였다. 니더작센 주지사는 그녀가 콜의 각료 중 가장 약한 존재라 여기고 그녀의 무능함을 비판할 기회를 놓치는 법이 없었다.

1998년 독일 총선이 치러지기 전, 사민당의 총리 후보 슈뢰더는 핵폐기물의 이동 시 발생한 문제점에 대한 새로운 데이터가 알려지자 환경부 장관을 비난할 또 다른 기회로 여겼다.

당시 5월 총선을 불과 넉 달 앞둔 시점에서 이동 중인 물질에서 법정한계 이상의 방사능이 검출되었다는 소식이 알려졌다. 메르켈은 환경부 장관으로서 궁극적인 책임이 있었다. 분명히 정부, 이번 경우에는 그녀의 부처가 이 사실을 좀 더 일찍 알았어야 했다. 반대파는 그녀의 사임을 요구했다. 메르켈은 분노했다. "바보 취급당하는 기분이었습니다."[27] 자신보다 어린 동료의 취약한 부분을 감지한 슈뢰더는 노선을 변경했다. 그녀의 무능을 공격하는 대신 이제는 위엄이라고는 없는 불쌍한 사람으로 취급했다.[28]

이번 실패로 메르켈의 직책과 정치 경력이 타격을 입을 수도 있었다. 하지만 콜은 선거를 불과 몇 달 앞둔 시점에 유능한 각료를 잃지 않기로 결정했다. 그녀는 살아남았고 슈뢰더의 우월감과 오만함에 대가를 치르게 하겠다고 결심했다. 내각 회의에서 울음을 터뜨리고 기자에게 좀 더 강해져야 한다고 털어놓았던 이 여성은 목표를 향해 발전해나가고 있었다. 소속 정당은 다가온 선거에서 패배가 예상되었지만 메르켈은 탈바꿈했다. 이제 그녀는 울음을 그쳤다.

7

메르켈은 어떻게
당수가 되었는가

∙

콜은 요슈카 피셔^{Joschka Fischer}보다 머리 하나는 더 컸다. TV 스튜디오에서 총리가 자신에게 다가오자 과거 무정부주의자였던 김나지움 중퇴생의 얼굴에 두려운 표정이 스쳤다. 젊은이가 콜의 덩치(195cm의 키에 몸무게는 약 120kg)에 위압감을 느꼈다고 할 수 있겠지만 그의 존재감은 단지 외모에서만 비롯된 것이 아니었다.

콜은 남부 억양을 강조하며 낮은 목소리로 연설했다. 보통 반대 정당의 조롱거리가 되던 사투리였다. 하지만 오늘밤은 개의치 않았다. "피셔 씨." 총리가 말했다. "네." 녹색당 당수는 두려움과 놀라움이 뒤섞인 표정으로 대답했다. 콜은 할아버지처럼 미소를 지었다. "축하합니다, 피셔 씨!" "감사합니다, 총리님."

마치 교장실에 불려와 바짝 긴장한 학생 같았다. 평소 입이 험하기로 유명한 피셔도 이상하게도 총리 앞에서는 입을 다물게 되었다. 그는 독일 의회의 연설자에게 '병신'이라고 부른 최초의 정치인이라는 출처가 분명치 않은 명성을 갖고 있는 인물이었다. 두 사람이 악수를 나눈 뒤 콜은 모든 이들에게 미소 띤 얼굴로 고개를 끄덕여 인사하고 이야기를 건네며 걸어갔다. 녹색당 정치인은 그의 동료들과 자축하는 장소로 안내받기 전까지 분주한 TV 스튜디오 한가운데 덩그러니 서 있었다.

1948년생인 피셔는 콜이 꺼리는 모든 것을 구현한 인물이었다. 68혁명 세대의 불손하고 예의 없는 대표자 피셔는 테러와 파괴 활동을 위한 프롤레타리아 연맹Proletarian Union for Terror and Destruction에 가입해 1973년에는 경찰서를 공격하기도 했다. 이에 대해서는 훗날 상대를 찾아가 사과했다. 지금은 명품 정장을 입고 활보하며 성경이 자신의 애독서라고 주장하지만 콜의 지지자들은 그가 진심으로 민주주의를 따르는 정치인이라고 여기지 않았다.

콜이 방금 정중히 축하 인사를 건넨 바로 그 사람이었다. 콜은 피셔의 정책에 모순된 감정을 느꼈을 수도 있지만, 뒤에선 "피셔는 굉장히 인상적이다. 특히 그 녹색당 정치인의 건방진 태도가 말이다"라고 말했다. 피셔는 태도가 불량하지만 추진력 있게 일을 밀어붙이는 능력이 있었다. 그는 1980년대 독일에서 가장 큰 주 중 하나인 헤센주의 환경부장관을 지내고 이후에는 부주지사를 역임했다. 콜은 그의 정책을 싫어한 만큼 그를 존중했다.

정치 게임의 불문율에 따라 콜은 도량 있게 패배에 승복해야 했다. 선거 결과는 분명했다. 사민당은 콜의 기민련과 바이에른 자매정당 기사련 연합보다 5% 앞선 40.9%를 득표했다. 피셔의 녹색당은 6.7%를 얻는 데 그쳤지만 사민당과의 적녹 연정Red Green Coalition으로 내각에 합류했다.

1949년 이래 기민련이 처음 경험한 처참한 패배였다. 이번 선거는 여러모로 역사적이었다. 보통선거가 도입된 이래 좌파 계열 정당이 절대다수를 점유한 최초의 선거였다. 콜은 '세계 최고의 독일'이라는 그리 인상적이지 않은 주제로 유세를 펼쳤다. 하지만 그가 정부를 운영하는 방식을 보면 세계 최고라 할 만한 것이 없었다. 통일 비용은 1994년 총선 때 약속했던 수치를 훨씬 웃도는 수준으로 증가했고, 동독이 서독에 합병되고 근 10여 년이 지나도록 동독 지역 유권자들의 생활수준은 조금도 나아지지 않았다. 서독 지역 유권자들은 가난한 동포들을 지원하느라 기민련이 1990년과 1994년 총선에서 약속했던 것보다 더 많은 세금을 부담해야 하는 데 불만을 가졌다.

하지만 콜은 비교적 안정된 듯, 심지어 안심한 듯 보였다. 오토 폰 비스마르크Otto von Bismark 이후 최장기간 재임한 총리로서 그는 역사의 한 페이지를 장식했다. 기민련·기사련 연합이 패배한 것은 사실이지만 그리 치명적인 영향을 받지는 않았다. 전 해 영국의 존 메이저 수상이 이끄는 보수당이 토니 블레어가 이끄는 노동당에 처참하게 패배한 것처럼 완패당하지는 않았다. 콜은 넬슨 만델라Nelson Mandela, 마하트마 간디Mahatma Gandhi 같은 위대한 정치인으로 역사에 남을 것 같았다. 아니, 그때는 그렇게 생각했다. 그리고 선거 후에는 그의 생각이 맞는 것처럼 보였다.

'통일 총리'는 선거 패배 몇 달 후 유럽의 명예시민으로 선정되었다. 유럽연합의 창시자 장 모네Jean Monnet 같은 이들에게 헌정되는 명예였다. 유럽 국가의 총리와 지도층 인사들이 그의 수상을 축하하는 자리에 그의 후임 슈뢰더도 함께했다.

하지만 그 후 2년도 지나지 않아 콜은 통일 10주년 기념행사에도 초대

받지 못하게 된다. 그의 아내 하날로레^{Hannalore}가 자살하고 그는 지난 40년 간 몸담았던 당으로부터 비난받는 처지에 놓이게 된다. 선거 패배 후 2년 동안 일어난 일은 콜과 독일 그리고 메르켈에게 중대한 영향을 미쳤다.

보좌진을 바꾸다

콜의 명실상부한 후계자였던 쇼이블레는 자신의 자리를 지키기 위해 재빨리 움직였다. 독일의 찰스 왕세자(후계자 자리에 오래 있었다는 의미-옮긴이) 같은 그는 당수가 되기 위해 열심히 로비해왔고, 콜 총리는 마지못하긴 했지만 휠체어를 탄 당수에게(쇼이블레는 1990년 선거 유세 도중 정신이상자의 습격으로 하반신이 마비되었으나 6주 만에 휠체어를 타고 정계에 복귀했다-옮긴이) 축하 인사를 전했다. 1998년 9월 27일 선거일 밤 쇼이블레는 국방장관 폴케 뤼에와 함께 본의 아데나워가 139번지 콜의 사저에 나타났다(분명 초대받지 않았을 것이다). 무겁게 가라앉았지만 침울하진 않은 분위기였다. 메르켈도 그 자리에 있었다.

정치에서 우정이나 친절은 피상적인 표현에 불과하다. 쇼이블레와 뤼에는 함께 오긴 했지만 쇼이블레는 함부르크 출신의 거만한 전직 교사 뤼에를 최고 직위를 두고 다투는 라이벌로 여기며 경계했다. 돌이켜 생각해보면 뤼에는 당수직에 관심이 없었던 것 같지만 쇼이블레는 알지 못했다. 그는 예상 경쟁자의 힘을 빼기 위해 뤼에에게 사무총장직을 제안했다. 이미 전부터 그 자리에 재임 중이던 뤼에는 그의 제안을 거절했다. 쇼이블레는 안도했다. 뤼에가 거절했으니 그는 메르켈을 선택할 수 있었다. 그녀는 능력 있는 젊은 정치인이었지만 위협적인 잠재적 경쟁자가 아니었다.

사무총장의 역할은 당 회의 자리를 마련하고 대표를 선출하는 등 지역 조직을 관리하는 것이었다. 콜은 집권 후기에 이르자 이러한 평당원들을 신경 쓰지 않았고 쇼이블레는 각 주의 지역 조직과 베를린의 당 지도부를 다시 연결할 수 있는 사람이 필요했다. 쇼이블레는 44세의 환경부장관의 실용주의와 직업윤리에 깊은 인상을 받았었다. 동독 출신의, 게다가 여성인 메르켈은 기민련을 등진 유권자들과 적잖은 공감대를 형성할 것이다. 게다가 환경 문제를 다루는 사람이라는 점에서 새롭고 현대화된 당의 얼굴로 내세울 만했다. 무엇보다 그녀는 위협적인 존재가 아니었다. 그녀는 총리가 되려는 쇼이블레의 꿈을 위협할 만한 야심을 품은 것처럼 보이지 않았다. 다시 말해 그녀는 거의 완벽한 사무총장이었다.

1998년 11월 7일 본에서 열린 전당대회에서 콜은 눈물을 머금고 당수직을 쇼이블레에게 넘겨줬다. 같은 날 메르켈은 사무총장 선거에서 874표를 얻었다. 반대표는 68표에 불과했다. 쇼이블레는 당수가 되려는 야심을 이뤘고 자신을 지지하는 의견으로 당이 통합되었다고 느꼈다. 하지만 일 년 후 예상치 못한 변화가 시작되었다.

적녹 정부: 전쟁과 평화

'Burgfriedenspolitik'은 문자 그대로 '성내(城內) 평화 정치'로 번역되지만,

휴전으로 설명되는 편이 더 적절할 것이다. 사민당은 제1차 세계대전의 독일 참전에 동의하지 않았지만 대의를 위해 반대하지 않기로 동의했었다. 1915년 드라마의 주인공들은 카를 리프크네히트^{Karl Liebknecht}(사회당의 마르크스파 지도자)와 프리드리히 에베르트^{Friedrich Ebert}(같은 정당의 개혁파 지도자)였다. 83년이 지난 뒤 지금은 슈뢰더(우파)와 재무장관 라퐁텐(좌파 선동가)이 주인공이었다. 라퐁텐은 1990년 패배한 뒤 오랫동안 콜을 다시 공격할 기회를 노려왔다. 하지만 '붉은 오스카'는 대다수 국민이 자신을 지지하지 않는다는 사실을 알고 있었다. 총선을 몇 달 앞둔 시점 다른 권력 다툼이 일어날 조짐이 보였다. 누가 사민당 당수로 선출될지 아직 확실치 않았다. 1998년 3월 1일 슈뢰더가 니더작센 주지사 재선에 성공하자 라퐁텐은 라이벌에게 전화를 걸어 "여보시오, 후보님"이라며 인사를 건넸다. 그의 지원에 대한 답례로 슈뢰더는 라퐁텐에게 재무장관직을 약속했다. 이것이 실제 '성내 평화 정치'였다.

일단 사민당이 정권을 잡자 다른 변화가 시작되었다. 내부에서부터 변화되기를 바랐던 라퐁텐은 실망했다. 슈뢰더는 취임연설에서 "심각한 실업률을 낮추지 못한다면 재선을 기대할 수 없을 것입니다"라며 사회 문제의 중요성을 강조하며 실업 문제를 그의 행정부 중심 과제로 삼겠다고 역설했다. 하지만 신임 총리는 실업률을 감소시키기 위해 신자유주의 경제 정책을 펼쳤다. 브란트는 'Mehr Demokratie wagen', 즉 '더 많은 민주주의'를 주장했고, 이 같은 이상주의적인 언어유희를 경멸하는 슈뢰더는 개인적으로 'Mehr Volkswagen', 즉 '더욱 폭스바겐다워지기'가 훨씬 적절하지 않겠냐고 제안했다.[2] 다시 말해 민주주의 이상에 매달리기보다는 성공한 자동차 제조사의 비즈니스 모델을 이해하는 편이 훨씬 낫다는 말이었다. 적녹 정부가 발족한 지 불과 5개월 만에 라퐁텐이 감당하기 버거운 상황으로 바뀌었다. 1999년 3월 11일 그는 사직서를 제출했다. "존경하는 총리님, 이제 저는 재무장관직을 사임하고자 합니다." 성내 평화 정치는 끝나고 이제 라퐁텐은 좌파 평의원으로 총리를 비판할 수 있게 되었다. 여론조사 결과 집권여당에 대한 지지율은 즉시 바닥을 쳤다. 하지만 슈뢰더의 입장에서 라퐁텐의 사임은 그의 예상보다 치명적이지 않았다. 신임 총리는 한스 아이헬Hans Eichel을 후임으로 임명했다. 그의 상사처럼 시장 기반 개혁을 지지하는 중도파 정치인이었다.

슈뢰더가 당면한 다른 문제는 국제 정치였다. 냉전이 종식된 후 구 공산권 국가에서 민족 갈등이 불거지고 있었다. 1998년 과거 세르비아-몬테네그로Serbia-Montenegro에 편입되어 있던 코소보Kosovo가 독립을 선언했다. 코소보의 분리 독립 열망은 슬로보단 밀로세비치Slobodan Milosevic가 이끄는 세르비아 민족주의자들과 무력 충돌을 빚었다. 서방 세력, 특히 영국은 군사 개입만이 유일한 해결책이라고 주장했다. 보통 상황이었다면 독일은 이러한 행동 방침을 지지하지 않았을 것이다. 앞서 봤듯이 콜은 쿠웨이트에서 후세인을 쫓아내는 전쟁의 필요성에 동조했지만 군대를 파견하는 대신 돈을 지불했었다. 1990년 유엔안전보장이사회가 이라크 제재 전쟁(걸프전-옮긴이)을 의결했음에도 독일의 입장은 이와 같았다. 하지만 영국 수상 블레어가 제안한 베오그라드 폭격은 유엔안전보장이사회 상임이사국인 러시아와 중국이 개입 반대로 유엔의 승인을 받지도 못했다. 폭격은 "다른 국가의 영토 보전이나 정치적 독립에 반하는 무력행사는 유엔의 존립 목적에 부합하지 않는다"라고 명시된 유엔 헌장 2조 4항에 명백히 위배되는 행위였다. 역사적 이유에서 독일은 언제나 유엔

이 국제 문제에 있어서 중심 역할을 해야 한다는 입장을 견지해왔었다. 적녹 정부에서도 이러한 기조는 변하지 않을 것 같다. 피셔와 녹색당은 평화주의 정당으로서 언제나 전쟁과 무력 사용에 반대해왔다. 하지만 전 유고슬라비아에서 자행된 집단학살 소식을 접하자, 피셔는 전직 평화주의자들이자 환경운동가들이었던 당 동료들에게 설사 유엔에서 의결되지 않았더라도 정부는 코소보 주민의 보호와 평화를 지키기 위한 전쟁에 독일 군대를 파병해 독일 공군이 베오그라드 상공에서 폭격을 할 수 있다고 주장했다. 1999년 3월 25일 독일 전투기가 1945년 이래 처음으로 공격을 감행했다. 그해 6월 밀로셰비치는 패배를 인정하고 핀란드 대통령 마르티 아티사리^{Martti Ahtisaari}가 제안한 평화 계획을 수용했다.

캐나다 무기상

•

크리스마스 무렵 대부분 신문사는 연말연시의 단축 근무를 준비 중이었다. 1999년은 다사다난한 해였다. 연방 정부가 본에서 베를린으로 옮겨왔고, 새로운 적녹 연합은 가까스로 정치적 기반을 다졌으며 콜 전 총리는 캐나다 무기상이자 로비스트인 카를하인츠 슈라이버^{Karlheinz Schreiber}에게 100만 마르크에 달하는 불법 정당 기부금을 받았다는 스캔들에 휘말렸다. 그가 오스트리아 국경에 가까운 남부 도시 보덴세의 주차장에서 불법 자금을 건넸다고 보도되었다.

11월 5일 바이에른 남서부의 작은 도시 아우구스부르크 지방법원은 1972년부터 1992년까지 기민련의 회계담당자였던 발터 라이슬러 키프

Walter Liesler Kiep의 체포영장을 발부했다. 로비스트 슈라이버에게 받은 기부금을 연방선거관리위원회에 신고하지 않았다는 혐의였다. 슈라이버는 2009년 캐나다에서 인도되어 6년형을 선고받았다. 키프는 무죄라고 판명되었다. 전 기사련 당수이자 바이에른 주지사인 슈트라우스의 아들을 포함한 다른 당원들은 유죄 판결을 받았다. 키프는 정부에 굴복한 직후 보석으로 풀려났고, 슈라이버는 그 돈은 사우디아라비아에 대한 독일 탱크와 여객기 판매와 관련해 정부 인가를 얻기 위한 뇌물이었으며 자신은 단지 아랍과 기민련 사이의 중개자에 불과하다고 주장했다. 1980년대 초반 기업가 프리드리히 카를 플릭Friedrich Karl Flick이 정치계 인맥을 쌓기 위해 기부금을 건넸던 플릭 스캔들과 유사한 사건이었다.[3]

뒤이어 기민련이 세금을 내거나 국세청에 기부금을 신고하지도 않았다는 사실이 보도되었다. 다시 말해 콜이 당수로 있던 시기, 기민련은 선거법과 세법을 위반했으며 심지어 뇌물까지 받았다는 것이다. 그때 사건은 급속도로 확대되기 시작했다. 타당한 정치적 이유에 따라(연합정부는 지지도가 낮아 통치에 어려움을 겪고 있었다) 사민당 당직자 회의 대표인 페터 슈트럭Peter Struck은 재빨리 행동을 개시해 국정조사위원회 구성을 요구했다.

위원회는 콜과 전 사무총장 하이너 가이슬러Heiner Geißler를 소환했다. 청문회에서 돈이 정당 기부금에 대한 엄격한 규정에 따라 신고되지 않았다는 사실이 밝혀졌다. 11월 26일 가이슬러는 "당(기민련)은 당 연방본부 계좌 외에 다른 계좌도 가지고 있다"고 증언했다. 그리고 "이 계좌는 당수와 회계담당자가 관리한다"고 말을 이었다.[4] 설상가상으로 설득력 없는 콜의 해명으로 지금껏 알려지지 않았던 기민련 본부의 비밀계좌가 사실로 드러나, 최선의 경우 비윤리적이라는 비난을 받으며 정치적 타격을 입거나 최악의 경우 위법으로 제재받을 상황이었다.

낮은 지지율로 허덕이던 사민당은 완벽하지는 않지만 콜이 위법 행위임을 인지하고 있었다는 사실을 입증할 만한 강력한 증거를 입수했다. 상황이 바뀌어 기민련의 지지도가 급락했다. 두 달 만에 기민련의 지지율은 15% 떨어지고 사민당은 힘을 얻었다.

크리스마스 휴가 직전 콜은 ZDF 방송국과 인터뷰에서 어떤 질문에 대해서는 답변을 거부하면서 무기상에게 '약속의 말'을 해줬다고 인정했다. 이 문제는 서서히 잊힐 거라고 콜의 자문단은 생각했다. 어쨌거나 전 총리는 거래에서 개인적으로는 조금도 돈을 받지 않았으니 말이다. 당의 재정 문제는 정계 내부자들만큼 유권자들이 관심을 갖는 부분이 아니고 다음 총선까지 적어도 3년은 남았으니 선거에 영향을 미치지 않을 것 같았다.

보수지 〈프랑크푸르터 알게마이네 차이퉁Frankfurter Allgemeine Zeitung〉의 국회 수석 출입기자 카를 펠트마이어Karl Feldmeyer도 메르켈에게 전화를 받았을 때 그렇게 믿고 있었다. 둘은 베를린 장벽이 붕괴된 후 앙겔라가 민주개혁의 부대변인을 지내고 그가 동독의 몰락을 다루는 초짜 기자이던 시절부터 알고 지낸 사이였다.

메르켈은 언론계 인맥 관리를 잘하기로 유명했다. 그녀의 전화는 그리 놀랍지 않았다. 기민련 사무총장 메르켈은 당과 그녀의 오랜 동료 콜의 입장을 자세히 설명하기 위해 인맥을 활용하곤 했다. 하지만 이번에 전하는 이야기는 달랐다. 그녀는 오랜 친구에게 단도직입적으로 정당의 불법 기부금에 관련된 인터뷰에 관심 있느냐고 물었다. 펠트마이어는 다소 놀랐다. 그의 신문사는 고위 정치인들과 심층 인터뷰를 하지 않앗고 메르켈도 분명 그 사실을 알고 있었다. 하지만 그는 그녀가 자료를 제공하면 논평으로 싣겠다고 말했다. 5분 후 기사가 도착했다.

펠트마이어는 크리스마스 전에 무슨 변화가 있을 거라곤 조금도 예상하지 못했고 이 폭탄선언이 이후 몇 달간 반향을 일으키리라고는 예상하지 못했다. 사무총장으로서 메르켈의 역할은 당의 방침을 보호하는 것이었고 그런 취지로 논평을 작성했다. 대체로 이러한 글은 뉴스로서 가치가 없지만 신문은 공정성을 구현하기 위해 발행해야 할 의무가 있었다.

아무도 다음에 벌어질 일을 준비하지 못했다. 독일 연방 공화국 역사상 어떤 정치인이 쓴 칼럼도 메르켈이 1,017자로 조목조목 정계의 악습을 지적한 이 글보다 큰 충격을 야기한 것은 없었다. 그녀가 보낸 글은 콜과 간접적으로는 그의 후계자 쇼이블레에 대한 통렬한 비판이었다. 메르켈은 단번에 전 총리를 무너뜨리고 그의 후계자의 당수 생명을 끝내버렸다. 한때 '콜의 딸'[5], 그의 '정치적 양녀'[6]라고까지 불렸던 이 여인은 마키아벨리Machiavelli로 변신했다.

정치인들은 외교 관례에 맞춰진 완곡한 언어를 구사한다. 하지만 메르켈은 관례를 무시하고 직설적으로 풀어냈다. 제목은 '콜은 당에 피해를 입혔다'. 존경이나 충성심, 멘토와의 연대 의식 따위는 묻어나지 않았다. "당은 자립하는 법을 배워야 하며, 콜 없이도 미래를 마주할 수 있다는 자신감을 가져야 한다"고 썼다.[7] 그가 총 백만 마르크 이상의 정치 자금을 받았다고 인정한 만큼 전 당수와 관계를 끊을 필요가 있었던 것이다. 그녀가 마무리했듯 당도 사춘기 아이들처럼 틀을 깨고 집을 떠나는 법을 배워야 하기 때문이었다.

냉소적인 시선, 아마 배신이라는 평까지 들었겠지만 이 칼럼을 게재한 것은 탁월한 정치적 선택이었다. 이게 바로 정치다. 메르켈은 일찍이 "게임의 법칙을 고수하지 않는 사람만이 승리한다"고 말한 바 있었다.[8] 규칙을 깨고 누구도 예측하지 못했던 일을 함으로써 게임 자체가 바뀌게 되는 것이다.

다음 날 아침 쇼이블레는 기사를 읽고 말문이 막혔다. "나는 그 즉시 메르켈에게 전화를 걸어 나에게 사전 통보도 없이 이러한 기사를 게재한 데 대한 놀라움을 표출했습니다."[9] 그가 메르켈을 사무총장으로 선택한 이유는 이렇게 불충한 짓을 하고 자신의 권위에 위협이 되리라곤 예상하지 못했기 때문이다. 이러한 믿음은 1999년 12월 22일 아침 산산이 부서지고 말았다. 이러한 행위로 공황 상태에 빠졌더라도 쇼이블레가 좀 더 단호했더라면 불복종을 이유로 사무총장을 해고할 수 있었을 것이다. 하지만 쇼이블레가 그렇게 하지 못한 것은 아마도 자신이 불법 기부금에 대해 알고 있다는 사실을 메르켈이 알게 될까 두려워했던 것 같다. 불과 3주 전 쇼이블레는 자신은 불법 자금 거래에 대해 아무것도 모른다고 국회에서 증언했었다. 그는 무기상 슈라이버를 만난 사실은 인정했지만 그에게서 돈을 받았다는 사실은 완강히 부인했다. 하지만 그가 사실을 다 털어놓지 않았다는 걸 메르켈은 알고 있었다. 그리고 그렇다고 쇼이블레는 믿었다. 이번 스캔들에 연루되지 않았고 신뢰도 높고 인기 있는 몇 안 되는 당원인 사무총장을 해고한다는 것은 언론에 자신이 알고 있는 것을 털어놓도록 풀어주는 셈이었다. 쇼이블레는 곤경에 처했다. 그저 기사를 읽기 전까지 아무것도 몰랐다고 하는 것 외에 아무것도 할 수 없었다.

놀란 사람은 쇼이블레뿐이 아니었다. 콜도 굉장한 충격을 받았다. 하지만 전 총리는 자신이 '내 딸'이라고까지 불렀던 여성, 자신이 직접 발탁해 독일 정치계의 중심부에 꽂아넣은 무명의 신출내기 초선의원, 그 젊은 정치인이 단독으로 이런 행동을 하리라고는 생각하지 못했다. 전 총리는 '쇼이블레가 이번 일을 몰랐을 리 없다'고 일기장에 기록했다.[10] 더욱이 콜은 메르켈에게 깊은 인상을 받지 못했고 그녀의 정치 역량을 높이 평가하지 않았다. 그가 생각하는 메르켈은 내각의 구색을 맞추기 위한 동독 출신 여성에 불과했다. 밝힐 의도 없이 내뱉은 부주의한 발언에서 전 총리는 메르켈과 프리드리히 메르츠^{Friedrich Mers}(기민련 원내대표)를 뭔가 해낼 능력이 없는 사람들이라고 언급하기도 했다. 그리고 메르켈은 멍청하며 메르츠는 정치 애송이다라고 덧붙였다. 나아가 메르켈을 '포크와 나이프로 식사하는 법을 배우지 못한 인물'[11]로 설명한 것은 그녀를 무시하는 마음을 보여준 방증이다. 메르켈이 포크와 나이프를 제대로 사용하지 못한다고 언급한 이유는 분명치 않다. 하지만 칭찬이 아닌 것만은 분명하다. 그는 "이 여성에게는 강한 개성이 없다"고도 말했다.[12] 사람들은 보통 즉흥 발언에서 너무 많은 것을 해석하려는 위험을 감수하는데, 과잉 해석의 위험이 있기 때문에 콜이 표현을 조심하지 않았을 가능성을 염두에 둬야 한다. 하지만 그의 발언에 담긴 미묘한 의미와 메르켈을 언급할 때 보다 존경하는 표현인 'Frau' 대신 좀 더 낮춰 부르는 'Dame'를 사용한 점은 주목할 가치가 있다. 그는 윗사람이 내려보는 시선으로 그녀를 바라본 것이다. 그런 여성이 이렇게 대담한 계획을 생각해낼 수는 없을 것 같았다.

예기치 못한 한 방을 맞고 안간힘을 다해 버티고 있는 권투선수처럼 콜도 정신을 못 차릴 정도로 당황했다. 그의 말대로 '작은 실수로 독일 통일을 이뤄낸 정치가'라는 역사적 업적이 평가 절하될까 두렵고 불안했던 그는 쇼이블레에게 개인적 보복을 시작했다. 전 총리의 주도로 수많은 비밀이 자세히 언론에 폭로되며[13] 쇼이블레의 결백 주장은 매일 힘을 잃어갔다.

점점 더 필사적이 된 쇼이블레는 괴로움을 드러내며 범죄자들과 공모해 새로운 거짓말과 허위 정보를 꾸준히 쏟아내고 있다고 전 상사를 비난했다.[14] 스캔들에 깊게 연루되지는 않았지만 12월 의회에서 인정했던 것보다 훨씬 더 많은 정보를 알고 있었다는 사실이 드러나면서 쇼이블레의 입지는 점점 약해져갔다. 그는 덤으로 얻은 시간을 살고 있음을 알고 있었다. 2000년 1월 10일 TV 방송국 ARD와 가진 인터뷰에서 쇼이블레는 앞서 말했던 것보다 많은 걸 알고 있었으며 자신도 슈라이버에게 돈을 받았다는 사실을 인정했다.

메르켈은 자신의 기사가 이런 효과를 거두리라는 것을 알았을까? 〈프랑크푸르터 알게마이네 차이퉁〉에 게재한 기사는 쿠데타를 목적으로 한 것이었을까? 분명 메르켈은 단단히 준비했다. 짧았지만 사무총장으로 지내며 그녀는 자신의 권력 기반을 다졌다. 사무총장이라는 자리는 관리직이다. 당수와 달리 사무총장은 지방·주의 당 조직과 꾸준히 접촉하는 자리였던 터라 메르켈은 당수를 선출하는 평당원들 사이에서 지지층을 구축할 수 있었다. 우선 지역 네트워크가 없었던 쇼이블레가 베를린에서 입지를 공고히 하는 데 집중했다면, 메르켈은 전국을 돌아다니며 지역 선거를 성공으로 이끌었다. (스캔들이 터지기 전 기민련은 서부 헤센주 의회 선거에서 절대다수 의석을 확보했고 동부의 작센-안할트주와 튀링겐주에서도 압도적 승리를 거됐다.) 또한 그녀는 훗날 그녀의 참모장이 되는 베아트 바우만이 이끄는 자신만의 작은 참모진을 꾸렸다. 하지만 든든한 권력 기반을 다지고 확실한 지지층을 확보했다고 하기에는 부족했다. 정치인들, 특히 여성의 경우에는 더욱 이미지 관리에 힘을 쏟고 사생활에 대한 공격을 막아야 한다. 메르켈도 이 사실을 잘 알고 있었다.

끝나지 않은 관계: 요아힘 자우어
•

잊지 말아야 할 것은 메르켈이 보수 성향의 정당을 이끄는 지도자라는 사실이다. 45세의 이혼녀가 근심하는 이유는 바로 이러한 점이었다. 1993년 초 쾰른 대주교 요아힘 마이스너 Joachim Meisner 추기경(기독민주당의 사회적 보수주의에 가까운 인물)은 타블로이드지 〈빌트〉에 "기독교 신도임에도 동거 중인 여성 장관이 분명 있다"고 말했다.[15] 여기서 '분명'은 별 의미가 없지만 문제의 '여성 장관'이 누구를 가리키는지는 의심의 여지가 없었다. 메르켈은 즉시 추기경에게 연락해 한 번 결혼했었기 때문에 신중하고 조심스럽게 생각한다고 입장을 밝혔다.[16] 메르켈은 가톨릭 신도가 아니었지만 그녀는 자신의 사생활이 경쟁자들, 특히 독일 남부의 가톨릭 보수 세력의 심장부 출신 경쟁자들의 공격받기 좋은 문제라는 사실을 잘 알고 있었다. 다른 어떤 정치인보다 메르켈은 계속해서 사생활에 대한 질문을 피해왔다. 질문의 십중팔구는 그녀가 남자인지 묻는 것은 아닐 것이다. "내가 아이를 원치 않았다는 말이 아닙니다." 한 기자가 같은 질문을 계속해오자 그녀는 격분해 말했다. "하지만 35세 때 정계에 입문했고, 이제는 불가능하지요."[17] 이러한 해명이 의심을 품고 있는 당내 반대파들을 만족시켰는지는 모르겠다. 'Kinder, Kuche, Kirche(아이, 부엌, 교회)'라는 보수적 가치를 중시하는 당의 지도적 인물로서 여성의 역할에 대해 진보적인 가정에서 자란 커리어 우먼인 메르켈은 가족과 사생활에 대한 끝없는 질문 폭격을 견디기 힘들었다. 자신의 일과는 무관한 질문이라고 여겼다. 하지만 자신의 이미지와 결부된 문제라면 그리고 연방 의원으로서 주도적인 역할을 수행하려면 결혼 상태에 대한 논란의 여지를 불식시킬 필요가 있었다. 그래서 그녀가 택한 것은 결혼이었다.

1999년 1월 2일 〈프랑크푸르터 알게마이네 차이퉁〉에 작은 공고가 실렸다. "우리 결혼했습니다. 앙겔라 메르켈과 요아힘 자우어". 극도로 절제된 문구였다. 〈빌트〉는 아무도, 심지어 이들의 부모와 형제자매조차 결혼식에 초대받기는커녕 결혼 소식도 듣지 못했다고 전했다.

정치인의 사생활은 끝없는 관심의 원천이다. 이걸로 메르켈의 남편 자우어에 대한 불분명한 문제가 일단락되었는지는 모르겠다. 극단적으로 단순하게 정리하면, 영향력 있는 인물들의 배우자는 낸시 레이건Nancy Reagan, 버드 존슨Bird Johnson 부인과 지금은 작고한 콜의 아내 하날로레처럼 현모양처거나, 맥베스Macbeth 부인처럼 배우자 대신 야망을 품고 밀어붙이는 인물로 분류된다. 물론 셰익스피어의 악당처럼 살인 결심까지 하는 것은 아니다.

하지만 자우어 교수를 이러한 틀에 맞춰 분류하기는 어렵다. 메르켈의 배우자는 그녀와 대등하고 자립적인 인물이었다. 자신과 지적으로 동등한 남자에게 매료되었다는 사실을 두고 메르켈의 자신감을 운운하기도 하지만 여기에는 문제점도 있었다. 특히 자우어의 입장에서는 더욱 그랬다. 자우어는 훔볼트대학교의 무기화학 교수이자 영예로운 프리드리히 뵈너상을 수상한 저명한 화학자였다. 그는 노벨상 수상이 유력한 이론 화학자 상위 30위에 드는 사람이었다.[18] 이런 위상의 사람이 아내에 대해 집중되는 관심에 불쾌해하는 것도 당연하다. 독일에서 대학교수는 미국인들에게는 낯설게 느껴질 만큼 존경과 존중을 받는 자리다. 독일에서 대학교수가 된다는 것은 존경과 명예를 한 몸에 받는 사회적으로 높은 지위에 올랐다는 의미다. 독일의 대학교수는 미국의 우량기업 CEO와 같은 사회적 지위를 누리며 자우어 역시 예외가 아니었다.

그의 이름을 문자 그대로 번역하면 '시큼한[sour]'이라는 의미다. 그의 아버지가 동독 남부에서 달콤한 케이크와 비스킷을 만드는 파티시에로 일했다는 걸 고려하면 어울리지 않는 이름이다. 하지만 〈분테[Bunte]〉에 실린 일화를 보면 그리 부적절하지 않는 것 같다. 이 여성지 기사에 따르면 메르켈은 진보당 지도자 귀도 베스터벨레[Guido Westerwelle]를 이들 커플이 살고 있는 베를린 아파트에 초대했다. "메르켈 씨시군요"라고 이 진보 정치인이 메르켈의 남편에게 인사를 건네자 그는 자신의 성, 자우어답게 시큰둥하게 대답했다.[19]

메르켈은 베를린 과학 아카데미에서 5살 연상의 자우어를 처음으로 만났다. 1980년대 초반 당시 그는 대학 강사와 결혼해 아들 둘을 두고 있었다. 메르켈과의 만남으로 자우어의 첫 번째 결혼이 끝나게 되었는지를 두고 수많은 추측이 오간다. 이러한 의견을 뒷받침하는 몇 가지 증거가 있다. 자우어의 이혼 절차가 마무리된 것은 1985년이었지만, 그들은 그의 첫 번째 결혼이 공식적으로 끝나기 2년 전에 이미 동거를 시작했다. 1986년 자우어는 메르켈의 박사 논문의 교정을 도와줬고 그녀는 꼼꼼히 원고를 검토해준 데 감사를 표했다.[20] 대중매체는 이 커플이 1998년 12월 30일 슈타츠암트-베를린-미테의 등기소에서 혼인 관계를 맺기까지 17년간 함께해왔다고 보도했지만 이렇듯 친밀함을 드러냈다고 해서 어떤 식으로든 관계를 규정짓기는 어렵다.

자우어는 미래의 아내 이상으로 공산 체제에 대한 반감과 미국 체제에 대한 존경을 공개적으로 드러냈다. (그는 베를린 장벽이 붕괴되자마자 샌디에고에서 강의차 미국에 갔다.) 이 과학자는 친구와 동료들에게 서독에 크루즈 미사일을 배치하겠다는 레이건의 결정은 정당하다고 말할 정도였다. 따라서 메르켈은 이렇듯 뛰어난 성공을 거둔 과학자와 바로 결혼하지 않았다. 그녀의 새 남편 역시 자신의 신념을 지키는 용기와 확고한 의견을 가진 정치에 관심 많은 인물이었기 때문이다.

메르켈은 그저 누구도 자신이 당의 가치에 위배된다고 공격할 수 없게 하기 위한 이유로 결혼한 것일까? 정계 관람자들은 사소하고 무관한 사건에서 정치적 의미를 읽어내려는 우를 범하곤 한다. 메르켈과 자우어는 그저 자신들의 관계를 공식화하고 싶었을 수도 있다. 정치인과 이론화학자들에게도 로맨틱한 구석은 있다. 메르켈과 자우어가 그러지 않았다고 할 수 없다. 파티시에의 아들은 여름 휴가차 별장에 머무를 때면 아내에게 타르트를 구워주곤 했다. 반면에 정치인들, 특히 메르켈의 당원들은 정치 생각을 멈추지 못했다. "메르켈은 정치중독자다. 일주일에 7일, 24시간 내내 정치만 생각한다." 한 관계자는 이렇게 단언하기도 했다.[21] 미래의 총리와 그 배우자가 결혼의 정치적 의미에 대해 이야기를 나눴으리란 것은 거의 확실하다. 메르켈이 사생활 얘기를 꺼려하는 비공개적인 인물이지만 놀랍게도 자신의 정치 인생에 남편이 일정 역할을 했다는 사실만큼은 솔직히 인정했다. "내 남편이 아무런 정치적 역할을 하지 않는다고들 합니다. 사실과 전혀 다른 의견이지요."[22] 메르켈의 결혼은 정치적 계산의 결과만은 아닐 수도 있지만 그녀와 그녀의 남편이 전략적으로 고민하지 않은 것도 아니었다. 1년 후 그녀가 출사표를 던졌을 때는 기혼 여성이라는 견고한 입지에 있었다.

쇼이블레의 몰락

그녀는 독자적으로 프랑크푸르트 신문에 논평을 기고하기로 결정했을까? 그렇지 않았을 것이다. 메르켈은 기사의 출처에 대해 말하지 않았지만 자신의 측근, 그중에서도 바우만과 논의했고 당연히 그 이전에 자우어와 상의했으리라는 것은 분명하다. 하지만 이 탈취 계획이 오랫동안 계획되었다는 증거는 없다. 즉 12월 2일 증언하기 전에 쇼이블레의 입지가 위태로웠는지는 분명치 않다. 하지만 그가 의회 국정 조사 위원회 앞에서 설득력 없지만 치밀한 거짓말을 하자 메르켈은 자신에게 기회가 왔다고 느꼈다. 무시당했다고 느끼면 사람들 앞에서 눈물을 흘리거나 드센 정치판의 야단법석에 스트레스 받던 여성청소년부 젊은 장관으로 내각에 진출한 이래 먼 길을 돌아 그곳에 이른 것이다. 2000년 첫 주, 두 선배 정치인이 서로를 물어뜯는 모습을 본 그녀는 그들의 생각보다 강하고 단호한 결심을 행동에 옮겼다.

콜과 쇼이블레의 사투가 한창 중이던 1월 18일 메르켈은 1991년에서

1992년까지의 당 계좌를 살펴본 결과 출처가 불분명한 2백만 마르크의 기부금 내역을 확인했다고 언론에 발표했다. 치명적이고 철저히 계산된 일격이었다. 처음에는 20만 마르크 정도의 문제가 이제는 스위스 은행 비밀 계좌, 서류봉투에 담긴 돈, 주차장의 은밀한 만남 같은 증거까지 완비된, 문자 그대로 기백만 마르크 규모의 스캔들로 비화되었다. 그리고 같은 날 메르켈은 중앙당위원회의 지지를 바탕으로 콜이 명예 당수직에서 물러나야 한다고 주장했다. 그의 역사적 업적은 퇴색되었고 쇼이블레는 한층 약화되었다.

이러한 행동은 배신 행위인가? 콜과 쇼이블레는 그렇게 믿었다. 하지만 메르켈이 기회가 있을 때마다 조심스럽게 지적했듯 자신보다 당의 이익을 우선시한 행동이었을 뿐이다. 그녀는 자신의 일을 했을 뿐이라고 말한다. 반면에 콜과 쇼이블레는 각자의 정치 생명을 구하기 위해 서로에게 책임을 미루고 있었다. 사실의 정확성을 고려할 가치도 없다. 탄탄한 언론계 인맥을 구축하고 있던 메르켈은 과묵하고 오만하며 종종 거들먹거리던 선배들보다 자신의 이야기를 정리해 언론에 전달하는 데 훨씬 능숙했다. 메르켈은 사건이 터졌을 때 쇼이블레와 거리를 두거나 이별해야 한다고 생각했음에 틀림없다. 그녀의 배신 행위는 자기 보호 행위이며, 물론 권력을 얻기 위한 수단이기도 했다.

쇼이블레는 고통을 겪고 있었다. 콜과 쇼이블레가 당 지도자를 스캔들에 엮어넣으려 시도하고 있을 때 캐나다 무기상은 쇼이블레가 연루되었음을 시사하는 진술을 했다. 이렇게 연이은 비방으로 그의 입지는 점점 좁아졌다. 슈뢰더에게 조롱받고 타블로이드지, 그중에서도 특히 영향력이 큰 〈빌트〉로부터 집중포화가 쏟아지는 데다 기민련 동료들은커녕 부당수마저 등을 돌리자 2000년 2월 16일 "기민련은 역사상 최악의 위기를 맞이할 것이다"라는 고별사를 남기며 당수직을 사임했다.[23] 때가 되자 그녀에게 기회가 찾아왔다. 메르켈은 노련하게 '노인들'을 압도했다. 시사주간지 〈포커스〉의 헤드라인을 빌리자면, '콜의 어린 딸은 권좌에 오른 세련된 여왕'이 되었다.[24] 한 지방지가 언급했듯 '능력을 인정받지 못하던 여성'[25], 구색 맞추기용으로 취급되던 젊은 정치인이 당과 국가에서 가장 영향력 있는 정치인으로 급부상한 것이다. 기민련은 지도부의 부재로 정체된 상태였다. '사무총장님, 당수직을 맡아주시겠습니까?'. 시사지 〈스턴Stern〉은 이러한 헤드라인으로 논평에서 한때 소녀처럼 웃는 유순한 여성으로 알려진 이 여성만이 기민련을 구원할 수 있다고 의견을 밝혔다.[26]

현 상황은 장차 당수가 되려는 쪽의 집중적인 로비 결과라는 생각이 메르켈 반대파들 입장에선 분명해졌다. 그들은 여기에 맞설 준비가 되어 있지 않았다. 2월 27일 폴케 뤼에, 프리드리히 메르츠, 기사련 당수 에드문트 슈토이버Edmund Stoiber는 뤼벡의 유명한 전통 독일식 식당 라츠켈러에서 모임을 가졌다. 안건은 단 하나, 메르켈을 저지하는 것이었다. 슈토이버는 2005년 연방 선거에서 연합의 후보자로 입후보하고 싶었고, 따라서 메르켈이 장애물이 될까 염려했다. 뤼에의 동기는 불분명하지만 무엇보다 메르켈이 싫었던 데다 메르츠를 지원하고 싶었던 것 같다. 메르츠는 쇼이블레의 뒤를 이어 당수가 되고자 했지만 선거 운동을 너무도 늦게 시작했고 입지가 약했다. 슈토이버는 바이에른 주지사 출신임에도 독일 동부는커녕 북부에서도 네트워크가 탄탄하지 않았다. 뤼에는 인맥이 많았지만 독일 북부의 슐레스비히-홀스타인 주지사에 당선되지 못해 입지를 확고히 다지지 못했다.

그들은 너무 늦었다. 메르켈은 2월의 지구당대회를 계획해놓았다. 우연의 일치는 아닐 것이다. 지역 조직에 중앙당의 상황을 알려주기 위한 목적이었다. 지역 당대회에서 법적 구속력 있는 결정을 내릴 수는 없지만 여기에 참석하는 사람들은 대부분 당수를 선출하는 전당대회의 위원들이었다. 사무총장으로서 메르켈은 당 변화의 중심이 되었다. 쇼이블레의 뒤를 잇겠다는 야심을 품은 정치인 누구도 메르켈이 지난 세월 동안 구축해온 인적 네트워크는 고사하고 그만큼 얼굴이 알려진 사람은 없었다. 그녀는 지구당대회를 계기로 당내 조직 장악력을 공고히 다졌다. 게다가 포퓰리스트이자 신분 상승 의지가 강한 롤란트 코흐^{Roland Koch} 헤센 주지사와 쇼이블레의 대리인이라는, 대체로 의례적인 자리에 있었던 뤼에처럼 유망한 도전자들은 스캔들에 연루되어 있었다. 당시에는 이러한 사실이 드러나지 않았지만, 메르켈이 당 계좌에 접근할 때 이들 중 누구도 그녀가 자신들에게 불리한 정보를 흘릴까 염려해 감히 반대의사를 밝히지 못했다. 당의 이익에 관한한 비타협적인 그녀의 투지와 더불어 경쟁자들 사이에 퍼진 이러한 두려움을 보면 그녀가 독일 최초의 여성 당수가 되는 것은 피할 수 없는 결과였다. 2000년 4월 10일 그녀는 독일 서부에서 가장 큰 도시인 에센에서 열린 임시 전당대회에서 위원 935명의 95% 지지를 얻어 당수로 선출되었다.

대중들이 떠올리는 정치인의 특징은 부정직함, 완곡어법, 가장 적대적인 사람조차 신뢰하는 친구라고 여기는 자신감이다. 따라서 기자들은 정치인들이 솔직히 대답하지 않으리라는 것을 알면서도 의례적으로 질문을 던진다. 메르켈은 당수가 된 직후 〈슈피겔〉의 인터뷰 요청을 받아들였다. 인터뷰어는 티나 힐데브란트Tina Hildebrandt와 하호 슈마허Hajo Schumacher, 둘 다 경력이 풍부한 전문가들이었다. 그들은 평범한 질문을 던졌다. 하지만 답변은 평범하지 않았다.

"자, 메르켈 당수님, 콜과는 개인적으로 잘 지내고 계십니까? 두 분의 관계는 어떠신가요?" 〈슈피겔〉의 기자가 물었다. "어색한 관계죠." 그녀가 대답했다.

지역 정당 조직이나 청년 조직에서 오랫동안 경력을 쌓아온 보통의 정치인이라면, 자신들의 친밀함과 변치 않는 우정을 보여주며 정치인답게 대답했을 것이다. 하지만 메르켈은 그렇지 않았다.

"연락하고 지내십니까?" 기자는 질문을 이어갔다. "연락한다니 무슨 뜻입니까?" 메르켈이 되물었다. "그러니까, 서로 대화를 나누십니까?" 그들이 물었다. 메르켈은 다시 한 번 직설적으로 대답했다. "아뇨, 우린 서로 이야기를 나누지 않습니다. 나는 당수로 선출된 후 그에게 연락하거나 개인적으로도 만나지 않았습니다."[27]

인터뷰만으로 그 행간의 뜻을 읽기는 어렵다. 어색한 침묵, 몸짓, 말투 같은 요소들은 글로 전달되지 않기 때문이다. 질문의 어조는 모르겠지만 메르켈이 천편일률적인 대답을 하지 않은 것만은 확실하다. 이렇게 솔직히 콜과의 관계가 어색하다고 인정한 것은 미숙하고 심지어 순진하게 보일 수도 있다. 정치인이라면 구구절절 설명을 늘어놓기 마련인데 메르켈은 그렇지 않았다. 몇 년 후, 이렇게 직설적으로 대답하는 성향은 약점보다는 장점으로 작용해 그녀가 인기를 얻는 이유 중 하나가 된다.

메르켈은 보통의 정치인이 아니었고 그녀가 그렇게 되었는지도 분명치 않다. 하지만 1999년 12월 말부터 2000년 4월 초까지 한 가지만은 바뀌었다. 그녀는 온화한 추종자가 아닌, 마키아벨리 같은 냉혹한 정치인의 모습을 보여준 것이다.

그녀의 남성 동료들은 때로는 견습생이 주인이 될 수도 있다고는 미처 생각하지 못한 듯 그녀가 정치에 입문한 뒤 수년에 걸쳐 변해가는 모습을 알아채지 못했다. 그들은 그녀를 잘못 판단한 치명적 실수를 저지른 것이다.

과학 아카데미 시절 메르켈의 동료였던 미카엘 쉰드헬름은 전 동료에 대해 이렇게 말한 적이 있었다. "그녀는 파르지팔Parsifal의 이복동생 같습니다."²⁸ 바그너 오페라 제목과 같은 이름의 영웅처럼 메르켈도 갑자기 성배를 손에 넣은, 얕잡아 보이던 풋내기였다. 아마도 쉰드헬름의 말은 그녀를 '독일 정치라는 숲의 짙은 덤불에 도사린 위험'으로 여기며, 경계심을 불러일으키는 대상이 아닌 풋내기였기에 성공을 거둘 수 있었다는 뜻일 것이다. 하지만 파르지팔과는 달리 메르켈은 벌써 왕관을 썼다. 그리고 바그너 오페라에 등장하는 아더왕의 기사와 달리 메르켈은 이미 나아갈 방향을 알고 있었다. 당수가 되는 것과 총리는 물론 정치 지도자가 되는 것은 별개의 문제였다. 경쟁자들이 줄지어 있었고 출발부터 쉽지 않았다. 하지만 선출되기보다 통치하기가 더 어렵다는 사실을 배운 것은 처음이 아니었다.

8

참을성 강한 당수

:

영어권의 셰익스피어만큼이나 독일인들이 존경하는 독일의 국민시인 괴테가 무덤에서 탄식할 일이었다. "자유는 날마다 새로이 그것을 쟁취해 얻는 자만이 누릴 자격이 있다". 이 위대한 시인은 그의 비극《파우스트》에 이렇게 썼다. 그의 후손들은 자유를 쟁취해 제2차 세계대전 이후의 폐허에서 나라를 재건했고 국가 사회주의의 족쇄를 벗어던졌다. 하지만 10년이 지난 지금 품위 따위는 사라졌다. 로마인들은 빵과 서커스를 화젯거리로 삼았지만, 독일인들은 헤어스프레이와 머리 염색에 대한 담론에 만족했다. 평소처럼 〈빌트〉가 혐의를 제기하자 정치인들이 이에 동조하고 나섰다. "네, 머리 염색했습니다." 2002년 5월 메르켈은 선정적인 대중지에 사실을 인정했다.

　이렇게 비밀이 드러났다. 화장을 하지 않거나 그 밖에 번잡스러운 치장을 즐기지 않던 여성이 스타일리스트에게 간 것이다. 1면을 놓치지 말라! 2002년은 야당 당수의 헤어스타일이 중요한 문제로 떠오른 우스꽝스러운 해였다. 그 논쟁은 몇 해 동안 지치지 않고 계속되었으며, 심지어 유행에 뒤떨어진 아줌마 스타일에서 따라하고 싶은 스타일 아이콘이 된 메르켈의 변신의 공을 다투는 스타일리스트와 헤어 디자이너들 간의 의견 충돌로까지 비화되었다. 세계적인 헤어 디자이너인 마르티나 아흐트Martina Acht(그녀의 홈페이지에 따르면 29세에 세계 대회에서 우승을 차지했다고 한다)는 메르켈의 헤어스타일에 대한 논공행상을 시작한 인물이다.

"조지 부시의 독일 방문 직전인 2월 메르켈 당수님이 제게 자문을 구하러 오셨습니다. 저는 그분이 '아들 부시'에게 최대한 멋지게 보이길 바라는 마음에, 머리 손질을 해드리고 스타일링을 도와드렸죠. 저는 당수님이 좀 더 어려 보이고 멋져 보이지만 너무 소녀 같지 않아야 한다고 생각했어요. 그래야 사람들이 진지하게 대할 테니까요."[1]

아흐트는 메르켈이 "'한 번도 이렇게 꾸민 적이 없었어요'라고 말했지만 마음에 들었던 것 같아요. 6월에 다시 방문했거든요" 하고 처음에는 스타일링에 우려를 드러냈다고 인정했다. 이러한 발언은 아흐트의 경쟁자인 우도 발츠Udo Walz의 통제 불가능한 분노와 의심을 자아냈다. 그는 마를레네 디트리히Marlene Dietrich, 마리아 칼라스Maria Callas, 트위기Twiggy, 클라우디아 쉬퍼Claudia Schiffer, 하이디 클룸Heidi Klum, 줄리아 로버츠Julia Roberts, 나오미 캠벨Naomi Campbell을 비롯해 다소 이상하지만 테러리스트 울리케 마인호프Ulrike Meinhof(1970년대 서독에서 창립된 공산주의 무장폭력그룹 '적군파'의 리더─옮긴이)의 헤어 스타일링을 담당한 베를린 미용계의 스타였다. 그는 아흐트가 시류에 편승하려 한다며 "약 1년 전부터 메르켈의 동의하에, 바로 내가 천천히 그녀의 스타일을 바꾸기 시작했다"고 언론에 털어놓았다. 그리고 아흐트는 분명 거짓말을 하고 있다면서, "메르켈 당수는 4주에 한 번씩 내게 찾아와 머리를 자르고 염색했다"라고 말했다.[2]

리 스태포드Lee Stafford가 끼어들어야겠다고 느낀 것은 바로 이 시점이었다. 쾰른 중심부에 있는 영국인 미용 장인은 메르켈의 헤어스타일에 대한 공을 다투지 않았다. 오히려 정반대였다. 그는 메르켈의 스타일을 전혀 마음에 들어 하지 않았다. "이렇게 짧은 보브 스타일은 메르켈 당수를 너무 융통성 없고 공격적으로 보이게 합니다"라고 한숨을 내쉬고는 "게다가 그 머리색은 말할 것도 없죠! 이런 세상에, 조금도 매력적이지 않아요. 단언컨대, 스프레이 왁스로 마무리한 금발 하이라이트를 넣는 편이 훨씬 나을 겁니다"라고 말했다.

야당 지도자가 남자였다면 이런 문제가 대두되지 않았을 것이라고 생각하는 이도 있겠지만, 한편으로는 이 모든 상황이 정치가 얼마나 섹시한 게임인지 보여주는 반증이기도 하다. 슈뢰더 총리의 경우 머리색 때문에 변호사들까지 연루되기도 했다. DDP 통신사에서 총리가 젊은 외모를 유지하기 위해 적갈색 머리를 염색한다고 보도하자 그는 명예훼손으로 고소해 승소한 것이다.

하지만 아무리 많은 왁스 스프레이도 독일이 갈 곳을 잃고 표류하고 있다는 사실을 바꾸진 못했다. 2005년 3월 주간전문지 〈벨트암존탁Welt am Sonntag〉은 '실업자는 520만 명에 육박하지만 회복은 더디다. 유니세프에 따르면 독일인들은 점점 가난해지고, PISA(OECD 회원국들의 국제학업성취도 평가)에 따르면 아이들은 점점 바보가 되어가고 있다'고 보도했다.[3] 〈이코노미스트〉는 독일을 '유로의 병자'라 칭했다. 한때 부강했던 나라가 이제는 통일로 인한 이례적인 경제 위기와 사투를 벌이고 있었다. 역사학

자들의 말대로 콜의 '꽃 피는 정경'은 꽃은커녕 심지어 싹도 틔우지 못했다.[4]

독일인들이 보브 스타일 머리, 하이라이트 염색, 헤어스프레이를 화제로 삼은 것은 이러한 정세에 대한 실망감의 표출이었을지 모른다. 어떤 정당도 위기를 타개할 해법을 찾지 못한 상황에서 슈뢰더와 메르켈 모두 유권자들의 관심을 다른 데 돌릴 수 있어서 다행이라고 여기는 듯했다.

국제 정치 vs. 지역주의

바깥세상은 아찔한 속도로 움직이고 있었다. 녹색당 상당수는 독일군을 전쟁에 내보내는 정부의 일원이라는 충격적인 사실을 수용하는 데 힘들어 했다. 그리고 2001년 9월 11일 월드 트레이드 센터 테러 공격에 뒤이어 조지 W. 부시에 명백한 지지 의사를 밝힌 슈뢰더를 감당하기 어렵다고 생각했다. 그해 11월 슈뢰더는 정치적 위험을 감수하고 독일 의회에 신임투표를 요청했다. 그의 '신임 아니면 사퇴' 전략은 효과를 발휘해 662명 중 찬성 336표의 근소한 차이였지만 투표에서 승리를 거머쥐었다. 1970년대 초반의 브란트처럼 슈뢰더는 자신의 의회 장악력과 야당에게는 대안이 없다는 사실을 동포들에게 입증했다.

메르켈은 뒷방에서 현관으로 나가기 쉽지 않다는 사실을 절감하고 있었다. 당수로 선출되자 그녀는 자신의 보좌진을 임명해야 했고, 올바르고 능력 있으며 무엇보다 충성스러운 사무총장의 선출이 최우선 과제였다. 그녀는 루프레히트 폴렌츠$^{Ruprecht\ Polenz}$가 적임자라고 생각했다. 네 아이의 아버지인 54세 변호사는 온화한 사람으로 위협적인 존재가 아니었으며 노르트라인-베스트팔렌 출신이었다. 메르켈은 정치에는 수학이 중요하며 미국 대통령 후보가 다른 지역 출신의 러닝메이트를 필요로 하듯 통일된 나라의 서부의 인구가 많은 주에서 대표자를 뽑으면 표의 균형을 맞출 수 있다는 사실을 알고 있었다. 문제는 폴렌츠는 자신을 드러내지 않는 성향으로 너무 소심하다는 것이었다. 사실 그는 그 자리를 원치 않았다. "내 입장만 생각해서 거절할 수는 없었습니다." 그는 이렇게 말하며 당에 대한 충성심을 언급했다.[5] 불타는 열정은 없었지만 그는 언론의 인기와 호감을 얻었다. "폴렌츠는 사려 깊은 사람이다. 그는 굉장히 뛰어난 사무총장이지만 토크쇼에 나갈 수 있는 사람은 아니다". 〈쥐트도이체 차이퉁〉은 이런 평을 했다.[6]

　문제는 메르켈이 필요로 한 것은 터프 가이였다는 점이다. 그녀 자신이 전투적인 정치인이 아니었기에 강한 어조로 대립각을 세우려 해도 진짜처럼 보이지 않았다. 그녀는 충성스러운 2인자이면서도 TV 방송에서 능력을 발휘하고 정치적 투견 역할을 해낼 수 있는 사람을 필요로 했다. 폴렌츠는 기대보다 이러한 역할을 수행해내지 못했다. 2000년 11월 20일 메르켈은 그를 집무실로 불러 주저 없이 자신은 다른 사무총장을 원한다고 말했다. 평의원들 사이에서 더 많은 적을 만들지 말아야 한다는 사실을 인지하고 있었기에 그에게 실속 있는 국영방송국 ZDF 이사 자리를 마련해줬다. 이렇게 하면 그의 불만을 잠재우고 체면을 살려줄 수도 있었다. 폴렌츠는 기꺼이 제안을 받아들였다. 이후 메르켈은 그에게 독일 의회의 외교위원회 의장을 맡김으로써 그의 충성에 보답했다.

폴렌츠는 충성심을 저버리지 않았던 것이다.

폴렌츠의 후임 라우렌츠 마이어Laurentz Meyer는 전임자와 마찬가지로 노르트라인-베스트팔렌 출신이었지만 상당히 달랐다. 마이어와 폴렌츠는 뮌스터대학교 시절부터 알고 지낸 사이였다. 하지만 공통점은 이것뿐이었다. 새로운 자리에 발탁되기 전 주도(州都) 뒤셀도르프 지방 의회의 기민련 원내대표를 지냈던 경제학자는 자신의 생각을 서슴없이 말하는 성향이었기에, 메르켈에게 '두 번째 실수는 용납할 수 없다'는 얘기를 들으며 불안하게 출발했다.[7] 당수는 당황했지만 무분별한 언사를 무시하는 척하며 마이어를 마음대로 하게 뒀다. 이후에 밝혀지겠지만, 마이어는 지나치게 절차를 무시하고 제멋대로 행동했으나 이는 미래의 일이다. 당시 중요했던 것은 그에게 터프한 면이 있었다는 것이다. "우리는 독일 국민의 고통을 끝내야 합니다." 선출되자 그는 이렇게 일갈했다.[8] 물론 과장된 발언이다. 슈뢰더 총리는 제정신 잃은 독재자가 아니었다. 하지만 마이어의 호전성과 '어떻게 하든 공격하라'는 그의 철학을 고스란히 보여주는 발언이었다. 메르켈은 자신의 사냥개를 찾아낸 것이다.

열심히 일하는 모든 독일 블루칼라 노동자들은 자신들이 사는 지역 술집에 단골손님 모임(슈템비히Stammtisch)이 있다. 여기서 알트비어Altbier(고대 스타일의 쓴맛 나는 맥주-옮긴이), 바이젠비어Weizenbier(보리 맥아에 밀이 섞여 부드러운 맥주) 등 어느 지역의 맥주가 좋은지 토론을 나누기도 한다. 몸을 낮춰 이들 슈템비히에 끼는 것은 대중 정치의 상투적 방법이다. 마이어는 이런 모임을 이용하며 "우리(기민련)는 슈템비히에서 들은 것을 무턱대고 반복하는 데 그치지 않고, 슈템비히에서 이해받아야 한다"고 입장을 밝혔다.[9]

메르켈이 기민련의 선거 중심지의 뒷골목에서도 연설할 수 있는 사람을 원했던 이유는 다문화 사회에서의 독일 문화 보존에 대한 토론과 깊은 관계가 있었다. 또한 이러한 개념에 대한 정치적 지지자 프리드리히 메르츠와 관련이 있었다.

다문화주의

권력을 잡자 슈뢰더 정부는 독일의 악명 높은 국적법을 개정하고자 했다. 법에는 독일 시민은 '출생지와 거주지에 상관없는 혈통 집단'이라고 직설적으로 언급되어 있다. 다시 말해 독일인 혈통에 국한한다는 의미다. 1913년 국적법에 명시된 이러한 정의는 "민족 동포만이 시민이 될 수 있다. 종교와 무관하게, 독일 혈통을 가진 사람만이 민족 동포라 할 수 있다"[10]라고 명시한 1935년 나치가 제정한 법과 상당히 유사했다. 슈뢰더의 진보 정부는 이러한 조항을 수용할 수 없었다. 연정 정부는 독일에서 태어난 비독일계 사람들도 독일 시민권 취득이 가능하게 하고자 했다. 이러한 조치는 우파 정치인들에게는 지지를 얻지 못했다.

롤란트 코흐는 이중국적법 반대 캠페인으로 1999년 헤센주 투표에서 승리를 거뒀는데, 무엇보다 놀라운 변화는 지식인들의 태도였다. 지난 수십 년간 독일의 지식인들이라면 대부분 자동적으로 진보적이고 좌파 사상을 지지해왔다. 좌파 또는 마르크스주의를 따르는 작가들, 철학자 테오도어 아도르노Theodor W. Adorno, 노벨상 수상작가 하인리히 뵐Heinrich Böll, 사회학자 위르겐 하버마스Jurgen Habermas를 떠올려보라. 하지만 철학자들과 작가들은 입장을 선회해 예전부터 내려온 독일 문화를 중시하며 독일 전통 가치를 지지했다. 이제 우파에 선 지식인들은 국가에 대한 생각을 재고하며 다시 한 번 적어도 반자유적인 민족적 가치에 동조하는 것과 비슷한 의견을 개진하기 시작했다. '신 우파New Right, Neue Rechte'라는 용어가 생겨났다. 역설적이게도 이들 신 우파는 이탈리아의 마르크스주의자 안토니오 그람시Antonio Gramsci의 지배계급의 이데올로기적 헤게모니를 분쇄해야 한다고 강조한 이론에 기반했다.

신 우파는 근본적으로 진보적 합의에 도전하고자 했다. 1993년 극작가 보토 슈트라우스Botho Strauß는 특이한 제목의 에세이를 〈슈피겔〉에 게재했다. 독일 지식인의 전형적인 방식에 따라 그리스 고전 문화를 암시하는 제목이었다. 독일 지성의 과거와 현재를 대표하는 상당히 거만한 암시를 담아 이 에세이의 제목은 비극Tradgedy을 의미하는 'Tragos'의 어원이 염소goat라는 사실에서 영감을 받았다. 〈커져가는 염소의 울음소리〉에서 슈트라우스는 이처럼 정치적으로 옳지 않은 발언을 했다.

"우리는 자신들의 고유문화의 우월성을 주장할 준비가 되어 있고, 이를 위해 기꺼이 피를 흘릴 수 있다는 사실을 더 이상 받아들이지 못한다. 진보–자유주의적 시각에 따르면 비난받아 마땅한 잘못된 것이기 때문이다".[11]

예상대로 좌파 지지자들은 충격과 경악을 금치 못했다. 사회학자 하버마스는 이에 대해 책 한 권을 펴내기도 했다.[12] 하지만 10년 사이 슈트라우스의 의견에 동조하는 우파 작가들이 점점 늘어났다. 《자신감 있는 국가》라는 문집을 통해 국수적인 신념을 가진 우파 작가와 철학자들은 독일 문화는 대량 이민으로 인한 위기를 맞이했다는 시각에 동조하는 의견을 피력했다. 정치인이라는 존재, 다시 말해 선거에서 승리를 원하는 존재들이 이러한 주제를 정치 수사(修辭)에 강력히 담기 시작한 것은 놀라운 일도 아니다. 그리고 2015년 역시 마찬가지였다.

기민련 내 메르켈의 막강한 경쟁자인 메르츠보다 입장을 분명히 밝힌 사람은 없었다. 예리한 이 정치인은 민족 카드를 활용하면 승리할 수 있다고 느꼈다. 그의 전략대로 "외국인들은 우리의 표준, 관습, 습관을 받아들여야 한다"고 주장했다.[13] 메르켈은 지도부 선거에서 쉽게 이겼지만 의회 내 그녀의 입지는 안정적이지 않았다. 은근슬쩍 지위가 상승한 정치인은 그녀만이 아니었다. 30세의 젊은 나이에 판사가 된 노르트라인-베스트팔렌주 뤼덴 출신의 젊은 법률가인 메르츠 역시 크게 주목받지 않고 당 지도부에 입성한 인물이었다.

콜의 은퇴 후 메르츠는 의회 내에서 쇼이블레의 대리인이 되었다. 업무량의 관점에서는 별 의미 없는 자리였지만 같은 이유에서 중요한 자리이기도 했다. 기민련의 다른 당원들과는 달리 메르츠는 (메르켈처럼) 스캔들에 연루되지 않았다. 콜과 쇼이블레 간 전투가 벌어지는 동안 그는 저자세를 유지하다 메르켈이 당수에 입후보하겠다고 선언한 이후에야 행동을 개시했다. 당시 44세의 메르츠는 서두를 이유가 없었다. 메르켈처럼 그도 권력 기반을 다져야 했다. 메르켈이 당수가 되자 메르츠는 원내대표라는 쇼이블레의 자리를 승계받았다.

메르켈이 당수직을 맡아 평당원을 이끈 반면 메르츠는 실질적인 야당 대표의 역할을 수행했다. 슈뢰더 총리와 설전(舌戰)을 벌인 것도, 대중들이 보는 도전자도 역시 그였다. 의회 제도에서 입법부는 정쟁이 벌어지는 주요 무대다. '유럽 대륙에서 가장 강력한 입법부'로 알려진 독일 연방 의회는 더욱 그랬다.[14]

원내 의원들 사이에서 권력 기반을 구축하는 것은 총리가 되기 위해 무엇보다 중요한 신뢰를 쌓는 데 반드시 필요한 작업이었다. 메르츠에게는 몇 가지 이점이 있었다. 사회주의 가톨릭교도들이 주도하는 보수 정당에서 전 독일 가톨릭 학생회장 출신이라는 이력은 핵심 유권자들에게 매력적인 요인이었다. 또 다른 이점은 그가 남성이라는 점이었다. 메르켈이 증가 추세인 독일 내 무슬림에 대한 발언에 조심하는 반면 메르츠는 좋게 말하면 다문화주의에 대한 문제 제기, 나쁘게 말하면 취약한 소수 계층을 겨냥한 의견을 거리낌 없이 표현했다. 그는 원내대표가 되자마자 무슬림은 '우리의 가치, 특징, 삶의 방식을 수용해야 한다'는 입장을 명확히 밝혔다. 그는 히잡을 쓴 무슬림 교사들도 비판했다.[15] 한때 책벌레였던 그는 축구팀 보루시아 도르트문트^{Borussia Dortmund}의 팬임을 드러냈다. (아마 기회주의적 선택이었을지 모른다.) 또한 민영화, 규제 완화, 복지 비용 감축 같은 신자유주의 정책을 지지하는 입장을 확고히 밝혔다.

메르켈이 메르츠를 자신의 야망의 걸림돌로 여긴 것은 의심의 여지가 없다. 경쟁자와는 달리 그녀는 명확한 입장을 밝히지 않았다. 게다가 과거의 그녀는 잘 알려지지 않은 인물이었지만 이제는 대중의 관심을 한 몸에 받고 있었다. 메르츠가 가톨릭 학생회장 출신 이력을 내세워 인기를 얻은 반면 메르켈은 과거 이력이나 동독에서 보낸 유년 시절에 대해 말을 아꼈다. 자칫하다간 부정적으로 해석될 수도 있음을 잘 알고 있었던 것이다. 그녀의 환경은 논외로 하더라도 더 중요한 문제는 그녀의 입장이었다. 어떤 이들은 그녀가 '우커마르크의 마가렛 대처'라고 했지만,[16] 대부분에게는 누구도 볼 수 없도록 마스크를 쓴 부인처럼 수수께끼에 싸인 인물로 보일 뿐이었다.[17]

총리 후보 선정 문제

총리 후보 선정 문제^{Die K-Frage}가 활발해지기 시작했다. 재임 중인 사민당 총리에게 도전할 사람은 과연 누가 될 것인가? 출발점에서 가장 먼저 두각을 나타낸 것은 역시나 메르츠였다. 2001년 2월 1일자 〈슈피겔〉의 헤드라인은 "메르츠는 총리가 되기를 원한다"였다. 공평하게 말하면 메르츠는 이렇게 단정적으로 표현하지 않았다. 그가 실제로 한 말은 "당연히 (의회의) 지도자가 경쟁자입니다"였다. 하지만 메시지는 명확했다. 그는 경선에 참여했다.

사실 '당연'하지 않았다. 제2차 세계대전 후 성공적이었다고 평가받는 총리 대부분은 주지사 출신이었다. 슈뢰더는 노르트라인-베스트팔렌 주지사, 콜은 라인란트-팔츠 주지사, 키징거는 바덴-뷔르템베르크 주지사를 역임했고, 브란트는 서베를린 시장을 지냈고 슈미트는 주지사는 아니었지만 함부르크 주정부 내무장관을 지냈다. 주(州) 단위에서 실제 현안 문제를 다루는 시간은 장래 총리가 되기 위한 견습 기간과도 같았다. 반면에 지방정부 경험이 없던 에르하르트는 국정에 영향을 미치지 못하는 약한 총리로 평가받았다.

역사는 고스란히 반복되지는 않고 정치 지도자들 역시 비판적인 역사가는 아니지만, 과거는 역사적 요인을 활용해 자신의 정견을 펼치는 이들에게 중요한 동맹이 되어준다. 메르츠가 정부 관료제를 경험해보지 않았다는 사실 그 자체만으로 그를 배제하지는 못하겠지만 단순히 경험 문제의 이유를 들어 장애물로 작용할 수도 있었다. 미국에서는 한 주를 운영해본 경험을 곧 통치술의 연습이라 인정하고 의회 활동과는 전혀 다른 차원의 필수적인 부분으로 여긴다. 메르츠의 문제는 그가 정부 행정 기관의 경험이 없다는 데 있었다. 그 역시 메르켈처럼 검증되지 않은 인물인 셈이었다.

기사련의 당수 슈토이버는 이러한 경험이 풍부한 인물이었다. 1988년부터 1993년까지 연방 내무장관을 지냈고, 1993년부터 바이에른 주지사로 재임 중이었다. 그는 기사련 소속이었기에 당의 자금 스캔들에 연루되지 않았고 바이에른 주지사라는 점에서 메르켈과 메르츠에게는 부족한 행정 경험을 갖고 있었다.

1980년 슈트라우스가 슈미트에 도전해 실패한 이래 처음으로 기사련 출신 도전자가 승리할 가능성이 높아지고 있었다. 하지만 바이에른 출신의 이 정치인의 문제는 계속해서 자신이 경선에 참여하지 않겠다고 말해온 사실이었다. 메르츠가 당내 경선 참여를 선언하기 한 달 전인 2000년 12월 말 슈토이버는 경선에 참여하지 않기로 최종 결정을 내렸다. 그는 라디오 인터뷰에서 다소 성급하게 자신의 결정을 발표했다. "여러분은 제가 바이에른 주지사로 재임 중이기 때문에 그 자리에 도전할 수 없다는 사실을 잘 알고 계실 겁니다. 저는 2003년 지방선거까지 이 자리를 지키고자 합니다."[18] 이렇게 분명히 밝힌 만큼 무르기도 어려웠다. 자신의 발언을 뒤집는 경우는 정계에서 허다했지만 슈토이버는 훨씬 단호했다. 중도 성향의 유권자들에게는 메르츠가 극단적인 우파 국수주의자로 보였지만 이러한 사실은 메르츠와 메르켈에게 영향을 미치진 않았다.

그러면 메르켈은 이 중 어느 쪽에 있었을까? 어느 쪽도 아니었다. 그녀는 직접적으로 경선 참여 의사를 밝히지 않았다. 단지 자신이 총리가 된다면 이 나라를 보다 살기 좋은 곳으로 만들 구체적인 아이디어가 있다고만 언급했을 뿐이다.[19] 입후보할 동력을 얻으려는 시도는 실패한 것 같았다. '아직까지 앙겔라 메르켈을 지지하는 사람은 누구인가?'라고 〈디벨트〉지는 2001년 8월 28일자에서 과장된 표현으로 의문을 제기했다. 답은 내포되어 있었다. '아무도 없다. 영향력 있는 사람은'.

당내 중견 정치인들, 특히 메르켈의 지원에 의존하지 않는 지위에 있는 사람들 사이에서 당수로는 슈뢰더에 맞서기 부족하다는 생각이 확고해졌다. 기사련 사무총장 토마스 고펠Thomas Goppel은 신문 인터뷰에서 다소 거만한 투로 메르켈을 비난하고 나섰다. "메르켈은 내세울 만한 특징도 없습니다. 따라서 그녀를 지지하는 사람도 없습니다."[20] 슈토이버와 사전 조율한 행동이 분명했지만 바이에른 주지사는 여전히 자신의 약속을 깰 생각도 당내 경선에 참여할 생각도 없었다.

슈뢰더의 지지도가 점점 떨어지고 있는 상황에서 기민련·기사련의 문제는 당내 합의된 총리 후보자가 없다는 사실이었다. 하지만 무엇을 해야 할까? 슈토이버가 입후보할 수 있을까? 무엇으로 그를 설득해야 할까? 아니면 다른 후보자가 있을까?

대안은 바로 쇼이블레였다. 휠체어를 탄 전 당수는 당의 정치 자금 스캔들에 연루되어 사임한 뒤 정치적 사망 상태에 있었다. 하지만 지금 몇몇 의원 동료들 사이에서 정치 중력의 법칙에 저항해 전 당수가 슈뢰더에 맞설 수 있다는 생각이 퍼지기 시작했다. 처음에는 소문에 불과했지만 2001년 11월 기사련의 원내대표인 미카엘 글로스Michael Glos가 입 밖에 꺼냈다. "나는 쇼이블레가 가능성 있는 후보자라고 생각하지만 그가 입후보할 생각이 있는지는 모르겠다." 글로스의 섣부른 짐작은 단정적이진 않았음에도 즉시 비난받았다. 고펠은 정례 회의에서 "글로스의 발언은 공식적으로 당의 입장을 대변하는 것이 아닙니다"라고 명확히 입장을 밝혔다.[21] 그의 발언은 사실에 기초한 것이었지만 그것으로 논쟁을 끝낼 수는 없었다.

쇼이블레가 정계에 복귀할 수도 있다는 소문은 메르켈에게 반갑지 않은 소식이었지만 보수파 롤란드 코흐 헤센 주지사, 에드윈 투펠Edwin Teufel 바덴-뷔르템베르크 주지사, 페터 뮐러Peter Müller 자를란트 주지사에게는 더욱 근심스러운 소식이었다. 이들 영향력이 큰 정치인들이 두려워하는 데는 타당한 이유가 있었다. 쇼이블레가 불법 정당 기부금 스캔들에 연루되고 의회에서 위증한 사실은 당의 집권 기회에 치명타를 입힐 것이라고 생각했다.

상황은 점점 이상하게 흘러갔다. 12월 초 드레스덴에서 열린 기민련 연례 전당대회에서 아무도 총리 후보 경선 문제를 꺼내지 않았다. 신문들은 숨은 의미를 해석하고 여러 도전자들이 연설을 듣는 위원들의 반응을 살피며 실마리를 잡아내려 했다. 좌파 언론 〈쥐트도이체 차이퉁〉은 위원들이 자발적으로 일어나 메르켈을 응원했다고 보도하며 결국 '그녀는 해낼 수 있다'고 마무리했다.

냉철한 평가인지 단순한 바람인지는 확실치 않다. 어쨌거나 그녀가 군중의 박수를 받은 유일한 사람이기는커녕 유일한 도전자도 아니었다. 다음 날 좀 더 보수적인 〈디 벨트〉지는 슈토이버가 연설을 마치자 기립 박수가 끝도 없이 이어졌다며, '2,000명이 거짓말할 수 있겠는가?'라고 보도했다. 하지만 바이에른 주지사는 여전히 경선 참여 의사를 밝히지 않았다. 적어도 개인적인 관점에서는 충분히 이해되는 행동이다. 1980년 기사련 사무총장인 젊은 슈토이버는 슈트라우스의 참모장이었다. 그는 자신의 멘토가 세련되고 유창한 고급 언어를 구사하는 경쟁자 슈미트에게 패배하는 모습을 지켜봤다.

슈토이버는 이처럼 번지르한 슈뢰더에게 패배해 과거를 되풀이하고 싶지 않았다. 한편으로 슈토이버는 자신에게 유리한 상황임을 알고 있었다. 슈뢰더는 인기가 없었고 슈토이버가 1980년의 슈트라우스보다 훨씬 유리하다고 판단되었다. 그가 2002년 선거에서 사민당을 무찌를 가능성은 슈트라우스 때보다 높았다. 슈토이버는 흔들리며 경선 참여 쪽으로 기울기 시작했다.

전당대회 직후 크리스마스를 불과 한 주 앞둔 시기 주지사 몇 명이 음모를 꾸미기 시작했다. 기민련 우파 의원들로 메르츠를 위해 장애물을 없애고자 한 것이다. 자를란트 주지사 뮐러는 조심성 없게도 메르켈의 경선 참여를 막으려 한다는 사실을 밝혔다. 그녀는 재빨리 움직였다. 그녀는 자신의 권위가 약해지고 있는 지금 존경심을 회복해야 하는 때임을 잘 알고 있었다. 그녀는 자신이 뮐러에게 전화해 힐책했다는 사실을 언론에 밝혔다. 이로써 당분간 메르츠 지원 세력을 억누를 수는 있었지만 메르켈이 후보 경선에서 승리하는 데 보탬이 된 것은 아니었다. 다음 날인 12월 10일 볼프강 보스바흐^{Wolfgang Bosbach}(메르츠의 원내 대리인)가 슈토이버 지지 입장을 밝혔지만 메르켈에 대한 음모라는 소문은 부인했다. "우리 중 당내 쿠데타를 모의한 사람은 없다고 말씀드리겠습니다." 진실되게 들리진 않았지만, 그는 〈디 타게스차이퉁^{Die Tageszeitung}〉지에 "이렇게 훌륭한 후보가 두 명이나 있다는 사실은 우리 당의 축복입니다"라고 말했다. 다만 정확히 누구를 가리키는지 밝히지 않았다. 하지만 그가 메르켈을 염두에 두지 않았고 메르츠가 안 된다면 슈토이버를 선호하는 것만은 확실했다. "뮐러를 비롯한 다른 이들이 슈토이버가 연방 선거에 굉장히 적합한 후보이자 성공적으로 맞설 인물이라고 생각하고 있다는 사실을 부인하지는 않겠습니다. 하지만 메르켈에게 반기를 들려는 시도는 없었습니다." 보스바흐는 말했다.

보스바흐의 항변에도 불구하고 메르켈에 대한 쿠데타 시도가 있었던 것도 확실하고, 또한 그가 공개적으로 슈토이버를 지지했음에도 메르츠가 여전히 경쟁 후보에 남아 있었던 것도 확실하다.

결정의 시간은 1월 11일로 정해졌다. 기민련 집행위원회는 그날 독일인들이 휴가를 즐기러 떠나는 휴양지인 마그데부르크의 헤렌크루그 파크호텔에서 모임을 갖기로 정했다. 메르켈은 마음이 불편했다. 이제 그녀는 주지사들이 이미 슈토이버를 후보자로 추대하기로 했다는 사실을 듣게 될 것이다. 최고직에 입후보할 기회는 사라진 것이나 마찬가지였다. 공개적으로 슈토이버에게 찬성표를 던지면 패배자처럼 보일 것이다. 그녀는 1980년 콜의 사례를 따라야 했다. 그녀의 바이에른 출신 동료에게 정중히 경선 참여를 제안한 뒤 최선의 결과를 기원하는 것이다. 하지만 여전히 그녀가 통제권을 쥐고 지휘하고 있는 듯 보이게 해야 했다.

1월 9일 그녀는 슈토이버에게 전화를 걸어 당 대회 전에 함께 아침 식사하러 들러도 되는지 물었다. 슈토이버는 이렇게 갑작스런 반강제적 초대 주문에 짜증이 났지만 그와 그의 아내는 거절할 수 없었다. 볼프라트하우젠의 그의 집에 메르켈이 나타났다. 메르켈은 그의 입후보를 공개적으로 지지하고 유세 기간 동안 직접적 연관이 없는 것 같은 사소한 문제까지 지원할 것이라고 동료에게 분명히 제안했다. 슈토이버는 놀라면서도 굉장히 기뻤다. 그는 최후의 결전을 두려워했고 여전히 메르츠를 의심하고 있었다. 이제 그는 힘들이지 않고 후보직을 손에 넣었다. 그는 제안을 받아들였다.

훗날 밝혀지지만, 당이 패배하더라도 메르켈은 메르츠에게 원내대표직을 승계받는다는 조건도 수학했다. 메르켈은 아침 식사 후 언론 인터뷰를 할 때 낙관적인 상태였다. "우리 당의 후보자는 승리할 가능성이 가장 높은 사람이어야 한다고 나는 줄곧 말해왔습니다. 그리고 그 사람이 바로 에드문트 슈토이버라고 믿습니다."

코흐, 밀러, 메르츠를 비롯한 우파의 음모 가담자들은 일제히 당황했다. 메르켈은 그들의 예상보다 빠르게 행동했다. 그들이 그녀를 밀어냈다고 생각했던 그때 그녀는 다시 주도권을 손에 넣었다. 당수에게 굴욕감을 줘 제거하려 했던 전략은 실패하고 말았다.

전쟁과 대홍수
●
●

선거 유세는 지금까지와는 달랐다. 보통 자유민주당은 볼 것도 없이 기민련·기사련 후보를 지지했을 것이다. 하지만 좀 더 진보적인 성향의 자민당은 슈토이버에 대해 우려를 표했다. 기민련 내 상당수의 가톨릭 보수적 시각은 자민당의 인권운동가들을 소외감 느끼게 했다. 대신 베스터벨레(2001년 의장 겸 당수가 된다)는 총리직에 입후보를 제안했다. 그는 자신의 당이나 다른 당에서도 많은 표를 얻지 못할 것을 알고 있었다. 그러면 왜 그랬을까? 그의 대답은 '등거리(等距離)'였다. 두 다수당과 동등한 관계를 유지해 최선의 결과를 협상하기 위해서였다. 반드시 총리는 다수당에서 나와야 한다는 법은 없었다. 게다가 이러한 전략을 활용한 덕분에 그는 양측 모두와 적당한 거리를 유지해 선거 후 소속당에 유리한 협상을 할 수 있었다.

슈토이버는 적임자가 아니었다. 기사련의 압도적 승리가 보장되는 바이에른이라면 그는 안전책을 강구하며 정치가다운 위엄을 보일 수 있었다. 하지만 슈뢰더에 맞서는 것은 다른 이야기였다. 총리와 달리 그는 마치 격투기 시합과도 같은 정치 방식에 익숙하지 않았다. 객관적으로는 슈토이버가 유리해 보였다. 경제는 다시 침체일로를 걷고 있었고 이에 따라 선거 캠페인 시작부터 여론조사 결과도 슈토이버 쪽이 중요한 주제에서 앞서고 있었다. 슈뢰더는 실업률을 낮추지 못한다면 내각의 무능력이 심판받아야 한다고 말했었고 유권자의 85%가 독일의 실업문제는 선거 공약 중 주요 안건이라고 여겼다. 게다가 50%의 유권자는 경제 분야에서 기민련·기사련 연정이 더 신뢰할 만하다고 답했고, 사민당·녹색당 연정을 지지한 유권자는 30%에 그쳤다.

하지만 개인적으로는 슈뢰더가 한참 앞서 있었다. 누가 더 '승자' 같은지 묻는 질문에 63%는 슈뢰더를 선택했고, 반면에 슈토이버를 택한 사람은 13%에 불과했다. 그리고 누가 더 '공감되는' 인물인지 묻는 질문에도 61% 대 17%로 슈뢰더가 압도적으로 앞섰다. 이러한 수치는 주어진 기회는 놓치지 않는 슈뢰더의 능력을 보여줌과 동시에 재임자가 코앞에 닥친 선거에서 처참하게 패배할 가능성이 있다는 사실을 보여주는 결과였다.

바깥 세상에서는 조지 W. 부시 미국 대통령이 이라크전 수행에 대한 국제 사회의 지지를 얻기 위해 외교적 노력을 기울이고 있었다. 사민당·녹색당 연정은 코소보 내전에 독일군을 파병했지만 슈뢰더는 국내 분위기를 정확히 감지했다. 많은 독일인들이 부시의 동기에 회의적이었고 유권자의 80%가 유엔안전보장이사회의 승인이 없는 전쟁이라면 참전에 반대했다.

하지만 2002년 8월 중순 북서부 니더작센주의 홍수와 함께 슈뢰더에게 뜻밖의 행운이 찾아왔다. 엘베 강의 수위가 평균 수치인 9미터를 넘어섰고, 이에 따라 30만 명의 시민이 대피해야 했다. 행동파답게 슈뢰더는 작업용 장화를 신고 현장을 지켰다. 홍수 현장을 돌아보고 피해주민들과 이야기를 나누며 신속하게 대피소와 생필품을 제공했다. 현장을 직접 찾아가는 그의 접근 방식은 트레이드마크인 회색 3피스 정장을 입고 뮌헨의 프란츠요제프 슈트라우스–링 1번지의 공관에 머무르고 있던 다소 내성적인 은발의 슈토이버와 극명한 대비를 이뤘다. 이 같은 자연재해로도 연정 정부는 여론조사에서 앞서지 못했지만 슈토이버의 초반 우위는 뒤집혔다. 슈뢰더는 경쟁자를 거의 따라잡기는 했지만 여전히 뒤처진 상황이었다. 슈토이버는 승리를 확신했다. 아마도 과신했을 것이다.

선거일 밤, 첫 번째 출구 조사 결과를 들은 슈토이버는 낙관했다. 저녁 6시 47분 투표 종료 후 불과 45분 지난 시점에서 슈토이버는 희색이 만면한 채 TV에 나와 말했다. "우리는 선거에서 승리를 거뒀습니다." 하지만 지나치게 성급한 발언이었다. 그 후 얼마 지나지 않아 출구조사 결과가 틀렸고 현 연합정부가 기민련·기사련을 577,000표차로 물리쳤다는 사실이 밝혀졌다. 1980년 그의 멘토가 그랬듯 슈토이버는 졌다. 그리고 슈뢰더는 계속 집권할 수 있었다.

메르켈의 두 번째 급습

●
●

메르켈은 선거 운동 기간 동안 충성의 화신이었다. 적어도 그렇게 보였다. 그녀는 여론조사 결과 남성보다 여성이 사민당을 지지하며 동독 지역에서 기민련·기사련 지지율은 곤두박질친다는 사실에 주목했다. 이러한 사실을 보면 그녀에게 또 다른 유용한 패가 생긴 셈이었지만 바로 사용할 필요는 없었다. 이제 오래전 베풀었던 은혜에 보답받을 때가 되었다. 슈토이버에게 지난 1월 아침 식사 자리에서 그가 한 약속을 지키게 하는 것이다.

메르켈은 선거 전 자신이 원내대표가 되도록 밀어준다면 슈토이버를 지지하겠다고 했다. 메르츠는 이러한 거래에 대해 전혀 알지 못했기에 자신의 자리가 안전하다고 확신했다. 의원들 다수가 그처럼 보수적인데다 자신이 물러나야 할 이유가 없다고 생각했다. 선거에서 패배한 다음 날 메르켈과 슈토이버, 메르츠는 콘라트 아데나워 하우스에서 모임을 가졌다. 메르켈은 자신이 원내대표직을 맡을 것이라고 말하며 원내대표에게 충격을 안겼다. 슈토이버는 아무 말도 하지 않았다. 이 사실은 다음 날 열린 기민련 집행위원회 회의에서 공식 선포되었다.

메르츠는 경악을 금치 못하며 분노를 표출했다. 그는 코흐에게 연락했다. 독일 남부의 헤센 주지사는 자신의 동맹을 좌천시키는 결정에 무작정 승인을 할 준비가 되어 있지는 않았지만 선택의 여지가 없다는 사실도 잘 알고 있었다. 코흐는 메르켈이 오래전부터 이 계획을 준비했고 자신과 동료들은 다시 한 번 부지불식간에 걸려들었음을 깨달았다. 메르츠의 자리를 보전해주고 싶었던 코흐는 메르켈과 메르츠에게 복식 구성을 제안했다. 경험이 풍부한 정치인이 이 전략이 실제로 효과적일 것이라고 믿었는지, 그저 친구에 대한 의리로 제안한 것인지는 해석의 여지가 있다. 하지만 메르켈은 이러한 협상안을 받아들일 생각이 없었다. 자신이 우위에 있으면 양보하지 않는 법이다. 지금껏 온순하고 차분하게만 보였던 메르켈이 누구도 예상치 못했던 방식으로 단호하게 정치적 경쟁자를 제거하는 모습에 놀란 언론은 그녀를 '무자비한 여왕'이라 불렀다. 하지만 한 시사평론가는 "그녀를 향한 지지는 평당원들 사이에서 희열이 없다는 점에서 인간미가 느껴지지 않고, 그녀의 연설은 이상하게도 독창적이지 않다"고 말했다. 메르켈은 93.7%의 지지를 받았지만 메르츠에게 당 집행위원회 자리를 줘야 한다는 투표 역시 지지율은 비슷했다. 메르켈은 최고직을 향한 레이스의 1단계를 성공적으로 끝냈지만 아직 당내 입지는 견고하지 않았다.

원내대표와 메르켈의 대성공
.

2002년 선거 이후 의회에서 부상한 사람은 지금까지와는 다른, 자신감 넘치는 메르켈이었다. 자신감 넘치는 인물답게 슈뢰더는 국가의 경제 전망을 낙관적으로 평가했다. 어쩌면 지나치리만큼 장밋빛 예상이었을지도 모르겠다. 노련한 토론자인 메르츠는 과거 토론회장에서 슈뢰더와 접전을 벌이던 전투적인 상대였다.

지금까지 메르켈은 강력한 경쟁자로 여겨지지 않았다. 그녀는 능숙한 토론가가 아닌, 다소 수줍음 많고 자신감이 부족한 인물이었다. 총리는 그녀가 가장 큰 장애물이 될 거라곤 예상하지 못했다. 그의 취임연설에 대한 그녀의 화답은 놀라웠다.

"총리님." 목사의 딸은 말을 꺼냈다. "총리님의 연설을 들으니 '내 나라는 이 세상에 속하지 않는다'(요한복음 18장 36절-옮긴이)는 요한복음의 한 구절이 떠오르는군요." 과거의 그녀와 달리 자신감 넘치는 위트 있는 발언이었다. 전문가들은 메르켈의 연설이 놀랍게도 명연설이었다고 평가했다. "기백이 넘치면서도 수사적으로 아름다웠다"고 독일 연설문작가 협의회장 틸로 폰 트로타Thilo von Trotha는 평했다.

야당 당수를 지내는 동안 메르켈은 자신의 역량을 입증할 기회가 많지 않았다. 유일한 예외는 대통령 선거 때였다. 대체로 상징적인 역할을 수행하는 자리에 호르스트 쾰러Horst Köhler가 선출된 것은 메르켈의 업적이라는 시각이 팽배했다. 2004년 임기가 종료되는 사민당 출신 대통령 요하네스 라우의 뒤를 사민당과 그 동맹이 지지하는 후보가 잇지 못하게 막은 것은 분명 공적이었다. 하지만 그 뒤에 숨겨진 자세한 내용을 모른다면 어째서 그렇게 뛰어난 업적이라는지 분명히 이해하기 어렵다. 메르켈은 다른 당에게 자신의 의중을 속여 자신이 지지하는 후보의 다수표를 확보한 것이다.

2003년 가을 쇼이블레는(이때 점점 강경파의 면모를 보이고 있었다) 자신이 대통령직에 관심이 있음을 선언했고 한동안 기민련·기사련 후보군 중 유력한 우승후보로 여겨졌다. 메르켈은 쇼이블레가 연방 공화국 최고 자리에 오르기를 바라지 않았다. 여전히 그들 사이에는 악감정이 남아 있었고 메르켈의 전임자는 불법 정치 자금 스캔들의 배신자로 여기며 그녀를 용서하지 않았다. 그녀는 정당 정치와 거리를 둔 중도 성향의 기술

관료가 이상적이라고 생각했다. 최근 IMF 총재직에서 물러났고 과거 콜 내각에서 재무부 관료로 일한 경험이 있는 쾰러가 이상적인 인물이었다. 하지만 그녀는 이런 생각을 마음속에 담아두고 있었다.

12월 초 메르켈은 베스터벨레를 만나 쇼이블레를 자민당과 기민련·기사련의 공동 후보로 추대하자고 제안했다. 이 진보 성향의 당수는 단칼에 거절했다. 그는 쇼이블레는 대통령직 적임자가 아니라고 말하며, 메르켈에게 그녀의 전임자가 공식적으로는 아직도 불법 정치 자금 스캔들에 연루되어 조사 중이라는 사실을 일깨워줬다. 메르켈이 그에게 직접적으로 말하거나 다른 이의 이름을 입에 올리지 않았지만 이렇게 해서 쇼이블레의 기회는 날아가버렸다. 그녀가 입을 다문 이유는 타당성이 있었다. 아직 기민련·기사련 내에 영향력을 행사하고 있던 슈토이버가 남부 출신 동료를 강력히 지지하고 있었던 것이다. "나는 그의 지적 능력을 높이 평가합니다. 그는 우리가 힘든 변화의 위기에 직면할 때 우리나라를 위해 솔선수범할 용기가 있는 사람입니다." 이 바이에른 사람은 2003년 9월 〈슈피겔〉에 이렇게 말했다.

쇼이블레에겐 안된 일이지만 메르켈은 'P-Frage'로 알려진 대통령 후보 선정 문제를 논의하지 않았다. 그녀는 중요한 결정을 내릴 때면 늘 그렇듯 최후의 순간까지 미뤄두고 있었다. 그녀는 기민련 집행위원회가 후보를 결정하기 하루 전인 2004년 3월 3일 슈토이버와의 만남에서 베스터벨레가 쇼이블레를 찬성하지 않을 것임을 알면서도 쇼이블레를 지지하는 것처럼 행동했다.

쇼이블레를 지원하기로 메르켈과 슈토이버가 합의했다는 소식은 코흐의 기분을 상하게 했다. 더 높은 곳을 바라보고 있던 자신감 넘치는 헤센 주지사는 카메라 앞에서 공개적으로 좌절감과 불쾌감을 표출했다. "굉장히 당황스럽습니다. 어떻게 해야 할지 혼란스럽습니다." 그는 메르켈이 쳐놓은 덫에 걸려들었다. 그녀는 이제 슈토이버에게 코흐도 반대하고 베스터벨레도 마찬가지라고 말할 수 있었다. 그래서 그들은 대안을 찾아야 했다. 사실 그녀는 이미 후보자 세 명의 명단을 만들어놓았다. 아네테 샤반Annette Schavan(바덴-뷔르텐베르크주의 문화부장관이자 가톨릭 신학자), 클라우스 퇴퍼(좌파 성향의 전 환경부장관), 그리고 마지막으로 쾰러(처음부터 그녀가 선호했던 후보)였다. 그녀는 퇴퍼가 코흐나 메르츠 같은 보수주의자들과 상극이라는 사실뿐 아니라, 그녀 자신이 가톨릭은 아니었지만 바이에른 사람들과 슈토이버의 보수 가톨릭 무리들은 여성 대통령을 지지하지 않으리라는 것도 알았다. 따라서 세 명 중 한 후보만 남게 되었다. 쾰러였다.

자민당은 놀랐지만 베스터벨레는 경제적으로 진보적인 전직 은행가를 적극 지지했다. 다소 교활한 술수를 사용해 누구도 경쟁자라고 여기지 않았던 후보를 지지하도록 동료들을 구스르고 회유했다. 쾰러는 선거인단의 1차 투표에서 604대 580으로 사민당 후보 게지네 슈반Gesine Schwan을 누르고 대통령궁에 입성했다.

메르켈은 다시 그녀의 경쟁자들을 한 수 앞서며 사민당 총리의 내각에서 기민련 후보를 당선시키는 개가를 이뤄냈다. 지금껏 이런 경우는 없었다. 당연히 쇼이블레는 분노해 경악을 금치 못했다. 2004년 3월 5일 그의 친구 헤리발트 프란틀Heribald Prantl이 〈쥐트도이체 차이퉁〉에 '앙겔라 마키아벨리'라는 제목의 논평을 게재하며 쇼이블레의 입장을 노골적으로 대변했다. 프란틀은 메르켈이 '날조, 사기, 속임수'를 저질렀으며 대통령 선거를 둘러싼 사건은 메르켈의 각본의 일부로서 자신보다 뛰어난 경쟁자들을 제거하기 위한 기민련 원내대표의 사악한 술수였다고 비판했다. 이 덕분에 메르켈은 존경을 받게 되었다. 〈디 벨트〉는 5월 25일자에서 "콜 시대로부터 권력 이양이 완료되었다. 당내 누구도 그녀를 능가하지 못한다"고 밝혔다.

마이어와 메르츠

모든 일이 계획대로 풀리지는 않았다. 메르켈의 공격적인 사무총장 라우렌츠 마이어는 슈뢰더 내각을 계속해서 공격했다. 마이어가 궂은일을 하는 동안 메르켈은 평온한 역할을 맡아 여성 정치인을 규합할 수 있었기에 그의 호전적인 스타일은 크게 문제되지 않았다. 물론 이전에는 메르츠가 이러한 역할을 맡았었다. 하지만 그는 라이벌이었고(또는 그랬었고) 그녀가 믿지 못하는 사람이었다. 반면에 마이어는 매일같이 슈뢰더에 대한 공격을 믿고 맡길 수 있는, 투견과도 같은 사람이었다. 하지만 유감스럽게도 마이어는 때로는 아슬아슬하게 정도(正道)를 넘나들며 메르켈에게 모든 걸 보고하지 않았다. 그가 보스에게 말하지 않은 것 중에는 전력회사 RWE의 전 직원이 할인된 가격으로 전기를 이용했다는 것이 있었다. 그가 재직 중이라면 합법적인 혜택이겠지만 그는 이미 5년 전에 사직한 상태였다. 게다가 다른 문제는 81,800유로(약 10만 달러)에 상당하는 전기를 유용했다는 것이다. 메르켈은 다시 한 번 신속하게 행동했다. 즉시 마이어를 해고하고 그의 후임으로 바덴-뷔르템베르크의 로트와일 출신인 폴케 카우더$^{Volker\ Kauder}$를 임명했다. 그의 고향은 투견 로트와일러의 고향이기도 했다.

물러난 사람은 마이어뿐이 아니었다. 하지만 마이어와 달리 메르츠의 사임은 정치적이든 다른 문제든 간에 스캔들에 연루된 것 때문이 아니었다. 메르츠는 메르켈이 자신을 좌천시키자 때가 되었다고 생각했다. 그는 의회 내 조세 개혁의 대변인 역할을 해왔지만 그가 제안한 조세 개혁안은 번번이 거부된 것이다.

2004년 10월 메르츠는 놀랍게도 공사(公私)가 뒤섞인 어조로 메르켈에게 편지를 썼다. "존경하는 대표님, 친애하는 앙겔라"로 시작하며 "오늘 아침 대화를 나눌 때 당 집행위원회의 재선거에 출마하지 않기로 결심했으며 현재 의회 내 직위에서도 물러나고자 합니다"라고 끝맺었다.

또 다른 경쟁자가 중도 탈락했다. 이제 더 큰 상대, 총리만 남았다.

9

메르켈,
지고도 총리가 되다

●
●

2002년 슈뢰더는 재선에 성공했지만 독일의 뿌리 깊은 경제 문제, 무엇보다 노령화 문제는 해결되지 않았다. 슈뢰더는 이념적 부담에 짓눌리지 않았다. 그의 정치 철학은 영국 수상 토니 블레어와 비슷했다. 영국 수상처럼 슈뢰더 역시 시장의 힘이 큰 역할을 한다고 믿었으며 이에 따라 사회 정책도 재정 지원 혜택 방식에서 개혁되어야 한다고 생각했다. 이라크 전쟁에서 철수하기 전인 2003년 블레어와 슈뢰더는 '새로운 중도'라는 공동 성명서를 발표했다. 블레어의 '제3의 길'이라는 개념을 정치 이념으로 풀어내려는 시도였다. 복지 제도를 개혁하려는 숭고한 명분은 그들이 처음 집권한 1990년대 후반에는 그리 중요하게 여겨지지 않았지만, 그중 하르츠 개혁Hartz IV에 대해 재논의하면서 다시 대두된 것이다. 이 개혁안은 당시 폭스바겐의 인사 담당 이사이자 노동 시장 개혁 위원회를 맡고 있던 페터 하르츠Peter Hartz의 이름을 따서 붙여진 것이다. 위원회는 몇 가지 아이디어를 제안했는데, 그중에는 정년퇴직 연령을 점차 67세로 연장하고 구직자들에게 생활 보조비를 지급해 복지 혜택을 감소하자는 안도 있었다. 이러한 개혁안이 경제 측면에서 필요한지 논쟁이 일어났다. 그렇지 않다면 국가의 복지제도 자체가 붕괴될 거라고 슈뢰더는 주장했다. 슈뢰더의 철학은 여러 면에서 '현재 상태를 유지하고 싶다면 바꿔야만 한다'는 주세페 토마시 디 람페두사Giuseppe Tomasi di Lampedusa(이탈리아의 작가―옮긴이)의 고전소설 《표범Il gattopardo》의 주인공 돈 파브리지오 코르베라의 철학과 흡사하다.

하지만 소설 속 19세기의 시칠리아 귀족의 경우와 슈뢰더의 현재는 달랐다. 슈뢰더 내각의 1대 재무장관인 라퐁텐은 전 사민당 동료에 반대하고 나섰다. 라퐁텐은 《좌파의 심장 박동》이라는 저서를 출간해 전통적인 서독의 복지 제도에 대한 낭만적 시각을 대변했다.

당 내부의 공격은 슈뢰더의 입지를 위태롭게 했다. 사민당은 연방 선거에서 패배했고 그 결과 적녹 정부는 연방 주의회의 대표자들로 구성되는 상원에서 적대적인 중도우파를 마주하고 있었다. 정부에 대한 압박을 제한하려는 시도로 슈뢰더는 사민당 의장직을 프란츠 뮌테페링Franz Müntefering에게 넘겨주기로 결정했다. 당시 슈뢰더는 진실하고 충성스러운 동료를 믿었던 것이다.

슈뢰더의 목적은 당 내부의 논쟁에 방해받지 않고 국가 통치에 집중하는 데 있었다. 물론 실제로는 검은 속셈이 있었다. 인기 없는 정책에 대한 비난이 자신에게 집중되지 않도록 비난을 나눠지고 싶었던 것이다. 자신에게 비난이 쏟아지는 것을 피할 수는 있었지만 지방선거에서의 패배는 피할 수 없었다. 2005년 5월 22일 그는 패배를 인정했다. 기민련의 극단보수주의자 위르겐 뤼트거스Jürgen Rüttgers가 사민당 소속 현직 의원인 페어 슈타인브뤼크를 물리치며 사민당은 노르트라인-베스트팔렌주에서 패배했다. 1966년 기민련의 프란츠 마이어스Frantz Meyers가 하인츠 쿤Heinz Kühn에게 패한 이후로 지금껏 사민당이 집권한 지역에서 다수표를 얻지 못했다는 사실은 정치적으로나 상징적으로 슈뢰더에게 큰 재앙과도 같은 결과였다. 정국을 운영하기는 더욱 어려워졌다. 메르켈은 상원에서 법안에 거부권을 행사하며 효과적으로 정부를 압박해나갔다.

슈뢰더는 새로운 국회의원을 선출하고 싶었다. 하지만 연방 하원 해산은 총리의 권한 밖의 일이었다. 선거는 4년에 한 번 또는 총리가 신임 투표에서 패배한 경우에만 가능했다. 슈뢰더는 전략적인 이유로 자신에게 반대하는 사민당과 녹색당의 표까지 계산해 쾰러 대통령에게 조기 총선을 발표하게 하는 꼼수를 썼다. 1단계 계획은 문제없이 잘 진행되었다. 2005년 7월 1일 기권 148표, 찬성 296표 대 반대 151표로 의회에서 총리의 불신임안이 가결되었다. 상당히 이례적인 절차였고 위헌 행위로 해석될 여지도 있었다. 녹색당의 베르너 슐츠Werner Schulz는 불법적인 행위라고 비난하며 즉시 법원에 이의를 제기했다. "대통령이 의회를 해산한다면, 나는 연방 헌법재판소에 소송을 제기할 것입니다." 법적으로는 그의 말이 타당했다. 독일 기본법 67조 1항 1절엔 다음과 같이 명시되어 있다.

연방 의회는 재적 의원의 과반수의 투표로 후임을 선출하고 연방 대통령에게 연방 총리 해임을 요청함으로써만 연방 총리를 불신임할 수 있다. 연방 대통령은 이 요청에 따라 선출된 자를 임명해야 한다.

누구도 불신임을 제기하지 않았고 의회가 후임을 선출하지도 않았다. 그러면 이러한 행위는 헌법을 위배한 것 아닌가? 헌법재판소는 절차상 문제점을 찾아내지 못했고 이 방법은 수용 가능하다고 판결했다. 슈뢰더는 계획을 진행할 수 있었다.

하지만 어째서 총선을 서두르는가? 여론조사대로라면 슈뢰더는 메르켈에게 패할 것이 분명한데 말이다. 과연 이성적인 결정인가? 슈뢰더가 도박을 하게 된 데는 몇 가지 이유가 있었다. 우선 그는 자신의 전설적인 선거 유세 능력을 믿었다. 나중에 밝혀진 사실을 두고 정확히 말하자면, 그의 선거 운동 역량은 타의 추종을 불허하는 수준이자 메르켈보다 한 수 위였다. 그리고 슈뢰더가 정계에서 물러나고자 했던 또 다른 이유는 아마 자신의 사업을 하고 싶다는 꿈을 펼치고 네 번째 부인과 그들 사이에 입양한 두 아이들과 많은 시간을 보내고 싶어서였을 것이다.

슈뢰더는 이러지도 저러지도 못하는 상황이었다. 가족과 보다 여유로운 시간도 보내고 보수도 좋은 새로운 커리어를 원하는 마음과, 노련한 정치인이자 숙련된 선거 운동가로서 싸움을 즐기고 싶은 마음이 공존했다. 총선에서 이길 가능성은 희박했지만 하르츠IV 개혁안의 가결이 확보된 상황에서 슈뢰더는 비교적 느긋하게 즐기며 선거 운동을 할 수 있었다. 사민당은 질 수밖에 없었지만(그도 그렇게 확신했다) 그만이 피해를 최소화할 수 있었다. 기민련은 이기겠지만 메르켈은 안정적인 내각을 구성하기 어려울 테고, 그러면 사민당은 잠깐 야당 생활을 하며 당을 재정비할 수 있을 것이다.

1차 투표 결과가 나오고 넉 달 후 슈뢰더의 도박은 성공을 거둔 듯 보였다. 그의 선거 유세 능력에 상당히 힘입어 사민당은 여론조사에서

20%까지 벌어졌던 격차를 극복했다. 결과적으로 사민당은 34.1%를 얻어 35.2%를 기록한 기민련·기사련과 박빙의 승부를 펼쳤다. 메르켈에게는 정치 인생이 끝날 위협까지 느끼게 된 참혹하고 당황스러운 결과였다. 4년 전 슈토이버도 38%를 기록했었다. 메르켈은 이 바이에른 사람의 결과에도 미치지 못하는 것이었다. 2005년 선거 결과는 당이 제대로 틀을 갖추지 않았던 1949년 이후 최악의 결과였다. 어쩌다 이 지경까지 오게 되었을까?

키르히호프 판사의 이야기: 어디서부터 잘못된 걸까?

메르켈은 거의 무적의 상태에서 시작했다. 선거 운동 초반 여론조사에서 기민련·기사련의 지지율은 48%에 달했다. 메르켈과 기민련·기사련의 입지가 너무도 확고해 보였기에, 단독 내각을 꾸릴 수 있다고 믿을(또는 두려워할) 정도였다. 1957년 아데나워가 50% 넘는 지지율을 기록하며 압도적인 승리를 거둔 이후 누구도 이뤄내지 못한 위업이었다. 정치성이 조금 약하기는 하지만 〈월스트리트저널〉에 비견되는 〈한델스블라트 Das Handelsblatt〉는 2005년 9월 16일자에서 메르켈에게 '그녀의 당의 독주에 제동을 걸고 주지사들의 자기중심적 성향에 균형을 맞추기 위해 자민당이 필요하다'고 강력히 조언했다.

메르켈의 입장에서 선거 운동 초반에는 거의 문제가 없었다. 그녀가 가장 염려한 부분은 슈토이버가 연정의 내부 안정에 위협이 될지도 모른다는 두려움이었다. 콜 내각 때부터 기사련이 맡아왔다고 해서 간단히 재무부의 열쇠를 넘겨주면 가장 중요한 정책 분야에서 그에게 너무 많은 권력이 집중될 위험이 있었다. 또 다른 문제는 그녀를 정치적으로 가볍게 여긴다는 점이었다. 그녀는 비교적 별 특징이 없는 학자이자 전직 판사인 파울 키르히호프Paul Kirchhof를 재무 담당 보좌관으로 임명해(담당 보좌관으로 임명된다는 것은 차기 정부에서 내각 각료로 진출한다는 뜻—옮긴이) 두 가지 문제를 한꺼번에 해결하려 했다. 이렇게 해서 슈토이버에게 산업, 경제, 기술 분야를 총괄하는 일종의 거대장관Superminister을 맡김으로써 그를 통제할 수 있었다. 겉보기에는 그럴듯하지만 실제로 그리 중요한 일을 수행하는 자리는 아니었다. 또한 그녀는 키르히호프에게서 신뢰할 만한 철학적 무게를 찾았다.

콜은 지식인을 찾아내는 특별한 재주는 없었다. 그래서 지식인들에게 적대적인 것 같다는 평을 듣기도 했다. 하지만 메르켈은 두각을 나타내고 싶었다. 메르켈에게 다른 롤모델도 없었지만 마가렛 대처도 오스트리아 출신 경제학자 프리드리히 폰 하이에크Friedrich von Hayek 같은 지식인들의 지원을 받지 않았던가. 가까이에는 빌리 브란트가 1969년 선거에서 소설가 귄터 그라스 등의 지식인의 지지를 받았다.

메르켈은 자신도 선거 운동에 무게감을 더해줄 순수한 지식인, 즉 학문적 명성이 높은 사상가 또는 철학자가 필요하다고 느꼈다. 다시 말해 메르켈은 자신이 정치 애호가에 불과하다는 주장을 잠재워줄 수 있는 사람이 필요했던 것이다. 그녀는 키르히호프에게서 자신이 원하는 것을 찾았다. 그는 판사로 뛰어난 경력을 쌓은 뒤 하이델베르크대학교 법학과 교수로 재직 중이었다. 화려한 이력뿐 아니라 키르히호프는 《자유의 손실을 담보한 새로운 세법: 명확함, 간단명료함, 공정함》이라는 저서로 중도우파에 상당한 영향을 미쳤다.

키르히호프의 이론은 믿기지 않을 만큼 간단했다. 모두가 같은 수준의 소득세를 내야 하며 다양한 공제 항목들은 폐지되어야 한다는 것이다. 그는 이러한 조세 제도에서는 합법적인 절세 기회를 축소함으로써 세금 사기나 탈세 가능성을 낮출 수 있다고 주장했다. 메르켈이 미래의 재무장관으로 지명한 사람은 바로 이런 인물이었다. 이렇게 해서 그녀는 슈토이버를 밀어냈고 그는 경제, 산업, 기술을 총괄하는 '거대 장관'이라는 실속 없는 자리를 받아들여야만 했다.

처음에 키르히호프의 약속은 지지와 심지어 존경을 받기도 했다. 대체로 기민련·기사련에 호의적이지 않은 〈쥐트도이체 차이퉁〉은 메르켈이 이 사람을 배움과 법적 추론이라는 먼지 자욱한 세상에서 끌어낸 것은 고무적인 선택이었으며, 키르히호프는 아마추어에 불과했던 요스트 스톨만Jost Stollman과는 전혀 다른 역량을 갖추고 있다고 평했다.[1] 스톨만은 슈뢰더가 1998년 자신의 예비 내각Shadow Cabinet에 지명한 백만장자 사업가이자 전 기민련 당원으로서, 훗날 사민당 노선에 배치되는 발언으로 불만을 자아냈다. 하지만 키르히호프는 그와는 달리 '재정 분야의 데우스 엑스 마키나Deus ex machina(초자연적인 힘을 이용해 도저히 해결될 수 없을 정도로 꼬인 갈등을 해결하거나 마무리 짓는 수법으로 고대 그리스극에서 자주 사용되었다-옮긴이)'로 소개될 정도로 훨씬 진지하고 탁월한 선택이었다.[2] 〈한델스블라트〉는 키르히호프가 정계에 발을 디딘 첫날보다 한스 아이헬Hans Eichel(사민당의 재무장관)이 자기 자리에 연연한 적은 없었다고 단언했다.[3]

메르켈의 팀 내에 선거의 승리를 확신하는 자만하는 분위기가 있었던 것은 분명하다. 이러한 오만은 도저히 이해하기 어려운 치명적인 실수로 이어졌다. 메르켈의 팀 누구도 키르히호프 교수가 당의 노선을 따르거나 발언할 때 선대 본부와 사전 협의를 거칠 것이라 믿었다. 메르켈은 키르히호프를 자신의 팀원으로 받아들이지 않았다. 사실 그들은 메르켈이 그를 지명하던 날 한 번 만났을 뿐이다. 7월 초 메르켈은 교수에게 전화를 걸어 자신의 팀에 합류하겠냐고 물었다. 둘은 한 번도 만난 적이 없었고 누가 그를 추천했는지도 확실하지 않다. 하지만 교수는 기꺼이 합류하기로 결정했다. 그러자 메르켈은 그만큼 골칫거리였던 슈토이버와 단독으로 만나기로 약속했다.[4]

메르켈은 키르히호프가 지지하는 신자유주의 사상과 시각을 모두가 좋아하지 않는다는 사실을 잘 알고 있었다. 기민련과 특히 기사련의 보수주의자들이 자유시장경제의 사도가 아니라 규제가 없는 자유 기업 체제에 회의론자라는 사실은 종종 간과된다. 자본주의는 역사적으로나 사상적으로 1891년 교황 레오 13세가 반포한 회칙 〈새로운 사태Rerum Novarum〉로부터 발전한 기본 덕목이 아니었다. 교황은 회칙에서 무신론의 공산주의뿐 아니라 억제되지 않은 자본주의도 공격했다.

개신교 가정에서 자라나 레이건을 숭배했던 메르켈은 동성 결혼, 줄기세포 연구와 교육 문제에 있어서는 진보적인 입장이었음에도 기민련·기사련의 다수를 차지하는 우파 계열에 속했다. 그녀의 가정환경과 사회화 과정을 보면 그녀가 소속 정당의 정서에 완벽히 동조하지 않았음을 알 수 있다. 그녀는 신자유주의 사상을 지지하는 데 상당한 노력을 기울였고 사회주의 노선으로 기울어진 연방 정부를 비판했다. "여러분은 사회주의의 실체를 모릅니다." 선거 운동 초반 그녀는 〈프랑크푸르터 알게마이네 차이퉁〉과의 인터뷰에서 이렇게 말했다.[5] 그들이 자유시장

경제를 믿고 국가를 불신하는 보수주의자들을 선출하기를 바라는 듯 마치 의도적으로 동포들을 자극하는 발언이었다.

선거 1년 전 가톨릭계 신문 〈타게포스트Tagepost〉는 신자유주의 사상으로는 선거에서 이기지 못한다고 경고하며 심지어 메르켈이 이끌면서 '당내 기독교 사회주의적 기풍은 사라지고 말았다'고 비판했다.[6]

메르켈은 좀 더 신중해야 했다. 그리고 곧 쓴맛을 본 뒤에야 이 사실을 깨닫게 된다. 키르히호프가 몇 번 즉흥 발언을 한 뒤 기자단은 피 냄새를 맡고 달려들었다. 그의 일률 과세에 대한 원대한 계획을 묻자 키르히호프는 이제부터 소득수준과 상관없이 모두 일률적으로 소득의 25%를 세금으로 징수해야 한다고 주장했다. 메르켈의 입장에서는 반갑지 않은 소식이었다. 조세 정책은 간접적으로는 메르츠의 사임을 유발하고 당을 분열시킨 상당히 민감한 문제였다.

키르히호프의 발언에 대해 잘 모른다는 입장을 고수하면서 메르켈은 즉시 ZDF 방송국과의 인터뷰에서 당은(여기서 단지 기민련만인지 자매정당 기사련까지 포함한 것인지 구체적으로 밝히지 않았다) 소득수준에 따라 12%에서 39%까지 차등을 둔 누진 과세 제도를 지지한다고 주장하며 교수의 의견을 반박하고 나섰다. 또한 "키르히호프의 제안은 절대로 차기 정부에서 시행되지 않을 것이다"라고 단언했다. 키르히호프의 발언에 책임이 있는 슈토이버도 당혹함을 감추지 못하며, "교수의 발언은 단지 학문적 논쟁의 일부일 뿐이다"라고 강조했다.[7]

그러자 이번에는 슈뢰더가 달려들었다. 노련한 정치계 투사인 그는 본능적으로 상대의 약점을 간파했다. '학문적 논쟁'이라는 말은 장래 내각에서 중요하게 여기는 계획이 아니라는 뜻이라고 유권자들을 설득했다. 총리는 이 주제에 집중해 하이델베르크대학교 교수는 달리 말하면 탁상공론을 일삼는 이론가일 뿐 아니라 보통 사람들의 고생보다는 자신의 이론만을 중시하는 미친 과학자라며 비아냥거렸다. "(키르히호프가) 주장한 시각은 우리(독일인)가 감내할 수 없는 인간의 시각을 대변한다"고 주장하며[8], '누구도 목적을 위한 수단으로 취급되어서는 안 된다'는 철학자 칸트의 격언을 부드럽게 인용해 "인간은 사물이 아니며, 그렇게 취급되어서도 안 된다"고 자신의 입장을 밝혔다. 교수를 비난하는 위업을 이룸과 동시에 독일의 가장 위대한 철학자를 언급한 것은 슈뢰더가 얼마나 뛰어난 선거 운동가인지 보여준다. 그는 칸트를 인용함으로써 키르히호프가 교수 출신의 지식인이라고 여기는 보통 사람들과 지식인층 모두에게 총리 자신도 학식이 깊은 사람임을 보여줄 수 있었다. 서민적인 접근과 교육받은 중산층 모두에게 어필한 뛰어난 성과였다. 뒤이어 '메르켈/키르히호프: 반사회적인 근본주의자'라는 단순한 메시지가 담긴 포스터 공격이 이어졌다. 8월 31일 열린 당 대회에서 슈뢰더는 "독일인들을 자신의 개혁안을 위한 실험쥐로 이용하려 하는 사람"이라고 키르히호프를 설명했다.

슈뢰더 자신도 신자유주의를 수용한 입장에서 이렇게 역설할 처지였는지는 고려하지 말자. 매일같이 비방 공격이 이어지고 있었다. 메르켈의 입장에서 무엇보다 뼈아팠던 것은 그녀가 2002년부터 차근차근 쌓아온 당내 지원 세력과 입지를 약화시키려는 같은 편의 공격이었다. 독실한 가톨릭 신자인 체하는 크리스티안 불프 니더작센 주지사가 메르켈의 약점을 감지하고 키르히호프의 경제 모델은 '모든 독일인의 사회 정의관에 반(反)한다'[9]고 선언한 것이다.

불프의 개입은 메르켈이 곤경에 처해 있다는 사실을 드러낸 것이다. 그녀가 승리를 목전에 두고 패배의 길로 들어섰다는 분위기가 팽배했다. 차기 총리는 현 의회 밖에서 찾아야 할지도 모른다는 가능성이 점점 커지고 있었다. 다시 말해 주지사 중 하나가 책임을 맡아야 한다는 뜻이었다. 역사는 메르켈의 편이 아니었다. 최근 10여 년간 총리는 주지사 출신들이 맡아왔다. 최근 5명의 총리 중 4명이 총리실에 입성하기 전 주지사를 지냈었다. 따라서 주지사 중 한 사람을 차기 총리로 선출한다는 것은 현실적으로 충분히 가능성 있는 해석이었다. 불프 지지파는 메르켈이 흔들릴 경우를 대비해 입지를 다져놓아야 했다.

따라서 불프는 해야만 했던 대로 행동했을 뿐인 셈이다. 키르히호프와(그리고 은밀히 메르켈도) 지지하는 신자유주의를 매섭게 비방한 행위는 만일의 경우를 대비한 보험이었을 뿐이다.

그사이 키르히호프를 둘러싼 상황은 그의 보스는 물론 자신에게도 힘겨워지고 있었다. 정치적 타당성이라는 미묘한 규칙을 자각하지 못한 이 학자는 끊임없이 비현실적 정책 제안을 이어갔다. 이러한 제안은 학문적으로는 타당할 수도 있겠지만 지적 일관성이 정치의 본질이나 전부는 아니다. 공공 정책의 특징은 의사소통 행위나 하버마스 같은 사회 참여 지식인들의 지지를 받는다는 식의 편견 없이 이뤄지는 이상적인 공개 토론이 아니다. 정치에서 논쟁이란 권력의 도구이므로 시의적으로 적합해야 한다. 키르히호프는 이러한 사실을 인지하지 못하고 계속해서 자신의 주장을 고수한 것이다. 선거를 2주 앞둔 시점에서 그는 또다시 자신의 주장을 반복했다. 메르켈에게 비판받았음에도 "2007년 1월 1일까지 418개에 달하는 법적 세금 우대 정책과 맹점을 폐지하겠다"고 대담

하게 발언했다.[10]

　사회과학과 법조계에서 주도한 키르히호프의 공공 정책에 대한 세미나로 기민련·기사련의 선거 운동은 혼란에 빠졌다. 급기야 메르켈이 관여해 엄청난 손실을 막기 위한 조치의 일환으로 "나는 상당한 공감 능력이 있는 사람"이라고 입장을 밝혀야 했다.[11] 당연히 키르히호프를 해고해야 했지만, 그러면 공황 상태에 빠질 수도 있었다. 다른 방법은 교수와 긴밀히 대화를 나누는 것이었다. 이 방법을 시도해봤지만 키르히호프는 달라지지 않았다. 이제 당 내부에서는(그리고 겉보기에는 메르켈 자신도) 메르츠를 복귀시키는 방법을 강구했다. 고향집에 돌아온 탕아처럼 말이다. 어쨌든 그는 여전히 선거에 출마할 자격이 있었다. 하지만 이러한 노력은 결실을 맺지 못했다. 메르츠는 반(半) 은퇴 상태를 고수했다.

　언론 매체에서는 기민련의 재무장관 지명자를 실질적으로 개인은 개의치 않는 냉혈한으로 묘사했다. 물론 그리 공정하지 못한 묘사였다. 사실 키르히호프는 사회 정의 구현에 상당한 관심을 보였다. 하지만 지금까지 이어진 발언의 문제는 사민당이 아닌 기민련으로 향한 것이었다는 점이다. 예를 들자면, 키르히호프는 기민련의 일반판매세 인상안에 대해 덜 풍족한 사람, 그중에서도 아이를 양육해야 하는 사람들에게 부정적인 영향을 미칠 것이라고 비판한 것이다.[12]

　정치, 특히 선거 운동에서 함축성은 지양해야 한다. 설상가상으로 기민련 당원도 아닌 키르히호프는 자신을 재무장관 지명자로 임명해준 당에 조금의 충성심도 보이지 않았다. 그는 정치가 이성적으로 차분히 논쟁하는 분야에 속한다고 잘못 생각한 채 학자로서 노력을 기울이고 있었다. 이러한 오류는 기민련에 비싼 대가를 치르게 했다.

선거 운동이 포커스 그룹^{Focus Group}(계층을 대표하는 인물을 선정해 여론조사에 활용하는 것-옮긴이)과 정치 마케팅 등으로 점점 전문화되어가는, 다시 말해 '작전실'의 역할이 중요해진 시대에, 메르켈과 기민련이 2005년 선거에서 무능력하고 초보자들이나 할 법한 조잡한 선거 운동을 펼친 것은 이해되지 않는 부분이다. 키르히호프의 발언은 메르켈의 당내 입지를 약화시켰을 뿐 아니라 노동자 계층의 지지율의 하락을 야기했다. 블루칼라 노동자들은 기민련에 필수적인 지지층이었지만, 이들 계층은 교수의 조세 개혁안을 두려워했다. 그뿐 아니라 세법의 허점과 세금우대 조항 폐지를 제안하는 키르히호프의 발언은 기민련의 핵심 지지층인 소상공인과 자영업자들 사이에서 심각한 우려를 낳았다.

키르히호프 기용 카드가 대실패였던 것을 고려하면 선거 결과는 그리 놀랍지 않은 셈이다.

슈뢰더, 모든 걸 던져버리다

불과 몇 달 전까지만 해도 한물 간 정치인 취급받으며 가벼운 조롱거리로 전락해 정치적 사망 상태였던 슈뢰더는 무덤에서 부활했다. 하지만 산 자들의 땅에 오래 머무를 운명은 아니었다.

드라마의 다음 장면은 서론에서 언급했던 익숙하고 잘 알려진 스토리다. 그는 선거 후 마련된 당수 초대 토론회에서 메르켈을 밀어붙이며 기민련 당수는 선거 운동 기간에도 하지 않았던 오만하고 무례한, 거의 여성 혐오주의자 같은 태도로 그녀를 무시하는 모습을 보였다.

메르켈이 온화한 덕분인지, 충격을 받았거나 또는 실제로 괴롭힘을 당한다고 느껴서인지, 아니면 몇 달에 걸쳐 누적된 수면 부족과 긴장감으로 인해 지쳐서 그렇게 대응했는지 확실치는 않다. 이건 중요한 문제가 아니니까 말이다. 중요한 점은 언론의 태도가 180도 달라져 선거 운동 기간 동안 호의적인 반응을 보내줬던 슈뢰더에게 등을 돌린 것이다. 전국을 돌아다니며 선거 유세를 하는 동안 슈뢰더는 현직 총리임에도 마치 도전자처럼 비쳐졌다. 그는 1948년 해리 S. 트루먼Harry S. Truman이 구사한 '본때를 보여줘, 해리Give'em Hell, Harry' 유세 방식의 선거 유세를 전개했다. 이 민주당 현직 대통령은 약자 이미지를 활용해 유권자들과 심지어 언론의 지지를 얻는 데 성공했다.

슈뢰더는 열세에 놓여 있었다. 여론조사 결과가 한창 뒤처졌지만 결국 회복해냈다. 하지만 트루먼과의 유사점은 여기에서 끝난다. 미주리 태생의 미국 대통령이 예의 바르고 겸손한 신사의 모습을 보인 반면 슈뢰더는 정반대였다. 언론은 그를 비난하며 즉시 그에게 등을 돌렸다. 사민당 내 여성들과 남아 있던 신사들조차 그의 태도에 경악했음에 틀림없다고 〈디타게스차이퉁Die Tageszeitung〉지는 논평했다. 그리고 총리가 부적절하고 노골적이고 무례한 태도로 '오만하고 아는 체하는 마초'처럼 행동했다는 총평을 내렸고,[13] 이는 모두 선거 다음 날 밤의 폭언에서 비롯된 것이었다. 그의 감정 폭발 덕분에 메르켈의 정치 경력은 구원받을 수 있었다.

선거 당일 밤 자민당은 사민당과 녹색당과의 연정[빨강(사민당), 노랑(자민당)과 녹색당의 상징 색을 인용해 일명 '신호등 연정'이라 불렸다]에 참여하지 않는 분위기가 팽배했다. 하지만 베스터벨레는 자메이카 연합[자메이카 국가의 검정(기민련), 노랑(자민당), 녹색을 이용한 명칭]의 가능성을 열어두고 있었다. 이 단계에서 슈뢰더는 아니었지만 사민당의 일부는 대연정을 염두에 두고 있었다.

아직 정해진 것은 아무것도 없었다. 메르켈은 재빨리 행동했다. 첫 번째 과제는 다른 주지사가 주도권을 잡지 않도록 총리 후보자로서 자신의 입지를 확고히 다지는 것이었다. 롤란트 코흐, 크리스티안 불프, 위르겐 뤼트거스, 그리고 나아가 귄터 외팅어Günther Oettinger(남서부 바덴-뷔르템부르크의 새 주지사)를 지지하는 세력은 그녀에게 도전할 잠재력이 있었다.

총선의 처참한 결과를 맞이한 다음 날 메르켈은 변신했다. 선거 운동 기간 힘겨워했던 소심한 정치인은 사라졌다. 새롭게 등장한 인물은 익숙한 메르켈이었다. 가까운 내부자들만 알고 있던, 단호하고 은밀한 거래에 뛰어난 정치인의 모습이었다.

추분을 이틀 앞둔 화요일 아침이었다. 고대 점성술에 따르면 오래된 것과 새로운 것 사이가 티핑 포인트였지만, 메르켈은 새로 선출된 기민련·기사련 당원을 당수 및 대변인 선출 자리에 초대했을 때 이러한 문제까지 생각하지 않았다. 위험한 행동이었다. 사실상 자신에 대한 신임 투표나 다름없는 절차를 감수한 것은 쉽게 역효과를 낳을 수도 있었다. 환호받는 승리를 얻지 못한다면 그녀는 치명상을 입고 주지사 중 한 사람, 또는 돌아온 메르츠에게 자리를 내줘야 할 것이다. 하지만 이미 이 정도 위험은 계산해뒀다. 이렇게 놀라운 행보로 그녀는 우위를 점함과 동시에 그녀에 대한 슈뢰더의 공격이 일종의 피포위 심리Siege Mentality(항상 적들에게 둘러싸여 있다는 일종의 강박관념. 자유로운 상태에서도 과거의 포위된 상태에서 벗어나지 못해 자유롭게 행동하지 못하는 상태를 가리킴—옮긴이)를 불러일으켜 기민련·기사련 원내 단체 내에서 메르켈과의 연대의식으로 이어졌다.

진부하지만 메르켈의 정치적 부활은 잿더미에서 살아난 불사조에 비유할 만하다. 이번 경우는 진실이 담긴 클리셰이긴 하지만 말이다. 선거에서 처참한 결과를 맞이한 지 48시간도 채 지나지 않아 메르켈은 총리 후보 경선의 선두 주자로 복귀해 지도부 선거에서 98.6%를 획득했다. 기민련·기사련 원내대표 역사상 최고치였다. 기사련 의장 미카엘 글로스가 발표한 결과는 기립박수를 받기에 충분했고, 메르켈은 "이 결과는 의회 내 최대 정당인 우리가 협상을 이끌어야 한다는 사실을 여실히 보여줍니다. 힘든 과제가 되겠지만, 충분히 해결할 수 있습니다"[14]라고 말하며 자신의 협상 권한에 지지를 보낸다는 뜻으로 결과를 받아들였다. 이번 과제는 그녀의 책임이었지만 동료 의원들의 신뢰와 지지가 없다면 불가능한 일이었다. 정치에서는 사소한 것들도 중요한 법이다.

사민당 내부 상황은 달랐다. 슈뢰더가 큰 문제였다. 당수직을 프란츠 뮌테페링에게 넘겨준 뒤 그에게는 더 이상 다른 당과 협상 권한이 없었다. 당규에 따르면 협상은 당수가 주도해야 하므로 슈뢰더는 더 이상 자신의 거취도 결정할 수 없었다. 그의 다른 문제는 자민당이 신호등 연정에 대한 대화를 거절한 것이다. 선거 다음 날 베스터벨레는 사민당과 협상하지 않겠다는 입장을 반복했다. 마지막으로 슈뢰더는 신뢰 부족으로 고통받고 있었다. 그가 당면한 미래 과제를 해결할 수 있다고 믿는 사람은 16%에 불과했다. 반면에 메르켈은 유권자 43%의 신뢰를 받고 있었다.

수학적으로는 현재 상황은 슈뢰더에게 비교적 긍정적으로 보였다. 하지만 정치학자들의 주장에도 불구하고 연정 정치는 수학과는 달랐다. 수치상으로 슈뢰더가 녹색당과 전 공산당 다수를 차지하고 있었지만 그는 선거 운동 시기 초반에 사민당을 버리고 동독 공산당의 후신과 연합을 결성한 라퐁텐과 연정할 생각이 없었다. 어느 기민한 관찰자가 말했듯 정당들은 연정의 가능성이 있는지 또는 위협이 되는지만 관심을 둔다.[15] 슈뢰더도 전 공산주의자와 손을 잡지 않기로 결심했다. 그는 그들을 보잘것없다고 여겼기에 그들의 존재를 무시하며 이론적인 연정의 가능성도 인정하지 않으려 했다. 슈뢰더가 정권을 잡은 이후 메클렌부르크-포어포메른주에서 해랄트 링스토프Harald Ringstorff가 사민당과 전 공산당의 '적적 연정'을 이끌었고 1994년부터 1998년까지 라인하르트 회프너Reinhard Höppner가 작센-안할트주에서 PDS(전 공산당)의 지지를 받아 통치한 것처럼 PDS와 사민당이 기꺼이 권력을 공유했던 역사를 슈뢰더는 염두에 두지 않은 것 같았다.

어떤 식으로든 PDS와 협력을 거부한 것은 자메이카 연정의 가능성을 열어두고 있었던 것이겠지만 피셔는 이러한 가능성을 재빨리 차단했다. 그의 녹색당은 대안 사회 개념을 전파하던 히피들의 68년 세대에 뿌리를 두고 먼 길을 돌아왔지만, 기득권층을 대변하는 정당인 기민련과 연합하는 것은 당의 대다수는 물론 특히 당수에게 있어서 용납하기 어려운 행위였던 것이다. 외무장관 대행은 흑녹황 연정에 대한 추측을 일거에 차단했다. "나는 철저한 적록파입니다. 이뿐입니다. 그 밖의 다른 것은 모릅니다."[16]

협상은 교착 상태에 빠졌다. 유일한 선택은 대연정이지만, 슈뢰더는 사민당이 메르켈이 이끄는 연정에 참여한다는 것은 불가능하다며 분노에 차 제안을 거절했다. 이것이 협상의 여지가 없는 슈뢰더의 최종 레드라인이었나? 아마도 그런 것 같다. 하지만 이 부분이 중요한데, 슈뢰더의 생각은 더 이상 최우선으로 중요시되지 않았다. 이제 사민당을 대표하는 이는 슈뢰더가 아닌 뮌테페링이었다.

총리는 새로운 당수가 수동적이고 종속적인 역할을 수행하리라 예상했지만, 온순해 보이는 라인란트 출신의 가톨릭교도는 보스가 기대했던 대로 충성스런 허수아비가 아니었다. 과거 기업체에서 일했던 전직 경영진 보조이자 대학을 나오지 않은 무역연맹 공무원 출신인 뮌테페링은 전통적인 사민당 당원이었지만 야망이 없진 않았다. 선거 다음 날 그 역시 "사민당은 메르켈을 총리로 받아들이지 않겠다"고 말했지만 개인적으로 거래에 관심이 있었다. 사실 그는 기꺼이 부총리직을 받아들이려 했다. 정치인에게 부총리직은 교통부장관과는 비교도 되지 않는 상당한 승진인 셈이다.

슈뢰더의 문제는 일부 당원들이 현재의 보직을 유지하거나 승진된다면 메르켈 내각에서 활동할 마음을 갖고 있다는 것이었다. 2005년 가을의 사민당원들은 당과 총리에 대한 충성심이 그리 깊지 않았다.

뮌테페링은 이 문제를 두고 메르켈과 대화를 나눴다. 그는 처음에 두 당의 지도자들이 총리직을 번갈아 맡으며 권력을 공유하는, 일명 '이스라엘식 해법'을 제안했다. 1984년 총선 이후 이스라엘 정치인 시몬 페레즈Shimon Perez와 이츠하크 샤미르Yitzhak Shamir가 각각 2년간 총리를 맡기로 합의한 데 기반한 방식이다. 하지만 뮌테페링 자신이나 메르켈도 이 방법에는 관심이 없었다. 진행 중인 협상을 유리하게 이끌기 위한 패에 불과했다. 뮌테페링은 자신의 우월적 지위를 보장받고 사민당이 총리직과는 다른 중요한 직책을 맡기를 원했다.

메르켈과 뮌테페링이 협상하는 동안 현직 총리는 옆에서 속수무책으로 바라보고만 있었다. 그는 게임이 끝났다는 사실을 깨달았다. 더 이상 고통을 연장시킬 필요가 없었다. 선거 후 2주일이 지난 10월 3일 슈뢰더는 총리직에서 물러났다. 그는 자신이 시작한 개혁이 수행되는 과정에 걸림돌이 되지 않을 것이며 안정적인 정부를 수립하는 데도 걸림돌이 되지 않을 것이라는 내용을 담은 짧은 성명을 발표했다. 어떤 점에서는 인상적인 경력에 비해 꽤 서글픈 결말이었다. 영국의 우파 정치인 이넉 파월Enoch Powell은 이렇게 말했었다. "모든 정치 경력은 전성기에 죽지 않는 이상 결국 실패로 끝난다. 그것이 정치와 인간사의 본질이다." 슈뢰더의 상황에 들어맞는 말이다. 슈뢰더는 마초적인 태도와 과장된 언행에도 불구하고 많은 성과를 이뤄냈고 용기 있게 훗날 세계 금융 위기에서도 독일이 경제적 성공과 회복력을 보여줄 수 있었던 원인으로 평가받는 개혁을 강력히 밀어붙였다. 슈뢰더는 후임자와 국가의 번영된 미래를 위한 기반을 닦은 것이다.

하지만 선거 후 한 달가량 지난 10월 둘째 주 당시에는 그의 후임이 아직 정해지지 않았다. 보궐 선거로 인해 협상이 다소 지연되고 있었다. 드레스덴 160 선거구의 후보자 중 하나가 사망한 바람에 그 지역에서 새로 선거를 치러야 했다. 당연히 기민련이 의석을 차지했다. 이로 인해 전체적인 의석 분포는 바뀌지 않았지만 메르켈에게 힘을 보태는 결과였다. 뮌테페링과 슈뢰더의 만남 이후 메르켈이 신임 총리, 뮌테페링이 부총리를 맡고, 사민당이 내각장관 11석 중 6석을 맡는 쪽으로 기본 원칙이 정해졌다.

"어떠십니까, 당수님. 합의 결과에 만족하십니까?" 기자 회견에서 아일랜드 기자 주디 뎀시가 지난 3주간의 협상으로 양당이 도출한 합의안에 대한 감회를 물었다. 메르켈은 대답하지 않았다. 그녀의 행운에 재를 뿌리지 않기를 바랐거나, 이러쿵저러쿵 감정을 표현하는 것은 부적절하다고 느꼈기 때문일지도 모른다. 사실 이런 표현이 적합할지 모르겠지만 그녀는 아직 만족하지 않았다. 사민당과 협상을 시작한 것은 자신의 당 동지들과 동료 보수파들의 지지를 확보하는 과제와는 별개의 문제였다. 사민당과 협상을 이뤄냈지만 그녀에게는 연방 정부의 대표자들에게 영향력을 행사하고 싶어 하는 주지사들에 맞서 자신의 캠프진 내에서 자리를 배분하는 문제가 남아 있었다.

그녀가 염려하지 않은 것은 오직 키르히호프의 거취뿐이었다. 선거 다음 날 그는 메르켈과 나머지 팀원을 만났고 그것이 관계의 마지막이었다. 키르히호프는 고려의 대상이 아니었다. 선거 운동의 중심 역할을 수행하며 비방에 시달렸던 교수는 억울했다. 그의 아내는 언론의 공격으로 건강이 악화되어 고통받고 있었고 그 자신도 지금까지 겪은 일로 만신창이가 되었다. 하지만 기민련 지도부는 이런 사실에 대해서는 조금도 신경 쓰지 않았고 메르켈은 말 한마디도 없이 그를 버렸다. 어째서 재무장관 지명자를 내각 후보자 명단에 올리지 않는지에 대한 논의도, 보도 자료 배포도 없었다. 키르히호프에게 더 이상 필요 없다고 연락한 것은 기민련 본부였다.

메르켈에게 시급한 문제는 하이델베르크에서 온 불만 가득한 교수가 아닌, 슈토이버 바이에른 주지사였다. 슈토이버는 새 정부에서 한 역할을 하기를 원했다. 그는 사민당과의 협상 자리에 몇 번 참석하기도 했었다. 그는 큰 자리를 원했지만 재무장관이 될 가능성은 크지 않고 거대 장관은 그리 현실적이지 않다는 사실을 알고 있었다. 다시 말해 그 또한 기사련에서의 적합한 자리가 없었던 것이다. 기사련은 공식적으로 독립된 정당이니만큼 이론상으로는 협상을 거부하고 내각에 참여하지 않을 수도 있었지만, 그렇게 되도 정부는 실각하지 않을 것이다. 흑적 연정으로 기사련 없이도 원내 다수를 확보할 것이기 때문이다. 게다가 슈토이버가 협상을 거절한다면 그의 당은 PDS처럼 의사 방해 세력으로 남을 것이다. 마지막으로 이 부분이 무엇보다 중요한데, 슈토이버는 메르켈이 원내대표부를 통제하던 방식으로 기사련 원내대표부를 통제하고 있지 못했다. 기민련·기사련의 공동 원내대표부에 소속된 상당수 기사련 의원들은 메르켈을 지지했고, 그들 거의 대부분은 9월 20일 지도부 선출 투표에서 메르켈에게 찬성표를 던졌다(무기명 비밀 투표였으므로 누가 메르켈에게 찬성표를 던졌는지는 모르지만, 의원들의 압도적 지지를 받은 것은 확실하다). 게다가 슈토이버에게 더 골치 아픈 문제는 귄터 벡스타인Günter Beckstein과 호르스트 제호퍼 같은 기사련 지도부의 중견 의원들 일부가 당수직을 노리고 있었고, 비록 신중하기는 했지만 슈토이버가 베를린에서 자신의 야심을 이루기 위해 고향을 외면하고 있다는 식의 뉴스를 흘리고 있었다. 베를린에서 지도적인 정치인이 될 가능성이 희박해지자 슈토이버는 이에 불만을 품고 협상을 그만두고 새 내각의 일원이 되지 않겠다고 선언했다. 슈뢰더처럼 또 다른 거물이 연방 정계를 떠났다.

"5월에서 12월까지는 길고긴 시간이지요"

독일 이민자 출신의 쿠르트 바일Kurt Weil이 작곡한 〈9월의 노래September

Song〉의 이 노랫말이야말로 당시 상황을 제대로 보여주는 표현인 것 같다. 메르켈이 마침내 내각 구성을 마친 건 12월이 거의 다 되어서였다. 협상의 마지막 단계는 슈토이버의 사임으로 수월하게 진행되었다. 하지만 사민당은 헐값에 거래를 끝내고 싶지 않았다. 뮌테페링은 외무부와 재무부를 확보했고 덕분에 메르켈은 골머리를 앓게 되었다. 지방선거에서 뤼트거스에게 패배해 조기 총선의 계기를 마련했던 전 노르트라인-베스트팔렌 주지사 슈타인브뤼크가 국회의원이 아님에도 재무부장관이 되었고 슈뢰더의 전직 오른팔이었던 슈타인마이어는 외무부장관, 뮌테페링은 부총리 겸 노동부장관을 맡았다.

하지만 메르켈의 입장에서도 불만스럽기만 한 결과는 아니었다. 당내에서 메르켈과 사회 진보적 노선을 같이하는 사람들이 많이 등용된 것이다. 토마스 데메지에르는 총리실장, 메르켈의 협력자인 가톨릭 신학자 아네테 샤반은 교육부장관, 떠오르는 신성 우르술라 폰 데어 라이엔Ursula von der Leyen은 가족노인여성청소년부장관에 임명되었다. 메르켈이 새롭게 발탁한 의사이자 일곱 아이의 어머니인 폰 데어 라이엔의 임용은 다소 파격적이었다. 전통 보수파인 불프 니더작센 주지사는 자신의 주 출신이 반드시 내각에 진출하게 되기를 바랐다. 폰 데어 라이엔은 여기에 부합되는 인물이었다. 그녀의 아버지 에른스트 알브레히트Ernst Albrecht는 1976년부터 1990년까지 니더작센 주지사를 지냈고 성공을 거두진 못했지만 1980년 기민련 총리 후보에 오르기도 했었다. 폰 데어 라이엔 박사는 자신의 고향 주에서 사회복지부장관을 지냈다. 불프는 자신의 장관이 내각 각료로 뽑힌 데 기뻐했고 메르켈 역시 또 다른 진보적인 루터교 여성을 발탁해서 만족스러웠다.

다른 주요 주지사들에게도 만족스러운 인선이었다. 롤란트 코흐는 그의 친구인 초보수주의자 요제프 융Josef Jung이 국방장관이 된 것을 기뻐했다. 당시에는 자신에게 피해를 주지 않을 거라 여겼다. 슈토이버 역시 메르켈이 바이에른에서 자신의 경쟁자였던 제호퍼를 그다지 힘없는 농림부장관에 임명한 것에 대해 만족스러워했다. 10년 후 제호퍼는 메르켈의 강력한 경쟁자로 성장하지만 2005년 당시에는 아무도 그렇게 예상하지 못했다.

만족하지 못했던 사람은 뤼트거스뿐이었다. 노르트라인-베스트팔렌 주지사는 독일에서 가장 넓은 자신의 주 출신 정치인이 내각에 입성하지 못한 데 분노했지만, 메르켈은 서쪽 산업주의 주지사의 불만 따위는 무시해버릴 수 있었다. '분할 통치'는 줄리어스 시저Julius Caesar부터 마키아벨리에 이르기까지 정치 원칙이었고, 이는 메르켈에게도 마찬가지였다. 주지사들 중 그녀의 경쟁 세력은 분열되었다. 일부는 만족하고 다른 이는 그렇지 못했다.

전체적인 구도를 보면 쇼이블레마저 만족스럽게 느낀 결과였다. 그는 중요하지만 위협적이지 않은 내무장관에 배정되었다. 국제 테러 문제가 주요 관심사로 떠올랐던 시기, 시민 자유를 제한하는 새로운 법안을 통과시켜야 하는 힘든 당면 과제가 있었지만 그는 기꺼이 제안을 받아들였다. 그의 내각 임용으로 메르켈과 전임 기민련 당수 간의 관계 회복과 화해가 이뤄져 두 사람은 정치적 친구라고까지 불리게 된다. 아마도 극작가 베르톨트 브레히트Bertolt Brecht가 "우리는 친구다. 나는 그를 믿지 않기 때문이다"라고 정의한 우정의 개념에만 부합하겠지만 말이다.

정확히 2005년 11월 22일 오전 11시 52분, 51세라는 비교적 젊은 나이의 앙겔라 메르켈이 독일의 총리가 되었다. 역대 최연소 총리였다. 헬무트 콜(1982)은 52세, 게르하르트 슈뢰더(1998)는 54세, 빌리 브란트(1969)와 헬무트 슈미트(1974) 둘 다 55세, 쿠르트 게오르크 키징거(1966)는 60세, 루트비히 에르하르트(1963)는 62세, 콘라트 아데나워(1949)는 73세에 총리가 되었었다. 하지만 메르켈은 그들과 달리 독일을 이끄는 최초의 여성 총리였다. 그녀는 곧 자신의 성별이 통치에 장애가 되지 않는다는 사실을 입증한다.

10

유럽의 여왕이 되다

:

징계위원회 출석은 절대 유쾌한 일이 아니다. 위르겐 클린스만^{Jürgen}
Klinsmann은 지금껏 훌륭하고 양심적인 직원이었다. 몇몇 사람들이 그의
사투리 악센트를 놀리기는 했지만 대체로 인기가 많은 편이었다. 그는
지금껏 또는 근 20여 년간 일해오면서 사실상 본사나 다름없는 상사에
게 소환된 적이 한 번도 없었다.

그는 짙은 색 양복을 입고 비슷한 색상의 넥타이를 느슨하게 맸다. 장
례식에 가는 것 같은 차림이었다. 그는 입을 굳게 다물고 머리가 빠진
부분을 감추려는 듯 신경질적으로 가는 금발을 연방 앞으로 쓸어내리며
아래를 내려다보고 있었다. 물론 관리자로서 책임은 있지만 당황스러웠
다. 빌리-브란트 1번가에 위치한 본사, 특히 7층에서 열리는 회의에 소
환되는 것은 좋은 신호가 아니었다. 2시간 후 클린스만은 회의에서 나왔
다. 그는 경고를 받았다. 클린스만은 평범한 중년의 관리자처럼 대우받

앉지만 실은 그렇지 않았다. 그는 국가대표 축구팀 감독이었고 독일팀이 이탈리아와의 친선 경기에서 4대 1로 패한 뒤 총리 주관 회의에 불려간 것이다. 타블로이드지 〈빌트〉를 비롯한 축구팬들은 독일이 종종 이탈리아에 졌다고 말할 것이다. (석 달 뒤에도 그들은 또다시 남쪽의 이웃 나라에게 패배한다.) 세부 사항이 총리에게 보고되었을 수도 있다. 총리는 축구 평론가를 자처하는 데다 축구를 그녀의 집권 2년차 전략의 일부로 여기고 있었다.

이탈리아전의 패배는 예상치 못한 일이었다. 그렇기 때문에 예외적으로 징계 조치가 이뤄진 것이다. 2006년, 1974년 이후 처음으로 월드컵 대회가 독일에서 열렸다. 그해 여름은 독일인임을 자랑스레 천명할 기념행사가 되어야 했다. 과거의 잘못에 대해 속죄와 사과하며 보낸 지난 60년을 뒤로하고 이제는 보통에 가까운 국가로 탈바꿈하는 것이다. 독일이 다시 보통의 국가Ordinary Country가 되어 다른 나라들처럼 축구장에서 국가 영웅들의 성과를 축하하는 깃발을 휘날리며 새로운 규범을 보여주는 것, 이것이 바로 계획이었다. 메르켈이 낙관할 만한 이유도 있었다. 1990년 통일 몇 달 전, 서독이 우승컵을 차지한 이래 처음으로 통일 독일이 실제로 세계 챔피언이 될 가망성이 높게 점쳐졌다. 대부분 독일 팬들이 출생시민권과 자연 상황에 기대를 품고 있었다. 독일팀 주장이자 스타 플레이어인 미하엘 발락Michael Ballack부터 동독의 괴를리츠에서 태어났고, 그를 비롯한 팀원들은 여러 방면에서 새로운 독일을 대표하고 있었다. 심지어 독일 밖에서 태어난 이들도 있었다. 다른 스타 플레이어 미로슬라프 클로제Miroslav Klose의 경우는 폴란드 출생이었다. 대표팀은 새로 통합된 다문화 독일을 상징하는 셈이었다.

이탈리아전 패배는 이런 계획을 세워놓았던 정부 지도층에게 큰 충격을 안겼다. 축구팬들과 전문가들은 패배에 너그러웠던 반면 정치인들은 그러지 못했다. 기민련 당원 노버트 바르틀레[Norbert Barthle]는 조사를 요구했다. 전 체육교사이자 독일 스키연맹 회장 역시 충격을 감추지 못했다. 그는 조치를 취할 것을 요구했다. 메르켈 총리는 클린스만, 전 국가대표팀 감독이자 현 월드컵 조직위원장인 프란츠 베켄바워[Franz Beckenbauer], 테오 츠반치거[Theo Zwanziger] 축구협회장을 총리실로 불렀다. 그리고 각자의 상황을 해명했다. 총리가 클린스만에게 어째서 전통적으로 이탈리아를 압박하는 데 효과적이었던 3-5-2 포메이션을 4-4-2 포메이션으로 바꿨는지 물었다. 대부분 국가에서 스포츠는 스포츠일 뿐이고 정부 수반이 이렇게 일상적인 부분까지 개입하는 건 이례적인 경우다. 메르켈에게 있어 월드컵에서 실패할 가능성은 합리적인 논쟁과 계획을 통해 처리되어야 하는 프로젝트 관리 안건 중 하나였다. 총리는 통계수치와 그래프, 다른 국가의 준비 상황 비교 자료를 보면서 문제를 토론하고 이에 따른 후속 계획을 세웠다. (독일이 3위에 그쳤던 그해 말 불운한 클린스만은 미국 국가대표 축구팀 감독으로 옮겨갔다.)

하지만 축구는 부차적인 문제였다. 다른 문제들이 안건에 올라 있었다. 전임자 콜과 슈뢰더가 남겨둔 난제들은 미해결 상태이거나 노골적으로 무시되었다. 클린스만과 회의가 있었던 2006년 3월 무렵 메르켈의 문제 해결 방식은 이미 확고하게 자리를 잡은 상태였다. 마치 토목공학 프로젝트를 진행하듯 신중하게 정책 문제에 접근하는 방식은 클린스만과 그의 동료들과의 회의라고 해서 크게 다르지 않았다. 유럽의 동료들을 설득해 EU의 신규 예산안에 합의를 이뤄내던 때와 정확히 똑같았다.

그리고 언제나 그랬듯 이번 일도 어려웠다.

메르켈 최초의 유럽 정상 회담
•
•

독일인들이 EU를 지지한다는 오해가 있다. 특히 영국에서는 더욱 그렇다. 메르켈이 정권을 잡았을 때 독일인 46%는 독일이 EU 회원국으로서 혜택을 보지 못한다고 생각했다. 이러한 결과의 이유는 상당수가 독일이 다른 EU 국가에 보조금을 주고 있다고 느끼고 있었기 때문이다. 콜의 오랜 집권 기간 동안 유럽에서 독일의 역할이 강화되는 데 있어서 다른 나라의 불안감은 독일이 수표책을 열면서 해결되었다. 슈뢰더 정권은 브뤼셀(EU 본부가 있는 곳─옮긴이)의 마르지 않는 돈줄 역할을 그만하겠다는 노력을 보였다. 1998년 선거 직후 가진 의회 연설에서 슈뢰더는 이런 생각을 명확히 밝혔다.

"독일의 수표책으로 유럽의 문제를 해결할 수도 없으며, 그렇게 하지도 않을 것입니다. 보다 공정하게 분담금이 책정되지 않는다면 우리 국민들은 통합을 지지하기보다는 오히려 점점 유럽에서 멀어질 것입니다."[1]

슈뢰더의 문제는 1980년대 초반 이래 영국이 이른바 '리베이트'로 책정된 분담금보다 적게 납입하는 것이었다. 당시 전체 예산의 대부분은 농업 보조금으로 배정되었다. 이른바 공동 농업 정책Common Agricultural Policy, CAP으로 농업 비중이 높은 국가들이 받는 혜택이 불균형적으로 높았다. 마가렛 대처는 영국이 계속 ECEuropean Community(유럽공동체)에 분담금을 내겠지만 영국의 농업 규모가 크지 않다는 이유를 들어 순분담금 규모를 줄이는 협상을 성사시켰다.

프랑스의 격렬한 반대에도 불구하고 농가 배정 예산을 감축하기로 의결했고, 이로써 영국이 리베이트를 받아야 하는 명분은 사라졌다. 하지만 슈뢰더는 1999년 정상회담에서 자신의 목적을 전부 달성하지는 못했다. 당시 정치 생활의 최전성기에 있던 토니 블레어 영국 수상이 자국이 더 많은 부담금을 지불하게 하려는 어떤 시도도 차단해버렸기 때문이다. 사실 슈뢰더는 독일의 분담금을 경감하는 성과를 거둘 수 있었다. 5년 전 콜이 독일이 급증하는 지출을 부담해야 할 필요성을 받아들였지만[2] 슈뢰더는 이런 분위기를 뒤집어버린 것이다. 하지만 그가 달리 할 수 있는 것이 없었다. 그의 영어 실력이 빈약한 데다 충동적으로 행동하고 정부 고위층끼리 거래하는 데 익숙한 사람에게 외국어로 다른 나라 정치인들과 협상한다는 것은 힘든 과제였다.

2005년 10월 메르켈이 정권을 인계받았을 때 EU 분담금 예산 협상이 한창 진행 중이었다. 독일 재무부는 유럽에서 가장 큰 나라가 불균형적으로 높은 분담금을 지불하지 않도록 필사적으로 싸웠다. 독일이 분담금 지급을 꺼리는 이유에는 단지 정치적 문제만이 아니라 재정적 문제도 있었다. 1980년 평균 국민소득 기준으로 유럽 내 가장 부유한 국가였던 독일은 이제 11위로 내려앉았다. 사실상 제3세계 국가 하나를 합병한 것과 다를 바 없는 통일 비용에 타격을 입은 것이다. 게다가 EU에 새로 가입한 중·동부 유럽 국가들은 20년 전인 1980년대 그리스, 스페인, 포르투갈이 신규 가입 했을 때와 동일한 수준의 혜택을 요구했다.

유럽위원회는 타협안을 도출하려는 시도로 각 국가별 GDP의 1.24%

를 지급해 공동 재원을 마련하자고 제안했다. 하지만 독일은 이 제안을 단호하게 거절했다. 메르켈은 분담금을 줄이고 싶었을 뿐 아니라 영국의 상환금 문제와 독일의 시각에서는 규모만 클 뿐 이윤이 없는 고용창출 프로젝트에 지나지 않는 침체된 농업 분야의 높은 보조금 문제를 검토하고자 했다. 메르켈에 대한 기대치는 낮았다. 오히려 보통 예상치보다 낮은 수준이었다. 지금껏 봐왔듯 메르켈은 환경부장관 시절부터 다자간 협상에 있어서 상당한 경험을 쌓아왔다. 하지만 당시 그 누구도 이 사실을 알지 못했다.

협상은 외부와 단절된 상태에서 진행되지 않았다. 토론을 복잡하게 한 다른 안건은 유럽 헌법의 운명이었다. 몇 년간 여러 EU 국가의 위원들은 미합중국 헌법에서 영감을 받은 법을 마련하는 데 매달려왔다. EU에 헌법에 기초한 공식 지위를 부여하기 위한 목적이었다. 협상을 책임진 전 프랑스 대통령 발레리 지스카르 데스탱Valéry Giscard d'Estaing은 품격 있는 결과물을 제시하지 못했다. 최종 헌법은 여러 부분에서 이상적인 유럽 합중국 헌법과 상당히 거리가 있다 못해 끔찍한 정도였다. 새 법안에서는 각 국가 의회의 역할이 인정되었다. EU로의 권력 이동을 정당화한다는 이유에서 상당한 비판을 받았던 '그 어느 때보다 가까운 유럽인들의 연합'이라는 구절은 모든 결정은 '최대한 시민의 뜻에 가깝게' 결정되어야 한다는 경고 조항을 덧붙여 수정되었다. 하지만 중앙집권주의에서 벗어난 이 조항은 쉽게 납득되지 않는다. 대부분 유럽인들은 헌법이 결국 브뤼셀로 권력이 집중될 것임을 보여주는 또 다른 예라고 여기고 있었다. 치명적인 문제였다. 초안 작성자들과 유럽 정부의 문제는 많은 유럽인들이 헌법에 대해 그다지 관심이 없었다는 것이었다.

2005년 봄 스페인에서 치러진 국민투표 결과는 헌법 '찬성'이었지만, 같은 해 6월 프랑스와 네덜란드에서 실시된 국민투표는 압도적인 반대로 끝났다. 유럽공동체를 창립한 6개국 중 2개국이(나머지 4개국은 벨기에, 룩셈부르크, 이탈리아, 독일) 헌법을 거부했다는 결과는 곧 법적 효력을 상실했다는 의미였다. 이는 유럽 정치권에 충격을 안겼다. 2005년 가을 룩셈부르크의 국민투표 결과는 '찬성' 쪽이었지만 이미 법안은 법적으로 사문화되었고 정치적으로만 호흡기를 단 채 겨우 연명하는 상황이었다.

이러한 불신임 국민투표 결과와 예산 문제가 아니었더라면 지도자들이 2006년 12월 19일 브뤼셀 중심의 유스투스 립시우스 빌딩에 모이지 않았을 것이다. 메르켈은 독일 연방 공화국의 8대 총리로 취임 선서한 지 불과 한 달밖에 지나지 않아 자크 시라크Jacques Chirac, 블레어를 비롯해 유럽 무대에서 오랜 경험을 쌓은 노련한 정치 거물들을 상대해야 했다.

언제나 그랬듯 프랑스와의 관계는 중도적이었다. 시라크 프랑스 대통령은 보수파였지만 메르켈의 전임자 슈뢰더와 우호적 관계였다. 이들 둘은 조지 W. 부시에 대한 불만을 감추지 않고 노골적으로 반미주의Anti-Americanism를 드러냈다. 메르켈은 아데나워 이래 모든 독일 총리들처럼 프랑스-독일 관계의 중요성을 잘 알고 있었다. 총리직을 인계받은 이틀째인 2005년 10월 23일 그녀는 시라크를 만나러 파리행 비행기에 올랐다. 그는 군악대의 독일 국가 연주까지 준비해 최고의 의전으로 그녀를 환영했다.

시라크는 괜찮은 체하고 있었지만 과거의 영광일 뿐이었다. 몇 달 전 국민투표의 패배로 심각한 타격을 입었고, 메르켈은 엘리제궁에서 자신을 맞이하는 이에게 동정심이 들었다. 자신의 매력과 멋진 외모가 세월과 더불어 사라졌다는 사실을 감추려 애쓰는 늙은 플레이보이를 바라보는 감정과도 비슷했다.

메르켈은 시라크의 과대망상에 동의하는 체하며 정중한 태도를 유지했고 공개석상에서는 평화, 협력, 한때 적이었던 양국의 견고한 유대관계 같은 상투적인 표현 외에는 발언을 삼갔다. 한 시간 동안의 회의에서 메르켈은 유럽 헌법 같은 민감한 사안은 세련되게 피하면서 프랑스 대통령이 필요로 하고 갈망하는 지지의사를 보여줬다. 시라크는 국민투표의 실패로 골머리를 앓고 있었기 때문에 EU 예산 문제에 신경 쓸 여유가 없었다. 반면에 메르켈은 기존의 마스트리히트 조약Maastricht Treaty(1993년 조약이 체결된 지역의 이름을 붙임)이 제법 잘 작동하는 상황에서 헌법 비준 실패에는 그리 관심이 없었다. 그녀의 관심사는 EU의 재정이었다. 만남은 짧았지만 새 총리는 프랑스 대통령을 예산 문제 쪽으로 조금씩 몰고 갔다. 물론 시라크 본인을 포함해 아무도 이런 움직임을 눈치채지 못했다. 메르켈이 사용한, 프랑스인들이 '조용한 힘la force tranquille'이라고 하는 방법은 한 달 후 성과를 거뒀다.

블레어는 정치적으로 다른 어려움을 겪고 있었다. 1997년 보수당 존 메이저의 뒤를 이어 수상에 취임했을 때 전직 바리스타는 정치계의 슈퍼스타였다. 블레어는 북아일랜드와 평화 협정 체결을 비롯해 최저임금제 도입 등 고국에서 수많은 개혁을 시행했다. 하지만 그의 지지자 상당수는 국내 문제에 있어서 인기 하락의 위험을 무릅쓰고서라도 추진하려는 결단력 부족한 행동에 실망해 등을 돌렸다. 진보주의 노선으로 선출되었지만 민영화, 대담한 외교 정책, 보건과 교육 분야에 시장의 논리를 적용하는 등 그의 안건은 보수적 색채를 띠고 있었다. 2003년 조지 W.

부시의 유지연합Coalition of the Willing(有志聯合, 뜻이 맞는 국가들이 자발적 의지에 따라 모인 동맹-옮긴이)에 가입해 이라크전 참전을 결정한 이후 지금까지 그를 지지했던 유권자들은 증오에 가까운 격렬한 반대를 표명했다. 이런 상황에서도 그는 온갖 어려움을 극복하고 2005년 5월 가까스로 3선에 성공했다.

블레어는 더 이상 집권 초기의 참신한 매력과 카리스마를 갖고 있지 않았지만 여전히 뛰어난 정치인이었다. 메르켈은 그와는 전혀 다른 스타일의 정치인이었지만 영국의 동료에게 공감되는 부분이 적지 않았다. 두 사람은 2005년 독일 총선 1년 전 만남을 가졌다. 블레어가 베를린에 공식 방문했을 때 야당 대표와 만남의 자리가 마련된 것이다. 블레어의 참모장 조나단 포웰Jonathan Powell은 메르켈의 첫인상을 기억하고 있었다. 시가를 피우는 마초 스타일의 슈뢰더와 달리 메르켈은 상당히 정직하고 온화하며 심지어 사무적으로 보였다. "총리 후보자가 그(블레어) 앞에 털썩 앉아 허심탄회하게 말했습니다. '내게 열 가지 문제가 있어요'라고 하더니 카리스마 부족부터 시작해서 그 내용을 하나하나 말하기 시작하더군요." 어쨌거나 이상이 포웰이 기억하는 메르켈과 영국 수상과의 첫만남이다.[3] 블레어는 깊은 인상을 받았다. 이들의 관계는 굉장히 친밀해져서 블레어는 메르켈의 참모장인 토마스 데메지에르가 런던에 와 총리실 참모진 업무를 견학하게 해달라는 요청을 허락할 정도였다. "2주 동안 (데메지에르는) 다우닝가의 총리실에서 블레어의 참모장과 함께하며 입법 과정, 법안 통과, 첩보 기관을 활용하는 법과 그 밖의 다른 절차 관련 규정을 배웠습니다."[4]

블레어가 브뤼셀에서 메르켈과 다시 만났을 때 그들의 우호적 관계를 믿었을 수도 있지만 정치에서는 개인적 우정은 피상적인 감정에 불과한 법이다. 전쟁과 프로 스포츠와 마찬가지로 정치인의 가장 중요한 역량은 목적 달성을 위해서라면 가까운 친구도 배신하고 버리는 것이다. 이것이 바로 국제 정치의 본질이며 이렇게 하지 못한다는 것은 무능함과 직결된다. 심지어 더러운 술수라 하더라도 상황을 이용하는 것은 정치인으로서 존경받을 만한 행위다.

블레어는 명목상 브뤼셀 정상회담의 의장이었다. 2005년 하반기 순번제로 맡는 EU 의장직을 영국이 맡고 있었지만 영국 정부는 그다지 성과를 내지 못했다. 12월 16일 저녁 협상 후 블레어는 건물 5층의 널찍한 의장실로 돌아왔다. 그 시간 메르켈은 바쁘게 움직이고 있었다. 그의 전임자와는 달리 메르켈은 다른 지도자들과 영어로 대화를 나눌 수 있었다. 그녀는 거의 모든 이들과 개별적으로 대화를 나눴다. 프랑스 대통령도 1950년대 하버드에서 교환학생으로 있으며 영어를 배워 1932년생인 그의 세대 프랑스인답지 않게 영어로 대화가 가능했다. 호의적인 인상을 기반으로 메르켈은 먼저 시라크를 만나, 그가 자신의 제안을 수용할 뜻이 있으며 입 밖에 내지 않았어도 메르켈의 꼼꼼하고 전문적인 접근 방식에 깊은 인상을 받았음을 알아챘다.

그녀의 끈기는 성과를 거뒀다. 새벽 3시 시라크와 메르켈은 합의에 도달했다. 공동 농업 정책 보조금을 경감하고 영국은 상환금을 포기하며, 회원국들의 개별 분담금도 유럽위원회의 제안보다 상당히 낮은 1.04%로 낮춘다는 안이었다.

블레어는 아침에 독일인 동료를 보고 깜짝 놀랐다. 두 사람이 이야기를 나누는 사이 자크 시라크는 '프랑스-독일 합의'로 협상 내용을 발표했다. 실제로는 그가 농업 보조금을 양보했지만, 프랑스 측의 성공과 그 해 초 있었던 국민투표 결과에도 불구하고 자신이 아직 유럽 정치 무대에서 건재하다는 증거로서 협상안을 내놓고 싶었던 것이다. 시라크의 성명 발표로 블레어의 입지가 곤란해졌다. 의장으로서 그도 협상 결과가 필요했다. 결과물이 없다면 무능력한 지도자로 보일 것이다. 하지만 마가렛 대처가 협상으로 받아낸 상환금을 양보한 결정에 대해서는 런던에 돌아갔을 때 야당 보수당에게 발목 잡히게 되리라 예상하고 있었다.

메르켈은 블레어에게 굴욕감을 안기고 싶지 않았다. 그녀는 이번 협상안은 영국의 '한계선Red Line'에 근접한 결과라고 언급했다. 정상 회담 전 블레어는 연간 분담금을 GDP 대비 1.03%으로 조정하자고 제안했었다. 또한 그는 농업 분야의 분담금 문제가 합의되려면 영국도 상환금을 포기할 수밖에 없다고 했었다. 사실 총리는 당황한 영국 동료에게 영국은 사실상 블레어가 계획한 대로 성과를 거둔 것이라고 말해준 것이다. 기본적으로 그녀는 영국 수상을 대신해 협상을 이끌었다. 이제 그는 룩셈부르크와 오스트리아의 동의를 조건으로 성과에 대한 공을 뽐낼 수 있었다. 블레어는 메르켈에게 설득되었고 그 후 그녀와 만남 후 시라크와 짧게 이야기를 나눴다. 두 남자는 서로 싫어했던 데다 적대감은 더욱 깊어져가던 상황이었다. 파리는 2012년 올림픽 개최 유망 후보국이었지만 블레어의 기민한 작전과 막후 외교로 런던으로 넘어간 것이다. 만남은 짧고 정중했으며 사무적이었다. 서로를 싫어하는 자존심 강한 사람들의 만남이 그렇듯 말이다.

두 사람은 메르켈이 그들 둘 다 원하던 거래를 성사시켰다고 확신했다. 그들은 7층으로 올라가 메르켈을 만났다. 그녀는 합의 분위기를 조성하기 위해 바쁘게 자리를 배치하고 있었다. 큰 나라의 지도자들 사이에 지난 정상 회담에서 협상안을 이끌어내지 못한 룩셈부르크 수상 장클로드 융커Jean Claude Juncker, 영국에 이어 의장국을 맡게 될 오스트리아의 볼프강 쉬셀Wolfgang Schüssel 총리가 자리했다. 메르켈은 독일어권의 오스트리아 총리와 룩셈부르크 수상과는 잡담을 나눴다. 그녀는 전 회원국의 합의가 중요하다고 강조하며 차분히 자신의 계획을 발표하고 사실을 들어 상대를 설득했다.[5] 정오까지 그녀는 협상을 성사시켰다.

외교관들은 깊은 인상을 받았다. 어쩌면 아무런 기대를 하지 않았기 때문일지 모른다. 정상 회담의 결과로 큰 변화가 일어났다. EU 외교관은 〈가디언Guardian〉에 이렇게 말했다. "메르켈은 이번 정상 회담에서 두 가지 일을 해냈다. 그녀는 건설적이었고, 슈뢰더와 달랐다. 시라크의 '미니미'처럼 행동하던 슈뢰더는 정상 회담 전에 이미 물밑 거래를 해두곤 했었다. 하지만 이번에는 이런 일이 일어나지 않았고 그녀의 건설적인 행동으로 다른 모든 이들도 건설적으로 행동하게 되었다."[6] 메르켈이 총리에 취임한 지 불과 한 달 남짓 지난 그날 오후, 세계는 공적 자금과 정책 분야뿐 아니라 월드컵도 무자비한 정치적 논리에 따라 관리할 수 있는 정치인이 이끌어가는 '메르켈의 시대'에 진입했다.[7]

새해가 되어 메르켈의 다음 도전 과제는 월드컵이었다. 그녀는 이 역시 EU 예산안을 처리한 방식으로 다뤘다. 그녀는 국제무대에서는 좋은 평판을 받고 있었다. 그 이유는 참신함과 시라크, 부시, 블레어 같은 기존 정치인에 대한 피로감, 때로는 경멸감 때문이기도 했지만 말이다. 메르켈은 달랐다. 여성이자 솔직한 연설가라는 차이점은 고국에서의 높은 지지율과 국제적인 존경으로 현실화되었다.

연방 개혁

•
•

월드컵으로 세계인들을 맞이하기에 앞서 3월 메르켈은 입법 계획을 발표했다. 독일 연방 제도에 관련한 헌법 개혁이라는 야심찬 계획이었다. 연방제 개혁은 독일 통일 이후 발생한 불균형을 바로잡기 위한 목적이었으며, 이 같은 계획은 각 주와 베를린의 연방 정부 간 노동력 배분에 대한 전반적인 개혁을 골자로 하고 있었다.

개혁의 중요성을 이해하려면 독일의 연방제에 대한 논의의 역사와 배경을 우선 파악해야 한다. 연방제는 미국인들에게 익숙한 제도다. 연방제의 기본 원리는 특정 정책은 주에서 결정하고 나머지는 연방 정부가 책임지는 것이다. 연방제의 개념을 처음 제시한 이는 17세기의 네덜란드의 정치철학자 요하네스 알투시우스Johannes Althusius였지만, 적어도 실제로는 미합중국 헌법을 기초한 미국 건국의 아버지들의 사고의 산물이었다. 서독은 제2차 세계대전 후 연방주의를 수용했지만 이는 승전국이 강요한 이질적인 제도가 아니었다. 독일은 언제나 여러 나라로 나뉘어 있거나 같은 언어와 비슷한 문화를 공유하는 작은 왕국들 간의 느슨한 연합체 형태로 존재해왔다. 현재와 같은 독일은 프로이센의 비스마르크 수상이 27개의 지역 독립체로 구성된 연방과 비슷한 형태의 독일 제국을 세운 1870년 이후에야 등장한 것이다. 바이마르 공화국Weimer Republic 역시 비슷한 연방제적 성격을 띠고 있었지만, '획일화 정책Gleichschaltung'이라는 강력한 중앙집권체제를 도입한 히틀러에게 무너지고 말았다. 동독 역시 '민주적 중앙집권주의Democratic Centralism'라는 레닌의 소비에트 공화국 모델에 기초해 중앙집권제를 시행했다. 지역적 차이는 고려하지 않고 공산당이 주도적으로 모든 중요한 결정을 내린다는 제도였다.

1949년 기본법은 연방제의 재건이 목표임을 분명히 명시하고 있다. 히틀러 체제는 물론 동독에서도 지속된 제도와 정반대의 결정을 함으로써 서독은 과거의 국가 사회주의자들과 이웃의 공산주의자들과는 근본적으로 다르다는 사실을 밝힌 것이다. 1949년에 합의된 내용에 따르면 중앙정부가 외교, 이민, 국방, 조세를 관할하며 주정부는 교육, 치안, 문화를 담당한다. 그리고 기본법에는 자연 보호와 보건을 비롯해 연방정부와 주정부가 권력을 공유하는 수많은 분야가 나열되어 있다.[8] 연방제도와 민주주의 원리가 변하지는 않겠지만 국민 3분의 2에 달하는 다수가 기본법의 개정을 요구하고 있었다. 이제 메르켈은 기본법을 개혁하려 했다.

미국 변호사 브루스 애커만Bruce Ackerman은 한 국가의 정치·법의 근본적인 체제 변화는 '헌법의 시기', 다시 말해 정당들이 자신들만의 편협한 이익을 추구하는 보통의 정치 행위를 잠시 미뤄두는, 정치 의식이 한껏 고양된 드문 시기에 일어난다는 유명한 발언을 했다.[9] 법학자들과 철학자들도 2005년에서 2009년이 독일의 '헌법의 시기'였다는 데 이견을 제시하지 않는다. 메르켈은 이 문제를 이렇듯 이론적으로 접근한 것 같지는 않다. 그것은 그녀의 방식이나 성향과 맞지 않는다. 그럼에도 그녀의 생각은 애커만과 일맥상통한다. "대연정 시기만이 이러한 개혁안을 제정할 수 있습니다." 3월 말 기자 회견에서 메르켈은 이렇게 말했다.[10] 독일 내 양대 정당이 손을 잡은 대연정으로 각자의 편협한 이익을 접어두고 반드시 필요한 개혁안을 제정할 수 있었다는 점에서 2005년은 독일의 '헌법의 순간'이라 할 만하다.

개혁을 낙관할 만한 이유가 있었다. 앞선 개혁은 실패로 돌아가거나 근본적인 문제를 해결하지 못한 타협안에 불과했었다. 통일 직후인 1990년대 초반 콜은 일명 '독립 연방 위원회'를 발족했다. 위원회의 독립성이 보장되었는지는 물론 미지수다. 기민련의 베른하르트 포겔Bernhard Vogel(콜의 고향인 라인란트-팔츠 전 주지사)이 이끄는 위원회는 공평함은 잘 모르겠지만, 어쨌거나 작은 변화만을 제안할 수 있었다. 몇몇 주의 도청을 새로 편입된 동쪽 지역으로 옮긴다든가, 1991년 마스트리히트 조약의 체결로 EU 설립의 필요에 따른 몇 가지 변화 정도에 불과했다.

1990년대 후반에서 2000년대 초반을 거치며 기존 헌법은 새로 통일된 국가를 운영하는 데 적합하지 않았고 포겔의 위원회에서 제시한 대안도 굉장히 부적절하다는 사실이 명백해졌다. 기본법은 영구적인 법이 아닌, 일종의 임시방편용으로 마련한 초안, 다시 말해 독일이 통일되면 재검토할 임시 헌장이었다. 따라서 기본법은 헌법보다는 일시적 해결책에 가까웠다.

2003년 10월 슈뢰더가 아직 총리직에 있을 때 헌법을 개정하려는 시도가 있었다. 슈뢰더는 슈토이버를 헌법 협의회장으로 임명했다. 헌법 개혁이 정당의 노선을 초월한 문제였음을 보여주는 사례다. 하지만 헌법 협의회의 결과물은 아무것도 없었다. 양당 간의 의견차가 커지는 가운데, 주정부에서 교육 정책을 중앙정부로 이관한다는 안을 거부하면서 2004년 12월 협상이 결렬되었다. 교착 상태는 당시 정당 간의 갈등보다는 실질적인 의견 차이에서 비롯된 결과였다. 사민당이나 기민련 어느 쪽도 개혁에 반대하지 않았다.

따라서 연정 협상이 진행되는 동안 사민당과 기민련·기사련 양측 모두 헌법 문제의 재논의 필요성을 강조했다. 이제 공감대가 형성되었다고 감지한 메르켈은 기회를 놓치지 않고 기본법 개정 약속을 얻어낼 수 있었다. 하지만 그녀는 특유의 리더십을 발휘해 새 헌법에 고차원적인 법학 이론이나 심오한 철학 원리가 아닌 실용성이 담기도록 했다. 대연정 정부 내에서 몇 개월에 걸친 신중한 논의 후 3월 메르켈은 마침내 의회에 계획안을 발표했다. 권리, 정의, 법철학이 아닌 소비자 보호와 관료제의 형식주의 근절의 필요성을 강조하는 내용이었다.

　이렇게 실용성과 기본적인 사안에 집중했지만 몇 주 후 도출된 결과에 반영되지 않았다. 메르켈이 합의한, 기민련의 귄터 외팅어와 사민당의 페터 슈트럭이 협상한 안은 훨씬 절차를 따르는 것이었고 일반 유권자들이 관심을 가질 만한 안건은 포함되지 않았다. 외팅어와 슈트럭은 정치적으로 상반된 노선을 걸어온 만큼 그들의 경력도 전혀 다를 수밖에 없었다. 슈트럭이 1990년대 후반 사민당 원내 총무로 있으며 당 기강을 책임졌던 반면, 외팅어는 바덴-뷔르템 부르크의 주지사로서 주 정치에 기반하고 있었다. 두 사람은 모두 당의 이익을 우선으로 했지만 둘 다 진보적이었고 그들 누구도 바이에른을 대변하지 않았다. 메르켈은 외팅어를 임명함으로써 기민련의 세 부의장인 코흐 헤센 주지사, 불프 니더작센 주지사, 뤼트거스 노르트라인-베스트팔렌 주지사의 의사 결정 과정 개입을 막을 수 있었다. 이들 세 주지사들이 개혁 협상의 핵심 역할을 한다면 연정과 연방 개혁 과정이 어려워질 수도 있었다. 하지만 외팅어가 협상을 주재함으로써 그들이 정치적으로 개입할 여지를 막은 것이다. '분할 통치'의 원리가 다시 빛을 발했다.

　걸림돌은 독일 상원이었다. 주정부의 대표로 구성된 상원은 하원에서 통과된 상당수 법안에 거부권을 행사할 수 있었다. 이러한 관계는 교착 상태를 야기하곤 하는데, 1997년 야당 당수인 슈뢰더가 니더작센 주지사이자 독일 상원 의장으로서 콜의 조세 개혁안에 거부권을 행사한 경우가 단적인 예다. 사민당 역시 상원의 반발을 경험한 적이 있었다. 사실 슈뢰더가 2005년 조기 총선을 요청한 이유도 자신의 정책이 상원에서 기민련·기사련에 의해 거부되었기 때문이다.

메르켈과 사민당 부총리 뮌테페링은 이와 같은 일이 다시 일어나게 해서는 안 된다고 결심했지만 주정부의 권한을 축소하는 법안에는 반발이 따르리라고 예상하고 있었다. 메르켈은 외팅어와 슈트럭을 통해 주정부에 교육 부문 권한을 더 부여하는 방안을 제안했고 그 반대급부로 상원의 법안 부결권 행사가 제한되었다. 결과적으로 사실상 상원은 경제 정책에 대해 부결권을 행사할 수 없게 된 것이다. 개혁 후 상원은 이전에 부결권을 행사하던 법안의 절반에 대해서만 부결권을 행사할 수 있게 되었다.

언론은 협상 결과에 대해 메르켈의 대단한 성과라고 환호했다. 그녀가 EU 예산 협상의 경우와는 달리 이번 협상에는 직접 개입하지 않았다는 점에서 다소 과장된 찬사라 할 수도 있다. 하지만 운 좋게 자신의 재임 기간 중 개혁안이 합의되었을 뿐 제3자에 지나지 않는다는 주장은 잘못된 평가다. 리더십은 세부 사항까지 관리하고 밤새워 일을 하는 것이 전부가 아니기 때문이다. 지도자는 위임하는 능력으로 평가받아야 한다. 미국 대통령 드와이트 아이젠하워Dwight Eisenhower는 이렇게 말했다. "리더십이란 다른 누군가에게 당신이 원하는 일을 시키는 기술이다." 이런 관점에서 메르켈은 성공을 거뒀다.

황태자들의 몰락

:

2006년 12월 메르켈의 지지율은 80%에 달했다. 지지하는 이유도 다양했다. 슈뢰더는 영광을 누리지 못했다. 논란이 많았지만 반드시 필요했던 하르츠IV 개혁으로 그는 사민당 핵심 지지층에게서도 외면받았다. 하지만 메르켈이 인기를 누리는 전반적인 이유는 여론조사 결과에서처럼 그녀가 새로운 임무를 수행한 방식과도 관계가 있었다. 중고차 중개상 같은 슈뢰더의 이미지는 신뢰감을 주지 못했다. 하지만 메르켈은 '미래의 문제를 해결할 능력이 있다'는 중요한 문항에서 전임자보다 17% 앞섰다.

슈뢰더가 여성 혐오 성향이 있는 남성 유권자와 거칠고 혈기왕성한 전통적인 정치를 선호하는 계층에게 어필한 반면, 메르켈은 실용적이고 조용하면서도 단호한 성향의 유권자들에게 어필했다. 슈뢰더와 당 내 메르켈의 경쟁자 대다수는 레슬링 경기하듯 정치를 했다. 하지만 메르켈은 달랐다.

그해 초 코흐, 불프, 뤼트거스 같은 그녀의 경쟁자들은 다양한 방법으로 메르켈의 후임이 될 기회를 노렸다. 대연정은 과거 1966~1968년에 실시된 실험과도 같은 임시조치였다. 당시 키징거의 입장에서는 다른 정당으로 권력 이양이 불가피한 상황을 연장시키려는 시도였을 뿐이다. 메르켈 내각은 단지 과도기적 임시 정부에 불과했다. 아니, 그녀의 경쟁자들은 그렇게 생각하고 싶어 했다. 하지만 정권을 잡은 지 1년이 지나자 그들이 그녀를 무시했었다는 사실이 명백해졌다.

꼼꼼하게 준비하고 언제든 타협할 마음을 열어두고 경박한 매력 발산은 자제하는 그녀의 정치 스타일은 많은 상대, 특히 EU 동료들의 마음을 움직였다. 당내 경쟁자들은 격투기 학교에서 정치를 배웠다. 따라서 그들에게 정치의 본질은 힘, 위협, 허세였다. 그녀는 이 모든 것들을 싫어했다. "특정 남성 정치인들은 불쾌한 방식으로 자신을 드러내는 경향이 있더군요. 많은 이들이 잔뜩 뻐기면서 서로의 목소리를 덮어버리겠다는 듯 큰 목소리로 말하지요. 그럴 때면 나는 신체적으로 억압받는 느낌이 들어서 차라리 그 자리에 없었으면 좋겠다는 생각이 들 정도입니다."[11]

메르켈이 이렇게 느꼈다는 데 경쟁자들은 그리 놀라지 않았다. 이는 곧 그녀의 약함과 난투가 판을 치는 정치를 견디지 못하는 무능력함을 보여주는 증거라고 여겼다. 이들 남성들에게 정치란 곧 길거리 싸움이었다. 메르켈은 이런 특성을 받아들이지 못하고 흔들릴 것이라고 경쟁자들은 생각했다. 메르켈은 이런 점들이 위협 요소라는 것을 알았다. 또한 유럽 각료 이사회(European Council of Ministers), 연정, 심지어 당 내부에서까지 벌어지는 다양한 전투에 개입되어 있다는 사실도 알고 있었다.

사람들은 주장에 힘을 얻기 위해 정당에 가입한다. 정치인은 어떤 문제에 있어서 강력히 입장을 밝히기 때문에 당은 그들의 보호막이 되어준다. 따라서 정당의 당원들은 보통 사람들보다는 극단적이거나 급진적이다. 2006년의 놀라운 성과에도 불구하고 11월 남동부의 드레스덴에서 개최될 기민련 연례 전당대회를 앞두고 메르켈이 불안해한 이유였다.

메르켈은 전략적으로 경쟁자들을 무력화시킬 거래를 했다. '적을 가까이 끌어안아라'는 정치의 표준으로 삼을 만한 격언이다. 코흐, 불프, 뤼트거스가 책략을 꾸미지 못하도록 이들 셋에게 부당수라는 그리 중요하지 않은 직책을 주었다. 공식적으로 부당수는(전부 5명이다) 사실상 당의 이

사회 역할을 하는 연방집행부^{Bundesvorstand} 소속이다. 위원회는 개신교 단체 의장, 의회 대변인과 일부 고위층 등의 당내 여러 단체 대표와 국회의원으로 구성된 말만 무성한 곳일 뿐이었다. 하지만 공식적으로 연방집행부는 의결권이 있고 상의하달이 가능한 당의 상위 조직으로서 원내의원들에게 어떤 표를 던질지 지시할 수도 있었다. 거의 행사된 적은 없지만 이러한 권력에는 대가가 따랐다. 매년 당의 지역 조직의 대표 위원들은 부당수를 비롯해 당수를 선출한다. 2006년도 다르지 않았다.

2006년 11월 27일 메르켈의 경쟁자들은 자신들이 그녀의 당내 영향력과 지지세력을 잘못 계산했다는 사실을 깨달았다. '황태자들의 깃털 장식이 구겨졌다'고 독일통신은 끝맺었다. 메르켈은 평당원의 지지를 얻기 위해 많은 노력을 기울였다. 그해 상반기 정책 성과를 거둔 후 8월부터 11월까지는 비교적 평온한 시기였던 덕분이었다. 그 결과 전당대회에서 93%의 지지로 메르켈은 당수로 재선출되는 데 성공했다. 부당수인 코흐, 뤼트거스와 불프 역시 당원들의 평결을 마주했다. 보통 이런 선거의 결과는 정해져 있고 단지 당의 결속력을 보여주고 당내 불협화음이 없다는 사실을 외부에 증명하는 자리일 뿐이다. 하지만 이번에는 달랐다. 메르켈의 보수파 세 경쟁자 누구도 대회의 결과를 받아들이지 못했다. 뤼트거스는 가까스로 50% 넘는 지지표를 얻었고 코흐와 불프는 60% 중반에 그쳤다. 반면에 메르켈보다 한 살 젊은 교육부장관인 샤반은 대의원 85%의 지지를 얻었다. 메르켈과 그녀의 도당이 정확히 무엇을 했는지 분명하지는 않지만 그녀가 개입되어 있다는 것만큼은 의문의 여지가 없다. "만일 이 결과가 계획된 것이라면, 정말 탁월한 전략적 솜씨라고 해야겠습니다." 그녀의 상대 중 한 사람이 익명을 조건으로 이렇게 감탄을 표했다.[12] 코흐와 그의 지지 세력은 약화되었고 그들이 당내 분위기를 오판했다는 사실이 명백해졌다. 확고히 자리 잡은 독일 문화와 보수적 가치에 대한 도전에 맞섰던 당내 보수 세력은 패배했다. 게다가 그들은 여성, 다문화주의를 지지하기로 유명한 슈반 박사에게도 졌다. 다음 해 연방 교육부장관은 적극적으로 이민을 장려해 다시 한 번 보수파와 사민당 양측 모두를 짜증나게 했다. 메르켈은 당이 현대화되어야 하고 세계화 정책을 수용해 백만장자뿐 아니라 노동자들의 당이 되어야 한다고 주장하며 6분에 걸친 기립박수를 받았다. 이는 기민련이 보수 정책도, 우파 경쟁자들이 옹호하는 가치도, 기민련을 창당한 아데나워가 제1·2차 세계대전 사이에 몸담았던 중앙당Zentrumspartei[1870년 가톨릭교회를 수호하기 위해 남부 독일의 보수파 중심으로 결성된 정당. 이후 독일 제2제정시대(1871~1919)와 바이마르공화국(1919~1933) 시기에 적극적으로 정당 활동을 펼치며 가톨릭 및 사회 각계의 이익을 대변하는 정당으로 자리 잡았으나, 히틀러 집권 후 해체되었다. 중앙당 우파를 계승한 것이 기민련이다.—옮긴이]과도 다른 중앙의 당이 되어가고 있다는 신호였다.

올해의 인물
:

그해 말 〈타임〉지는 메르켈을 '2006년의 인물'로 선정했다. 한 해 전 51세의 이 정치인은 독일 최초의 여성 총리가 되었고 그 사실 자체만으로도 역사에 기록될 성과였다. 하지만 이 사실만으로 찬사를 받기에는 다소 부족한 면이 있다. 이미 다른 나라에서 여성 대통령이나 수상이 등장했으니 말이다. 엘렌 존슨 설리프Ellen Johnson-Sirleaf는 라이베리아의 대통령이 되었고, 미첼 바첼레트Michelle Bachelet는 칠레 대통령에 취임했으며 한명숙도 2006년 한국 최초의 여성 총리가 되었다. 이 여성들도 인상적이긴 하지만 메르켈에 미치지는 못한다. 세계 경제대국의 지도자라는 지위가 더해지는 것이다. 〈타임〉지의 표현대로 누구도 메르켈이 '세계에서 가장 영향력 있는 여성 정치인'이라는 사실에 이의를 제기하지 못한다.

하지만 메르켈의 지위만으로 위대하다는 평을 하는 것은 아니다. 정치는 곧 행동이다. 즉 뭔가를 해낼 수 있는 능력, 다른 이들과 타협하고 양보하며 합의를 이뤄내는 솜씨야말로 국정운영 능력을 보여주는 증거다. 정치가가 되려면 의결 사항을 시행할 능력이 있어야 하고 그만큼 중요한 부분은 이러한 성과를 소통할 수 있어야 한다는 것이다. 메르켈은 취임 첫 해에 이런 모습을 보여주지 않았던가?

〈타임〉지는 그렇다고 믿으며 '메르켈은 워싱턴과 관계를 개선했으며 강인하고 능력 있는 문제 해결사의 면모를 보여줬다'고 평했다. 정확히 어떤 문제였는지 밝히지는 않았고, 공정하게 말하자면 미국과 관계 개선은 부시와 사이가 틀어진 사람이 전임자 슈뢰더였다는 점을 고려해보면 성과라고 하기에 무리가 있지만 말이다. 〈타임〉지는 실업률이 한 자릿수로 감소한 사실도 명시했지만, 이는 뉴욕의 그녀의 지지자들조차 메르켈이 전임자가 도입한 경제 개혁의 혜택을 입었을 뿐이라고 인정하는 부분이다. 메르켈은 2006년 정치계의 슈퍼스타가 되었다. 이에 질세라 〈포브스Forbes〉도 메르켈을 〈포브스〉지 선정 인물 1위로 선정했다. 메르켈이 2위의 콘돌리자 라이스Condoleezza Rice 미국 국무장관보다 상위에 랭크된 것이다. 그러면서 이 경제 잡지는 메르켈이 '토니 블레어와 조지 W. 부시를 비롯해 세계 지도자들을 놀라게 했다'고 찬사를 퍼부었다.

유권자들은 외국 언론만큼 깊은 인상을 받지 않았다. 일반판매세를 16%에서 19%로 인상하자 2006년 중반 그녀의 지지도는 55%까지 추락했다. 사실 난민 대량 유입 이후인 2015년 1월에 비하면 그리 낮지 않은 편이지만 말이다. 하지만 그녀의 능력에 의문을 표하는 이는 없었다. 통치하려면 인기 없는 일도 해야 하고 이왕이면 일찌감치 해야 한다. 사임 요구는커녕 위기의 조짐이 없을 때 말이다.

하지만 이런 게 바로 정치다. 대부분의 사람들은 항상 정치만을 생각하지 않는다. 적어도 보통의 정치적 시기에는 그렇다. 메르켈의 동포들에게 2006년은 독일에서 월드컵이 열린 해로 기억된다. 그리고 고액 연봉의 중간관리자를 불러들여 이상한 징계 청문회를 연 해이기도 하다. 물론 그는 이후에 자신의 실수를 만회했다. (독일은 3위로 마무리했고 클린스만은 독일인에게는 최고 명예인 연방공로 십자장Bundesverdienstkreuz을 받았다.) 독일에서 자신감이 자라고 있었다. 실업률은 낮아지고 시민들은 독일인임을 자랑스럽게 여겼다. 물론 이런 모습을 불안하게 바라보는 시선도 존재했다. 충돌과 폭력에 대한 학제 간 연구소IKG에 따르면 독일 팬들은 과거 다른 월드컵 때보다 2006년 월드컵 동안 애국심이 더욱 고양되었다. 과학 연구에서도 히틀러 정권 시절의 1936년 올림픽과 최근 월드컵 간 유사점을 발견했다.[13]

메르켈의 밀월기는 끝났다.

금융 위기

•

오후 2시 58분 헬리콥터 한 대가 총리공관에 착륙했다. "총리님, 도착했습니다." 그녀의 경호원이 말했다. "미안해요." 깜박 잠들었었는지 깜짝 놀라며 메르켈이 말했다.[14]

그녀는 서류를 챙기고는 푸른색 유로콥터 슈퍼 푸마Eurocopter Super Puma 조종사에게 인사를 한 뒤 햇빛 속으로 걸어갔다. 그녀는 언제나 직원들에게 인사를 건넸다. 그녀 주변의 수많은 안내원들, 운전기사들, 보안요원과 비서들에게 고맙다는 인사를 하는 것은 동독 출신의 오씨로서 내재된 불안감이거나 템플린에서 목사의 딸로 자라며 몸에 배인 좋은 습관일 것이다. 이유가 무엇이든 2008년 10월 10일 그녀가 사무실로 걸어가면서 그것에 대해 그다지 깊게 생각한 것 같지는 않다. 그녀가 주의 깊게 귀 기울였다면 헬기장 옆의 큰 공원 티어가르텐Tiergarten에서 화창한 날을 즐기고 있는 베를린 사람들이 웅성대는 소리를 들었을 것이다.

하지만 총리는 날씨를 즐기거나 또는 자신의 태도를 깊이 생각할 시간이 없었다. 그녀의 동포들이 금융시장에 거센 폭풍이 몰아칠 조짐을 알아차리지 못한 채 마음 편히 주말을 준비하고 있는 동안 메르켈은 대연정의 수장으로 취임한 지 3년째에 엄청난 위기를 마주하고 있었다. 1년 전까지만 해도 그녀 역시 국제 금융의 세세한 부분까지 알지는 못했다. 경제 분야에 있어서 전문성이 떨어진다는 점은 그녀의 아킬레스건이었다. 2005년 총선 전의 TV 토론회에서 메르켈은 총국민소득과 순국민소득 같은 기본적인 경제 개념도 헷갈리는 모습을 보였었다.

하지만 이제 그녀는 전문가가 될 수밖에 없었다. 그녀는 빌리-브란트

1번가의 새 집무실로 걸어가면서 뉴욕의 다우존스 지수가 20% 폭락했고 그 주 초에는 도쿄의 니케이 지수에서 주도주들의 주가가 4분의 1로 급락했다는 소식을 들었다. 미국의 리먼 브라더스 은행의 파산 여파가 독일도 강타했다. 국제적인 규모의 금융 위기로 서구 자본주의가 붕괴될 위험에 처했다. 이번 위기가 1930년대의 대공황보다 더 심각하다고 경고하는 이들도 있었다. 무슨 수를 써서라도 최악의 상황은 피해야 했다. 메르켈은 위기를 막고 싶었고 그렇게 하기로 결심했다. 그녀는 벌써 집권 3년차였지만 자신이 실제로 시험대에 올랐다고 느낀 때는 이번뿐이었다. 그 후 며칠간 그녀는 세계에서 가장 영향력 있는 여성, 버락 오바마 Barack Obama 다음으로 세계에서 두 번째로 영향력 있는 인물이라는 명성이 헛것이 아님을 확실히 보여줬다. "말하자면 완전히 새로운 급선무에 입문한 셈이었죠." 그녀는 당시를 이렇게 회고했다.[15]

6층 집무실에 앉아 계획을 보는 그녀의 목소리에서 단호한 의지가 느껴졌다. "프라우 Frau(여성의 이름 앞에 붙이는 경칭.-옮긴이) 바우만, 이것 좀…." 총리는 참모장에게 문장을 끝맺지도 않고 말했다. 베아뜨 바우만 Beate Baumann은 1995년부터 메르켈의 참모장으로 일해왔지만 총리는 여전히 격식을 차렸고 신뢰하는 조언자를 언제나 성이나 'Sie(그녀)'라는 정중한 표현으로 불렀다.

"네, 총리님." 바우만 부인이 말했다. "헤르 Herr(남성의 이름 앞에 붙이는 경칭.-옮긴이) 슈타인브뤼크와 전화 좀 연결해주겠어요?" 메르켈은 서류더미 사이로 쓱 고개를 내밀며 말했다. 워싱턴에서 열리는 G7 재무장관 회의에 참석 중인 슈타인브뤼크는 그녀가 계획을 추진하기에 앞서 반드시 같은 편으로 삼아야 하는 인물이었다. 재무장관을 배제하는 것은 신중하지 못한 선택이다. 메르켈의 기민련·기사련과 연정 파트너인 사민당은 정략적으로 결혼한 관계였기에 그리 편치 않은 힘든 관계였고 언제나 상대의 전략을 의심해야 했다.

정당 정치의 전략은 언제나 정치인들에게 잠재적인 영향을 미치지만 이날은 다른 것이 더 중요하다는 분위기가 형성되어 있었다. 메르켈과 슈타인브뤼크의 대화에서도 이런 분위기가 느껴졌다. 총리가 사민당 동료에게 무슨 말을 했는지 모르지만 그가 작전을 추진하는 데 동의한 것만은 확실하다.

보통 사무실에서의 말투는 유쾌하고 활기차다. 메르켈은 농담을 하며 성대모사를 하곤 하지만(놀랍게도 그녀는 동료를 흉내내는 재주가 있었다), 그날 저녁만큼은 아니었다. 그녀는 해야 할 일이 있었고 아마도 밤새 이어질 것이다.

가장 힘겨운 위기의 조짐은 몇 달 전에 이미 시작되었다. 하지만 메르켈은 (그녀의 동료들은 짜증나겠지만) 아무것도 하지 않았거나, 적어도 적극적인 조치를 취하진 않았다. 이제 바뀌어야 할 때였고 그 원인은 당시 독일 2위의 부동산 담보 대출 업체 하이포 리얼 에스테이트 홀딩Hypo Real Estate Holding AG의 부도였다. 불과 일 년 전 메르켈은 공적자금 투입을 거부하면서 '확대 재정 정책은 불필요하고 고비용의 모험 행위'라는 신자유주의의 신조를 명백히 밝혔다.[16]

메르켈은 자유기업체제를 지지하는 보수 노선으로 선출되었다. 하지만 이제 노선을 변경해 시장과 은행의 자율에 맡겼던 국가들을 직접적으로 공격했다. "유감스럽게도 영국과 미국 정부의 지원을 받는 기업들은 자발적인 규제를 거부했습니다. 나는 우리가 최근의 위기를 통해 도출한 필연적인 결론을 강력히 지지합니다."[17]

이것이 바로 그날 저녁 그녀가 착수한 대책이었다. 한 번에 하이포 리얼 에스테이트 홀딩은 긴급구제 대상이 되었고 정부가 모든 주요 은행의 상당한 지분을 인수했다. 모든 금융 기관이 자산의 국유화를 반긴 것만은 아니었다. 구제금융을 받는 은행들은 보너스가 금지되고 임원 급여 50만 유로의 상한선이 적용되는 등 메르켈의 뒤이은 조치는 그녀가 전임 총리보다 근본적인 인물임을 보여줬다. 여기에 더해, 2주 후 정부는 500억 유로를 투입하는 금융시장 경기 부양책을 발표했다. 2009년 3월 11일 〈빌트〉와의 인터뷰에서 인정했듯 금융 위기로 인해 '경계를 넘어 전 같으면 하지 않았을 일을 하게' 된 것이다. 실용주의는 정치 철학이 아닌 그녀의 좌우명이었다.

그녀의 조치는 유권자들의 인기를 얻었다. 사민당 밑으로 뚝 떨어졌던 당 지지율도 의회에서 긴급구제대책이 통과된 지 3주 후이자 경기 부양책이 발표된 지 이틀이 지난 11월 7일에는 경쟁당이자 연정 파트너를 5% 앞지를 정도였다. 이상의 조치는 독일 정부가 극단적인 조치를 취할 준비가 되어 있다는 신호를 시장에 보냈다는 점에서 더욱 의미가 있다. 주가 하락과 경제의 불안감이 진정되었다. 1단계 조치로 회복세로 돌아선 것이다. 세계의 지도자들은 이러한 결정으로 기민련의 고정 지지층인 기업가들과 관계가 틀어지는 것을 무릅쓰고 그녀가 기꺼이 앞장서는 모습을 바라봤다. 나는 몇 주 후 브뤼셀에서 그녀를 만나 보수 정부가 국가 개입 정책을 추진하는 데 어색하진 않았는지 물었다. 그러자 그녀는 그저 이렇게 대답했다. "글쎄요, 나는 최대한 자유기업제를 지지하지만, 국가 개입이 필요한 경우와 균형을 맞춰야겠죠."[18] 독일의 경제학자

발터 오이켄Walter Euken의 대표적인 주장이 떠오르는 발언이다.

"국가 개입이 있어야 하는지 묻는 질문은 처음부터 잘못된 질문이다. 이는 양적인 문제가 아닌 질적인 문제다. 국가는 경제 과정을 주도하거나 기업이 주도하게 방치해서는 안 된다. 공적 부문은 경제의 틀로 계획을 수립하지만 경제 자체를 계획해선 안 된다."[19]

이러한 이론에 영향받았는지 묻자 메르켈은 푸른 눈동자로 나를 바라보며 위압적이지만 느긋한 미소를 지으며 말했다. "아마도요." 그녀에게 어떤 정치·경제 사상을 따르는지는 그리 중요하지 않다. 그녀의 목적은 경제 이론을 세세히 따지는 것이 아닌, 문제를 해결하는 것이다. 그리고 당연히 그렇게 해야 한다.

메르켈의 운명은 사전에 조율된 정책 공약이나 당론을 시행할 때보다 위기에 공명하도록 되어 있었다. 그녀의 정치 경력을 잘 보여주는 해석 같다. 역사 속에서 그녀는 세계 경제가 최악의 상황에 빠진 바로 그때 권력을 잡은 행운아로 자리 잡았다. "그녀에게는 목표가 없습니다. 이념도 없지요." 철학자 하버마스는 2013년 봄 프린스턴에서 아침 식사를 하며 이렇게 한탄했다. 하지만 진보좌파의 우상은 잠시 생각에 잠겼다가 이렇게 덧붙였다. "그녀는 굉장히 총명합니다. 절대 그녀를 무시해서는 안 됩니다."

11

감자수프,
교황 그리고 재선

.
.

"아, 맞아요. 전 꽤 괜찮은 요리사랍니다. 감자수프와 비프 올리브만큼은 말이죠." 메르켈이 키득대며 말했다. 다소 이상하게 보이겠지만 선거 운동이란 원래 이렇다. 2009년 5월 16일 그녀는 RTL 방송국의 〈시민발언대Büngersprechrunde〉 청취자들의 질문에 답하고 있었다. 중장년층 유권자를 주시청층으로 하는 프로그램이다.

메르켈은 예의 바르면서도 진심으로 흥미를 느끼는 것처럼 들리도록 주의를 기울였다. 그녀는 여러 주제에 대해 잘 알고 있다는 인상을 주고 싶었다. 방송은 그녀의 참모습을 밝히거나 정치 지식의 한계를 시험하는 형식이 아니었다. 따라서 외교적으로 말하자면 질문의 내용은 상당히 무난했다. 물론 메르켈의 잘못이 아니다. 질문은 진행자인 페터 클뢰펠Peter Kloeppel RTL의 국장과 슈피겔 TV 출신의 마리아 그레츠Maria Gresz가 고른 것이니 말이다. 사회자들은 조심스레 그녀가 당황할 질문들을 걸러냈다. 메르켈 총리에게 몇 주 뒤에 치러질 유럽 총선과 9월로 예정된 이보다 더 중요한 연방 총선을 앞두고 경제 정책에 대해 세세한 부분까지 질문 공세를 퍼붓는 성격의 프로그램이 아니었다.

불과 몇 주 전 메르켈은 제네럴모터스General Motors의 자회사인 오펠Opel에 개입해 구제해달라는 제안을 받았다. "나는 주정부는 물론 연방정부도 이 문제를 좌시하지 않을 것임을 약속합니다. 우리에게는 방법이 있습니다." 오바마 대통령은 모기업에 금융 지원을 거부했지만, 그녀는 이렇게 말하며 오랜 전통을 지닌 회사에 구사일생의 활로를 열어줬다. 대체로 공공 재정과 경제 성과는 까다로운 주제다. 독일은 1970년대 초반 이래 최악의 경제 침체를 겪고 있었다. 불황의 여파는 상당했다. 경제는 2009년 상반기에 3.6% 마이너스 성장을 기록했다. 메르켈 입장에서 그나마 긍정적인 징후는 개인적 선호도 여론조사에서 36%를 기록하며 경쟁자인 외무장관 슈타인마이어를 앞서고 있다는 사실뿐이었다.

은행의 상여금, 금융구제책, 부정적인 성장률 전망에 대한 끝없는 논의에 지친 유권자들이 총리에게 전화를 걸어 그 밖의 다른 문제에 대해 물을 만도 했다. 그중에서도 몇 주 전 17세 소년 팀 크레치머가 총을 난사해 살인을 저지른 빈넨덴학교 총격 사건 문제를 꺼냈다면 자연스러웠을 것이다. 현재 가장 뜨거운 관심을 받는 사건으로, 정통 신문은 물론이고 보다 다채로운 뉴스를 다루는 〈빌트〉 모두 이에 대한 수많은 기사를 쏟아내고 있었다. 도제 실습을 시작하는 데 필요한 점수를 얻지 못한 데 불만을 품은 범인은 슈투트가르트에서 20킬로미터 떨어진 바덴-뷔르템베르크주의 조용한 작은 마을을 악몽으로 몰아넣었다. 이 젊은이가 난동을 부려 15명의 학생과 교사들을 죽인 뒤 자살하기 전까지 대부분의 독일인들도 잘 모르던 마을이었다. 사망자 대부분은 여성이었다.

　대부분 민주국가에서 이런 사건이 일어나면 대통령이나 수상이 즉각적인 성명을 발표하기 마련이다. 오바마 대통령이 2012년 코네티컷주 뉴타운의 샌디훅초등학교 총격 사건 후 연설을 한 것이나 빌 클린턴Bill Clinton 대통령이 재임 3년차에 벌어진 컬럼바인고등학교의 총기 난사 사건 직후 진심을 다해 "도와주세요, 우리를 치유해주세요"라고 연설했던 경우를 생각해보라. 하지만 메르켈은 어떤 연설도 하지 않았다. 그녀는 단지 대변인을 통해 자신이 "간담이 서늘해질 만큼 끔찍한 충격을 받았다"는 성명만 발표했을 뿐이다. 국민들에게 직접 말하는 대신 총리는 이번 살인 사건의 충격으로 할 말을 잃었다고 전하며,[1] 문제를 여성부장관이자 소아과 의사이며 일곱 아이의 어머니인 폰 데어 라이엔에게 맡겼다.

　하지만 빈넨덴학교 총격 사건은 무겁고 섬뜩해서 그랬던지 전화 인터뷰에서 다뤄지지 않았다. 메르켈은 살인 사건에 대해 이야기하지도, 신용 경색이나 자동차 제조기업을 언급하지도 않았다. 다시 한 번 기민련의 3대 관심사인 아이, 부엌, 교회 중 두 번째와 세 번째가 무거운 정치 문제보다 우선시되었다. 물론 청취자들이 사실은 이런 질문을 했지만 언론의 중요한 가치는 도외시하고 총리에게 보기 드문 존경심을 보이는 사회자들에 의해 걸러졌을 수도 있다. 메르켈은 정중했고 한 마디 한 마디 목사의 딸답게 말했다. 그것도 독실한 신자처럼 말이다. '교회' 문제는 당연히 다뤄졌다. "네, 저의 비트 샐러드는 손님들에게 칭찬받았는데, 인사치례가 아니길 바랍니다"라며 요리에 대해 가볍게 얘기 나누던 중 메르켈은 신에 대해 말했다. 친구끼리 은밀히 속삭이듯 목소리를 반 옥타브쯤 낮추더니 전화로 질문한 청취자에게 "주님의 가호가 함께하시고, 우리에게 힘을 주시길"이라고 말한 것이다.

힘겨운 금융 소식과 독일 역사상 최악의 총격 사건으로 힘겨운 봄을 보낸 뒤 메르켈은 지난 몇 달간 위기관리에 전념하느라 신경을 쓰지 못했던 자신의 지지자들과 다시 관계를 맺어야 했다. 기사련의 제호퍼는 그녀가 기민련·기사련의 핵심 지지층을 잊었다며 혹독하게 비판했다. "총리님, 충성 고객에 집중해야 합니다. 부동표를 잡겠다는 희망 따위는 잊으십시오."[2]

이런 프로그램에 출연한 것은 정확히 그런 목적이었다. 50대 이상의 유권자에게 어필하는 것. 이런 인구통계적 접근의 효과에 대해서는 회의적이지만 말이다. 사실 메르켈은 저축대부 은행을 구제해 보수 성향의 유권자들에게 지지를 얻었지만 총선이 열리는 해에 저질러서는 안되는 실수를 저질렀다. 대죄Cardinal Sin라고 해야 할까? 그녀는 교황을 당황하게 했다. 어쨌거나 당내 반대파와 일부 가톨릭 신자들에게는 그렇게 보였다.

교황 베네딕토Benedict 16세는 단순한 가톨릭교회의 수장이 아니었다. 그 역시 독일인, 거기에 기사련의 심장부인 바이에른 출신이었다. 속명 요제프 알로이시우스 라칭거Joseph Aloisius Ratzinger는 숭배와 존경을 한 몸에 받았으며 독일 남부와 서부의 많은 가톨릭 신도들의 자부심의 원천이었다. 그리고 그들 상당수는 메르켈을 진심으로 신뢰하지 않았다. 한 남부 신문에서는 '그녀는 근본적으로 프로이센의 개신교도'라고 설명하기도 했다.[3] 전통적으로 교리를 충실히 따르는 가톨릭 신도들이 이끄는 정당이라는 점에서 그녀의 종교는 다소 문제가 되었다. 콘라트 아데나워(1949~1963), 쿠르트 게오르크 키징거(1966~1969), 헬무트 콜(1982~1998)처럼 기민련 출신의 총리는 거의 가톨릭이었다. 반면에 빌리 브란트(1969~1974)부터 헬무트 슈미트(1974~1982), 게르하르트 슈뢰더(1998~2005)에 이르기까지 사민당 총리들은 모두 개신교인 루터교도였다. 총리 중 유일한 예외는 개신교도로 1963년부터 1966년까지 보수주의 내각을 이끈 루트비히 에르하르트다. 하지만 독일 정치사를 조금이라도 아는 사람이라면 제2차 세계대전 후 '경제 기적'을 이끈 아버지가 기민련당원이 아니었다는 사실도 잘 알 것이다.

따라서 이러한 이유에서 메르켈은 당내에서 이질적인 존재였고 전적으로 신뢰를 얻지 못했다. 그녀는 이미 가톨릭 고위층과 부딪친 전력이 있었다. 7장에서 살펴봤듯이 쾰른 대주교가 그녀의 혼인 상태를 비판한 일이었다. 그리고 이제는 '프로이센 개신교도'라 불리는 이 여성은 독일 내 260만 로마 가톨릭 신도들의 영적 지도자를 당황하게 한 것이다. 대부분 그렇듯 복잡한 문제였고, 다시 한 번 메르켈은 독일 내외에서 신중하게 구축한 동맹 관계를 유지하기 위해 아슬아슬한 줄타기를 해야 했다.

교황이 유럽 총선의 준비에 그늘을 드리우겠다고 위협한 것에 대해서 책임이 없지는 않다. 메르켈이 한 것이라곤 82세의 교황이 노련하게 처리하지 못한 문제를 명확히 해달라는 요구뿐이었다.

전직 신학 교수인 베네딕토 16세는 플라톤, 칸트, 헤겔 같은 철학자들을 아무렇지도 않게 인용하고 철학자 하버마스와 공동으로 책을 펴낼 만큼 뛰어난 지성인이었지만, 2006년 교황 요한 바오로 2세의 뒤를 이은 후 교황 업무에 적응하는 데 애를 먹고 있었다. 그는 철학에 있어서는 전문가였지만 스프레드시트나 프로젝트 관리, 홍보 같은 업무에 익숙한 부류는 아니었다.

　신앙교리성(이단심문소, 검사성성의 후신)의 장관을 지내며 요제프 라칭거 Josef Ratzinger는 진보 신학자 한스 큉Hans Küng(반대 시각을 가진 저명한 가톨릭 신학자) 같은 비판자들의 입을 다물게 하는 지나치게 열성적인 방식으로 '신의 로트와일러', '무장한 추기경'이라는 별칭을 얻었다. 신학적으로 진보 의견을 가진 반대파를 가혹하고 비타협적으로 취급했지만, 교황은 보수 강경파와 심지어 반유대주의 시각을 가진 사람들에게도 놀라울 정도로 관대한 아량을 베풀었다. 리처드 윌리엄슨Richard Williamson 주교가 바로 그러한 사례다. 이 영국인 사제는 1980년대 전통주의 교파 성 비오 10세회의 다른 사제 4명과 더불어 파면되었지만 베네딕토 교황은 그들을 교회에 복권시켰다. 이러한 조치는 〈가톨릭 헤럴드Catholic Herald〉의 열렬한 독자층 이외에선 그리 뉴스거리가 되지 못했을 것이다. 며칠 전 베네딕토 교황이 모르는 새 윌리엄슨이 한 발언이 알려지지 않았더라면 말이다. 스웨덴 TV 방송사와의 인터뷰에서 보수파 주교는 홀로코스트에 대한 자신의 의심을 직설적으로 언급했다. "역사적 사실을 보면 히틀러의 계획에 의해 가스실에서 죽어간 유대인이 6백만 명에 달한다는 사실은 거짓이다."4

　국가사회당(나치-옮긴이)의 정식 당원도 아닌 사람이 어째서 이런 발언을 했는지 그 이유는 불확실하다. 하지만 교황이 복권을 뒤집지 않은 것은 교황이 윌리엄슨의 의견에 동조했기 때문이라기보다는 베네딕토 교황과 그의 참모들이 정치적으로 순진했기 때문이라고 해석하는 편이 타당할 것이다.

　로마 가톨릭교회는 의혹의 눈길을 보내는 악의적인 언론 보도에 고통을 받았다. 공정성 여부를 떠나 가톨릭교회는 히틀러와 무솔리니Mussolini 와 애증이 공존하는 어쩌면 친밀한 관계였다. 베네딕토 교황의 요청에 따라 제2차 세계대전 동안 재임했던 교황 비오Pius 12세는 최근 누구보다 빨리 성인(聖人)에 추대되었다. 홀로코스트를 보고도 눈 감았던 사람이 유대교 최대 명절인 욤 키푸르Yom Kippur에 맞춰 미화된 일은 수많은 유대인들 사이에서 공분을 자아냈다. 이에 더해 교황 자신이 1941년 히틀러가 조직한 청년단에 가입했다는 불편한 사실이 드러나 교회는 상당히 곤란한 상황에 처했다. 물론 라칭거는 1936년 발표된 일명 히틀러 유겐트 강령에 따라 14세 이상의 모든 소년들은 의무적으로 가입해야 했으므로 자신에게는 선택의 여지가 없었다며 합리화할 수도 있었다. 또한 히틀러를 암살하려 했던 사람들은 종교적 의무에 따른 행동이었다고 주장할 수도 있었다. 하지만 이상하게도 교황은 이에 대해 침묵했다. 여기서 한 가지 의문이 생긴다. 교황이 그리 결백하다면 어째서 윌리엄슨 주교를 복권시켰을까? 주교의 생각은 전혀 알려지지 않았다. 약간의 실사, 아니 간단히 인터넷 검색만 해봐도 윌리엄슨 일파가 받아들이기 힘들만큼 불편한 시각을 갖고 있다는 사실을 파악할 수 있었을 텐데 말이다.

메르켈에게 이러한 발언은 청천벽력과도 같았다. 독일의 어두운 과거를 다시 떠올리게 했다는 점에서 굉장히 불쾌했던 데다 당의 내분을 야기할 수도 있는 문제라는 점에서도 달갑지 않았다. 독일의 국익을 위해[5] 이스라엘을 지지하고 독일과 이스라엘은 쇼아Shoah(나치의 홀로코스트를 가리키는 히브리어—옮긴이)의 기억으로 서로 연결되어 있다고[6] 끊임없이 주장하는 정치인의 입장에서, 독일 정부가 암묵적으로 동의한다는 비난을 받지 않으려면 바티칸의 행동에 대해 해명을 요구할 수밖에 없었다. 게다가 독일에서는 유대인이든, 동성애자든, 정치 반대파든 간에 국가 사회주의자들에게 희생된 사람들을 살해했다는 사실을 부인하는 것은 징역 5년형이나 이에 상응하는 벌금을 내야 하는 범죄 행위였다. (이후 윌리엄슨은 법을 어긴 데 대해 유죄 판결을 받았다.)

카자흐스탄 대통령과 기자 회견 중 나온 계획된 질문에 메르켈은 교회 내부의 문제라는 점을 감안해 대답했다. 윌리엄슨의 복권은 "교황과 바티칸 측이 오해의 소지가 없도록 밝혀야 하며 과거(나치 시기)에 일어난 일을 부인해서는 안 된다"고 말했다. 그리고 "바티칸의 결정으로 홀로코스트에 대해 의혹을 품는 일이 생긴다면 그때는 헌법적 문제로 비화될 것이다"라고 말을 이으며 이에 대한 최종 입장을 명확히 밝혔다.

법적으로, 그러니까 법전에 따라 정부는 행동해야만 했다. 하지만 그 행동은 정부의 수장이 해서는 안 되었다. 사실 총리 자신이 이렇게 운영상의 문제까지 개입하는 것은 드문 일이었다. 정확히 또는 적어도 보통의 절차대로라면 연방 검찰총장 모니카 함스Monika Harms가 처리할 문제였다. 과연 신중한 행동이었는지는 논란의 여지가 있지만 메르켈은 문제를 키우기로 했다.

중앙아시아의 카자흐스탄 공화국의 수도 아스타나에서의 몇 마디 발언이 메르켈의 당과 그녀의 지지자들 사이에 문제를 일으켰다. 그들에게 역시 가톨릭 사제이자 남부 도시 레겐스부르크의 성 베드로 대성당의 음악 감독이었던 교황의 형 게오르그 라칭거의 비난까지 쏟아졌다. 교황의 형은 무시하는 투로 메르켈을 비난했다. "나는 언제나 그녀가 합리적인 사람이라고 생각해왔지만, 어쩌면 압박감 때문에 이성적으로 생각했더라면 하지 않았을 말을 했을 수도 있습니다."7 진보 성향의 쾰른 주교이자 자신보다 더 유명한 동명의 마르크스에 대한 책 저자이기도 한 라인하르트[Reinhard] 마르크스조차 "교황이 이런 시각을 갖고 있다고 암시하는 언어도단의 발언"이라며[8] 개입하고 나섰다.

이렇게 감정이 자극받자 메르켈은 상당히 근심스러운 상황을 맞이하게 되었다. 단지 독일의 평판에 상처를 입혔을 뿐 아니라 그녀의 당에는 국가 역사상 가장 어두운 기억과 충격적일 정도로 근접한 관점을 가진 당원들이 속해 있었기 때문이다.

바티칸과의 관계는 곧 해결되었다. 교황은 요청받은 대로 '해명서'를 발표해 가톨릭교회는 홀로코스트에 대해 조금도 의심을 품지 않는다는 사실을 명백히 하며, 그 개인적으로도 혐오한다고 했다. 하지만 교황은 윌리엄슨과 그의 동지들의 복권을 취소하지는 않았다. 이를 두고 로마 교황청이 스스로 공언한 시각에 부합하는 행동을 하지 못했다고 느끼는 이들도 있었다. 교회는 윌리엄슨이 자신의 발언을 철회하고 사과하기 전까지는 주교직에 임명하지 않겠다는 의지를 분명히 밝혔지만 말이다. 그리고 그는 여전히 자신의 입장을 고수하고 있다.

하지만 곧 이 문제는 저절로 사회적 이슈가 되었다. 다른 종교계 지도자들도 토론에 뛰어들었다. 대부분 그들의 발언은 기자들의 전화에 무분별하고 성급하게 답변한 것들이었다. 〈디 차이트[Die Zeit]〉가 이 문제에 대한 생각을 묻자 독일 루터교회 수장인 볼프강 후버[Wolfgang Huber] 주교는 우선 이 문제는 가톨릭교회 '내부의 문제'라고 규정했다. 하지만 그는 경솔하게 덧붙였다. "우리 독일인들은 홀로코스트에 대해 공동책임을 갖고 있습니다." 사소한, 어쩌면 반드시 필요했던 이 발언으로 오랫동안 잊혀졌던 기민련 내의 단층선이 다시 부각되었다. 메르켈과 베네딕토

16세가 총리의 기자 회견 다음 날 화기애애하게 전화통화했다는 사실은 염두에 두지 말라. 윌리엄슨에 대한 발언은 총리에게 심각한 위협이 되었고 기민련 중심부의 일부 사람들에게는 그녀의 리더십에 대해 회의적인 시각을 되살리게 했다.

2005년 선거에서 이기고도 연정 협상에서 버림받은 슈뢰더처럼 메르켈도 연방 총선에서 당이 압도적인 승리를 거두지 못한다면 비슷한 운명을 걸을 수도 있다는 두려움을 느꼈다. 불과 한 달 전 헤센 주지사 코흐가 서부의 작은 주 선거에서 승리를 거둔 만큼, 당내에서 이번 윌리엄슨 주교 사건에 대한 큰 실패로 가톨릭교도이며 순수한 보수주의자 중에서 적합한 후보자를 찾아보자는 의견이 있지 않을까 하는 두려움을 느낄 이유는 충분했다. 기민련과 자민당이 연방 총선에서 다수의석을 확보하지 못할 가능성이 있다면 코흐는 안전한 총리 후보감이었다.

메르켈은 문제를 진정시켜야 했다. 이슈를 불식시키기 위해 그녀는 연방 교육부장관으로 재직 중인 독실한 가톨릭 신학자인 아네테 샤반에게 총리의 조치를 옹호하는 글을 발표하게 했다. 이후에 독일의 교황청 대사가 되는 샤반은 메르켈에게 가호를 빌며 그녀는 '독일의 행운'이었다고 말했다. 샤반 장관은 논쟁에 개입하려는 열의가 없었던 것 같았다. 〈함부르거 아벤트블라트Hamburger Abetblatt〉에 발표한 그녀의 글을 보면 총리의 지시에 따른 대응일 뿐이라는 특징이 여실히 드러나 있다.⁹ 하지만 시키지 않았더라면 하지 않았을 장관에게 성명을 발표하도록 지시하고, RTL의 〈시민발언대〉 청취자들 같은 이들과 화해함으로써 당내 비판 의견을 진정시키는 것은 같은 맥락에서 이뤄진 행동이었다.

메르켈이 신앙과 요리에 대해 대답하는 데 오후 시간을 투자한 것은 바로 이런 이유였다. 효과를 거뒀는지는 미지수다. 메르켈은 순수하게 말했고 요리 노하우와 뒤섞인 그녀의 신앙 고백이 반감을 불러일으키지 않은 것은 분명하다. 메르켈은 해야 할 일이 산더미처럼 쌓여 있었다. 전화 참여 프로그램에 출연한 지 일주일 후 기민련은 연방 의회의 상징적인 존재인 독일 대통령 선거에서 패배할 조짐이 보였다. 그리고 2주일 후 그녀와 당은 연방 선거의 전초전이나 다름없는 유럽의회 선거를 치를 것이다. 둘 중 어떤 것도 나빠질 가능성만 있을 뿐 확실히 결과를 보장할 수 있는 것은 없었다.

쾰러의 재선출과 유럽의회

대통령 선거는 메르켈이 직면한 첫 번째 시험대였다. 그녀는 자민당과 협상에 매달린 끝에 재임 중인 쾰러(자세한 것은 다음 장에 다루겠다)를 다시 후보로 선정했다. 인상적이라고는 하기 힘든 선택이었다. 전 IMF 총재 역시 실천적인 루터교도였지만 이상의 논쟁에 개입하지 않았다. 반면에 사민당에서는 2004년 쾰러가 가까스로 과반수를 넘는 득표수로 승리한 선거의 상대였던 가톨릭 학자 게신 슈반Gesine Schwan을 내세웠다. 하지만 메르켈은 자신의 입지를 다지기로 결심했다. 쾰러가 1차 투표에서 50.08%를 얻어 가까스로 승리를 거두면서 그녀는 목표를 달성했다. 1년 후 다른 후보를 지명했어야 한다고 후회하게 되겠지만 당시에는 근소하지만 상징적인 승리를 거뒀다.

더 중요한 시험대는 유럽 총선이었다. 독일은 상시 선거를 치르는 나라다. 주 선거는 연중 계속해서 치러지기 때문에 정치인들은 지속적으로 자신들이 인기가 있고 없음을 상기하게 된다. 2009년은 16개 주 중 자그마치 7개 주가 선거를 치르는 '슈퍼 선거의 해'였다. 하지만 유럽 총선 또는 공식적인 명칭으로 유럽의회 선거는 주 선거와는 달랐다. 주 의회 선거는 주로 지역 이슈에 영향을 받으며 해당 지역에서 인기가 높은 인물이 시류를 거슬러 당선될 수도 있었다.

사민당은 그들의 주 경쟁 상대에게 네거티브 선거 캠페인을 펼치기로 했다. 유럽의회는 고용 문제에 대해서는 언급하지도 않았지만 '임금 삭감에 찬성한다면 기민련에 투표하세요'라는 슬로건이 쓰인 포스터를 전국 방방곡곡에 붙였다. 고연봉을 받는 임원급들의 분노를 유발하기 위해 사민당은 나아가 '상어라면 자민당에 투표하세요'라는 포스터를 공개했다. 반면에 기민련은 메르켈과 '함께 성공하는 유럽'이라는 간단한 슬로건만을 내세운 안전한 방식을 택했다. 선거 활동은 치열한 경주가 아니다. 선거의 관전자들은 해적당Pirate Party(불법 다운로드의 합법화를 지지하는 정치 세력)이 최초의 유럽의회 의원을 배출할지 그리고 반EU 노선의 독일을 위한 대안당Alternative für Deutschland(이하 대안당)이 의석을 확보할지에 주목했다. 사민당의 비방과 포퓰리즘 지향의 선거 캠페인은 유권자들을 설득하는 데 실패했다. 기민련이 35.4%를 득표한 반면 사민당은 27%를 얻는 데 그쳤다. 유일한 걱정거리는 바이에른에서 기사련이 좋은 결과를 거두지 못한 것이다. 교황에 대한 총리의 발언을 비난하는 데 봄을 보낸 제호퍼는 의석 8개 중 3석을 잃었다. 교황에 대한 메르켈의 발언을 공격해서 기사련이 얻은 것은 아무것도 없었다. 결국 메르켈은 〈시민발언대〉에 출연한 목적대로 내륙 지역의 유권자들의 마음을 달래는 데 성공했던 셈이다. 요리팁과 신앙고백은 그녀에게 아무런 피해를 주지 않았지만 이보다 더 큰 시험이 기다리고 있었다.

연방 선거
●

베라 렝스펠트Vera Lengsfeld는 인상적인 삶을 살아왔다. 그렇기 때문에 훗날 헐리우드의 프로듀서가 그녀의 이야기에 대한 판권을 구입하지 않았겠는가. 아카데미상 수상자인 연기파 배우 메릴 스트립Meryl Streep보다, 동독에서 보낸 파란만장한 그녀의 삶을 다룬 전기 영화 속 렝스펠트 역에 적합한 인물은 없을 것이다. 하지만 지금 그녀는 단지 의원 후보자에 지나지 않았고 그나마도 곤경에 처해 있었다. "메르켈 총리는 그걸 보고 미소 지었다고 확신합니다. 어쨌거나 그녀도 유머 감각은 있으니까요." 전 동독 인권운동가이자 현 기민련 후보자는 이렇게 말했다. 사과할 생각이 없는 것 같았다. 왜 그래야 하나? 전 정치범은 풍만한 가슴이 드러나는 깊이 파인 블라우스를 입은 자신과 총리의 모습으로 만든 선거 포스터를 가볍게 여겼다. 독일인들이 유머 감각이 없다고 누가 그랬던가? 메르켈 자신은 이 문제를 언급하지도 묻지도 않았지만, 집권 1기가 끝난 뒤 약간의 코믹 릴리프(비극이나 진지한 연극에서 관객의 긴장을 풀어주기 위해 의도적으로 삽입된 희극적 사건이나 장면—옮긴이)는 환영받았다. 여러모로 2009년 총선은 실망스런 결과로 끝났다.

선거 캠페인에서 가장 기억에 남는 부분이 두 50대 여성의 가슴골 노출이라는 건 분명하지만, 한편으로 이해가 되기도 한다. 사민당과 기사련·기민련 양측 모두 대연정으로 상처를 입었다. 통치란 전혀 쉽지 않으며 언제나 대가를 요구하는 행위다. 앞서 언급한 선거 포스터의 문구 '우리는 더 많이 드릴게요'는 유권자들에게는 악의 없는 장난으로 받아들여졌지만 기민련의 핵심 지지층인 보수 기독교인들의 눈살을 찌푸리게 했다.

유권자들은 총리와 그녀의 동료가 제공하는 것에 관심이 없었다. 렝스펠트는 베를린 선거구에서 시종일관 4위로 마무리했고 기민련은 역대 최악의 선거 결과로 고통받았다. 그리 놀랍지도 않았다. 정치학자 키V. O. Key도 "통치한다는 것은 반감을 사는 것이다"라고 말하지 않았던가.[10] 모든 정부는 약속을 어기고 인기 없는 법을 폐지하지 못하기도 하며 이를 제정하기도 한다. 대연정 시기 동안 이런 일이 비일비재했다. 기민련과 기사련에 대한 여론조사 수치가 점점 낮아지고 있었고 기민련에서 이탈한 표는 젊어진 자민당에게 옮겨갔다. 자민당은 1968년 이래 대부분 제1야당의 자리를 지켜왔다. 아프가니스탄 전쟁 참전에 반대하고 보다 진보적인 사회 가치와 검열 축소를 중시하며 세금 인하 약속은 과거에 그들에게 표를 던지지 않았던 사람들, 특히 젊은이들과 노동자 그리고 임대주택에 거주하는 이들로부터 많은 지지표를 얻었다.

표를 잃는 것은 굉장히 불편한 일이다. 하지만 이제 총리직을 두고 경쟁 관계에 놓인 외무장관 슈타인마이어에 비하면 메르켈의 문제는 사소한 것에 지나지 않았다. 한때 '회색 효율성'이라 불렸던 그는 외무장관 시절보다 총리 후보자로서는 오히려 능력 발휘를 하지 못했다. 슈타인마이어는 실패의 부담을 피하기 위해 경제 문제는 재무장관 슈타인브뤼크에 맡겨뒀고, 세계를 돌아다니며 직접적인 정쟁에는 모습을 나타내지 않았다. 선거 운동에는 적합하지 않은 점잖고 품위 있는 처신이었다. 게다가 슈타인마이어의 더욱 큰 문제는 지지세력이 전 사민당 당수이자 재무장관 라퐁텐과 동독 출신 변호사 그레고르 기지(1989년 12월 에곤 크렌츠가 사임한 뒤 동독의 공산당 지도자가 되었다)가 창립한 좌파당Die Linke으로 대량 유출되면서 사민당의 지지율이 자유낙하하고 있었다는 것이다.

사민당의 문제 원인은 간단했다. 슈뢰더가 강력한 리더십으로 이끌던 시절의 사민당은 시사평론가들에게 총리 재선출에 헌신하는 조직, 총리 선거협회Kanzlerwahlverein라고 불릴 정도였다. 이러한 발언은 어느 정도 사실이다. 슈뢰더는 카리스마 넘치는 정치인이자 서민들과 가까운 뛰어난 선거 운동가였다. 그를 중심으로 당을 세운 것은 선거에 유리한 전략적 판단이었다. 2005년 연임에 실패했지만 그는 하르츠IV 계획과 퇴직 연령을 늦추는 법안의 실행을 지지하는 선거 운동가로서의 수사적인 능력과 솜씨를 발휘했었다. 하지만 슈뢰더의 후임자들 중에는 무자비함은커녕 이 같은 카리스마를 가진 이가 없었다. 최저 임금을 충족시켜야 한다는 주장을 설득하지도 못했고 어째서 노동자 측이 재정 부문의 낭비에 대한 부담을 져야 하는지 설명하지도 못했다. 노동자들이 보수파인 메르켈을 지지한다는 사실은 사민당으로서는 변명의 여지가 없었다. 그들은 지지율을 잃어갔다. 그것도 아주 빠르게.

선거를 불과 한 달 앞둔 시점에서 여론조사의 지지율이 25% 미만으로 떨어지자 슈타인마이어에게 남은 유일한 카드는 사민당(빨강)과 자민당(노랑), 녹색당의 신호등 연정뿐이었다. 좌파당과 사민당을 포함한 연정은 설사 두 당이 다수 의석을 확보한다 해도 불가능했다. 하지만 자민당 당수 베스터벨레는 "자민당과 사민당, 녹색당의 연정은 불가능하다. 사민당과 녹색당의 정책은 국민들에게 더 많은 부담을 지우는 내용이다. 우리는 여기에 개입하지 않을 것이다"[11] 하고 딱 잘라 말하며 이러한 가능성을 일축했다.

2009년은 독일 역사상 최악의 총기난사 사건, 전례가 없던 차원의 재정 구제 대책, 자동차 제조사 오펠의 부도 위기, 총리와 교황의 충돌이 연이어 일어난 다사다난한 해였다. 그리고 이제 선거가 화제의 중심에 떠올랐다. 아직도 생생히 기억나는 무미건조한 선거 운동의 와중에 머나먼 곳에서 예상치 못한 사건이 벌어졌다.

쿤두즈 폭격
:
:

태양이 빛나는 따뜻한 날이었다. 아프가니스탄 북부를 지나는 카나바드 강은 3세기 불교 승려들이 최초로 자리 잡고 12세기에 페르시아 무슬림 세력이 정착했을 때도 그랬듯 비옥한 평야를 굽이쳐 흐르고 있었다. 이제 아프가니스탄 쿤두즈주와 동명인 주도(州都)는 부유한 농부들이 완만하게 경사진 산비탈에 재배하는 면화가 무성한 지역이자 평온한 안식처였다. 테러에 반대하는 전쟁에 파병된 독일 군인들은 힘들게 일하지 않았다. 일광욕을 하거나 독서를 하며 지냈다. 머나먼 나라에 파병된 군인이라 해서 특별할 것 없는 생활이었다.

게오르그 클라인Georg Klein 대령이 신속히 행동을 개시한 것도 어쩌면 이렇게 지루했기 때문일지도 모른다. 그 전날 밤 고요한 병영에 놀라운 사건이 벌어졌다. 독일인들은 탈레반Taliban이 그 지역에서 축출되었다고 믿었다(결국 잘못된 판단이었음이 밝혀졌다). 다음에 일어난 일은 그들이 얼마나 잘못 생각하고 있었는지 정확히 보여준다. 2009년 9월 3일 목요일 이른 저녁 석유 트럭 두 대가 체첸Chechen 의용군과 탈레반 반군에게 탈취되었다. 운전기사들은 손쓸 기회도 없었다. 그들은 차 밖으로 끌려나가 반역자라 비난받은 뒤 트럭을 탈취해 온 탈레반과 체첸 동지들 앞에서 참수되었다. 두 시간 뒤인 오후 9시 1분 클라인 대령은 미국 첩보원이라는 이에게서 충격적인 사건에 대해 최초의 보고를 받았다. 약 16시간 뒤인 오후 1시 2분 대령은 두 번째 전화를 받았다. 전화선 너머의 미국인은 석유 트럭을 발견했다고 전했다. 그중 한 대가 강가 진흙에 처박혀 있었다. 클라인은 당장 행동을 개시했다. 그는 증거를 확인해보지도 않은 채 (결국 미국 첩보원으로 밝혀지기는 했지만) 미국 동맹군에 접촉해 작전을 개시했다. 미국군은 F-15E 전투기 두 대를 투입했다. 그들은 산을 넘어 오후 2시 30분 목표 지점에 도착해 무기를 투하했다. 석유 탱크는 폭발했고 반군들은 죽었다. 더 큰 문제는 백여 명이 넘는 민간인들도 죽은 것이다. 독일군이 중무장한 진영에서 주사위놀이를 하고 일광욕을 즐기는 사이 오마르 카일이라는 작은 마을 근처에서 수백 명의 아프간 민간인들이 불에 타 죽어가고 있었던 것이다.

이 소식은 순식간에 베를린으로 전해졌다. 국방장관 요제프 융은 이 사건을 낙관적으로 생각했다. 전쟁이란 원래 이런 법이다. 프로이센의 군사이론가 카를 폰 클라우제비츠Carl von Clasusewitz는 《전쟁론On War》에서 이렇게 말했다. "인정 많은 사람은 많은 피를 흘리지 않고도 적을 무장 해제시키거나 물리칠 수 있는 절묘한 방법이 있다고 생각할 수도 있다. 듣기에는 그럴듯하지만, 그건 잘못된 생각이다." 융은 온건파가 아니었다.

이 기민련 정치인은 과거 하급장교학교Academy of Junior Officers, USH의 학생이었으며 그가 종종 인용하는 프로이센의 군사 대가를 존경했다. 그래서 그는 무력 사용이나 강경 노선을 그리 예민하게 여기지 않았다. 2007년에는 비행기가 공중 납치되면 격추해야 하는 정책을 발의해 사임 요구가 빗발치기도 했다. 사민당은 기민련 정치인 중에서도 특히 그를 좋아하지 않았고 많은 이들이 그를 대연정 내각의 각료로 승진시킨 것은 잘못이었다고 생각했다. 특히 콜의 몰락으로 이어진 당의 불법 정치자금 스캔들과 관련되었다는 이유가 컸다.[12]

융의 관점으로는 클라인 대령의 단호한 행동은 적절하고 바람직했으며 부수적인 피해는 게임의 일부일 뿐이었다. 하지만 다른 이들, 독일의 동맹국이자 유럽의 동반자들 대부분은 경악을 금치 못했다. 다음 날 열린 EU 외무장관 회의에서 각국 대표들, 특히 그 지역에 군대를 파병한 스웨덴과 프랑스는 깊은 유감을 표했다. "서구 세계는 아프간 사람들을 폭격하는 대신 공조해야 한다." 프랑스 외무장관이자 의료 구호 단체인 국경없는의사회의 공동 창립자인 베르나르 쿠슈네르Bernard Kouchner는 이렇게 비판했다. 사민당 소속의 독일 외무차관 귄터 글로제Günter Gloser는 아무 말도 하지 못했다. 그는 이 상황이 그리 유쾌하지 않았고 총리는 고사하고 그의 당 역시 마찬가지였다. 하지만 융은 군사 행동을 옹호했다. "우리 주둔지에서 불과 6킬로미터 떨어진 곳에서 탈레반들이 석유 트럭 두 대를 탈취했다는 것은 아군에 심각한 위험을 야기할 수 있음을 의미한다." 그는 공격 후인 금요일에 이렇게 말했다. 이틀 후 일요일에 그는 독일에서 가장 판매부수가 높은 타블로이드지 〈빌트〉에 사망자들은 탈레반 테러리스트였다고 말하며 이번 공격을 지지한다는 뜻을 확고히 밝혔다. 이때 이미 베를린의 국방부는 민간인 사상자가 발생했다는 사실을 알고 있었다. 물론 아직 이 정보는 이번 공격에 대해 관례적인 평가를 수행하는 NATO까지 흘러들어가기 전이었다.

법학 박사학위를 가진 융 박사는 자신이 내세우는 법적 근거가 불완전하다는 사실을 파악했어야 했다. 국제법에서는 부수적 피해(무고한 민간인 살상을 뜻하는 군사 용어)를 엄격히 금지하고 있다. 석유 트럭이 진흙에 처박혀 있었다는 사실이 독일군 진영에 즉각적인 위협이 된다고 보기는 어려웠다. 이번에 일어난 일은 클라우제비츠가 전쟁터에서 군인이 상황을 판단하기 어려울 때 겪는 불확실성을 가리켜 '전쟁의 안개'라고 표현한 상황에 딱 들어맞는 예였다. 하지만 융의 동료들은 그렇게 생각하지 않았고 그중에는 메르켈 총리도 있었다.

월요일 선거 유세 강행군을 이어가던 중 모처럼 맞이한 휴일에 메르켈은 민간인이 죽은 데 유감을 표했다. 사망자들이 모두 테러리스트였다는 국방부의 공식 입장과는 달리 그녀는 민간인 사상자가 발생했다는 사실을 인정한 것이다. 메르켈과 국방부장관의 설명이 다르면 치러야 하는 대가는 클 것이다. 메르켈도 이 사실을 잘 알고 있었다. 또한 사민당이 이 문제로 기민련을 공격하고 기민련·자민당 연정 가능성에 찬물을 끼얹었을 수도 있다는 사실도 알고 있었다. 슈타인마이어는 좋은 알리바이가 있었다. 이 사민당 정치인은 보고받지 않아 폭격 소식을 뉴스를 통해 들은 것이다. 하지만 메르켈은 불과 몇 시간 후 보고받았다.

쿤두즈 폭격은 골칫거리였다. 물론 메르켈은 외교 정책을 슈타인마이어에게 일임했다고 주장할 명분도 있었다. 분명한 사실이었으니 말이다. 그녀가 금융 위기에 전념하는 사이 아프가니스탄 문제는 대부분 외무부에 넘겼다. 하지만 그녀가 다른 일에 바빠 신경 쓰지 못했다는 사실을 인정하면 그녀의 가장 큰 자산, 동시에 다양한 안건을 직접 처리하는 정치인이라는 인식이 약화될 것이다.

즉각적인 행동이 필요한 상황이었다. 그녀는 의회 연설을 통해 돌파구를 마련했다. 메르켈은 분명히 드러난 의사소통의 부족을 세세히 따지기보다는 이 문제를 정면 돌파하고 독일의 아프가니스탄 파병을 옹호하기로 결심했다. 특히 독일이 계속해서 평화 서약을 지켜야 한다고 강조하는 유권자들이 관심을 가진 가장 큰 문제는 이번 폭격으로 독일의 재무장에 대한 불안이었다. 앞서 언급한 EU 외무장관 회의에서도 폭격에 대한 비난의 목소리가 높았다. 다른 국가들의 발언에 숨겨진 의미는 독일이 국제무대에서 군사력의 자신감을 회복해 전쟁도발자가 되는 상황을 우려하고 있는 것이다. 이 자체도 문제였지만 메르켈에게는 선거도 문제였다. 그녀는 사민당을 버리고 자민당과 기사련을 선택할 유권자가 필요했지만 이러한 유권자들은 기사련·자민당의 새로운 연정이 독일의 평화 유지와 국제주의 기조를 바꿀 것이라는 분위기만 풍겨도 부르주아 정당에 투표할 마음을 접을 수 있었다. 사실에 기반하고 신중하며 다소 재미없는, 메르켈다운 연설이었다. "우리 헌법 서문에 명시되어 있듯 독일은 세계 평화에 봉사하기로 서약했습니다. 따라서 독일군은 NATO군과 함께 아프가니스탄에 주둔해야 합니다. 그로써 세계 평화에 기여하는 것입니다." 거기에 아직까지는 불확실하지만 민간인들이 목숨을 잃은 것으로 보인다고 덧붙였다.

청중과 심지어 전문가들조차 알아채지 못했겠지만 이 연설로 여러 목적을 달성했다. 독일을 세계 평화와 연관 지음으로써 사민당과 녹색당이 가치를 역설했고, '목숨을 잃은 것으로 보인다'고 함으로써 대중에게 잘못된 정보를 제공하고 이번에 일어난 일에 책임이 있는 융 박사와 공개적으로 거리를 두었다. 연설로 이 두 가지 목적을 동시에 이뤘다. 메르켈에게 투표한다는 것은 제2차 세계대전 후 평화 서약에 반대한다는 뜻이 아니므로 사민당과 녹색당 지지자 중 평화주의자들은 메르켈이 전쟁유발자라고 할 증거를 찾을 수 없었다. 그리고 은연중에 국방장관을 비난함으로써 그의 운명을 결정지었다. 융 박사는 선거 직후 사임해야 했다. 평소 탐사보도의 본보기를 보이지 않았던 〈빌트〉가 갑자기 그가 민간인 사상자가 발생했다는 사실을 알고 있었다는 증거를 찾아낸 것이다. 쿤두즈 폭격은 선거의 잠재적인 악재였지만 메르켈 입장에선 자신이 슈타인마이어처럼 평화에 헌신한다는 사실을 알리고 당내 가톨릭계 보수 정치인을 제거할 좋은 기회가 되었다. 선거 유세는 재개되었고 모든 상황은 자민당과 기사련·기민련 연정으로 향하고 있었다.

자민당은 호의적이고 역사적으로 독특한 입지를 갖고 있었다. 이례적일 만큼 높은 투표율과 세금 인하와 시민의 자유라는(베스터벨레는 최초로 동성애자임을 공개한 독일 정당 지도자다) 그들의 신조에 대한 지지에 힘입어 자민당은 역대 최고 기록인 14.5%를 득표했다. 기민련·기사련은 33.8%를 얻은 반면 사민당은 23%라는 역대 최악의 처참한 성적을 거뒀다. 11.9%를 얻은 좌파당으로 표가 몰린 탓이었다. 최종적으로 기민련·기사련·자민당 연정이 42석을 앞선 과반의석을 차지했다.

기민련 당사 콘라트 아데나워 하우스에서 축하 파티가 열렸다. 롤링스톤스의 〈앤지〉가 울리는 가운데 메르켈은(‘팝 음악은 한 번도 좋아한 적 없다’고 주장했었다) 당 지지자들의 박수갈채를 받았다. 그녀의 전 경쟁자인 코흐는 해외 언론 앞에서 축하 연설을 했다. 상황이 좋을 때에도 사람들을 끄는 매력이 없었던 안경 낀 가톨릭 정치인은 최선을 다해 미소 지었지만 바라보는 그의 눈빛은 무미건조했다. 헤센 주지사가 평소처럼 단조로운 어조로 말했듯 앙겔라 메르켈은 그녀가 원하는 정부를 구성하겠다는 목적을 달성했다. 그 결과는 그녀가 지지하는 정책에 대한 신임투표나 다름없었다.

이 정책이 정확히 무엇인지는 분명하지 않다. 코흐 자신은 이념적 소신을 감추지 않았다. '가치와 원칙 없이 국가를 창조할 수 없다'는 그의 신조이자 저서의 제목이기도 했다. 하지만 메르켈은 그런 것 같지 않았다. 기민련과 자민당 모두 조세 개혁을 요구했다. 메르켈은 신중한 입장을 취하며 2005년 임기가 거의 끝나갈 때까지 일률조세안을 부활할 기색을 드러내지 않았다. 곧 연정 파트너가 될 당과 유일하게 합의한 것은 2021년까지 독일 내 17개 원자력발전소를 폐쇄하는 계획을 중단하고 그중 일부는 재생에너지가 가능할 때까지 유지하기로 한 것이다. 알다시피 이 약속조차 지켜지지 않았다.

자민당과 내각을 구성하는 과정이 힘들 것 같지 않았다. 연정이 드문 영국에서는 2010년 선거 후 내각을 구성하는 데 5일이 걸렸는데 많은 이들이 기다리는 사이 안달을 냈었다. 반면 2009년 독일에서는 내각 구성에 5주 걸렸지만 아무도 놀라지 않았다. 영국에서 23%를 얻어 소수 연정당이 된 자유민주당Liberal Democrats은 외무부, 재무부, 내무부 같은 중요 직책은 얻지 못했다. 반면에 독일의 자민당은 그보다 약 10%를 적게 얻었는데도 부총리, 외무부, 법무부, 경제부, 보건부를 확보했다.

2001년부터 자민당을 이끌어온 베스터벨레는 그의 뛰어난 협상력을 발휘하지 않고도 최고직을 얻어낼 수 있었다. 사실 대부분 표준에 따른 것이었다. 연정의 다수당이 총리를, 소수당이 외무부를 맡는 것은 독일 헌법의 관례와도 같았다. 사민당이 키징거가 이끄는 대연정 내각(1966~1969)에서 소수당이었을 때 브란트가 외무장관을 지냈고, 브란트 내각(1969~1974)에서는 자민당의 발터 셸Walter Scheel이 외무장관을 맡았으며, 슈미트 행정부(1974~1982)와 콜 내각(1982~1998)에서도 연정의 소수당이 외무장관을 맡았다. 자민당의 한스디트리히 겐셔Hans-Dietrich Genscher는 1992년 같은 자민당의 클라우스 킨켈Klaus Kinkel에게 넘겨줄 때까지 외무장관을 맡았다. 요슈카 피셔가 슈뢰더 내각(1998~2005)에서, 슈타인마이어가 메르켈 내각(2005~2009)에서 외무장관을 맡으며 이러한 패턴은 반복되었다.

따라서 베스터벨레가 외무장관을 맡으리라고 예상되었다. 하지만 문제는 협상 시기와 첫 임기에서 보여줬듯, 인기 TV 프로그램 〈빅 브라더Big Brother(전혀 알지 못하는 사람들 12명이 100일간 외부와 차단된 채 빅브라더 하우스에서만 지내며 벌어지는 일을 화장실을 제외하고 곳곳에 설치된 CCTV로 생중계하는 리얼리티 쇼. 참가자들은 정기적으로 쫓겨날 팀원의 명단을 적어내야 하지만 실제로 결정하는 것은 시청자 투표다. 최종적으로 남은 사람이 거액의 상금을 받는다—옮긴이)〉의 독일판 참가자이자 '즐거운 정치'를 표방해온 인물이 자신의 과제를 제대로 수행하지 못했다는 것이다.

심지어 선거 결과가 나오기 전에도 베스터벨레는 자신의 중심 지위를 적극 활용해 자신은 무슨 일이 있어도 내각에 참여하지 않겠다는 의견을 밝혔던 터라 그의 참여에는 대가가 수반되었다. 자신의 막강한 협상 지위를 즐기며 그는 입장을 밝혔다.

"연정 합의 사항 어디에도 새롭고 공정한 조세 제도에 대한 내용이 없다. 다른 무엇보다 재정 관점에서 400여 개 항목의 예산 삭감을 제안했다. 물론 노후 차량 보상프로그램(노후 차량을 탄소배출권pollution credit과 교환해주거나 연비가 높은 신형 차량 구입 시 할인 혜택을 주는 등의 정부 지원 프로그램—옮긴이)이나 수십 억의 세금을 낭비하는 미친 보건 서비스 펀드 같은 터무니없는 안은 포함하지 않은 계산이다. 공정한 조세 제도를 수립하는 데 성공한다면 보고되지 않은 노동의 10~20%는 합법적인 경제로 돌아올 것이며, 이렇게 되면 국가 재정은 다시 건전해질 것이다."[13]

하지만 외교와 국방 정책에 대한 그의 요구는 새로운 동반자 입장에선 문제의 소지가 많았다. 협상 기간 동안 그는 남아 있는 미국 핵무기가 독일에서 철수되어야 한다고 주장했다. 이 정책은 인기를 얻을 수도 있었지만 미국과의 합의와 오랜 우방 관계를 단지 연정 합의에 따라 폐기처분할 수는 없었다.

메르켈은 앞날에 문제가 있으리라고 예감했을 것이다. 가장 독일적인 작곡가 리하르트 바그너Richard Wagner의 애호가인 총리는 이 작곡가의 걸작 〈니벨룽겐의 반지〉를 가장 좋아하는 이유는 오페라의 내용을 요약하며 '처음부터 제대로 시작하지 않으면 아무리 애를 써도 돌이킬 수 없다'는 교훈을 주기 때문이라고 말했다.[14] 그녀의 예감은 정확했다. 일은 잘 풀리지 않았다. 내각 취임 선서 후 불과 몇 주 만에 미결의 쿤두즈 폭격 문제가 다시 대두되었다. 노동부장관이 된 융은 결국 사임해야 했다. 그리고 연정과 유럽 내부에서 더한 문제가 기다리고 있었다.

12

유로존 위기와
아프가니스탄

·

심리학 연구에 따르면 여성들이 멀티태스킹 능력이 더 뛰어나다고 한다. 연구 조사를 어떻게 생각하든 간에 집권 2기의 메르켈은 이런 주장의 타당함을 몸소 보여줬다. 자국에서는 때때로 제멋대로 집단사퇴를 거론하는 자민당과의 연정 문제가 있었고 특히 유로존 위기는 총리 자신을 비롯해 사람들이 예상했던 것보다 연정 첫 해를 더욱 어렵고 힘겹게 했다.

시작은 고요했다. 2009년 10월 28일 저녁 10시 58분. 메르켈의 낡은 노키아 핸드폰에 문자 메시지 한 통이 도착했다. "의원 323명이 (연정에) 찬성했습니다". 그녀는 미소 지었다. 예상치 못한 문자는 아니었다. 그녀는 안심하고서 처음으로 작년에 받은 연방공로십자장을 걸쳤다.

그녀가 문자 메시지를 꼼꼼히 읽어봤더라면 9명이 반대표를 던졌다는 사실을 깨달았을 것이다. 그리고 이 사실을 염려했더라면 그녀 역시 반대자를 찾아내는 토론에 참여했을 것이다. 하지만 그녀는 현 상황을 그리 걱정하지 않았다. 어쨌거나 이제 내무장관이 된 토마스 데메지에르가 성명을 발표하기 위해 파견되었다. "네, 그럴 수도 있습니다. 당원이 많은데 모두가 똑같은 생각을 할 수는 없는 법입니다." 전직 총리의 참모장은 이렇게 말했다.[1] 메르켈 자신은 기자 회견을 하지 않았다. 의전용 꽃다발을 받으며 객석에 앉아 있는 부모님을 바라봤다. 카스너와 그의 아내 옌츠쉬는 베스터벨레의 동성 배우자인 미하엘 므츠론츠Michael Mzronz 옆에 앉아 있었다. 카스너 부부는 므츠론츠에게 말을 걸지 않았다 (또는 그렇게 보였다). 하지만 그들의 편견 못지않게 부끄러웠기 때문일 수도 있다. 카스너 부부는 속내를 드러내지 않는 성격이라 자부심을 표현하지 않았고 감정을 드러내놓고 표현하지 않는 것은 그들의 스타일이기도 했지만 그들의 딸의 특징이기도 했다.

아래 무대에서는 메르켈이 베스터벨레와 이야기를 나누고 있었다. 총리와 신임 외무장관은 겉보기에는 좋은 관계였다. 그들이 이름을 부르고 서로를 지칭할 때 격식을 차린 'Sie'보다는 덜 격식을 차린 'Du'를 사용한다는 사실에서 많은 걸 유추할 수 있었다. 하지만 'Du'를 사용한다는 것이 곧 친밀한 우정을 뜻하지는 않는다. 최근 젊은 세대, 특히 사회 진보주의자들은 보편적으로 이렇게 격의 없는 표현을 사용한다. 격식을 따지는 구세대에 속하는 콜은 한 기자가 자신에게 격식을 차린 용어를 사용하지 않자 깜짝 놀랐다. "당신과 어떤 친분 관계도 맺고 싶지 않군요." 나이 든 총리는 '헤르 콜 박사'라고 불러달라고 하며 이렇게 말했다. 메르켈과 베스터벨레는 둘 다 도시 출신의 자유주의자로 이런 문제에 개의치 않았다. 그들의 개인적 관계보다 중요한 것은 양당 간의 유대 관계였다. 기민련과 자민당은 둘 다 'Bürgerliche Partein', 즉 자유기업체제와 대서양 동맹을 지지하는 부르주아 또는 중도우파 당이었다.

2005년부터 2009년까지의 기간은 보수파 키징거가 사회주의자 브란트와 함께 통치한 1966~1969년의 공위시대(空位時代)Interregnum와 상당히 비슷한 예외적인 시기였다. 각 당수들의 마음은 물론 평당원의 마음에서는 양당이(기민련과 기사련은 하나로 보자) 공동 통치할 운명이라고 생각했다.

10월 28일은 기념일이었다. 하지만 정치적 신혼부부는 그때는 불길한 일이 다가오고 있다고는 예감하지 못했다. 곧 중심 역할을 하게 되는 쾰러 대통령은 긍정적인 분위기에 물을 끼얹을 유일한 사람이었다. "우리는 비현실적인 성장률에 주의해야 합니다." 전 재무부 차관이자 IMF 총재는 최근 재단장한 슐로스 벨뷔Schloss Bellevue의 대통령 관저에서 열린 소규모 기념행사에서 총리에게 이렇게 말했다. 대통령궁은 본래 1786년 프로이센의 프리드리히 대제의 막내 동생 아우구스투스 페르디난트 왕자August Ferdinand von Preußen의 거처로 건설되었다. 프리드리히 대제는 프랑스 혁명이 일어나기 전 독일을 유럽의 최강대국으로 재건한 강력한 군주였다. 쾰러는 왕자처럼 부수적인 역할을 하는 사람이었고 형이 왕자의 조언에 귀를 기울이지 않았듯 메르켈이 무시할 수도 있는 사람이었다.

말년의 프리드리히 대제처럼 메르켈은 그의 말을 경청하고 고개를 끄덕였지만 심각하게 받아들이는 것 같지는 않았다. 쾰러의 경고는 구체적이지 않았는데, 낙관주의와 의식에 전념했어야 하는 날 그런 발언을 한 것은 어쩌면 종말이 임박했다는 본능적인 감각 때문이었을 것이다. 아니면 대통령은 메르켈과 베스터벨레가 연정의 세부 사항을 협의하는 사이 국제 뉴스를 보고 있었기 때문일 수도 있다.

불과 열흘 전 신임 그리스 총리 게오르기오스 파판드레우Georgios

Papandreou는 자국의 재정이 예상보다 훨씬 좋지 않다고 밝혔다. 곧 독일 국내 정계의 골칫거리가 되는 그리스 문제는 선거 운동 기간에 부각되지 않았고, 유로존의 다른 15개국에게도 마찬가지였다. 그리스의 경제 상황은 대체로 잘 알려지지 않았다. 연간 적자는 GDP의 13% 또는 유로존 기준치의 네 배에 달하며 국가 부채는 연간 소득을 웃돌았다. 예상치 못한 나쁜 소식에 따라 파판드레우는 새로운 긴축 정책을 발표했다. 쾰러 같은 경제학자는 문제의 핵심은 그리스 정부가 금융시장에서 신용을 잃었고 이 상황이 베를린에도 영향을 미칠 것이라고 파악했다.

이제 노련한 정치적 동물이 된 메르켈은 정치적 관점에서 이러한 발언에 주의를 기울일 필요가 없다고 생각했다. 즉 파판드레우는 이탈리아 르네상스 시기의 정치이론가 마키아벨리가 주장하는 권력의 1번 법칙을 따랐다. "국가를 탈취하면 새로운 군주는 자신이 행해야 하는 모든 가혹한 조치에 대해 미리 굳은 결심을 하고 있어야 한다. 이 경우 단번에 해치워야 한다는 사실을 명심해야 한다." 정치 가문의 일원으로서(파판드레우의 아버지와 할아버지 모두 총리를 역임했다) 그리스 정부의 새 수장은 법칙을 그대로 따랐다. 하지만 상황은 베를린을 비롯한 유럽 각국 수도에 있는 동료들이 알고 있는 것보다 더 나빴다.

메르켈이 쾰러의 경고 또는 파판드레우의 한탄에 그리 불안해하지 않은 것은 그녀 역시 극단적인 조치를 정당화하기 위해 현대판 예레미야서 같은 표현을 사용하고 있어서였기 때문일지도 모른다. 비관적 분위기가 감지되자 11월 10일 메르켈의 취임연설은 국민들에게 파멸이 목전에 닥쳤다는 예언처럼 들렸다. 검정 옷을 입고 이에 어울리는 우울한 메시지를 전하며 그녀는 내년에 엄청난 금융 위기가 우리를 강타할 것이라 경고했다.

알다시피 어젠다에는 정치적 논쟁을 선점하고 있던 다른 안건들도 있었다. 무엇보다 쿤두즈 폭격은 엄청난 오판이었다는 사실이 속속 밝혀지면서 새 행정부는 정치적 난국에 처했고, 총리와 새 국방장관 카를−테어도어 추 구텐베르크Karl-Theodor zu Guttenberg는 여기에 전념할 수밖에 없었다.

취임 한 달 만에 노동부로 옮겨갔던 전 국방장관 융은 새 보직에서 사임해야 했다. 육군 참모총장 볼프강 슈나이더한Wolfgang Schneiderhan 역시 마찬가지였다. 독일군에 더욱 피해를 입힌 것은 독일 특수작전 사단Kommando Spezialkräfte의 특수부대가 이번 공격에 개입되었다는 사실이었다. 민간인을 무차별 살상한 군사 문제에 독일이 개입했다는 사실은 메르켈과 독일 정부, 나아가 국제 사회에서 독일의 지위를 위태롭게 하는 반갑지 않은 소식이었다.

메르켈은 전략적으로 기민하게 움직인 덕분에 쿤두즈 사태에서 초래된 곤경에서 살아남았다. 그녀는 미국에 갔다. 융 박사에게 결자해지하게 하고 그녀는 워싱턴으로 날아가 상하원에서 연설했다. 이번 여행에는 두 가지 목적이 있었다. 대외 정책 문제에 대한 여론 재판의 피고인석에 외무장관 베스터벨레와 전 국방장관을 앉혀두고 그녀는 자신의 입장을 재확인시켜야 했다. 누구에게 책임이 있었는지 보여주고 자신의 국제주의적이고 진보적이며 평화주의적인 정책이 힘을 얻고 있음을 명확히 밝혀야 했다. 이런 주장을 펴기에 52년 전 아데나워가 그랬듯 미국 의회보다 적합한 곳은 없었다.

미국인의 시각에서 메르켈은 동맹국 수장의 이상적인 예였다. 1960년대의 드 골부터 2000년대 초반의 슈뢰더와 시라크에 이르기까지 거의 모든 유럽 정치인들은 그들보다 우세한 군사 동맹국에 상당히 양면적인 태도를 취했다. 공식적으로는 자유와 자유기업체제와 군사동맹에 전념한다고 했던 정치인이 일부 국가에서 정치적 영향력을 발휘하는 반미 구호 '양키 고 홈Yankee go home'을 외치는 경우가 적지 않았다. 메르켈은 이런 유혹에 굴복하지 않았다. 공산주의 독재 국가에서 자란 경험 때문이겠지만 그녀는 미국을 칭송할 기회를 놓치는 법이 없었다. 월트 휘트먼 Walt Whitman(19세기 미국의 시인으로 미국의 정신을 가장 잘 표현한 시인으로 평가받는다―옮긴이)과 에이브러햄 링컨Abraham Lincoln의 언어를 가르치는 걸 허가받지 못한 영어 교사의 딸로서 그녀는 미국을 '자유의 안식처'라고 부르며 우파적 선택을 했다. 그녀가 "우리 독일인들은 여러분, 우리 미국 친구들이 얼마나 많은 도움을 주었는지 알고 있으며, 나 자신을 포함한 우리는 절대로 이 사실을 잊지 않을 것입니다"[2] 하고 선언한 메시지는 분명히 전달되었다. 여기서 '나'라는 인칭대명사를 사용한 것은 즉흥적인 것이 아니었다.

미국 상하원 의원들은 아마도 그녀를 용서했을 것이다. 의회 양원합동회의에 연설한 그녀의 이야기는 아메리칸 드림의 독일 버전인 듯 감동적이었다. "나는 당시 동독에 속한 브란덴부르크에 부모님과 함께 살았습니다. 제 아버지는 개신교 목사셨고, 영어와 라틴어 교사이셨던 어머니는 자신이 선택한 직업으로 일할 수 없었습니다."

물론 이 연설의 목적 중 하나는 미국과 독일, 양국의 관계를 공고히 하는 것이었지만 이것이 전부는 아니었다. 진짜 목적은 독일의 관중들이었다. 메르켈은 미국에 체류하는 동안 새로운 정치 협상안이나 무역

합의안에 서명하지 않았고 새로운 합동 정책을 개시하지 않았다. 독일 주요 기업들도 수익이 높은 계약을 체결하지 않았다. (적어도 보도된 내용은 없었다.) 그런데 어째서 의회에서 연설한 것일까? 그녀가 책임자임을 천명하고 호전적인 보수주의자 융과 전임자 슈타인마이어만큼의 경륜과 진지함, 또는 지식이 없는 불운한 베스터벨레와의 대비를 보여주기 위함이었다.

소강 상태에서 2009년은 끝나고 크게 발전된 일 없이 비슷한 상황에서 새해가 시작되었다. 아테네 정부는 엄청난 거리 시위를 겪고 있었지만 독일 신문은 그리스의 재난 상황보다 메르켈의 개인적 이력에 더 관심을 보이는 것 같았다.

메르켈은 영국 수상 대처처럼 과학자 출신이었다. 하지만 대처와 달리 메르켈은 우리가 5장에서 살펴봤듯이 자신의 능력을 갈고닦아 성과를 거뒀다. 이러한 과정을 살펴보면 많은 이들이 놀랍게도 메르켈 박사가 〈양자 화학의 분석적 방법에 기반한 속도상수 계산과 단수 결합 파열의 방사성 붕괴 반응에 대한 연구〉라는 제목의 정통한 논문으로 과학 아카데미에서 박사학위를 받고 논문이 출판되었으며 활발히 연구 활동을 한 양자 화학자였다는 사실을 알게 된다. 그녀는 동반자인 자우어와 다른 동료 두 명과 〈표면 하이드록실의 진동 특성: 비조화성을 포함한 순이론적 모델 계산〉이라는 복잡한 제목의 공동 논문을 썼고, 이 과학 아카데미 동료들과 함께한 연구는 학술지 〈화학 물리학Chemical Physics〉에 실리기도 했다.[3] 아인슈타인, 막스 플랑크Max Planck, 베르너 하이젠베르크Werner Heisenberg의 나라에서는 과학자의 사회적 명망이 상당히 두터웠다. 따라서 이러한 배경은 시기와 의심을 불러일으킬 수밖에 없었다. 메르켈은 자신의 학문적 성과를 과시하거나 입에 올리지 않았다. 어쩌면 그녀는 다른 분야에 진출한 상황에서 양자 화학은 과거의 일일 뿐 정치적 중요성은 없다고 생각했기 때문일 수도 있다. 하지만 정치인은 지치지 않고 자신과 자신의 성과를 과시하는 자만심 많은 인간형이라는 점을 고려해보면, 이 역시 적잖이 이상하긴 하다. 하지만 독일 최고 명문대를 나온 메르켈은 자신의 학문적 성취에 대해 입을 다물었다. 그러자 의구심을 갖는 사람들이 생겨났다. 혹시 입을 열 수 없는 이유가 있는 건 아닐까? 다시 말해 자신의 이력을 날조했기 때문이 아닐까 하는 의심이 생긴 것이다. 그렇지 않다면 언론이 대학 성적증명서와 박사학위 논문 평가서에 접근하는 걸 거부할 이유가 없지 않은가.

그동안 나왔던 메르켈에 대한 수많은 자극적인 뉴스처럼 이 의혹 역시 빤한 결과로 끝났다. 총리와 좋은 관계인 진보 성향의 시사주간지 〈슈피겔〉이 마침내 (자유롭게 정보를 확인하게 해달라는 끈질긴 요청 끝에) 그녀의 성적 증명서를 확인한 것이다. "물리학에서 탁월한 성과를 거뒀으나 마르크스-레닌주의의 성적은 썩 좋지 않음"이라고 씌어 있었다. 성적표를 통해 그녀가 공산주의 동독의 필수과목이었던 마르크스-레닌주의를 겨우 통과했다는 사실이 밝혀졌다는 것은 메르켈의 이미지에 중요한 영향을 미쳤다. 그녀도 공산국가에서 탁월한 활약을 했던 기회주의적인 변절자라는 주장을 정면으로 반박하는 증거였던 것이다. 다시 한 번 음모론자들의 체면이 구겨졌다. 국가를 대표하는 정치인의 과학적 성과에 이런 식으로 나라가 몰두할 수 있었던 것은 메르켈의 동포들 대부분이 여유 있고 편안한 상황이었다는 반증이기도 하다.

그리스 비극: 1막

##

어쩌면 메르켈도 지나치게 느긋했을지도 모른다. 일부, 특히 정식으로 반대파가 된 사민당의 비판자들은 그 뒤에 당시 잠재적 문제에 주의를 기울이지 않았다고 비난했다. "총리는 올해 2월부터 5월까지 무엇을 해야 할지 생각하지 않았다. 총리는 제때 조치를 취하지 못했다"고 사민당의 경제 정책 대변인 요아힘 포스Joachim Poss는 비난했다.

포스가 의회에서 연설한 대로 메르켈이 흐름을 읽지 못하고 대부분의 시간을 동료·자민당과 논쟁하는 데 허비했다는 비난은 그리 특별할 것이 없었다. 자신의 행위가 아닌 사건에 휘둘리는 수동적이라는 평이야말로 정치인에게 심각한 비난이다. 훌륭한 지도자는 단호하고 능동적이며 위험 요소를 미리 예측한다. 메르켈은 이런 면모를 보여주지 못했다. 아니 많은 이들이 그렇게 생각했다.

겉보기에는 이러한 비난이 타당해 보였다. 메르켈은 2009년 말부터 2010년 1월까지 그리스 문제를 공개적으로 꺼내지 않았지만 그렇다고 해서 그녀가 상황을 인식하지 못했다는 뜻은 아니다. 이번 경우는 메르켈과 쇼이블레(사민당의 슈타인브뤼크 후임 재무장관)는 시장이 동요하지 않도록 의도적으로 신중하게 그리스 문제를 피하고 있었다는 견해를 뒷받침한다. 메르켈은 투자은행에 대한 반감을 감추지 않았다. 그녀는 미국의 리먼 브라더스와 독일의 하이포 리얼 에스테이트 홀딩의 파산을 초래한 건 위험할 정도로 이윤을 추구하는 그들의 전략 때문이라고 생각했다.

메르켈과 쇼이블레는 시장이 동요하게 하고 싶지 않았다. 메르켈이 공개석상에서 그리스에 대해 언급하지 않았지만 그녀가 그리스 파산이라는 잠재적 위험 요소에 집중하고 있었다는 증거는 충분하다. 2010년 1월 〈디 벨트〉 신문이 마련한 비공개 언론 브리핑에서 메르켈은 그리스 파산이 엄청난 여파를 미칠 수 있으며, 그렇게 되면 유로존이 향후 몇 년간 굉장히 힘든 상황을 맞이하게 될 것이라고 경고했다.[4] 블룸버그가 비공개 보도 원칙을 어기고 이 발언을 게재했지만 메르켈의 경고는 1면 뉴스에 노출되지 않았다. 그리스에 대한 보도가 부족했다는 비난은 언론의 몫이어야 한다. 그리스는 이미 엄청난 문제를 겪고 있었기 때문이다. 아테네에서 경찰과 시위대의 무력 충돌은 민주주의의 발상지를 전쟁터로 바꿔놓았다.

메르켈이 이러한 상황을 언급했다는 점에서 진정시키려는 노력이 있었다고 해석할 수 있다. 2010년 초봄 그녀는 "그리스는 우리의 돈을 원하지 않는다"고 말했다. 그녀는 이후에 파판드레우 총리의 신랄한 비판자가 되지만 당시에는 그가 "용감하게 난국에 맞섰다"고까지 말했다.[5] 이 역시 개인적 의견인지 파급력을 염두에 둔 전략인지는 불확실하다. 이 중 어느 쪽도 충분한 설명이 되지 못한다. 2010년 봄 그리스의 부채 상황 능력에 대한 심각한 의심은 커지고 있었다.

메르켈에게 무자비하고 냉정하며 비타협적인 인물이라는 평판이 있다면 2010년 봄에 얻었다고 할 수 있다. 3월 17일(2주 후 위기가 터진다) 의회 연설에서 그녀는 동료 의원들에게 "한 국가가 계속해서 회원국 기준을 맞추지 못한다면 유로존에서 퇴출될 수도 있다"고 직설적으로 말했다.[6] 다른 우호적인 국가들과 동료들은 충격을 받았다. "메르켈이 그리스와 연대 의식이 부족한 데 충격을 받았다"고 벨기에의 중도우파 수상 기 베르호프스타트 Guy Verhofstadt는 말했다.[7] 메르켈이 신뢰할 수 없는 투자자라는 맹비난과 '투기꾼은 우리의 적'[8]이라는 선언과 함께 그리스를 공격한 행위는 베르호프스타트가 메르켈을 인기영합주의자라고 부르기에 충분해 보였다.

뭔가 조치를 취해야 했다. 프랑스 대통령 니콜라 사르코지^{Nicholas Sarkozy}는 막후에서 독일 동료에게 구제금융을 제공하자고 주장했다. 쇼이블레는 긍정적이었다. 하지만 그의 보스 메르켈은 그렇지 않다. 쇼이블레는 여전히 메르켈과 불편한 관계였고, 그녀는 배신감을 잊지 못하고 있었다. 하지만 둘은 공사 구분을 할 줄 아는 전문가들이었고 메르켈은 전 조세 변호사의 전문성과 풍부한 정치 경험만큼은 인정해 그를 재무장관에 임명했다.

쇼이블레가 프랑스의 계획을 지지하는 데는 몇 가지 이유가 있었다. 재무장관이 정계에 입문한 1980년대에는 유럽 간 협력이 인기를 얻고 있었다. 따라서 당연히 쇼이블레는 프랑스-독일 협력에 기반한 정치적 해법을 긍정적으로 받아들일 수밖에 없었다. 게다가 프랑스-독일 국경에서 불과 몇 킬로미터밖에 떨어지지 않은 바템-뷔르템베르크주 브라이스가우 지방의 프라이부르크 출신으로서 쇼이블레는 유로존의 두 강대국 간의 협력을 지지했다. 반면에 메르켈은 다른 정치사회화 과정을 겪었다. 그녀는 프랑스에 회의적인 입장이었다. 베를린 장벽이 무너진 이후 시작된 정치 초년병 시절 독일 통일을 막으려 했던 프랑스와 영국으로 하여금 미국이 독일 통일을 받아들이도록 하는 과정을 지켜봤다.

메르켈은 EU 내에서 정책 조율의 필요성을 어느 정도 공감하고 수용했지만 콜, 쇼이블레를 비롯해 1980년대와 1990년대의 독일 정치인들의 특징인 유럽 통합이라는 고귀한 이상은 완전히 이해하지 못했다. 범

대서양 협력은 신념의 문제로 파악하고 미국이 유럽에서의 기존 역할을 지속해야 한다고 생각하는 이에게, 유럽 국가들만 관련된 유럽의 해법은 프랑스식 해법이 시장을 안정시키지 못했듯 정치적으로 잘못된 신호처럼 여겨졌다.

대신 메르켈은 다른 해법인 그녀의 경제 정책 보좌관 옌스 바이트만 Jens Weidmann의 방법을 제안했다. 전직 IMF 경제학자인 바이트만은 그의 전 직장이 구제금융을 제공하는 방안을 제안했다. 메르켈은 그의 제안이 마음에 들었다. IMF를 끌어들임으로써 구제안은 재정적으로 보다 신뢰도가 높아지고 나아가 그리스의 부채 문제가 브뤼셀이 아닌 워싱턴에 본사를 둔 기관까지 개입된 국제적인 문제라는 신호를 전달하게 될 것이다. 하지만 이 제안은 베를린 빌헬름가 모퉁이의 커다란 빌딩 데틀레브-로베데르-하우스의 재무부는커녕 프랑스의 적극 지지를 얻지 못했다.

쇼이블레는 이 제안에서 특이점을 찾아냈다. 그는 법률가의 시각에서 IMF가 개입한 전례가 없었기 때문에 법률적으로 문제의 소지가 있을 수 있다고 염려했다. 이것이 진짜 이유였는지는 논란의 여지가 있지만 말이다. 정치에서 법적 주장은 법전이나 법의 정신에 헌신한다는 이상보다는 현재의 입장을 방어하기 위해 이용된다. 하지만 이 주장을 법의 테두리로 규정함으로써 쇼이블레는 법률 경험이 없는 메르켈과 바이트만보다 우위에 있다고 느꼈다. 총리는 과거 라트비아에서 비슷한 해법이 시도됐다고 대응했다. 유로존의 회원국은 아니지만 EU회원국인 라트비아는 2008년 지급능력 문제에 직면하자 IMF와 EU 양측에서 금융 지원을 받았다. IMF의 개입은 정치적으로나 재정적으로 최상의 선택일 뿐 아니라 법적으로도 수용 가능한 안이었다. 자신의 동유럽 쪽 뿌리를 자주 언급하곤 했던 메르켈은 그리스보다 훨씬 가난한 라트비아도 EU와 IMF의 도움을 받은 뒤 자국의 문제를 해결하려는 의지를 보여줬다는 점을 강조하고 싶었다. 라트비아의 예를 제시함으로써 아테네에 신호를 보내고 싶었던 것이다.

쇼이블레는 패배를 인정했다. 메르켈에 동의하지는 않았지만 상황은 감당할 수 있는 수준을 넘어섰다. 무언가, 아니 뭐라도 해야 했다. 2010년 5월 7일 독일 하원과 상원은 그리스는 110억 유로의 자금을 지원받으며 유럽 최고의 경제 대국인 독일의 몫은 그중 가장 높은 22억 유로를 부담한다는 구제금융안에 투표했다. 사민당은 기권했다.

"너무 적고, 너무 늦었다"는 말이 여기저기 퍼졌지만 이 경우에는 진실이었다. 의회 투표 전에도 파급 확산을 막으려는 정치인들의 노력은 집단적인 반대를 맞이했다. 5월 3일 월요일, 의회 투표 4일 전에 '투기꾼'들은 합의된 구제안을 믿지 않는다는 사실을 보여줬다. 다른, 보다 신뢰를 얻을 만한 계획이 요구되었다. 누구의 잘못인가? 이 실패를 메르켈의 탓으로 돌려야 할까? 시장의 붕괴를 초래한 것은 과연 그녀가 미적댄 탓인가?

분명 그녀의 망설임이 도움이 되지는 않았지만, 갑작스런 공황의 주된 이유는 총리가 아무 행동도 하지 않았기 때문이 아니라 5월 2일 일요일 화상회의에서 EU 집행위원 올리 렌^{Olli Rehn} 박사가 한 발언 때문이었다. 옥스퍼드대학교를 졸업한 이 핀란드 정치인은 최근 유럽연합 집행위원회 경제·통화 담당위원을 맡았다. 고국의 상위 리그에서 축구 선수로 뛰기도 하는 이 상냥한 핀란드인의 박사학위 논문 주제는 유럽 소국의 경쟁력에 대한 것이었다는 점에서 (이론적으로는) 적임자로 보였다. 하지만 그는 언제나 막후 협상을 주로 하는 정치인이었고 언론을 다뤄본 경험이 거의 없었다. 어째서 투표를 하루 앞둔 시점에서 정부의 수장들이 회의를 열었는지 묻자 그는 기가 죽어 그럴듯하게 시장을 안심시키는 데 실패했다. 그의 침묵은 대안이 없다는 신호로 해석되었다.

메르켈은 흔들리지 않았고 그의 동료들 역시 마찬가지였다. 하지만 그녀는 투자은행에 대한 분노를 삭이지 않고 세계가 정치와 시장의 전투를 지켜보고 있으며 자신은 이 전투에서 승리하기로 결심했다고 선언했다.⁹ "미래에는 상업Commerce이 국가를 지배할 것인가, 아니면 국가가 상업을 지배할 것인가?" 오스발트 슈펭글러Oswald Spengler는 제1차 세계대전이 끝난 뒤 발표한 저서 《프로이센주의와 사회주의》에서 이렇게 질문을 던졌다. 그리고 90년 뒤 한 보수주의자 정치인이 국가가 상업을 지배하겠다는 편에 섰다.

보수주의 정치인이 금융자본주의의 실행자들에게 전쟁을 선포했다니 이상하게 보일 수도 있다. 하지만 메르켈이 그저 난동을 부린 것이 아니라는 두 가지 이유가 있다. 메르켈의 장황한 비난은 추상적인 역사적 관점에서 1989년 올리버 스톤Oliver Stone 감독의 영화 〈월스트리트Wall Street〉에서 마이클 더글러스Michael Douglas가 맡은 무자비한 트레이더 게코와 같은 현실 세계의 고든 게코Gordon Gekko들을 향한 것이었다. 그녀의 분노는 자유기업체제와 시장경제에 대한 공격이 아닌 그 타락한 현실을 향한 것이었다. 이렇게 왜곡된 체제에서 자본주의를 구하려는 시도였던 것이다.

메르켈이 보다 많은 규제를 요구하는 것은 '도금시대Gilded Age'의 끝자락이던 1890년대 후반 공화당 소속의 대통령 시어도어 루스벨트Teddy Roosevelt

의 우려 및 정책과 맥락을 같이한다. 당시 그는 시장이 최적의 상태에서 작용하도록 규제와 반독점법을 도입했다. 그녀의 다른 이유는 순전히 정당 정치에 대한 실용적 관점 때문이었다. 메르켈은 그리스에 더 많은 자금을 지원하면 유권자의 지지를 얻기 어렵다는 사실을 잘 알고 있었다. 최근에 연방 총리로 재선되었지만 독일에서 가장 인구가 많은 노르트라인—베스트팔렌주 선거를 앞두고 있었다.

미국인들에게 주 선거를 이렇게 고민하는 모습은 낯설고 이해되지 않을 것이다. 미국에서는 주 선거는 지역 문제에 불과하니 말이다. 물론 주 선거에서 패배하면 같은 당의 현직 대통령의 상황이 어려워질 수도 있겠지만 그 이상의 여파는 없다. 하지만 독일은 다르다. 독일에서 상원은 미국이나 호주처럼 직접 선출된 의원이 아닌 각 주정부의 대표들로 구성된다. 그리고 각 주에서 2명의 상원을 워싱턴으로 보내는 미국과 달리 독일에서는 더 큰 주는 상원에서 그만큼 더 많은 의석을 차지한다. 이 점이 메르켈의 문제였다. 만일 현 주지사인 기민련의 뤼트거스가 불과 일주일밖에 남지 않은 선거에서 패배한다면 사민당과 녹색당은 정부의 입법 활동을 저지할 수 있을 것이다. 그러면 적어도 이론상 메르켈은 입법 과정의 교착 상태에 빠질 것이다.

메르켈은 현 주지사와 가까운 사이가 아니었다. 뤼트거스는 그녀의 두통거리였다. 다른 민족 출신의 국민에 대한 그의 발언은 당혹스럽기 짝이 없는데, 그는 "인도인보다는 아이들에게 Kinder statt Inder[외국(인도)의 전문인력 독일 유입보다는 독일 내 교육 투자가 우선이라는 입장—옮긴이]"라는 악명 높은 발언을 했고 진심이었다고 확실히 드러났다.[10] 개인적으로나 정치적으로 메르켈은 사민당의 도전자인 하넬로레 크라프트 Hannelore Kraft와 더 가까웠다. 하지만 개인적 차원의 공감은 상원의 의석을 다투는 전략 게임에서 중요하지 않다. 메르켈의 개인적 시각이 무엇이든 간에 노르트라인-베스트팔렌에서 반대당에 패배하면 그녀가 이끄는 내각은 어려움에 봉착할 것이다. 메르켈의 강경 발언은 이 주(州)의 1500만 유권자를 향한 것이었다. 그녀가 개입한 목적은 기민련이 신자유주의를 지지하는 보수 정당임을 다시 한 번 상기시켜주기 위해서였다.

메르켈에게는 선거 유세할 시간이 거의 없었다. 그녀는 이미 진행 중인 계획 외에 새로운 계획이 마지막 단계에서 실패하지 않아야 한다고 주장했다. 유럽연합 집행위원회는 불행한 렌 박사를 통해 600억 유로의 구제금융을 제안했다. 전하는 바에 따르면 메르켈은 이 제안을 두고 'lächerlich'라는, '터무니없는' 또는 '어이없는'이란 표현보다 다소 수위가 높은 표현을 사용했다고 한다. 그녀는 독일은 추가 자금 지원이 준비되어 있다고 브뤼셀에 회답했다.

엄청난 자금 투입이 임박했다는 공식 선언으로 시장은 진정되었고, 5월 7일 금요일 1차 구제금융안이 승인되자 시장은 어느 정도 안정을 되찾았다. 메르켈은 궁지에 몰린 유럽 대륙을 대표해 어느 정도의 시간을 벌었다. 하지만 긴장된 상황이 이어졌다. 그리스에서 시위가 폭력 사태로 번져 3명이 죽었다. 금융 위기가 아테네를 박살내고 있었다.

1차 구제금융안의 승인이 확정되었고 2차 안을 협상 중인 5월 8일 메르켈은 모스크바로 향했다. 이번 해외 방문은 유로존 위기와는 무관했다. 1945년 나치 독일에 맞서 승리를 거둔 붉은 군대의 65번째 승전기념 행사에 초대받은 것이다. 그녀는 이렇게 다른 일에 시간을 뺏기지 않을 수도 있었다. 사르코지는 양해를 구했다. 그는 그렇게 해도 되었지만 메르켈은 그럴 수 없는 입장이었다. 이 행사에 참석하지 않으면 상당한 외교적 후유증이 야기될 수도 있었다. 유럽의 경제 기반이 파국으로 치닫고 있는 이때에 그런 일까지 감수할 수는 없었다. 그녀는 크렘린궁 앞의 붉은 광장이 내려다보이는 발코니에 앉아 있었지만 마음은 딴 데 가 있었다. 그녀는 몇 번 양해를 구하고 구제금융안을 협상 중인 브뤼셀의 동료들과 노르트라인–베스트팔렌의 주 선거 결과를 주시하고 있는 참모장과 전화통화를 했다. 선거는 손에 땀을 쥐게 하며 전개되고 있었다. 기민련은 출구조사에서는 뒤졌지만 따라잡고 있는 듯 보였다. 뤼트거스가 최후의 노력을 기울였고 연방정부의 위기관리에 대한 단호한 입장에 만족의 뜻이 분명하다는 점에서 현 연정에게 승산이 있다고 보았다.

메르켈은 암호화된 휴대폰으로 통화하느라 군대와 핵무기, 자갈 깔린 광장을 굴러가는 탱크의 웅장한 행진을 보지 못했다. 정치와 경제가 분명한 확실성과 명백한 이데올로기에 입각했던 지난 시절로 되돌아간 듯한 광경이었다. 이제 상쾌한 봄날 통일된 자본주의 독일의 지도자는 중국 공산당 지도자 후진타오와 러시아 총리이자 전 KGB 대령이었던 푸틴과 어깨를 나란히 하고 서 있다. 비록 다른 방식이긴 하지만 그들 모두 그리스 위기의 여파를 느끼고 있었다.

메르켈은 필요 이상으로 머물지 않았다. 주최 측도 이해해줬다. 그들 모두 현 상황을 우려하고 있었기 때문이다. 메르켈이 자신의 안(案)을 적극 설득한 결과 이제 다른 국가들이 그녀가 제안한 해결책을 수용할 용의가 있다고 느꼈다. 그녀의 안에 반대하는 의견이 줄어들고 있었다.

하지만 5월 9일 일요일은 계획대로 흘러가지 않았다. 메르켈은 베를린에 돌아와 쇼이블레에게 지시를 내렸다. 그는 결과를 낙관하고 있었다.

하지만 그때 누구도 예측하지 못했던 일이 일어났다. 전문적이지도, 예상치 못했던 정치적 문제도 아니었다. 의학적, 보다 정확히는 약학적 문제였다. 1990년 암살 시도에서 살아남은 후 엄청난 진통제에 의지해 버텨오던 재무장관이 처방받은 신약에 알레르기 반응이 일어나 벨기에 수도의 병원에 실려간 것이다. 엎친 데 덮친 격으로, 크라프트의 사민당·녹색당 연정이 뤼트거스의 기민련·자민당 연정을 이겼다는 소식이 뒤셀도르프에서 날아들었다. 이제 반대파는 상원의 주도권을 쥐고 행정부에 몸값을 요구할 것이다.

절망적인 상황이었다. 그녀의 협상가는 브뤼셀 병원에서 말 그대로 생명 유지 장치를 달고 있었고 유럽 동반자들과 협상에 성공한다 하더라도 독일 상원의 적대적인 다수를 상대해야 했다. 메르켈은 신속히 행동해야 했고 보기 드물게 그렇게 했다. 그녀의 행보는 그녀가 상당한 정치적 기교를 발휘할 수 있다는 사실을 보여준다. 그녀는 대연정 시기 동안 슈타인브뤼크 밑에서 재무부차관을 지냈던 사민당의 외르크 아스무센Jörg Asmussen을 파견했다. 아스무센은 2009년 쇼이블레가 재무장관직을 승계한 뒤에도 북부 출신의 안경 쓴 차관을 유임한 예외적인 인물이었다.

아스무센을 파견한 것은 여러 면에서 탁월하고 성공적인 선택이었다. 메르켈은 바이트만을 파견할 수도 있었다. 그는 타의 추종을 불허하는 전문가였으니 말이다. 하지만 바이트만은 합의를 이끌어내는 데 필요한 정치적 영향력이 없었다. 그리고 자민당 각료 중 한 사람을 파견할 수도 있었다. 경제기술부장관인 라이너 브뤼덜레Rainer Brüderle도 합리적인 선택이었다. 하지만 그는 고려되지도 않았다. 아스무센은 필요한 모든 조건을 갖추고 있었다. 그는 쇼이블레의 팀에서 일하며 협상의 진척 상황을 알고 있던 터라 일이 무리 없이 이어질 수 있었다. 게다가 그는 통화 문제에 있어서 저명한 전문가였고 무엇보다 탁월한 부분은 그가 사민당 소속이었다는 점이다. 사민당원이 유럽이사회의 협상을 이끌면서 상원에 새로 진입한 메르켈의 반대파들은 안건이 상원 표결에 부쳐졌을 때 반대하기 어려워진 것이다. 아스무센은 협상을 성사시켰다. 다른 유럽 국가들이 독일의 조건을 수용하면서 2차 구제금융안은 2010년 5월 11일 합의되었다. 그리스는 지원 조건을 받아들이고 독일 정부가 자금을 지원하는 대가로 요구한 예산 삭감에 합의했다.

그리고 예상대로 5월 21일 독일 의회는 2차 구제안을 승인했다. 메르켈은 반대파의 모욕을 겪어야 했다. "전략도, 목적도 없다"고 사민당 당수 가브리엘은 비난했다. 하지만 안건은 양원에서 모두 합의되었다. 재난은 피했지만 문제는 사라지지 않았다.

이상적인 환경에서라면 메르켈은 이후 며칠은 쉴 수도 있었지만 그런 호사를 누릴 여유가 없었다. 또 다른 청천벽력 같은 소식이 날아든 것이다. 이번에는 대통령궁에서였다. 앞 장에서 봤듯이, 보기 드물게 적극적인 대통령 쾰러는 2009년 5월에 재선되었다. 전직 IMF 총재는 외교와 국방 부문은 아니었지만 정치 경력이 상당했다. 그리고 이것이 그의 문제였다.

5월 30일 오후 2시가 되기 직전 대통령은 슐로스 벨뷔 1층의 웅장한 랑간스-살 홀에서 기자 회견을 열었다. 아무도 이유를 알지 못했다. 아프가니스탄 방문에서 돌아오면서 입장을 밝힐 것 같다고 오랫동안 쾰러를 지켜본 사람들은 예상했다.[11] 최근 대통령은 곤경에 처해 있었기 때문이다. 하지만 아무도 아내를 대동하고 나온 이유를 알지 못했다. 메르켈은 두 시간 전에야 그의 목적을 들었다.

"독일군과 아프가니스탄에 대해 말씀드리고자 합니다." 대통령은 가라앉은 어조로 입을 열었고 그의 아내 에바 루이즈Eva Luise는 그의 뒤에 서 있었다. 독일군의 해외 주둔에 대한 연설 이상임을 시사하는 듯 연출된 자세였다. 쾰러는 용기를 끌어모으려는 듯 잠시 멈췄다가 말을 이었다. "올해 5월 22일 독일군의 해외 활동에 대한 저의 발언은 격렬한 비판을 받았습니다. 저의 발언이 우리나라의 중요하고 어려운 문제에 있어 오해를 불러일으킨 점은 유감스럽게 생각합니다. 하지만 비난은 제가 기본법을 따르지 않는 군사 활동을 지지한다는 데까지 비화되었습니다. 이러한 비난은 어떤 식으로도 옳지 않습니다. 대통령으로서 마땅히 받아야 할 최소한의 존경도 결여되어 있었습니다." 그는 모두가 듣고 있는지 확인하려는 듯 고개를 들더니 다시 목소리를 낮췄다. 그리고 잠시 말을 멈췄다가 눈물을 삼키고는 다시 연설을 이어갔다. "저는 지금 이 순간부터 대통령직에서 물러나겠습니다." 망연자실한 적막만이 감돌았다.

한때 그는 '슈퍼 호르스트'라 불리며 물 위를 걸을 수 있다 해도 믿을 만큼 인기 있는 대통령이었다. 하지만 보기 드물게 비난에 예민한 자존심 강한 정치인이기도 했다. 그의 핵심 보좌관 일부는 성미가 까다롭다고 알려진 국가수반과 다툰 후 그만뒀다고 한다. 이렇게 별난 성미는 대통령에게 전혀 도움이 되지 않는 법이다. 귀족 출신의 보수주의자 리하르트 폰 바이츠제커Richard von Weizsäcker(1984~1994), 그의 후임인 기민련의 로만 헤어초크Roman Herzog(1994~2000)와 쾰러의 전임자인 사민당의 요하네스 라우Johannes Rau(2000~2005) 같은 전임자들은 무관심과 더불어 대통령직의 본질이라고 할 냉정한 침착함을 보여줬다. 반면에 그의 전 직원들이 말하듯 쾰러는 언론이 그를 비난하면 화를 내는 편이었다. 언론의 주목을 받는 것은 게임의 일부다. 심지어 의전상 역할만을 하는 국가수반이라 할지라도 말이다. 쾰러는 그 누구보다 이러한 사실을 잘 알고 있어야 했다. 그는 정치 신인도 아니었고 매일 정책 입안에 개입했던 사람으로서 행동에는 결과가 따른다는 것을 인지하고 있어야 했다. 그것이 언론의 자유가 있는 민주주의를 살아간다는 의미다.

쾰러가 정부의 경제 난제에 자신의 통찰력을 발휘했고 자유시장경제와 국가 권력의 개입을 최소화해야 한다는 그의 신념과 배치되었을 때도 이렇게 행동했다는 점에서 논란이 되어왔다. 2006년 메르켈의 연정 내각이 독일 항공 교통 관제의 민영화를 시도했을 때 그는 이 문제에 개입해 자신이 생각하기에 헌법에 위배되는 법안에 서명을 거부했다. 쾰러는 법률가가 아니었을 뿐 아니라 합헌성을 결정하는 기관은 헌법재판소이며 법안은 의회에서 통과된다는 점에서 보기 드문 사례였다. 하지만 논쟁적인 결정은 양면이 있는 법인데, 쾰러는 기꺼이 비난을 받아들이지도 못했다.

중국 공식 방문을 마치고 돌아오는 길, 그는 아프가니스탄에 들러 독일군 주둔지를 방문했다. 군인들이 쿤두즈 폭격 이래 비난 여론에 시달렸다는 점에서 납득이 되는 결정이었다. 그들은 대통령이 방문해 격려와 함께 자신들의 일을 인정해주길 원했다. 쾰러는 모두가 환영하는 연설을 했다. 대통령은 비행기를 타자 더욱 고무되었다. 이번 방문은 대성공이었다. 이제 자신의 위업에 대해 박수갈채를 받고 자신을 수행한 기자단들에게 칭송받으리라. 그는 흥분을 가라앉혔어야 했다. 하지만 그렇게 하지 않았다. 열정적으로 외교 문제에 대한 자신의 의견을 쏟아냈다. 애국자를 자처하기로 유명한 이 남자는 해외 파병의 필요성을 역설하며 독일군에 대한 칭송을 이어갔다.

"우리(독일)처럼 수출에 집중되어 의존도가 높은 국가는 어느 곳에 군사 개입이 필요한지 또는 위급한지 파악해야 한다. 자유무역의 경로를 보호하고, 무역·고용·수입을 보호하려는 능력에 부정적인 영향을 미치는 지역의 불안정을 막기 위해서라면 군대 파병은 필요하다. 이 모든 부분이 논의되어야 하며 우리가 나아가려는 길이 그리 나쁘지만은 않다고 생각한다."[12]

경솔하고 다소 맥락에 벗어난 발언이었다. 독일인에게 군사 개입은 민감한 주제였던 데다 쿤두즈 폭격이 불과 몇 달밖에 지나지 않은 시점이었다. 쾰러는 독일만 한 규모의 나라는 경제적 이익을 추구하기 위해 군사력을 사용할 권리가 있다고 주장하려 했던 것 같다. 온라인이건 오프라인이건, 보수 계열이건 사회주의 계열이건 간에 모든 언론들이 받아들이기 힘든 제안이라는 데 입을 모았다. 쾰러에게 가혹한 비난이 쏟아졌다. 사민당은 발언을 철회하라 촉구했고, 좌파당은 그의 발언을 포함(砲艦) 외교에 비유했으며, 메르켈은 도움을 주지 않았다. 사실 앞서 메르켈이 자신의 진심을 전하는 데 활용했던 〈프랑크푸르터 알게마이네 차이퉁〉은 총리가 대통령과 '어려운 관계'라고 보도했다.[13]

쾰러는 정치인과 언론의 이 같은 비난에 격분했다. 사과 성명을 발표하고 문제가 진정되기를 기다리기보다는 그는 대통령직이라는 유모차에서 장난감을 집어던지며 사임을 발표했다.

메르켈에게는 반갑지 않은 소식이었다. 그녀는 열렬한 축구팬으로 남아프리카공화국 월드컵을 앞두고 합숙 중인 독일 축구팀 방문을 고대하고 있었다. 그녀의 계획은 대통령으로 인해 차질이 생겨 결국 방문 일정과 소중한 사진 촬영 기회를 취소해야 했다. 더 좋지 않았던 것은, 이제 막 경제적 안정을 찾았지만 상당한 호의와 정치적 자본이 바닥나고 있는 중에 쾰러의 후임자를 찾아야 한다는 것이었다. 쉬운 일은 아니었지만 그녀는 이 기회를 최대한 활용해야 했다. 필요한 인물은 견실한 관리자, 현실 정치 경험이 있고 실수를 저지르지 않을 사람이었다.

니더작센 주지사 불프가 이 조건에 부합하는 인물로 보였다. 물론 이 결정에도 정치가 개입되었다. 가톨릭 세력권인 독일 내륙 지역은 그녀가 최근 보여준 행보에 만족하지 않았다. 그리스 구제금융 결정은 지지를 얻지 못했고, 일부는 요제프 융이 쿤두즈의 비극으로 비난받은 걸 안타까워하기도 했다. 메르켈은 보수주의자들에게 양보해야 했다. 하지만 무엇을? 대통령직이면 괜찮은 선택 사항일 것이다.

불프는 코흐, 뤼트거스 등이 속한 '복사(服事, 가톨릭에서 사제의 미사집전을 돕는 소년들—옮긴이) 세대'라 불리는 기민련 내 보수주의 가톨릭 소장파의 일원이었다. 그들은 보수적인 가톨릭 전통과 전통적인 가치를 따르는 지역적 견고한 기반과 학연이라는 풍부한 자산을 갖고 있었다. 앞서 살펴봤듯이 2000년 봄 코흐와 뤼트거스는 메르켈이 기민련 당수직을 승계받지 못하도록 공모했었다. 이들 정치인들에게 메르켈은 절대 함께하기 힘든 인물이었다.[14]

'내부의 적'을 권력의 중심에 들인다는 것은 바람직하지 않았지만 당내 보수파에게 양보함으로써 내부적 지지를 얻을 수도 있었다. 게다가 쾰러가 물러난 방식으로 인해 그의 후임자는 운신의 폭이 좁아질 수밖에 없었다. 즉 신임 대통령은 자기주장을 할 수 없다는 의미였다. 이런 점을 고려했을 때 메르켈의 입장에서 불프는 그리 나쁜 선택이 아니었다. 쾰러가 사임한 지 불과 사흘 뒤인 6월 3일 저녁 메르켈과 베스터벨레, 제호퍼(현 바이에른 기사련의 당수)는 불프를 정부 최고직의 후보로 추대했다.

기민련의 많은 이들이 불프가 이상적인 후보자라고 생각했다. 경찰 인원을 늘리는 등 지역 유권자들에게 인기를 얻는 정책을 펼친 개혁적인 지역 정치인으로서 확고한 성과가 있었고, 그 역시도 북동부 주의 과도한 예산을 정리한 경험이 있었다. 불프는 홀어머니 밑에서 자라나 어머니가 다발성경화증으로 투병하자 여동생을 보살폈다고 〈빌트〉에 말했다.[15] 그럼에도 불구하고 젊은 불프는 기민련의 학생 연맹인 '쉴러유니온Schülerunion'의 의장을 지내며 주목받아 훗날 오스나브뤼크대학교 법학과에 진학했다. 이상의 사실은 그가 가족의 가치 같은 전통적인 가치를 따르는 보수주의 정치인이라는 점을 보여준다. 하지만 알려진 바에 따르면 불프는 약간 바람기가 있었다고 한다. 출장 중에 키 크고 몸매 좋은 금발 미녀 베티나 쾨르너Bettina Körner를 만났다. 한 곳, 어쩌면 두 곳에 새긴 문신을 드러낸 여성이었다.[16] 중년의 위기를 겪고 있던 불프는 그녀에게 홀딱 반해 18년간 함께해온 아내와 이혼한 뒤 한참 어린 그 여성과 결혼했다.

이렇게 추잡스러운 사생활은 상위정치High Politics(전통적인 국제 정치의 의제인 군사·안보를 다루는 정치—옮긴이)에 관심 있는 이들에게는 경박해 보이기 마련이다. 청렴결백하지 않은 보수주의 정치인을 선택한 것은 메르켈과 그녀의 지지파가 불프를 통제할 수 있고 그가 위협이 되지 않으리라는 확신이 있었기 때문이다. 새 대통령의 '바람기'와 말끔하다고는 할 수 없는 사생활에 대해 가볍게 언급하기만 하면 그는 순전히 의례적인 역할의 범위를 벗어나지 않을 것이다. 메르켈이 도전자라 소문이 났던 노동부 장관 라이옌을 선택하지 않은 이유가 어느 정도 납득이 된다. 메르켈은 내각 내의 동맹군, 특히 자신이 직접 발탁한 진보적인 여성 각료를 잃을 위험을 감수할 수 없었다. 따라서 불프가 완벽한 대안이었던 셈이다.

하지만 대통령 선거인단의 무기명 투표에서 승리를 거둘지 확신할 수 없었다. 2004년 메르켈이 쾰러의 승리를 자신하며 그들에게 준 상처를 떠올린 사민당은 무소속의 동독 출신 신학자 요아힘 가우크Joachim Gauck를 추천했다. 공산 체제에서 인권활동가로 명망이 높은 인물이었다. 가우크의 아버지는 스탈린 시대의 악명 높은 정치범 수용소 굴라크의 생존자였고, 가우크 목사는 베를린 장벽이 무너진 뒤 슈타지 문서관리청(동독 독재 정권 시기 공산주의자들이 저지른 범죄를 기록하는 기관) 위원을 지냈다. 가우크를 후보로 올린다는 안은 사민당 당수 가브리엘이 생각해낸 탁월한 수였다. 가우크의 비타협적인 반공산주의적 입장과 배경은 보수주의자들을 끌어들일 만한 요소였고 녹색당과 집권당인 자민당 양측의 시민자유주의자들의 존경을 받고 있었다. 며칠 동안 브란덴부르크 기민련 의장인 요르크 쇤봄Jörg Schönbohm과 자민당 정치인 올리버 묄렌슈타트Oliver Möllenstädt를 비롯해 명망 높은 정치인들이 인권운동가에 대한 지지를 표명했다.

하지만 훌륭한 체스 기사는 한 수 앞을 내다보는 법이다. 가브리엘은 내각의 주요 인물들이 당론을 거스르게 함으로써 몇 점 더 얻었지만, 좌파당을 잊고 있었다. 가브리엘은 좌파당이 사민당과 녹색당이 지원하는 후보자를 지지하리라고 믿었던 것 같다. 하지만 그는 가우크가 동독 공산당 출신의 의견을 대변하는 좌파당에게 배척받는 인물이라는 사실을 잊었다. 가브리엘이 보수와 진보 진영의 이탈표를 확보하는 사이 좌파당의 반대에 부딪혔다. 그레고르 기지(좌파당의 원내대표)는 가우크 대신 방송인이자 좌파당 원내의원인 루크 요힘센^{Luc Jochimsen}을 추천했다. 이는 대통령 선거에 이변을 일으킬 기회의 싹을 잘라버린 행동이었고 불프가 3번의 투표 끝에 당선되면서 선거가 끝난 뒤에도 뜨거운 논란거리로 남았다. 불프는 곧바로 대통령에 취임했다.

13

패배의 문턱을 넘어

:

"그런 헛소리는 더 이상 듣고 있을 수가 없습니다." 롤란트 포팔라^{Roland} ^{Pofalla}는 눈을 굴리며 못 믿겠다는 기색을 드러냈다. 논쟁은 과열되었다. 모든 의원들이 유럽재정안정기금^{European Financial Stability Facility, EFSF}이 남유럽 국가들의 고질적인 문제에 대한 해법이라고 확신하는 것은 아니었다. 그들은 총리에게 그 점을 지적하고 있었다. 하지만 현명하게도 메르켈은 총리 비서실장 포팔라에게 비난의 화살이 쏟아지도록 놔뒀다. 그는 조바심을 내고 불쾌함을 감추지 못했지만 기꺼이 이 일을 감수했다.

기민련의 볼프강 보스바크^{Wolfgang Bosback} 내무위원회 의장은 메르켈의 입장에서 골칫거리였다. 전직 법정 변호사는 코흐나 뤼트거스만큼 위협적이지는 않지만 평당원들 내에서 불만을 조장할 수 있는 인물이었다. 보스바크는 메르켈이 이 사태를 예견했었다고 비난했다. 그는 메르켈을 비판하는 원내 모임인 베를린 서클의 회원임을 인정하는 몇 안 되는 의원 중 하나였다. 독일 내 무슬림의 영향력이 커질 것을 염려해 이민 정책에 반대하는, 자칭 소기업의 옹호자는 EU에 회의적인 태도를 취했다. 보스바크와 약 50명의 동료들은 '총리를 겨누고 싶지 않다'면서도 달라진 기민련을 원했다.[1] 어쨌거나 기민련은 총리 재선출을 위한 거수기계가 아니었으니 말이다. 게다가 EFSF는 헌법에 관련된 안건이었다.

메르켈은 모든 반대파들에게 그랬듯 아줌마다운 친밀감과 학문적 진지함이 결부된 여유 있는 태도로 이들을 대했다. 베를린 서클 회원 50명 중 5명만 여성으로, 대부분 남성이었다. 그리고 지도부는(굳이 이렇게 칭하자면) 화려한 넥타이에 회색 양복 정장을 입고 새끼손가락에는 인장이 박힌 반지를 낀 중년 남성이라는 전형적 인물들로 구성되었다.

포팔라는 만만한 상대였다. 불만을 쏟아내는 상대가 되어주는 자신의 역할에 따라 그들에게 귀 기울이는 체했다. 토론 중이나 끝난 후에도 그는 몇 번 'S'로 시작하는 욕[Shit]을 내뱉었다. 메르켈의 오른팔을 마음껏 괴롭힌 그는 기쁜 기색을 드러내며 말했다. "'Shit'이란 말은 누구나 흥분시키지."[2]

2010년은 메르켈에게 순탄한 한 해가 아니었다. 폭풍이 몰아치는 바다에서 메르켈이 한결같이 흔들림 없는 모습으로 능숙하게 독일의 조종간을 움직이는 모습은 더 이상 눈에 띄지 않았다. 당과 의회, 정부의 동료들 상당수가 메르켈이 자리를 내놔야 한다고 느꼈다. 많은 이들이 포팔라에게 비난을 쏟아냈다.

다사다난한 2010년이 지난 뒤에도 문제는 계속해서 쌓여갔다. 독일은 유엔 안전보장이사회의 비상임이사국으로 선출되었고 메르켈과 외무장관 베스터벨레는 조만간 국제 문제에서 강력하고 두드러진 역할을 수행하게 되리라고 생각했다. '아랍의 봄' 열기가 한창 달아오르고 있는 중동 지역의 문제가 있었고, 유로존 위기는 진정될 기미가 보이지 않고 있었다.

그렇다고 해서 상황이 나쁘기만 했던 것은 아니다. 메르켈은 내각 내그녀의 동맹이 늘어나며 국내에서 어느 정도 입지를 굳히고 있었다. 국방장관 카를-테오도어 추 구텐베르크, 교육부장관 아네테 샤반, 가족부장관 우르술라 폰 데르 라이엔, 내무장관 토마스 데메지에르와 젊은 환경부장관 노르베르트 뢰트겐Norbert Röttgen 모두 그녀의 정치적 친구였다. 게다가 재무장관 볼프강 쇼이블레조차 지난 앙금은 덮어두고 기꺼이 재무장관이라는 역할에 만족했다. 물론 자민당 각료들도 있었지만 그들은 그녀에게 위협이 되지 않았다.

국내에서는 그리 문제가 없었다. 메르켈의 초기 비판자였던 기민련의 자를란트 주지사 페터 뮐러가 정계를 떠나 카를스루에의 헌법재판소 판사가 되었지만, 이 사실이 실제 정치에서 영향을 미친 것은 아니었다. 자민당, 녹색당과 자메이카 연정에 참여한 최초의 기민련 주지사인 뮐러의 노골적인 비판이 줄어들었다고는 하지만 기껏해야 잠재적 경쟁자가 사라졌다는 긍정적인 신호 정도였다.

2011년 2월 큰 혼란이 일어났다. 드라마의 주인공은 지금껏 안심하고 믿었던 국방장관 구텐베르크였다. 그는 결혼도 비스마르크의 증손녀이자 레오폴트2세의 후손과 했으며 독일에서 가장 인기 있는 정치인이 되었다. 그는 당연히 메르켈의 후계자로 언급되었고 그녀 역시 그를 소중히 생각했다. 이후 2주간 펼쳐진 일은 하는 일마다 꼬인다는 '머피의 법칙'을 희화화한 것과 다를 바 없었다.

2월 초 학문적 능력과는 별개로 이번 일이 아니었더라면 대중에게 이름이 알려지지 않았을 안드레아스 피셔-레스카노Andreas Fischer-Lescano 브레멘대학교 법학과 교수는 구텐베르크의 박사 논문 〈헌법과 헌법 조약-미국과 EU의 헌법 발전 단계〉에 대한 리뷰를 썼다. 이 논문으로 구텐베르크는 바이에른의 비교적 역사가 짧은(1975년에 설립되었다-옮긴이) 바이로이트 대학교에서 최우수논문상Summa Cum Laude(B+에 준하는 성적에 주는 상)을 받았다.

피셔-레스카노 교수는 기민련을 지지하지 않았고 쿤두즈 폭격을 비판하는 글을 쓰기도 했다. 하지만 다음에 벌어질 일을 일부러 계획한 것은 아니었다. 그는 학자로서 구텐베르크의 박사 논문에 흥미를 가졌기 때문에 〈비판적 정의Kritische Justiz〉라는 법학 학술지에 학술적 리뷰를 게재하는 데 동의했던 것이다. 하지만 그는 자신이 발견한 사실이 믿기지 않았다.

"2010년 겨울 동안 나는 브레멘대학교에서 헌법 강의를 했다. 따라서 당연히 이에 대해 내가 구할 수 있는 모든 자료를 읽어봤다. 구텐베르크가 이 분야의 논문으로 박사학위를 받았다는 사실에 주목했고 물론 관심이 생겼다. 나는 이를 통해 보수적인 시각을 이해하고 그의 논문과 비교를 통해 나의 이론을 발전시키고자 했다. 하지만 유럽 헌법을 다루는 부분에서 참고문헌의 인용이 부족한 점이 의아하게 생각되어 이에 대해 구글 검색을 했다. 그리고 구텐베르크가 기사(스위스 신문 〈노이에 취르허 차이퉁Neue Zürcher Zeitung〉) 하나를 통째로 인용했음을 찾아냈고 다른 인용문들도 검색하자 더 많은 결과(표절 사례)를 찾아낼 수 있었다."[3]

피셔-레스카노는 〈쥐트도이체 차이퉁〉 신문사에 이 사실을 제보했다. 좌파 성향의 이 신문은 즉시 관심을 보였다. 진보를 대변하는 신문으로서 귀족 출신의 국방장관을 곤경에 빠뜨릴 수 있는 좋은 소재였다. 구텐베르크는 가만히 당하고만 있지 않았다. 그는 강하고 비타협적인 어휘를 사용해 혐의를 부인했다. 그는 이러한 혐의는 사실이 아니라고 주장했다. 그와 동시에 피셔−레스카노 교수에게 위협과 공산주의자라는 비난이 쏟아지기 시작했다. (그는 과거 사민당 당원이었지만 1992년에 탈퇴했다.)

점점 더 폭로가 이어지기 시작했다. 처음에는 메르켈도 구텐베르크를 변호하며 "나는 그의 학위 때문에 그를 국방방관에 임명한 것이 아닙니다"라고 언론에 말했다.[4] 하지만 이것으로 공세에 시달리는 장관의 비판 의견을 잠재울 수는 없었다. 동료 의원들과 장래 기민련 지도부 선거에서 맞붙게 될 잠재적 경쟁자들도 그를 비난했다. 교육부장관 샤반은 "표절은 무신경하게 넘어갈 수 있는 문제가 아니다"라고 언론에 말했다.[5] 의미심장하게도, 불과 2년 후인 2013년 2월 샤반 장관 자신도 같은 혐의가 발견되어 뒤셀도르프대학교에서 신학 박사학위가 취소되고 교육부장관에서 사퇴하게 된다. 다시 구텐베르크의 문제로 돌아가자.

젊은 국방장관의 입지는 점점 위태로워졌다. 2011년 3월 1일 의기소침해진 구텐베르크는 기자 회견을 열었다. 그는 "오늘은 내 인생에서 가장 힘든 날입니다"라는 말로 입을 열었다. "방금 메르켈 총리께 말씀드린 대로 모든 공직에서 사퇴할 것임을 공식으로 발표합니다."[6] 문제는 더 이상 감당할 수 없는 단계에 이르렀고 구텐베르크는 정부에 대한 책임이 있었다. 속이거나 정직하지 못한 행동을 하는 것을 뜻하는 새로운 동사, '구텐베르크하다'는 그 해의 표현이 되었다. 국방장관이 다른 사람의 글에서 상당 부분을 표절했다는 사실은 당혹스럽고 부정직한 행동일 뿐 아니라 어쩌면 범죄 행위이기도 했다. 그의 사임으로 메르켈은 해외에서 중요한 사건이 일어나고 있는 시기에 고립무원의 처지에 처했다.

원자력 발전소

2011년 3월 11일 동일본 대지진의 여파로 일어난 쓰나미가 일본의 후쿠시마 원자력 발전소를 강타해 발전소에 물이 쏟아져들어왔다. 거의 불가능하다고 생각했던 상황이었다. 6기의 원자로 중 3기가 녹기 시작했다.[7] 이 재앙은 앙겔라 메르켈 정부에도 엄청난 문제를 일으켰다.

원자력과 그 위험성은 많은 독일인들, 특히 좌파 성향의 사람들에게 신앙과도 같은 문제였다. 녹색당은 1970년대 원자력 반대 시위 과정에서 설립되어 1990년대 후반 슈뢰더 총리가 원자력 산업을 폐쇄하겠다는 약속을 조건으로 정부에 합류했다. 발전소 2개는 이미 2003년에 폐쇄됐지만 원자력 발전소를 단계적으로 폐쇄하겠다는 적녹 연정의 결정은 기민련의 반대에 부딪혔다. 기민련의 의견도 틀리진 않았다. 그들은 독일의 해외 에너지 의존도를 지적했고, 메르켈 역시 정치학자 틸먼 메이어 Tilman Mayer가 말한 '인기와 에너지 가격 간의 부정적 연관성' 문제를 정확히 인식하고 있었다.

기민련은 2005년에서 2009년까지 사민당이 집권하는 기간 동안은 정책을 뒤집을 수 없었지만 이제는 자유롭게 그럴 수 있었다. 후쿠시마에 대재앙이 닥치기 불과 6개월 전인 2010년 9월 독일 정부는 원자력은 독일의 에너지 공급에 필수적인 부분이라는 내용의 길고 복잡한 자료를 배포했다. 메르켈은 원자력 에너지가 재생에너지 기술이 더 개발될 때까지 사용될 과도기적 기술이라고 강조했다.

기민련의 모두가 원자력이 대안이라고 확신한 것은 아니었다. 환경 부장관인 뢰트겐은 이 정책에 대한 의구심을 드러내며 원자력 발전소의 단계적 폐지를 주장하는 모습을 보였다. 이러한 불만은 메르켈의 뜻과 달랐다. 그녀와 당 지도부는 적어도 한동안은 원자력에 의존하고 싶었다. 원자력 발전소를 유지하기로 결정되자 뢰트겐이 내각 회의에 불참한 것은 우연이 아니었던 셈이다.

하지만 메르켈이 전 정부의 정책을 뒤집는 결정을 옹호한 방식에 있어서는 석연치 않은 부분이 있다. 기민련이 선거 전부터 이 문제에 대한 자료를 준비해온 건 사실이다. 이 환경 정책에 대한 논문은 원자력이 CO2 감축 목표를 맞출 수 있는 방법이라고 밝히며, 당시 기민련 사무총장 포팔라는 "기민련 입장에서 원자력은 환경 친화적인 에너지 공급원이다"라고 발언하기도 했다.[8] 하지만 새 내각은 2009년 선거 후 서둘러 계획을 실행하지 않았다.

2010년 가을까지 메르켈은 평소처럼 합의를 얻어내려 했다. 하지만 이제 갑자기 싸우려 들고 있었다. 마치 원자력 문제가 그녀의 공성퇴(과거 성문이나 성벽을 두들겨 부수는 데 사용되던 나무기둥—옮긴이)라도 되는 듯했다.

역설적이게도 독일의 많은 이들, 어쩌면 과반수가 넘는 사람들이 원자력에 반대했다. 하지만 모든 정책들이 토론을 통해 국민 과반수의 지지를 얻는 것은 아니다. 정치에는 지역적 문제도 달려 있다. 특히 독일 연방 공화국처럼 지방 분권화된 국가에서는 특히 그렇다. 다시, 메르켈이 염려하는 주 선거가 있었다. 바덴—뷔르템베르크의 신임 주지사 슈테판 마푸스Stefan Mappus는 녹색당의 빈프리트 크레츠만Winfried Kretschmann과 자신의 정치 생명을 걸고 싸우고 있었다. 여론조사 결과에 따르면 독일 최초의 녹색당 주지사가 탄생할 가능성이 높았다.

보통의 정치 논리라면 이런 상황에서 메르켈의 당은 보통의 유권자들을 공략해 녹색당보다 표를 많이 얻도록 할 것이다. 어쨌거나 이런 전략은 올레 폰 보이스트Ole von Beust, 불프, 뤼트거스가 함부르크, 니더작센, 노르트라인-베스트팔렌에서 중도 성향의 유권자들에게 호소해 당선된 것처럼 효과를 거뒀으니 말이다. 하지만 바덴-뷔르템베르크는 달랐다. 메르켈의 여론조사 요원과 정치 컨설턴트는 '기반을 탄탄히 다져야 한다'고 조언했다. 충성도 높은 당원과 자원봉사자, 기민련 지지자는 중간층에 호소할 때까지 잠시 미뤄두거나 포기하다시피 한 상태였다. 핵심 유권자들에게 호소하는 강력한 메시지로 표심을 되찾았지만(메르켈은 그렇게 보고받았다) 녹색당의 맹공격을 이겨낼 수는 없었다. 녹색당에게 기운 유권자층에 호소하는 대신 메르켈은 여기에 불만을 가진 보수층을 공략했다. 이것이 그녀의 전략이었다.

메르켈은 원자력 발전소를 단계적으로 폐지하지 않기로 결정한 직후 열린 예산위원회 연례 토론회의 연설에서 녹색당에 대해 단호한 태도를 보였다. "녹색당은 언제나 더 많은 철로를 원했습니다. 하지만 슈투트가르트[바덴-뷔르템베르크의 주도(州都)]의 새로운 중앙철도역에 대해서라면 물론 반대하고 나섭니다. 이것은 독일에 필요 없는, 이념에 기반한 위선입니다." 메르켈은 원자력 문제를 꺼내기 전에 이렇게 말했다. "우리가 이념적 이유로 원자력 발전을 폐기하고자 하면 국민들에게 폐를 끼치는 셈입니다."[9] 메르켈은 정치적 관심을 모으고, 많은 유권자들이 히피들의 환경 보전 녹색 정책과 옳건 그르건 1970년대식의 복고 정치로 회귀한 정책을 극도로 싫어하는 주에서 자신의 비타협적 정책에 주의를 끌고자 했다.

바덴-뷔르템베르크의 주 선거는 일본에서 지진이 일어나던 바로 그날 치러졌다. 하지만 대재앙의 소식이 아직 전해지기 전이었다. 기민련은 졌다. 메르켈의 전략이 실패한 것이다. 기민련은 원내 다수당으로 남았지만 절대다수를 차지하는 데는 실패했다. 연속적이지는 않았지만 집권 38년 만에 기민련은 야당이 되었고 크레츠만은 주지사가 되었다. 메르켈은 전보다 인기를 잃었다. 1년 전에는 유권자의 76%가 그녀를 지지했다. 하지만 이제는 52%만이 그녀가 정치의 중심 역할을 수행해야 한다고 믿었다. 2011년 그녀의 지지율은 그 이후보다 낮았고, 심지어 난민이 대량 유입된 2015년 12월보다도 낮은 수치였다. 하지만 2011년의 메르켈은 좀 더 유연했다. 그녀는 기꺼이 마음을 바꿨다. 원자력 문제는 이제 그녀의 마음에서 떠났다.

"이제 끝이군." 후쿠시마 사고 소식이 전해지던 날 메르켈은 이렇게 말했다고 한다.[10] 일본의 노심용해 Nuclear Meltdown(爐心鎔解, 원자로의 냉각장치가 정지되어 내부의 열이 이상 상승해 연료인 우라늄을 용해해 원자로 노심부가 녹는 현상. 이 과정에서 핵연료봉이 녹아 외부에 방사성 물질이 방출되기도 한다.—옮긴이)로 모든 게 바뀌었다. 1970년대의 전설적인 시위에 필적할 만한 대규모의 시위행진이 조직되었다. 원자력 에너지의 단계별 폐지 정책을 내세웠던 적녹연정의 복귀를 요구하는 주장도 있었다. 산업계는 이런 취지의 결정에 반대하는 입장을 밝혔다. 독일경제인연합회 회장 페터 카이텔 Peter Keitel 은 물었다. "독일 산업의 국제경쟁력을 어떻게 보장할 것인가?" 그는 원자력 발전이 2010년 독일 경제 상승분의 3분의 2를 차지한다는 점을 지적했다.[11]

하지만 외교 정책에서도 어려움을 겪고 있던 메르켈이 장기적인 에너지안보Energy Security(에너지는 국가경제 활동의 토대이자 국가의 안전보장과 깊이 결부되어 있기 때문에 에너지의 안정적이고도 합리적인 공급이 중요하다는 인식-옮긴이)에 따른 고통보다는 눈앞에 닥친 선거에서의 성공을 더욱 염려했다는 것은 분명하다. 그녀는 자신의 정책을 뒤집어 원자력 발전소를 단계적으로 폐지하겠다는 적녹연정의 공약으로 되돌아가기로 결정했다. 왜 그랬을까? 5월에 치러지는 라인란트-팔츠주의 선거에 정치적인 사활이 걸려 있었기 때문이다. 바덴-뷔르템베르크에서 패배한 탓에 기민련은 더 이상 사민당에 주를 잃을 수 없었다.

메르켈은 독일 내 모든 원자력 발전소가 안전하다는 주장을 그만두겠다고 공식 발표했다. 그녀는 회의적이기로 유명한 클라우스 퇴퍼를 위원회장으로 임명했다. 메르켈은 원자력 발전으로 야기될 위험을 진심으로 염려한 것일까? 아니면 정치적으로 판단한 것일까?

기민련이 라인란트-팔츠주 선거에서 사민당의 쿠르트 벡Kurt Beck에게 패배한 뒤, 6월 메르켈은 연방의회에서 핵에너지 문제를 더 이상 정부 정책으로 삼지 않기로 마음을 바꿨다고 밝혔다. "개인적으로 일본의 사고에서 영향을 받았다"고 전 물리학자가 말을 꺼내며, "후쿠시마 사고 전에는 (노심용해의) 위험이 굉장히 낮다고 믿었었다"고 인정했다. 이제 그녀는 더 이상 위험을 감수하지 않을 것이라고 입장을 밝히며 깨끗하게 자신의 실수를 인정했다. "우리는 이러한 재난이 언제든 일어날 수 있으며, 일본처럼 기술력이 발전된 나라조차 막을 수 없었다는 사실을 인정해야 합니다." 그러면서 덧붙였다. "원자력의 이용은 이러한 일이 다시 일어나지 않을 것이라고 확신할 때만 수용될 것입니다."[12]

야당과 당내의 비판자들은 '악어의 눈물'이라고 그녀를 비난했다. 하지만 대중들은 그녀 편에 선 듯 그녀의 발언을 순수하게 받아들였다. 누구도 메르켈이 이 문제에 대해 상세하게 이해하지 못했다고 비난할 수 없었다. 어쨌거나 그녀는 방사능에 대해 박사 논문을 쓰지 않았던가. 변절자, 이탈자라고 비난할 수는 있지만 정치인들도 의견을 바꿀 수 있다는 사실을 받아들여야 한다. 로마 시대의 정치가이자 철학자 키케로^{Cicero}는 친구에게 이런 편지를 보냈다.

> 관점이 한결같이 변치 않는다는 것은 절대로 위대한 정치가의 미덕이라고 볼 수 없다네. 항해 중 강풍을 만나는 건 피할 수 없는 일이지. 하지만 방향을 바꾸면 피할 수 있는데도, 어리석은 자들은 방향을 바꿔 목적지에 도착하기보다 원래의 경로만을 고수함으로써 난파의 위험에 빠지는 우를 범한다네.[13]

어쨌거나 원자력은 당시 메르켈의 유일한 골칫거리가 아니었다. 또 다른 중요한 근심거리는 기민련의 연정 파트너 자민당, 특히 귀도 베스터벨레와의 관계였다.

베스터벨레

11월 말 위키리크스에 의해 폭로된 외교전문에 따르면 신임 외무장관이 외교 정책을 추진함에 있어서 중량감이 부족하고 전문성이 떨어진다는 평이 있었다. 이에 따르면 베스터벨레는 활발한 성격 탓에 간혹 메르켈과 갈등을 빚기도 하며 외교 경험이 적고 미국에 대해 이중적인 시각을 갖고 있다고 한다.[14]

선거 전 메르켈과 베스터벨레는 친구였다. 정계에서 통용되는 의미에서는 말이다. 선거 후 베스터벨레는 메르켈이 다른 정치인, 심지어 친구들에게도 논쟁에서 이기고 경쟁우위를 확보하기 위해서라면 무엇이든 하는 사람이라는 것을 경험하게 되었다. 처음 이런 경험을 한 때는 독일이 유엔 안전보장이사회 비상임이사국 진출 여부를 결정하는 투표에서였다. 베스터벨레는 독일이 의석을 얻기를 바랐다. 메르켈은 회의적이었다. 다른 지원국들은 캐나다와 포르투갈, 총리가 우호 관계, 심지어 친밀한 관계를 유지하고자 하는 국가들이었다. 하지만 베스터벨레는 주장을 굽히지 않고 이렇게 해서 독일 외교관들은 9월 열릴 유엔총회를 앞두고 회원국들에게 로비를 시작했다.

그 달 말 독일이 안전보장이사회에서 의석을 얻었다는 소식이 전해졌다. 그때 미국에서 돌아오는 중이던 메르켈은 비행기가 착륙하자마자 이 소식을 들었다. 그 즉시 그녀는 비행기에서 내리자마자 공항에서 기자 회견을 할 수 있도록 준비하게 했다. 베스터벨레 역시 소식을 들었지만 총리의 기자 회견에 대해서는 알지 못한 채 자신의 기자 회견을 준비 중이었다. 유엔 안보리에서 의석을 얻은 성과는 외무장관 개인이 밀어붙인 승리이자 자신이 무능하거나 경험이 부족하다는 언론의 평가와는 다르다는 점을 보여줄 흔치 않은 기회였다. 따라서 메르켈이 자신에 앞서 기자 회견을 열었고 모든 언론이 그의 성과를 그녀의 것이라고 믿고 있다는 사실을 알게 되었을 때 경악하지 않을 수 없었다. 베스터벨레는

실망했다. "좋은 건 자신이 다 가져가고 나에겐 악재만 남겨주는군." 그는 이렇게 탄식했다고 한다.[15]

불운한 진보 정치인에게 점점 난제만 쌓여갔다. 2009년부터 2013년까지 독일 외교 정책의 중심기조에서 가장 두드러지게 부각된 안건은 바로 리비아 문제였다. 2011년 2월 15일 무아마르 카다피Muammar Gaddafi가 변호사이자 인권운동가인 페티 타르벨Fethi Tarbel의 체포를 명령하자 전국에서 폭동과 시위가 일어났고 곧이어 내전으로 확대되었다. 독재자는 자신이 아는 유일한 방식, 무차별적 무력 진압으로 대응했다. 2월 26일 유엔 안전보장이사회는(독일은 1월 1일부로 임기를 시작했다) 결의안 1970호(2011)를 통과시켰다. '평화 시위에 대한 탄압을 포함한 인권에 대해 행해진 심각하고 조직적인 폭력 행위를 규탄하고, 민간인 사망에 대한 깊은 우려를 표하며 리비아 정부 최고위층이 지시한 민간인에 대한 적대적인 폭력 행위를 거부한다'는 내용이었다.

카다피는 결의안에 조금도 개의치 않고 신속히 인권 탄압을 계속해갔다. 안보리는 또 다른 결의안을 작성하기 시작했지만 어떤 단계의 조치를 취할지를 두고 회원국 간 합의에 도달하지 못했다. 영국과 프랑스는 군사 행동을 주장했고(공식적으로 리비아 상공 비행금지구역 설정), 미국은 그들을 지지한다는 뜻을 표명했으며, 러시아와 중국은 무력 사용에 대한 투표에 기권했다. 독일은 모스크바와 베이징과 뜻을 같이했다.

베스터벨레는 그제야 안보리 결의안 1973호에 대해 메르켈과 논의했다. 그들은 독일이 군사 개입에는 반대해야 한다는 데는 합의했다. 독일이나 중국, 러시아 어느 쪽도 군사 행동에 반대표를 던지지는 않았다. 다만 기권했을 뿐이다. 하지만 독일이 이들 두 국가와 같은 편에 섰다는 것은 이상해 보였다.

흥미롭게도 메르켈은 언론에 기권 결정에 대해 해명하지 않고 외무장관에게 넘겼다. 물론 공식적으로는 이것이 정식 절차이며 동료를 존중한다는 뜻을 보인 행동이라고 할 수도 있다. 베스터벨레는 부총리 겸 외무장관이었고 이것은 그의 역할이었으니 말이다. 하지만 메르켈은 지금껏 대외 정책에 있어서 종종 개입해오지 않았던가. 사실 다른 이유가 있었다. 결의안 1973호에 대한 독일의 기권 결정은 의회 반대파 상당수의 비판을 받았고 여론은 단호히 군사 행동을 반대했다. 곧 라인란트-팔츠의 주 선거를 앞둔 상황에서 정부는 우유부단한 입장을 취했다. 메르켈은 이유에 대해 함구했다. 바로 선거 때문이었다.

결의한 1973호의 안건이 처음 제시되었을 때 메르켈은 외무장관과 완전한 합의에 이르지 못했고 한 공무원이 결과를 재고해보라 요청했을 때에도 단호한 입장이었다. 하지만 이제 그녀는 이 결정에서 발을 빼고 싶어져 그녀의 공보비서관에게 메르켈이 결의안에 반대하는 난처한 상황에서 독일을 구했다는 보도 자료를 배포하게 했고, 이는 사실 베스터벨레가 주장한 논리였다는 이야기가 있다. 하지만 이는 진실이 아니다. 이 결정은 합의된 것이었고 메르켈이 마지못해 수용한 것이 아니었다.

베스터벨레는 분노하고 놀랐으며 실망했다. 메르켈은 그가 신뢰했던 사람이었다. 이제 그녀는 그의 평판을 깎아내리고 그의 등 뒤에 숨어 그의 신뢰도를 약화시켰다. 지나고 보니, 카다피 사후 일어난 사건들을 보면 군사 개입으로 예기치 않은 문제가 발생할 수도 있다는 베스터벨레의 견해가 옳았다.

하지만 당시에는 분명 총리의 공보관이 노력한 결과겠지만 자민당 당수가 메르켈과 자신이 함께 결정한 대외 정책에 대해 홀로 비난을 받았다. 정치학자 루트거 헬름스^{Ludger Helms}는 이렇게 평했다. "곧 베스터벨레는 연방 공화국의 가장 약한 외교 장관으로 취급받게 될 것이다."¹⁶

베스터벨레는 역량이 부족한 사람이 아니었지만 그의 입지는 빠르게 불안정해져갔다. 4월 3일 그는 필립 뢰슬러^{Philip Rösler}에게 당수직을 넘겼다. 전직 군의관인 뢰슬러는 많은 이들의 예상보다 강인한 사람이었다. 베트남에서 태어나 영아기에 가톨릭 독일 가정에 입양된 뢰슬러는 아시아계 최초의 독일 내각장관이 되었다. 예측할 수 있듯 타블로이드 신문에서 베트남 출신이 독일인이 될 수 있는지 묻는 식으로 교묘하게 인종차별을 당했다. 일부 신문은 이 질문에 대한 답으로 '한 번 아시아인은 영원히 아시아인'이라고 발언하기도 했다.¹⁷ 5월 13일 지금까지 보건부장관으로 있던 뢰슬러는 경제기술부장관 겸 부총리라는 고위직으로 승진했다.

베스터벨레는 의회 잔여 임기 동안 직위와 외무부의 공식 주소지인 베르더셰어 마르크트 1번지의 사무실은 유지했다. 경제기술부장관이었던 라이너 브뤼더레^{Rainer Brüderle}는 자민당 원내대표가 되었고 다니엘 바르^{Daniel Bahr}는 뢰슬러의 뒤를 이어 보건부장관에 취임했다.

메르켈은 중요한 결정을 혼자 내리는 일이 점점 많아지며 국제무대에서 독일을 대표하고 있었다. 그녀가 베스터벨레를 밀어내고 압도한 방식은 신 마키아벨리적 권력 정치의 고전적 방법이었다. "그녀는 콜의 딸도, 우커마르크의 마키아벨리도 아닙니다." 2009년 선거 전 베스터벨레는 이렇게 말했다. 그의 이 의견은 몇 년 후에도 유효했을까.

굿바이, 실비오

●

리비아 문제에서의 실패, 원자력 발전소 정책의 번복, 구텐베르크의 사임, 주 선거에서 패배에 이르기까지 2011년은 메르켈과 기민련에게 힘든 한 해였다. 게다가 가장 큰 문제인 유로존에서는 더욱 힘들어졌다. 그리스의 비극 2장이 이제 막을 올리려 하고 있었다.

하지만 2011년 메르켈에게 좋지 않은 일만 있었던 것은 아니다. 그녀가 특히 반겼던 변화는 이탈리아 총리 실비오 베를루스코니 Silvio Berlusconi의 사임이었다. 2011년 늦여름 밀라노 출신의 정치인은 그리스처럼 문제가 커지지 않도록 자국의 악화되고 있는 경제를 되살리기 위해 뭔가 해야 한다는 압박을 받고 있었다.

베를루스코니는 오랫동안 국회의원으로 지내며 자신이 소유한 언론사와 기업의 이익을 보호하는 법안을 통과시켰다. 그는 급속도로 악화되는 이탈리아 경제를 개혁하기 위해 아무것도 하지 않았으며 메르켈과 그녀의 EU 동지인 사르코지 프랑스 대통령의 압력이 전혀 달갑지 않았다. 2011년 늦여름 사적인 전화통화에서 그는 독일의 상대를 언급하며 부적절한 언어로 자신의 마음을 털어놓았다. "앙겔라 메르켈은 절대 같이 잘 수 없는 여자"라는 발언은 민족주의적 성향의 〈빌트〉가 자국의 총리에 대해 듣고 싶은 말이 아니었다. 9월 11일 이 타블로이드 신문은 경악과 분노를 고스란히 드러내 이 발언을 보도했다.

이 모욕적인 발언을 메르켈이 어떻게 생각했는지 알려지지 않았다. 하지만 이 기사가 보도되자 '기사(騎士)'를 자칭하는 베를루스코니는 놀라울 정도로 빠르게 신임을 잃었고 모두가 악명 높은 붕가붕가 파티(난잡한 섹스 파티—옮긴이)의 주최자에게 비난을 쏟아냈다. 며칠 후 당시 유럽중앙은행 총재였던 장—클로드 트리셰Jean-Claude Trichet와 이탈리아은행 총재 마리오 드라기Mario Draghi(곧 트리셰의 뒤를 잇는다)는 베를루스코니에게 공동 명의로 이탈리아 정부가 금융·산업의 개혁을 시행하도록 촉구하는 서한을 보냈다. 나중에 이탈리아 신문 〈코리에레 델라 세라Corriere della Sera〉가 밝혀내 게재한 바에 따르면, 편지는 사실상 베를루스코니에게 능력 부족이라고 지적하는 내용이었다. 스스로 물러나지 않으면 쫓겨날 것이라는 것이다. 이 편지에 뒤따른 조치가 행해졌다. 편지를 보내고 며칠 뒤 유럽중앙은행은 이탈리아 국채를 매입하기 시작했다. 은행이 이탈리아 총리를 신뢰하지 않는다는 메시지를 시장에 확인시키는 조치였다.

베를루스코니는 오랫동안 조롱거리와 무능한 바보 취급을 당해왔다. "어째서 저 사람은 이렇게 시끄럽게 말하는 거지요?" 2009년 4월 엘리자베스 여왕은 G20 정상들과 단체 사진을 찍는 중에 불쾌한 기색을 드러내며 이렇게 물었다. 당시 이탈리아 총리는 여왕이 무례하거나 품위 없다고 생각할 법한 행동을 했다. 출처가 불분명한 소문에 따르면 그때 필립공은 이렇게 대답했다고 한다. "이탈리아인이잖소, 여보. 그렇지 않으면 어떻게 아이스크림을 팔겠어요?" 과장된 소문이겠지만, 정치인으로 변신한 이탈리아 사업가는 더 이상 문제를 웃어넘길 수 없었다. 2011년 10월 23일 베를루스코니는 메르켈과 사르코지의 회담에 불려갔다.

1년간 메르켈과 보수적인 프랑스 대통령은 일종의 콤비 플레이를 해왔다. 이제 베를루스코니는 교장실에 끌려간 말썽꾸러기 학생처럼 빗발치는 질문 공세에 시달리고 있었다. 대부분 사르코지가 말을 했고 메르켈은 잠자코 이탈리아인을 바라보고 있었다. 회담이 끝날 무렵 그녀는 즉시 개혁 계획을 실행에 옮기지 않는다면 이탈리아는 EU의 관리하에 놓이게 될 것이라고 말했다. 사실상 '우리가 너의 나라를 접수하겠다'는 내용이었다. 베를루스코니는 굴욕을 당한 것이다. 베를루스코니는 어쩔 수 없다는 몸짓을 했다.

그는 이후에 열린 기자 회견에 참석하지 못했다. "베를루스코니에게 무슨 말을 하셨습니까?" 한 기자가 물었다. 메르켈과 사르코지는 잠시 서로를 바라보더니 웃음을 터뜨렸다. 이렇게 베를루스코니에게 공개적으로 망신 주기가 완성되었다. 그는 자신의 정치 생명을 걸고 싸웠지만 결국 패배했다. 과거의 친구들 누구도 그에게 구원의 손길을 내밀어주지 않았다. 누구도 감히 그러지 못했다. 유럽의 여성 경리부장을 모욕하고 의미 있는 개혁 정책을 실시하지 못한 결과 그의 정치 인생은 끝나게 되었다. 2011년 11월 9일 베를루스코니는 조르조 나폴리타노^{Giorgio Napolitano}에게 사표를 제출했다. 순식간에 벌어진 베를루스코니의 몰락은 외설적인 발언의 대상이었던 여성과 직접적 관계가 있음을 배제하기 어렵다. 다른 유럽 정상들만큼이나 기뻤던 이탈리아 대통령은 즉시 기술관료 마리오 몬티^{Mario Monti}를 신임 총리에 임명했다.

그리스 비극: 2막
•

문제를 겪고 있는 건 이탈리아만이 아니었다. 전 해인 2010년 11월 아일랜드도 개혁을 대가로 자금을 지원받았고, 그보다 몇 달 전에는 포르투갈도 구제금융을 신청했다. 하지만 좀체 성적이 오르지 않아 골치를 썩이는 학급의 문제아는 그리스였다. 지난 1년간 유럽 문명의 발상지는 위기를 겪고 있는 다른 나라들에게 우울한 배경 음악을 깔아주고 있었다.

2011년 10월 말 그리스는 다시 문제를 일으키고 있었다. 유로존 국가들은 위기를 극복할 보다 장기적인 해법을 찾아야 했다. 한 해 전인 2010년 11월 사르코지와 메르켈은 프랑스 해안도시 도빌에서 만남을 가졌다. 그곳에서 그들은 민간 투자자들이 돈 씀씀이가 헤픈 그리스에게 제공하는 구제금융 부담을 나눠야 한다는 데 의견을 같이했다. 원래 사르코지는 이 계획에 반대했으며, 유럽중앙은행 총재 트리셰도 국가 구제안에서 민간 투자자들에게 손실을 감수하라는 요청은 시장의 신뢰도를 약화시킬 수 있다는 점에서 공개적으로 염려를 표하며 그와 뜻을 같이했다. 하지만 메르켈은 뜻을 굽히지 않았다. 두 프랑스인은 그녀를 설득하지 못하고 그녀의 안을 수용했다. 정치학자 로버트 달^{Robert Dahl}은 'B가 하지 않을 일을 A가 B에게 시킬 수 있는 범위에서 A는 B에 대한 권력을 가진다'라고 언급했다. 사소하게 보이겠지만 메르켈이 트리셰와 사르코지에게 권력을 행사했다는 점은 부인하기 어렵다.

2011년 봄 메르켈은 리비아 문제와 원자력 발전소의 단계적 폐쇄를 처리하면서 유로존 위기의 대부분 문제는 쇼이블레에게 맡겨뒀다. 재무장관은 총리와 독일 의회에 상황이 통제되지 않고 있다고 보고했다.

7월 21일 다른 문제들은 잠시 미뤄두고 독일 의회는 그리스 추가 구제금융 지원안에 합의했다. 이번에는 거금 1,300억 유로였다. 포팔라가 격분해서 더 이상 '이런 빌어먹을 소리'를 감당할 수 없다고 외친 때가 바로 독일 연방 의회가 이 구제금융안을 논의하고 있던 10월이었다.

그 논쟁에서 메르켈의 고민이 분명히 드러났다. 포팔라와 쇼이블레 뿐 아니라 그녀도 구제금융을 지지해야 했지만, 그들 자신도 의회와 납세자들에게 자신들의 대책을 정당화하기 점점 어려워지고 있다는 사실을 알고 있었다. 게다가 이 계획에 회의적인 건 의회와 유권자들만이 아니었다. 독일도 미국처럼 사법정치가 큰 역할을 한다. 하지만 정치 상황에 따라 판사가 선발되는 미국과 달리, 카를스루에 헌법재판소의 헌법재판관들은 덜 정치적이고 법을 엄격히 해석하는 것이 자신들의 임무라고 생각했다. 메르켈 입장에서 다른 문제 중 하나는 카를스루에의 붉은 법복을 입은 판사들이 독일 주권의 적극적인 보호자였다는 점이다.[18] 헌법재판소가 주저한 끝에 독일이 그리스 구제 역할을 수행할 수 있다고 인정했지만 법원의 판결에 따라 정치적 운신의 폭이 크게 제한된 것이다.

평의원들과 다른 의원들의 생각도 크게 다르지 않았다. 자민당 원내대표부만 당내 투표를 거쳐 이번 조치에 동의했다. 많은 기민련 평의원들은 메르켈에게 한 방 먹일 수 있다는 생각에 즐거워했고 일부는 그리스에 대해 강력한 의구심을 표했다.

콜이 유로존과 EU에 대한 지지를 자신의 중점 정책으로 내세운 이래 기민련은 많은 진보를 이뤘다. "나는 그 어느 때보다 유럽연합은 도움을 필요로 하고 있다고 확신합니다."[19] 점점 노쇠해지는 콜의 발언은 과거의 당 동지들에게 외면받았다. 여기에 그는 덧붙였다. "그녀는 나의 유럽을 파괴하고 있습니다." 메르켈은 짧게 화답했다. "친애하는 헬무트, 당신의 유럽은 더 이상 존재하지 않아요."[20]

그녀의 과제는 철학적 원칙을 세우는 것이 아닌 콜과 그의 동료들이 세운 전체 구조를 무너뜨리지 않을 실제 행동이었다. 메르켈은 유로존을 침몰시킨 장본인으로 역사에 기록된 총리가 되고 싶지 않았다. 이러한 결과를 피하기 위해서는 조치가 필요했다.

문제는 그리스였다. 2차 구제금융을 받았음에도 여전히 곤경에 처해 있었다. 10월 초 현재 그리스 정부는 지금까지 총 2,400억 유로를 받았다. 연간 국내총생산액에 맞먹는 금액이었다. 그와 동시에 4,400억 유로의 구제자금도 투입되었다.

베를루스코니와의 회담 이후 메르켈과 사르코지는 파판드레우 그리스 총리를 소환했다. 미국에서 교육받은 그리스 정치인은(그의 아버지는 정계 입문 전 버클리대학교에서 경제학 교수로 있었다) 회담 동안 유쾌하고 호감 가는 매력적인 모습을 보였다. 그는 상황을 잘 이해하고 있었고 지원에 감사를 표했다. 그리스 총리의 말대로 구조 개혁을 조건으로 그리스 부채를 탕감받은 덕분에 그리스 정부는 소중한 시간을 번 셈이었다.

파판드레우가 감사할 만도 했다. 그리스 총리와 협상하는 동안 메르켈은 전 세계의 주요 금융기관들을 대표하는 조직인 국제금융협회International Institute of Finance 회장인 찰스 달라라Charles Dallara에게 전화를 걸었다. 메르켈은 이 금융가에게 투자은행들이 민간 투자자가 보유한 그리스 정부 부채에 대해 50% 손실을 부담해야 한다고 말했다.[21] 달라라는 호텔에 도착했을 때 이를 받아들이고 싶지 않았지만 메르켈은 타협할 분위기가 아니었다. 그녀는 그가 이 제안을 수용하지 않는다면 그리스가 파산해 채권 은행들이 한 푼도 받을 수 없다는 메시지를 전하며 거절의 가능성을 일축했다. 달라라는 조건을 수용할 수밖에 없었다.

모든 문제가 확실히 해결되었다. 어깨에 무거운 짐을 지고 있는 것 같았던 메르켈은 10월 27일 아침 일찍 세계 언론을 대상으로 기자 회견을 열었다. 그녀는 그간의 절제되고 단호한 태도는 떨쳐버리고 기쁨에 겨운 모습으로 연설했다. "이번 회담에 전 세계의 이목이 집중되었다는 것을 잘 알고 있습니다. 우리 유럽 국가들은 오늘밤 올바른 결론에 도달했음을 알려드립니다." 시장은 긍정적으로 반응했다. 이렇게 돌파구가 마련되면서[22] 주식시장이 개장하자 관련된 모든 지표들은 상승했다.

칸 회담을 위해 출발하기 전 메르켈은 연방 의회에 "유로존이 붕괴하면 유럽도 붕괴한다"고 말했다. 그녀는 도박을 했고 승리를 거뒀다. 그녀의 협상으로 유로존은 구원받았다. 또는 그녀는 그렇게 생각했다. 10월 31일 메르켈은 막 집에 돌아왔다. 베를린에 도착하니 저녁 7시 20분을 갓 지난 시간이었다. 생산적인 이틀이었고 파판드레우와 합의한 뒤 모든 것이 진정되었다. 그녀가 엘리베이터를 타고 막 내려가려는데 전화 한 통을 받았다. 충격적인 뉴스였다. 파판드레우가 27일의 합의에 대해 국민투표를 붙이겠다고 공표했다는 것이다. 메르켈은 즉시 사르코지에게 전화를 걸었다. 파판드레우의 행보는 예기치 못한 것이었고 누구와도 사전 조율되지 않은 것이었다.

메르켈과 사르코지는 격분했다. 그들은 뒤이은 공지가 있기 전까지 모든 지급을 중단하고 파판드레우를 불러 설명을 듣기로 합의했다. 하지만 그들은 다음 날 아침까지 기다려 그리스 정부에 연락을 취했다. 11월 1일 오전 7시 20분 쇼이블레는 그리스 쪽 협상 상대인 에방겔로스 베니젤로스Evangelos Venizelos에게 연락했다. 그때 그는 아테네 병원에 있었다. 쇼이블레는 이 그리스 정치인에게 메르켈이 이틀 후 칸에서 그와 그의 상사를 만나고자 한다고 전했다. 쇼이블레는 국민투표가 역효과를 낳을 것이라고 파판드레우를 설득하도록 이 비대한 경제학자를 설득하려 애

썼다. 베니젤로스는 국민투표에 반대했고 그 역시도 파판드레우의 도박이 문제를 악화시킬 소지가 있음을 잘 알고 있었지만 파판드레우를 설득할 수 없었다.

시장은 확실히 반응했다. 독일 DAX 지수(프랑크푸르트 증권거래소에 상장된 종목 중 시가총액 30개 기업으로 구성된 우량주의 주가 지수)는 5% 떨어졌다. 그리스가 유로존을 떠날 것이라는 전망이 팽배했다. 지금 그리스로 인해 유로존이 심각한 피해를 입고 있는 상황이라, 그렇지 않으면 유로존 전체가 붕괴할 것이라는 내용이었다.

보통 때라면 외국 정상이 프랑스를 방문하면 레드 카펫이 깔려 있고 의장대가 도열하고 있을 것이다. 메르켈이 파판드레우와 회담을 위해 도착했을 때 이러한 대우를 받았다. 하지만 그리스 수상이 모습을 드러냈을 때는 레드 카펫은 치워져 있었고 공화국 수비대^{Garde Républicaine}(프랑스 헌병대 소속으로 의장행사를 맡는다)는 해산한 뒤였다.

파판드레우에게 선을 넘었다는 사인을 명백히 보낸 것이다. 그는 국민적 지지가 필요했다는 입장을 유지했다. "국민투표는 분명한 신임투표이자 EU 방침을 따르고 유로존 잔류에 대해 그리스 국내외에 전달하는 강력한 메시지다." 그는 출발 전 각료들에게 이렇게 말했다.[23] 메르켈과 다른 참석자들은 이런 변명에 귀 기울일 생각이 없었다. 이번 회담에서 그가 만난 것은 메르켈과 사르코지뿐만이 아니었다. 회담장에는 다른 사람이 또 있었다. IMF 신임 총재 크리스틴 라가르드^{Christine Lagarde}였다. 전직 프랑스 국가대표 수중발레 선수였던 이 IMF 총재는 메르켈과 신중히 사전 협의를 했고 두 영향력 있는 여성은 국민투표가 치러진 후에는 어떤 자금도 받지 못할 것이라고 통보했다. 파판드레우는 반박하려 했지만 돌아온 것은 침묵뿐이었다. 그는 그리스로 돌아와 사임했다. 국민투표는 취소되었고 파판드레우는 애써 당당한 모습으로 물러났다.

굴욕당한 이 정치인은 자신을 호메로스의 오디세우스에 비유하곤 했다. 이 용맹한 왕은 10년간 바다를 떠돌며 온갖 고생한 끝에 마침내 자신의 왕국 이타카로 돌아올 수 있었다. 하지만 호메로스 작품 속의 영웅과는 달리 파판드레우는 좌초해 위태로운 상황에 처해 있었다. 고대 그리스 신화 속에서 그에게 보다 잘 어울리는 인물은 오히려 뛰어난 장인(匠人) 다이달로스의 아들 이카루스로, 그는 자만심으로 인해 신에게 벌을 받았다. 태양에 너무 가까이 날아오르자 날개가 녹아 지상으로 추락한 것이다.

시장은 여전히 불안했고 어떤 조치를 취해야 했다. 2011년 12월 유럽연합 정상회의에서 유럽재정협약European Fiscal Compact이 합의되었다. 국가 재정적자를 제한하고 이를 어길 시 자동적으로 제재할 수 있으며 각 국가들의 목표를 설정하기 위해 집행위원회의 권한을 강화한다는 내용이었다. 또다시 독일이 주도적으로 규칙을 정했다. 영국이 참여하지 않기로 했지만 크게 영향을 미치지는 않았다. 이 계획으로 끈질기게 계속되어온 유로존에 대한 불안감이 진정되었다. 문제가 해결되지는 않았지만 멜트다운meltdown의 위험은 감소되었다.

하지만 안정을 얻은 대가는 컸다. 최근 메르켈 내각의 유럽국장에 취임한 노련한 외교관 니콜라우스 메이어란트루트Nikolaus Mayer-Landrut는 부채 정리 계획을 작성했다. 다른 국가들과 유럽연합 집행위원회는 유럽중앙은행이 보증하는 유럽 공동 채권 발행을 원했지만 독일은 여기에 반대했다. 그들은 엄격한 재정 감독 제도를 수립해 인플레이션 유발 가능성을 피하고자 했다. 미국과 영국에서 독일은 비용 삭감, 재정적자 감축, 케인즈식 후생경제 반대 등 긴축 정책의 상징처럼 인식되었다. 이러한 정책들은 대가를 요구했다. 남유럽 국가를 비롯한 여러 국가들은 베를린 공무원의 명령에 따라 그들의 연금과 혜택이 감소된다는 사실에 크게 분노했다. 독일의 시사평론가들조차 '메르켈노믹스'를 비판했다. 2015년에 작고한 사회학자 울리히 벡Ulrich Beck은 그녀를 '메르키아벨리'라 칭하며 이렇게 정리했다. "우리는 유럽 헌법에 담기게 될 완고한 신자유주의를 보고 있다. 그리고 이 과정에서 유럽의 취약한 공공 영역은 무시되었다."[24] 하지만 다른 독일인들은 무분별하게도 기뻐했다. 메르켈이 칸 회담에서 돌아오자 기민련 원내대표 폴커 카우더Volker Kauder가 선언했다. "다시 한 번 독일어가 유럽에서 사용되었습니다."[25] 다른 나라들이 독일식 자본주의에 굴복했다는 정치적인 의미가 담긴 발언이었다.

위기를 막고 유로존을 구한 것은 메르켈과 그녀의 조언자들인가? 그들만은 아니다. 드라기는 2012년 여름 런던에서 열린 회의에서 "유럽중앙은행은 유로화 가치를 보전하기 위한 어떤 조치라도 실행할 준비가 되어 있습니다. 그러니 나를 믿으십시오. 그러면 됩니다"라는 발언으로 온갖 추측에 종지부를 찍으며 유로에 대한 지지를 확고히 했다. 메르켈이 제시한 해법이 인기를 얻지는 못했지만 그녀의 끈질김이 큰 역할을 한 것만은 확실하다. 그리스는 여전히 2011년 10월의 합의 사항을 이행하지 못하고 점점 표류하고 있지만 아일랜드, 스페인, 이탈리아와 그보다 더 낮은 등급의 포르투갈 등 다른 문제 국가들은 개혁을 시행해 각자의 입지를 단단히 다졌다. 그리스가 유로존에 남을지 여부는 여전히 불확실하지만 유로화가 구제된 것은 확실해 보였다.

굿바이, 헤르 불프

.

전통적으로 독일 정치학자들은 19세기의 랑케처럼 외교 정책이 원동력이라는 쪽과 1920년대의 에카르트 케르^{Eckart Kehr}처럼 국내 정책을 우선해야 한다는 쪽으로 나뉜다. 2011년에 일어난 사건들은 전자의 시각을 정당화한 것처럼 보였다. 리비아, 후쿠시마, 유로존 위기 모두 독일이 대응해야 했던 외교적 이슈였다. 분명 메르켈의 대응은 여론부터 카를스루에 재판관들의 경계하는 시선까지 국내 분위기에 따라 제한되고 심지어 결정되긴 했지만, 외교적 정책적 문제는 논의할 의제가 정리된 사안이었다.

2012년 초 다시 국내 정치에 집중해야 할 사건이 일어났다. 메르켈이 예상하지 못한 사건이자 국제적 위기와도 관련 없었다. 연방 공화국 대통령이 관련된 일이었다.

2010년 6월 쾰러가 임기를 채우기 전 사임하자 불프가 바로 그의 뒤를 이었다. 전직 주지사는 메르켈이 대통령직에 대해 생각하는 조건에 부합했고 정치적으로도 매력적인 인물이었다. 보통 고위직 후보자를 검증하는 과정에서 상당한 주의를 기울이지만 총리가 그의 뒷조사를 하지 않은 것은 바로 이런 이유 때문이었을 것이다. 아니면 메르켈은 그저 모른 체했을지도 모른다.

어쨌거나 우아한 헤르 불프는 첫인상만큼 매력적이지는 않았다. 2011년 12월 〈빌트〉는 대통령이 주지사 재임 시절 니더작센주 의회를 속였다는 의혹을 제기했다. 특히 대통령으로서 주요한 역할이 국가 양심을 대표하며 국민들에게 도덕적 모범을 보여야 한다는 점에서 상당히 심각한 혐의였다. 그의 혐의는 사업가 에곤 게르켄스의 아내로부터 총액 약 50만 유로에 대해 특혜성 대출을 받았다는 것이었다. 이 점이 의심을 불러일으켰고 부패의 낌새도 느껴졌다. 문제를 더욱 악화시킨 것은 이 혐의에 대한 불프의 반응이었다. 불프가 대통령답지 못한 행동으로 비난받은 것은 그때가 처음이 아니었다. 1년 전 〈슈피겔〉은 대통령이 미국에서 가족 휴가를 보내기 위해 티켓을 저렴하게 제공받았다고 보도했다. 그때는 비용 전액을 다시 지불하는 것으로 마무리되었지만 모양새가 좋지 않았고, 다시 또 비슷한 혐의가 제기된 것이다.

대부분의 스캔들은 장본인이 거짓말로 흔적을 덮으려 하면서 확대되어간다. 복잡한 거짓말을 하면 할수록 원래의 잘못보다 은폐 시도에 대해 더욱 거센 반발이 일어나기 마련인 것이다. 불프의 경우도 예외는 아니었다. 예상대로 대통령은 모든 혐의를 부인했다. 2011년 12월 15일 발표된 성명에서 불프는 게르켄스와 어떤 부적절한 비즈니스 관계를 맺지 않았다는 입장을 반복했다. 하지만 이미 〈슈피겔〉이 대출서류 원본을 입수해 게르켄스가 연관되어 있다는 사실을 밝혀낸 뒤였다.

불프가 자신은 게르켄스와 어떤 부적절한 거래도 하지 않았다고 단언한 성명을 발표하고 일주일 후 그의 변호사는 "게르켄스가 지불 협상에 관련되었다"는 짧은 성명을 발표했다. 물론 이는 부적절한 비즈니스 관계는 아니었다는 의미를 담고 있었다. 하지만 법적 정확성을 따지는 방식으로 신뢰는커녕 정치적 신용을 얻지도 못했다. 불프가 언론 담당 대변인을 해고한 사실도 상황을 악화시켰다.

지금까지는 개인의 재산 문제였지만 이제는 부패의 냄새도 풍기고 있었다. 하지만 불프가 법을 위반했다는 어떤 서류 증거도 없었다. 12월

31일 〈슈피겔〉이 불프의 대출은 폭스바겐의 포르쉐 인수와 관련되어 있다는 증거를 보도하면서 상황은 반전되었다. 불프의 입지는 나날이 약화되어갔고 마음 편히 지낼 수 없었다. 그의 판단력이 부족한 건 아닐까 의심이 들겠지만 그의 행동을 보면 이런 생각에 확신을 갖게 될 것이다.

폭스바겐 소식이 터지자 불프는 〈빌트〉의 편집장 카이 디크만^{Kai Diekmann}에게 전화를 걸었다. 그러나 전화를 받지 않자 대통령은 타블로이드 신문의 편집장에게 분노에 가득 찬 음성 메시지를 남겼다. 사실상 인기 있는 신문사에 전쟁을 선포한 것이나 다름없었다. 〈빌트〉가 서구권에서 가장 인기 있는 신문이라는 점에서 지극히 현명하지 못한 행동이었다. 〈빌트〉는 맹렬히 그를 비난했다. 불프는 TV 인터뷰에서 자신이 실수를 저질렀다고 인정했음에도 완강히 사임을 거부했다. 한 달 동안 언론이 매일 당혹스러운 폭로를 이어가던 중, 마침내 검찰이 그의 부정에 대해 공식 기소할 수 있도록 기소 면책 특권을 박탈해달라고 의회에 요청하기에 이르렀다. 다음 날 불프는 사임했다.

언론의 폭풍 속에서도 메르켈은 불프의 부정 행위를 비난하는 것 외에 침묵을 유지했다. 불프의 사임은 메르켈의 입장에서 절대 반가운 소식이 아니었다. 쾰러에 이어 국방장관 구텐베르크도 달갑지 않은 골칫거리였다. 불프의 사임으로 또 다른 두통거리가 생긴 셈이었다. 누구를 그의 후임으로 세워야 하나?

2004년 베스터벨레와 힘을 합쳐 쾰러를 당선시킨 것은 그녀가 거둔 위대한 승리 중 하나로 기록될 만한 성공이었다. 이제 야당이 같은 수를 썼다. 다시 개신교 신학자이자 인권운동가인 요아힘 가우크를 후보로 추대한 것이다. 놀랍게도 이 동독인은 자민당의 지지를 받았고 자민당

신임 당수는 진심을 다해 그를 지원했다. 총리로서는 모욕적이게도 필립 뢰슬러는 연정 파트너에게 야당 후보자를 지지하기로 한 당의 방침을 알려주지 않았다.

메르켈은 승산이 없는 전쟁에 뛰어드는 것만큼 무의미한 일이 없다는 사실을 잘 알고 있었기에 가우크의 당선이 기정사실이나 다름없다고 깨닫자 반대의사를 거뒀다. 3월 18일 가우크는 1차 투표에서 대통령에 당선되었다. 선거인단 1,228명 중 991명이 72세의 전직 목사에게 찬성표를 던졌다. 메르켈은 아무 발언을 하지 않았다. 패배였지만 당황스런 상황을 최대한 활용하기로 결심했다.

그녀는 폭풍우를 이겨낼 수 있었다. 또는 언론에서는 그렇게 생각했다. 2년 후 〈슈피겔〉은 이렇게 평했다. "총리관과 슐로스 벨뷔(대통령궁)의 2인조는 보기 드물게 친밀하다".[26]

14

우크라이나, 그리스 난민
그리고 브렉시트

:

그녀는 검은 BMW를 타고 센트롤 브리스베인의 엘리자베스 거리를 지나고 있었다. 8시 1분에 주차한 뒤 8시 2분 힐튼 호텔로 들어가 곧장 그의 방으로 향했다. 그들은 38번 전화통화를 했고 7월에는 홀로 축구 경기 볼 시간을 할애해 짧게 만나기도 했다. 하지만 오늘밤 2014년 11월 15일은 달랐다. 함께한 6시간 동안 무슨 일이 벌어졌는지 모두 짐작하기만 할 뿐이다. 그녀는 새벽 2시에 방을 떠났다. 이국의 도시에서 밀회를 갖는 황혼의 로맨스 커플이 아니다. 푸틴과 메르켈은 절대 어울릴 만한 사이가 아니었다. 어떻게 그럴 수 있겠는가? 그는 소련의 종말은 '20세기 최고의 지정학적 비극'[1]이라는 발언으로 유명했고, 그녀는 스탈린식의 독재 체제하에서 성장한 반공산주의자였다.

이날 밤 그들은 단둘이 독대했다. 푸틴의 안보보좌관 유리 우샤코프 Yuri Ushakov와 메르켈의 수석 외교 자문 크리스토프 호이스겐 Christoph Hoesgen도

배석하지 않았고 언제나 동석하는 통역사나 속기사도 없었다. 오스트리아의 호텔방엔 그저 푸틴과 메르켈 단둘뿐이었다. 하지만 돌파구가 없었다. 2014년 2월 말 푸틴이 우크라이나 혁명에 대응한 이래 상황은 그대로였다. 2013년 11월 우크라이나의 수도 키예프에 시민들이 집결해 빅토르 야누코비치Viktor Yanukovych 대통령에 반대하는 시위를 벌였다. 그는 EU협력협정에 서명을 거부하고 러시아와 협정서에 서명했다. 2014년 2월 야누코비치가 러시아로 도망치면서 사태는 시작되었다. 러시아는 크림반도(1950년대 이래 우크라이나에 속해 있었음)에 위장한 군대Undercover Soldier를 파병했고 뒤이어 우크라이나 동부 지역에도 파견했다고 한다. 독일에서 위장군대는 '리틀 그린맨Little Green Men'으로 알려져 있다. 이들은 고전 공상 과학 소설에 나오는 외계인의 모습이 아닌, 2월 27일 심페로폴(크림반도의 주요 도시)에 갑자기 나타난 러시아군이었다. 그들은 거의 아무런 저항을 받지 않고 크림자치공화국 의회를 접수하고 크림반도의 독립에 대한 국민투표를 실시하겠다고 선포했다. 예상대로 푸틴 대통령은 크림반도의 쿠데타 시도에 관련된 어떤 행동도 알지 못했다고 부인했다. 그는 기자회견에서 반란군을 지역 주민들의 자위대라고 설명했다. 한 달 후 푸틴은 리틀 그린맨은 위장한 러시아군이며, 크림 자위대는 러시아 정부의 지원을 받았다고 인정했다.

러시아 군사 전략을 연구한 사람에게는 익숙한 전술이었다. 러시아어로 위장이라는 뜻의 '마스키로브카Maskirovka' 전술에 대해서 2월 28일 아침 메르켈에게 보고한 독일 전략관들과 자문들 모두 잘 알고 있었다. 1942~1943년에 치러진 스탈린그라드 전투는 러시아 군인들이 소속을 알 수 있는 휘장을 뗀 채 적의 후방에서 활약하는 전술로 승리를 거둬 2

차 세계대전의 전환점을 마련했다. 러시아는 이 전술을 다시 사용한 것이다. 이 전략은 소련 군사 대백과에 정확히 소개되어 있다. "전략적 위장전술은 국가적인 전쟁터에서 적들의 정치적 군사적 오판을 유도하기 위해 수행된다. 이런 점에서 전쟁은 정치적 영역에 속하며, 군사 조치를 비롯해 정치·경제·외교적 수단을 포함한다".

총리의 외교 정책 및 안보 자문인 호이스겐은 직업적으로 이번 작전의 교묘함에 깊은 인상을 받은 모양이었다. 이 노련한 외교관은 개인적으로 푸틴을 싫어하는 만큼이나 크렘린의 독재자의 조치가 전략적으로 탁월했다는 점은 인정했다. 상대의 솜씨를 인정하는 것은 외교관 윤리의 일환이었다.

메르켈은 늘 그렇듯 두드러지지 않게 가만히 있었다. 적어도 처음에는 말이다. 유로존 위기에서 총리는 판단을 미루는 유명한 성향의 덕을 보았다. 게다가 독일 정부는 오바마 행정부가 우크라이나 사태에 대처하는 방식이 그리 마음에 들지 않았다(그 외에도 러시아의 조치에 대한 호이스겐의 전문가적 평가 때문이기도 했다). 사소한 일로 중요한 근본적 긴장을 드러낼 수도 있다. 미국은 유럽 국가들이 표면상으로는 아무 조치도 취하지 않는데 적잖이 당황했다. 그 와중에 고위급 외교관인 빅토리아 눌런드Victoria Nuland가 "빌어먹을Fuck EU"라고 막말을 내뱉었다는 사실이 폭로되면서 문제는 더 꼬여갔다.

욕설을 섞어 분노를 표출한 것 자체는 특별히 문제 삼을 만한 행동은 아니었다. 메르켈 자신도 때때로 갖가지 언어를 사용한다고 알려져 있다. 〈빌트〉의 정치부 기자도 "그녀는 다른 전임자들 누구보다 '젠장Shit'이라는 말을 자주 내뱉는다"고 말했다. 하지만 그녀는 축구 경기를 보면서 욕을 할 뿐 우방국에게는 그러지 않는 데다 어떤 경우에도 'F'로 시작하는 욕은 하지 않았다. 메르켈은 이러한 발언이 '도저히 용납할 수 없는 수준'이라고 대변인을 통해 성명을 발표했다. 상위 외교에서 사용하는 우회적인 언어에서 심각한 의미를 지닌 표현이었다. 미국과 독일의 관계가 최악으로 치닫게 된 데는 또 다른 이유가 있었다. 2013년 11월 미국 국가안보국^{National Security Agency, NSA}이 메르켈의 휴대폰을 도청했다는 사실이 밝혀진 것이다.

따라서 푸틴은 미국과 그들의 가장 중요한 유럽 동맹국 간에 균열이 생겨 러시아가 전략적으로 호의를 얻기 좋은 시기에 행동한 셈이다. 하지만 곧 워싱턴과 베를린 간의 불화를 과대평가했음이 드러났다.

첩보 활동은 어느 시기나 있다는 사실은 누구나 알고 있다. 메르켈은 슈미트를 제외하고 그녀의 동료나 전임자들 누구보다 정치와 독일의 이익을 기준으로 직접 행동하는 실용주의자였다. 분명 자신의 휴대폰이 도청됐다는 사실은 용납하기 어려운 행위다. 특히나 슈타지가 오웰의 소설《1984》속의 세계를 실제로 구현하기 위해 최선을 다하던 공산주의 디스토피아에서 자라났다면 더욱 그럴 것이다. 하지만 이런 개인적인 문제로 판단력이 흐려서 매일의 의사결정을 할 수 없다면, 아무것도 할 수 없었을 뿐 아니라 메르켈은 정치에서 성공할 수도 없었을 것이다. 그녀는 오바마와 승강이를 오래 끌 생각이 없었다. 그녀가 미국 대통령을 다소 가볍게 생각한 만큼 그와 거래를 해야 하기도 했다. 어쨌든 러시아의 위협이 굉장히 심각했던 탓에 개인적 불쾌감이 영향을 미칠 틈이 없었던 것이다.

그녀에게는 문제가 있었다. 독일은 다른 서유럽 국가보다 러시아에 대한 의존도가 높았던 것이다. 특히 2011년 원자력 발전소를 단계적으로 폐지하겠다는 결정을 내린 뒤 더욱 심해졌다. "독일의 가스 공급량은 충분합니까?"라고 물어보자. 대답은 간단하다. 아니오. 수치가 말해주고 있었다. 독일은 러시아에서 EU에 들어오는 천연가스 중 1,300억 입방미터 중 900억을 사용한다. 러시아가 강경자세를 취한다면 독일은 고통받게 되고 유로존 전체가 영향을 받을 것이다.

독일이 1945년 이후로 자제해온 전략적 체스 게임 같은 상위 정치는 지난 몇 년간 메르켈이 신중히 조율해온 경제 정책에 대한 합의를 무위로 돌리고 말았다. 군사력이 경제력보다 더 중요하다는 비스마르크식의 '현실정치Realpolitik'가 명분을 얻은 것 같았다.

사실상 소련이 운영하는 국가에서 자라난 사람으로서 메르켈은 푸틴에게 우크라이나에서의 자유 통치권을 준다는 것의 위험성을 잘 인지하고 있었다. 메르켈이 이런 식으로 설명하지는 않았지만, 러시아가 '가까운 외국Near Abroad(러시아가 소련 해체 후 독립한 14개 연방 공화국들을 가리키는 용어—옮긴이)'이라 부르는 곳의 분쟁 지역을 점점 점령해가는 연쇄효과가 일어나면 독일은 물론이고 유럽, 나아가 전 세계가 실제로 위험에 빠질 것이다. 하지만 메르켈은 문제를 개인적으로 받아들이지 않는 만큼 다른 스타일의 푸틴을 대할 때는 그를 인정하기보다는 그와의 공감대를 강조해야 한다는 사실을 잘 알고 있었다. 정치 역시 공감, 안나 프로이트Anna Freud가 정의했듯 '다른 누군가의 후임이 되었다가 다시 나오는 능력'의 문제였다. 러시아인들과 함께 일해본 경험이 있었던 메르켈은 그들 상당수가 서방 세계에 침략당할지 모른다는 깊은 곳에 내재된 두려움을 갖고 있다는 사실을 잘 알았다. 25년 전 데메지에르가 그녀를 보내 독일 통일에 대한 러시아인들의 견해를 파악하도록 했을 때 이미 보통 러시아인들은 이런 견해를 피력했었다. 그녀는 그들이 표현한 두려움을 기억하고 있었다. 정당하든 아니든 간에 역사가 반복될 수도 있다는 두려움, 나폴레옹^Napoleon과 히틀러가 서쪽에서 다른 군대를 끌고 올 수 있다는 두려움은 러시아인들의 마음속에 깊이 새겨져 있었다. 서방 세계의 다른 지도자들과 달리 메르켈은 푸틴의 입장을 이해했다. 물론 그의 해석에 공감하지는 않았다.

1952년 레닌그라드에서 태어난 푸틴은 당시 동독에서 KGB 활동으로 승승장구했다. 키가 174센티미터에 불과한 그는 냉전 시대 배경의 스파이 소설 속 턱이 각진 강인한 스파이와는 거리가 먼 모습이었다. 영국의 타블로이드지 〈데일리 메일^Daily Mail〉이 경외심을 담아 보도한 바에 따르면, 러시아 대통령은 극진가라데 8단이라고 한다. 하지만 흔히들 생각하는 KGB 요원의 이미지와는 달랐다. 푸틴은 밧줄을 타고 건물을 내려오거나 차량 추격을 하는 등의 작전을 수행하는 사람이 아니었다. "나는 다른 나라에서 한 번도 법을 위반한 적 없습니다"라고 그는 밝혔다.[2] 그는 국립 레닌그라드대학교 법학과를 1등으로 졸업했고 곧바로 KGB에 채용되었다.

1970년대 후반 당시 소련 비밀정보기관의 수장은 안드로포프였다. 브레즈네프의 뒤를 이어 소련 공산당 서기장이 되는 안드로포프는 KGB를 물리적 폭력, 고문, 협박보다는 현대적이고 과학적 방법을 사용하는 전문적이고 세분화된 조직으로 탈바꿈하기 위한 개혁과 구조조정을 시행했다. 정보기관에서 근무하는 15년 동안 친구가 무슨 일을 하느냐고 물으면 푸틴은 이렇게 대답했다고 한다. "나는 전문적으로 사람들과 소통

하는 일을 하지." 푸틴은 베를린 장벽이 붕괴될 때까지 동독에서 근무하며 완벽한 독일어와 더불어 이러한 기술을 갈고닦았다.

메르켈은 이러한 소통 능력을 2006년 첫 회담에서 경험했다. 그녀 입장에서는 유쾌하지 않은 경험이었다. 푸틴과 그의 자문들은 열심히 준비했다. 그녀는 그의 집무실로 안내받아 러시아어로 인사를 나눴다. 그는 그녀를 거만하고 고압적인 표정으로 그녀를 바라봤다. 그러더니 교활한 미소를 짓고는 사랑스러운 개 한 마리를 선물했다. 1년 후 메르켈이 흑해 연안의 다차(러시아의 시골 저택, 별장과 비슷한 개념-옮긴이)에서 푸틴을 만났을 때 그는 회담을 갖는 방문을 살짝 열어뒀다. 곧 그 이유가 분명해졌다. 오른쪽 구석에서 커다란 검은 개가 방으로 들어왔다. 전직 KGB 요원은 상대에 대해 미리 조사해둔 것이다. 그는 조용히 키득대며 일부러 그랬음을 굳이 감추지 않았다. 그는 독일 총리가 1994년 독일 연방 총선 기간 중 개에게 물린 뒤 개를 무서워하게 되었다는 사실을 알고 있었다. 이제 2007년 두 번째 회담이었다. 그는 개를 내보내기로 했다.

"이 개는 당신을 공격하지 않아요, 그렇지?" 푸틴은 코웃음을 감추지 못하며 1999년 KGB 국장이 되었을 때 선물받은 검은 래브라도 리트리버 종 코니를 향해 몸짓을 했다. 메르켈은 입을 꼭 다문 채 어딘가 불편한 표정이었다. 동독에서 자란 그녀는 이런 부류를 잘 알았다. 비열하고 약자를 괴롭히는 걸 좋아하는 부류다. 소련 첩보원은 자신이 아는 온갖 추잡한 술수를 사용하는 사람이었다. 그녀는 다른 정상들과 함께 한 회담에서 푸틴이 레닌그라드 근처의 옥타에 있는 KGB 학교 401기로 습득한 모든 기술을 발휘했다는 사실도 알고 있었다. 정치란 마인드 게임, 정상들 간의 기싸움이다. 이러한 게임에서는 가능한 모든 수단을 마음껏 펼쳐야 한다. 푸틴은 이런 부분의 대가였고, 지금도 그렇다. "나는 인간관계 전문가야." 푸틴의 직업이 뭔지 궁금해하던 친구 세르게이 롤두긴Sergei Roldugin(세계적인 첼리스트이자 푸틴의 측근–옮긴이)에게 그는 이렇게 짧고 간결하게 대답했다.

독일의 칸츨러린Kanzlerin(여성 총리. 메르켈 이후 총리를 뜻하는 'Kanzler'의 여성형 명사가 새로 생겨났음–옮긴이)과의 회담에서도 이러한 그의 능력이 발휘되었다. 푸틴은 입가에 미소를 짓고 있었지만 그의 무정한 푸른 눈에는 아무런 감정이 드러나지 않았고 심지어 냉랭함마저 감돌았다. 마치 궁지에 몰린 쥐를 데리고 노는 듯했다. "이 녀석은 순한 개랍니다. 이 녀석이 착하게 행동할 거라고 장담하지요." 결정적인 수를 두는 체스 선수처럼 러시아 대통령은 뒤로 기대앉아 다리를 뻗으며 개회식 참석을 허가받고 모여 있는 기자단을 향해 의기양양한 시선을 던졌다. 하지만 그때 푸틴이 예상치 못한 일이 벌어졌다. 메르켈이 평정심을 끌어모아 러시아 동료를 뒤돌아보며 굉장히 우아한 러시아어 억양으로 말했다. "적어도 저 개가 기자들을 잡아먹지는 않겠지요." 채찍을 휘두르는 듯 날카로운 반응은 만족스러운 듯 의기양양하게 뻐기고 있던 크렘린의 스트롱맨을 흔들어놓았다. (모든 이야기에는 양면이 있는 법. 푸틴은 메르켈을 겁주기 위해 개를 풀어놓았다는 사실을 부인했다. "나는 그녀가 개를 무서워한다는 사실을 몰랐습니다. 난 그저 내 개를 보여주면서 그녀를 기분 좋게 해주고 싶었을 뿐입니다. 나중에 이러한 사실을 그녀에게 설명하고 사과했습니다." 그는 러시아 국방부가 운영하는 국영 TV방송국 즈베즈다Zvezda에 이렇게 해명했다. 믿거나 말거나 그가 이 이야기를 언급해야만 했다는 사실은 그의 전술이 역효과를 거뒀다는 점을 시사한다.[3])

당시에는 8년 후 벌어질 일을 간과했었다. 사실 첫 만남 이후 그들의 관계는 개선되었다. 푸틴은 남자다움을 내세워서는 아무 성과도 얻을 수 없다는 사실을 깨달은 것이다. 메르켈은 설사 베를린의 전통적인 우방국과 충돌한다 하더라도 독일의 국익을 우선했다. 2008년 미국은 우크라이나와 조지아의 NATO 가입을 강하게 밀어붙였다. 조지 W. 부시 대통령은 메르켈이 자신의 조치에 동조하리라고 내심 자신하고 있었다. 그녀와 좋은 관계라 생각했고, 물론 사실이긴 했지만 이는 독일 총리의 결정과는 무관했다.

4월 부쿠레슈티에서 열린 NATO 정상회담에서 메르켈은 사실상 미국이 지지하는 가입준비단계Membership Action Plan에 거부권을 행사했다. 조지아의 대통령은 그녀가 신뢰하지 못하는 예측불허의 인물이었고, 우크라이나는 '유럽이나 북미에서 한 국가 이상에 대한 무력 공격은 나머지 국가 모두에 대한 공격으로 간주한다'는 나토 헌장 5조를 적용해 보호하기에는 정세가 굉장히 불안했다. 그녀는 러시아가 염려하는 것은 바로 서방 세계의 침략이라는 점도 인지하고 있었고 그녀의 자문역들 역시 마찬가지였다. 구 소련연방공화국의 NATO 가입을 승인하면 나폴레옹 원정 이후 계속해서 이어진 러시아 외교 정책의 기조인 서쪽으로부터의 위협에 대한 두려움이 되살아날 것이다. 이러한 두려움을 인식한다는 것은 푸틴에게 머리를 조아리는 것이 아닌 고르바초프조차 우려했던 타당한 근심이라는 점을 인정한다는 의미였다. NATO가 발트해 연안 국가들까지 세력 범위를 넓히자 전직 대통령은 이렇게 말했다. "서방 세계의 정치인들은 국제 정치 무대에서 러시아를 하찮게 취급하고 싶어 한다… (이렇게) 러시아와 러시아의 이익에 대한 오만한 태도는 러시아 국민에 대한 모욕으로, 심각한 결과를 초래할 수도 있다."[4] 푸틴의 외교 정책은 1990년대 후반 고르바초프가 수립한 것과 거의 똑같았다. 전통적인 심장부 내에서 영향력을 유지하는 것.

푸틴은 메르켈의 집권 기간 동안 외교 정책이라는 방정식의 상수였다. 그가 잠시 물러나 총리로 재임했던 2008년부터 2012년까지의 시기에는 '테디 베어'라는 조롱 섞인 별명으로 유명한 드미트리 메드베데프 Dmitri Medvedev가 형식적인 대통령을 지냈다. 누구에게 실권이 있는지는 의심의 여지가 없었다. 바로 푸틴이었다. 메르켈은 2012년 미심쩍은 선거를 통한 푸틴의 복귀를 반기지 않고 부정 선거 혐의에 우려를 표명했지만 그를 비난하는 것은 자제했다. 메르켈은 전직 KGB 요원과 협상해야 한다는 가능성에 크게 긴장하지 않았다. 그는 잘 알려진 인물이다. 그녀가 좋아하거나 의견이 잘 맞는 사람은 아니지만 적어도 그녀가 아는 한 악마 같은 사람은 아니었다. 2013년 독일 총선 전 한 시사평론가는 이 두 지도자를 두고 '각자의 속내를 뻔히 들여다보는 오래된 부부' 같다고 평했다.[5]

푸틴과 협상하다

이러한 배경을 생각해보면 크림자치공화국의 갑작스러운 합병 이후 독일 총리가 러시아와 협상에서 주요 역할을 맡은 것이 그리 놀랍지 않다. 메르켈은 분쟁을 단계적으로 감소시킬 조치를 취했다. 38번의 통화 중 대부분은 합병 첫 주에 이뤄졌다. 메르켈은 러시아어로 "서방 세계가 그의 체면을 세워주려 할 때 우크라이나에서 철수하라"고 푸틴에게

조언했다.[6]

푸틴은 귀 담아 듣지 않았다. 그는 독일 총리의 존경을 받고 경험이 풍부한 신임 외무장관 슈타인마이어도 아닌 메르켈이 설득하고 비난하고 애원하는 것 외에 다른 조치를 취할 거라곤 예상하지 못했다. 슈타인마이어는 2013년 선거가 교착 상태로 끝나고 새로운 대연정이 구성되자 외무부에 복귀했다. 하지만 슈타인마이어는 슈뢰더의 비서실장이기도 했었다. 푸틴은 신임 외무장관이 전임 총리이자 자신의 정치적 멘토를 절대 실망시키지 않을 것이라고 생각했다. 하지만 슈뢰더가 경솔하게 자신의 70번째 생일을 푸틴과 축하하는 동안 그의 과거 조수이자 신뢰하는 친구인 슈타인마이어는 메르켈만큼이나 단호하게 러시아의 크림반도 강탈을 비난하고 있었다.[7]

푸틴은 처음에 잘못 판단하긴 했지만 여전히 유리한 입지에 있었다. 동시에 메르켈은 푸틴의 깡패 전술을 그냥 넘어가지 않기로 결심했다. 그녀는 조심스레 행동해야 하며 현실적으로 크림반도가 우크라이나에 반환될 가능성이 거의 없다는 점도 잘 알고 있었다. 목표는 현 상황이 더 재앙으로 치닫지 않도록 억제하는 것이었다. 그녀는 동맹이 필요했고 경제와 외교 같은 소프트 파워Soft Power가 군사력보다 강한 무기임을 푸틴에게 보여줘야 했다.

그녀의 결정적인 카드는 온화한 외교력, 무엇보다 다른 소국(小國)들과의 우호적인 관계였다. 2014년 3월 17일 EU 각료이사회는 러시아에 제재를 내리고 푸틴의 동맹국들에게는 여행 제한 조치를 의결했다. 브뤼셀에서 돌아온 날 의회에서 메르켈은 제재를 강화할 준비가 되어 있다고 연설했다. 하지만 이 메시지는 그녀의 연설에서 가장 중요하기는커녕 주제도 아니었다.

다른 누구보다 메르켈은 푸틴의 약점을 잘 알고 있었다. 그것은 바로 그의 과시욕, 다시 말해 강대국의 위대한 정치인으로 인정받고 싶은 절박한 욕구였다. 1998년 빌 클린턴과 토니 블레어가 보리스 옐친[Boris Yeltsin]에게 가입을 요청하면서 러시아는 G8의 회원국이 되었다. 세계 8개 선진국의 비공식적이고 명망 높은 그룹의 회원이 된다는 것은 상징적으로 중요한 의미를 지녔다. 다음 G8 정상회담은 2014년 6월 러시아의 소치에서 열릴 예정이었고 푸틴은 올림픽 개최지를 뽐내기 위해 온갖 노력을 기울이고 있었다. 이것이 바로 그의 약점이었다. 메르켈은 푸틴이 뽐낼 기회를 취소해서 그가 가장 상처 입을 곳을 가격하고 싶었다. 그녀는 천천히 연단에 올라갔다. 지난 크리스마스 휴가에서 스키 타다 다친 후아직 절뚝이고 있었지만 그 어느 때보다, 또 골반 골절로 목발을 짚고있는 모습만큼이나 결연한 표정이었다. "러시아는 모든 국가 조직들 사이에서 고립될 것입니다." 그녀는 의회에서 이렇게 운을 뗐다. 그러더니 폭탄선언을 했다. "러시아가 국제법을 준수할 때까지 G8 정상회담은 열리지 않을 것이며, 더 이상 G8은 존재하지 않게 될 것입니다."[8]

메르켈은 푸틴에게 굴욕을 안겼다. 그는 경제 제재를 비롯해 다른 대응책은 충분히 염두에 뒀었다. 하지만 그녀가 지구상 가장 강한 산업 국가들의 모임에서 자신을 실제로 쫓아내리라고는 생각지도 못했다. 엄격히 말해 메르켈이 이 같은 결정을 내린 것도 아니었고 모든 독일인들이 이 조치를 반긴 것도 아니었다. 대략 독일 내 6,000개 기업, 30만 근로자들이 러시아와의 거래에 의존하고 있었다. 푸틴은 실용주의자인 메르켈이 그를 비난할 수는 있어도 제재할 수 있으리라곤 계산하지 못했다. 또 다시 그의 판단이 틀렸다. 그녀는 그가 예측하지 못한 행동을 개시했다. 그가 상상했던 것보다 독일의 피해를 훨씬 적게 하는 제재 조치를 취할 수도 있을 텐데 말이다.

러시아에 부과한 제재는 독일 산업에 상당한 영향을 미쳤다. 바이엘을 비롯한 제약 회사들은 약 21억의 손실을 입었고 자동차 제조사들 역시 비슷한 규모의 손실을 입었다. 하지만 한 CEO가 〈매니저 매거진 Manager Magazine〉에 밝혔듯 기업가들은 기꺼이 희생을 치렀다. 사실 독일 기업들은 크게 고통을 겪지 않았다. 프랑스는 엄청난 타격을 입었고(파리는 러시아와 헬리콥터항모 2대와 관련해 유리한 조건으로 협상 중이었다), 영국은 이번 제재 조치로 시티 오브 런던(런던의 금융중심지-옮긴이)의 상업 이익이 영향받을까 봐 염려했다. 두 나라 모두 운신의 폭이 좁았다. 메르켈은 다시 자신의 길을 갔다. EU 소국들과의 동맹이 있었기에 그녀는 이런 조치를 취할 수 있었다. 동독 촌사람 '오씨'라는 배경과 러시아 독재 체제에서 살았던 경험으로 과거 공산주의 국가들 사이에서 신뢰를 얻을 수 있었던 데다, 초창기 시절 덴마크, 네덜란드, 스웨덴, 핀란드 같은 북유럽 국가들을 옹호한 덕분에 EU 각국의 지원을 받을 수 있었다. 이렇게 관계를 다져놓지 않았던 영국과 프랑스는 상당한 손해를 입었다.

미국과 프랑스, 우크라이나가 모두 협상에 관련되어 있었지만 우크라이나 위기라는 드라마의 주인공은 푸틴과 메르켈이라는 사실이 분명해졌다. 푸틴은 결코 열세에 처해 있지 않았다. 군사적으로는 여전히 그가 우위에 있었지만 메르켈은 자신과 동맹들에게 귀중한 시간을 사줄 수 있었다. G8에서 퇴출한다는 제재는 예상치 못한 것이었고 푸틴은 아직도 그 충격으로 휘청대고 있었다. 이러한 배경에서 미국, EU, 우크라이나와 러시아 대표들이 4월 중순 제네바에서 회담을 가진 것이다. 이번 만남으로 돌파구가 마련되지는 않았지만, 러시아군의 우크라이나 동부 지역 진출을 중단시킬 수 있었다. 러시아는 노보로시야Novorossiya(많은 러시아인들은 도네츠크와 루한스크 지역이라 부르며, 사실상 그들이 점령해왔던 곳이다. 현재 우크라이나 동부 지역을 가리킴-옮긴이) 공격을 중단했다.

공격이 중단되자 우크라이나는 5월 비교적 질서 있게 대통령 선거를 실시할 수 있었고, 그 결과 페트로 포로셴코Petro Poroshenko가 당선되었다. 이로써 지금껏 러시아인들이 반란군, 심지어 테러리스트라고 불렀던 우크라이나 정부에 정통성이 부여되었다. 심지어 군사적으로도 푸틴이 능력을 잃은 것 같았다. 대리인을 통해 싸우는 그의 마스키로브카 전술은 크림반도와 남오세티나South Ossetia(조지아공화국 내의 자치주), 트란스니스트라Transnistra(인구 대다수가 러시아계인 몰도바공화국 내의 도시)에서 위력을 발휘했다. 이처럼 작은 영토를 차지하는 것은 어렵지 않지만 사실상 루마니아 면적과 비슷한 국가를 대리인을 통해 점령하기란 상당히 까다로운 과제였다. 7월 말까지 재편된 우크라이나군은 반란군을 몰아냈다.

푸틴으로서는 용납할 수 없는 일이었다. 메르켈이 그에게 공개적으로 굴욕감을 안긴 것은 넘어갈 수 있었지만 그의 군대가 서방 세계의 적들에게 지원받는 군대에 패배했다는 사실만은 받아들이기 힘들었다. 2014년 8월 초 며칠 동안은 러시아군 7,000명이 우크라이나군 15개 여단을 압도했다. 또는 그렇다고 국방 전문가들이 분석했다. 이 같은 '침입'을 둘러싼 사실은 러시아가 우크라이나 주둔군이 없다는 점에서 논쟁의 여지가 있다. 키에프는 오직 화해, 보다 정확히는 휴전 합의를 청할 수만 있었다.

하지만 다시 한 번 푸틴은 그가 선호하는 전쟁 스타일과 관련된 전략적 문제에 직면하게 되었다. 전통적인 군사 작전에서는 정확한 임무와 더불어 명확한 지휘 체계가 확립되어 있었다. 하지만 대리인을 통해 싸울 때에는 빌린 무기가 나쁜 생각을 할 수도 있다는 위험을 감수해야 한다. 7월 17일 러시아의 동맹이 암스테르담으로 향하는 말레이시아 민항기 MH17을 격추한 것도 이와 같은 맥락으로 볼 수 있다.

처음에 러시아는 민항기에 기계적 결함이 있었다고 주장했지만 네덜란드 전문가들은 이러한 설명을 단호하게 배제했다. 말할 것도 없이 푸틴 자신은 항공기 격추에 직접 책임이 없었지만 그의 대리인이 무죄라고 주장하기란 불가능했다. 푸틴은 다시 프로파간다 전(戰)에서 패배했다. 그는 국경 가까이 배치했던 군대에게 본대 복귀 명령을 내리며 또 다른 전술을 시도했다. 이제 그는 송유관을 잠그겠다고 위협했다. 하지만 유가가 하락 추세라는 사실이 발목을 잡았다. 석유와 가스 수출이 러시아 경제에서 차지하는 비중이 30%가량 된다는 점에서 우려가 되는 부분이었다. 독점적 지위를 유지시켜주고 푸틴의 외교 정책 자금줄이 되어주는 원자재를 팔지 않는다는 것은 근시안적인 결정이었다. 특히 유가가 6월에 비해 40%가량 하락한 시점에서는 더욱 그랬다. 시장이 우크라이나를 구원하고 그들에게 가스값을 지불할 돈을 제공하는 EU와 IMF를 구했다. 푸틴은 이제 다른 전략을 시도해야 했다. 그는 변형된 마스키로브카 전술로 되돌아갔다. 모스크바가 조율하고 자칭 도네츠크인민공화국과 루한스크인민공화국은 대통령 선거를 치러 친러시아 후보자를 선출했다. 키에프는 두 지역에 상당한 자치권을 허가했던 초기의 협정을 철회했다. 11월 12일 NATO 동맹군 사령관 필립 브리들러브^{Philip}

Breedlove는 러시아군 4,000명이 우크라이나에 진입했다고 언론에 발표했다. 하지만 예상대로 러시아는 부인했다.

메르켈이 브리스베인에서 푸틴을 만난 때는 그 직후였다. 그녀는 그다지 기분이 좋은 상태가 아니었는데, 그는 조금도 양보하려 하지 않았다. 심야의 랑데부 직후 푸틴은 바로 공항으로 향했다. 그는 다음 주 월요일 업무를 시작하기 전에 잠을 자둬야 한다는 핑계로 G20 정상들의 공식 단체 기념사진 촬영에도 참석하지 않았다. 사실 푸틴은 또 한 번 패배한 것이다. 다른 지도자들은 회담에서 그를 무시했다. 그는 비행기에 오르기 전 막말을 내뱉었다. 무엇보다 독일 총리를 겨냥한 것이었다. 제재 조치가 발효되었고 푸틴은 절박하면서도 위협적인 발언을 했다.

"그들(EU)은 우리 은행이 파산하기를 원하는가? 그렇다면 그들은 우크라이나를 파산시킬 것이다. 그들은 자신들이 무슨 짓을 하는지 생각이나 했던가? 아니면 정치가 그들의 눈을 가린 것인가? 눈이 뇌의 지엽적인 부분으로 구성되어 있다는 것은 누구나 알고 있다. 무언가 그들 머릿속에서 꺼진 것인가?"⁹

누구의 뇌가 '꺼졌는지'는 확실치 않다. 하지만 실제로 크렘린의 스트롱맨은 상대의 행보를 예측하는 데 실패했다는 사실을 인정했음에 틀림없다. 서방 세계, 특히 메르켈의 문제는 푸틴의 행보가 점점 예측 불가능해지고 다른 국가들의 모욕이 무분별한 행동을 자극했을 수도 있다는 점이다.

상황은 이후 몇 달이 지나도록 나아지지 않았다. 러시아의 대리인은 우크라이나 내에서 계속 활동했고 푸틴은 확실하고 이론의 여지가 없는 사실조차 인정하지 않았다. 동시에 러시아 경제는 불안해졌다. 국제 금융시장에서 루블화의 가치는 폭락했다. 국제 유가가 폭락한 영향도 있지만 제재 조치의 결과 탓이기도 했다. 어느 쪽이든 간에 크렘린의 입지는 약해졌다. 공화당 의원 존 매케인John McCain을 비롯한 미국 국회의원들은 우크라이나의 무장을 촉구했다. 이들의 요구는 단호히 거절되었다. 메르켈은 "군사력 강화는 해법이 아니다"[10]라는 입장을 고수했다. '해법'이 있었는지 여부는 불확실하지만 위기 초반부터 지속된 입장이었다.

오바마 대통령과 협의 후 메르켈은 임시방편의 해법을 모색하기 시작했다. 1월 말 EU는 러시아에 대한 제재 조치를 확대하는 데 합의했다. 그 직후 메르켈은 유럽의회의 독일인 의장 마틴 슐츠Martin Schultz를 만났고 이틀 후인 2월 6일에는 프랑수아 올랑드Francois Hollande 프랑스 대통령과 모스크바로 갔다. 이들 세 사람은 일주일 후 벨로루시의 민스크에서 회담을 갖기로 합의했다. 9월에 휴전을 합의했던 민스크 협정Minsk Protocol으로 교전이 줄지 않았고 오히려 전방위적으로 힘들어졌을 뿐이었다. 우크라이나는 반란군 철수 같은 불가능한 요구를 지속했고, 러시아는 대리인 측의 러시아 주둔군을 철수하지 않을 수 있었지만 경제적으로 고통받고 있었다. EU, 특히 메르켈은 일시적인 해법을 찾고 싶었다.

유럽 국가들은 러시아 대통령에게 동부 우크라이나의 독립 공화국 대표를 포함한 모든 당사자들과 함께 협의하자는 제안을 했다. 푸틴은 놀랐지만 제안을 받아들였다. 그 역시 그의 동맹들로 지쳐 있던 터라 일시적인 해법을 찾고 싶었다. 16시간에 걸친 회담(메르켈과 푸틴은 대부분 통역사 없이 직접 대화를 나눴다) 후 2월 15일부터 무조건적인 휴전, 전선의 중화기 철수, 전쟁 포로 석방, 우크라이나의 헌법 개혁에 합의했다.

분명 이로써 문제가 영구적으로 해결된 것은 아니었다. 전 영국 수상

벤자민 디즈레일리Benjamin Disraeli도 '현재와 아마도 다음 세대를 만족시키는 정책만 있을 뿐 최종적이고 영원한 것은 없다'고 말하지 않았던가. 메르켈과 서방 세계의 동맹들은 우크라이나의 문제를 풀기는커녕 푸틴을 참아낼 수 없었다. 하지만 그녀는 푸틴의 행보를 저지하고 경제 정책, 제재 조치, 합심한 외교적 노력으로 러시아에 상당한 피해를 안길 수 있으며, 이러한 정책들이 정확히 적용된다면 군사력만큼 효과적임을 보여줬다. 보통 국제 위기에 있어서 강경책을 지지하는 〈외교Foreign Affairs〉 잡지는 메르켈이 이끄는 팀이 굉장히 어려운 상황에서 최선의 결과를 끌어냈다고 인정했다. "효과적으로 조율된 서방의 제재 조치, 우크라이나군의 결연한 자국 방어력과 메르켈의 참을성 있는 외교력으로 현 상황에서 적어도 최악이 아닌 결과물을 도출해냈다. 어떤 낙관주의자도 언제 푸틴이 크림반도를 합병할지 생각도 못 했을 테니 말이다".[11]

메르켈의 세 번째 임기 동안 외교 방침은 거의 그대로 이어졌다. 당내 그녀의 경쟁자들은 모두 패배했고 다른 당수들 누구도 그녀에게 도전하려 하지 않았다. 외국인들에 대한 강경 노선과 EU의 영향력 제한을 원하며 그녀에게 도전했던 기민련 소속 주지사들은 일선에서 밀려났다. 메르켈은 사실상 반자유주의적이며 EU에 회의적인 시각을 가진 정치인들을 노련하게 압도한 것이다. 극우파의 빈자리에 새로운 정당이 나타났다. 대안당이었다.

대안당은 단명한 다른 극우 정당과는 달랐다. 적어도 처음에는 그랬다. 월드뱅크의 경제학자 출신 베른트 루케Bernd Lucke가 세워 사회적으로 존중받는 분위기였다. 대안당은 유로에 대한 반대를 당의 주요 정강으로 내세웠고 어느 정도는 효과를 거뒀다. 근소한 차로 의회 내 의석을 얻는 데 실패했지만(2009년 총선의 득표율은 최저 득표율인 5%에서 불과 0.3% 부족했다), 2014년 유럽의회에서는 독일에 할당된 의석 96개 중 7개를 차지할 수 있었다. 경제 자유주의, 반 외국인, 애국적 발언으로 루케의 당은 메르켈의 사회 자유주의에 반대하는 보수 유권자들의 표심을 얻었다. 또한 2014년 주 선거에서 거의 10%를 득표하며 상대적으로 부유하지 않은 동독 지역에서 그들의 정책에 대한 지지와 요구가 높다는 사실을 알게 되었다. 하지만 그 지역에서 높은 지지를 얻은 결과는 단점으로도 작용했다. 동쪽 지역에서 지지를 얻음으로써 위험을 무릅쓰고 외국인 혐오 시각을 수용한 것이다.

메르켈은 습관대로 대안당에 관심을 보이지 않았다. 그녀에게는 해야 할 다른 일이 있었다. 게다가 그 당은 아직 위협이 되지 않았다. 하지만 2014년 후반 상황은 바뀌었다. 드레스덴을 필두로 동독 도시에서 시위가 일어났다. 1989년처럼 시민들의 평화로운 반대 시위가 아니었다. 시위를 이끈 조직은 페기다PEGIDA(서양의 이슬람화를 반대하는 애국 유럽인)였다. 수만 명의 시위자들이 거리에 모여 강경한 입법을 요구했다. 대안당의 당수 루케는 너무 깊이 연루되지 않을 만큼 신중한 사람이었지만 부당수 프라우케 페트리Frauke Petry는 여기에 동의하지 않았다. 대안당이 가두 행진하는 사람들에게 관심을 표한다면 표를 얻을 수 있다고 생각한 그녀는 당내 권력 투쟁을 시작했다. 시위를 주도한 루츠 바흐만Lutz Bachmann은 여러 건의 범죄 기록이 있는 전직 축구선수로 자신의 조직 페기다가 나치즘과는 무관한 순수한 애국적인 조직이라고 주장했다.

메르켈이 시위에 대해 발언한 것은 두 달 전이었다. 그녀는 신년 연설 중 갑자기 이 조직에 대해 강경 발언을 던졌다. 페기다에 대해서만 언급했을 뿐이지만 대안당도 마찬가지라는 뜻이 담겨 있었다. "이 시위에 참가한 모든 이들에게 말하겠습니다. 주최 측의 메시지를 따르지 마십시오."[12] 그런 뒤 대담한 조치가 이어졌다. 반시위대를 조직해 독일에서 가장 사랑받는 축구 선수들을 반(反)페기다 집회에 참석하게 한 것이다. 그러고는 난데없는 사진 한 장이 인터넷에 올라왔다. 바흐만이 히틀러식 콧수염과 머리 모양을 하고 찍은 셀카였다. 그에 대한 신뢰는 산산이 부서졌다. 이번 경우에는 총리실의 인터넷 전문가들에 의해서였던 걸로 보인다. 이렇게 시위는 진정되었다.

동시에 대안당 내부의 권력 투쟁은 지속되고 있었다. 여전히 진보적인 자유시장 체제를 지지하는 정당으로 운영하려 했던 루케는 투쟁에서 패배했다. 언론은 점차 대안당을 편협한 반이민 정당으로 취급하고 있었다. 2015년 메르켈이 그리스의 또 다른 위기를 협의 중일 때 루케는 당 지도자 자격을 잃었다. 페트리가 대안당의 정체성을 건 대결에서 승리했고 이 과정에서 지금까지 보여온 품위는 모두 사라졌다. 이제 그녀는 정치적으로 무관한 '페기다 당'을 이끌고 있다고 〈쥐트도이체 차이퉁〉은 밝혔다. 심지어 그해 말 난민 위기가 터진 뒤에도 페기다에 대한 지지는 유지되었다. 2015년 11월 이민과 이슬람 문제에 대해 상당한 공개 토론이 있었음에도 독일인의 83%는 이러한 조치에 공감하지 않았다.

선거에 관련해서 메르켈이 극우 정당을 크게 걱정할 필요는 없었다. 독일은 서유럽에서 파퓰리스트 정당Populist Party이 없는 유일한 나라(룩셈부르크 제외)였다. 이 나라의 역사를 생각해보면 분명해진다. 하지만 유권자의 78%는 이슬람의 영향이 커지는 상황을 우려하고 있었다. 어쩌면 그녀는 이렇게 침착하고 현실에 안주하지 말았어야 했다. 몇 달 후인 2016년

1월 1일 대안당은 여론조사에서 지지율 10%를 기록한 것이다.

그리스 비극: 3막

"뭐라고? 돈이 없다고? 돈이 없으면, 슈넵스도 없어."

–베르톨트 브레히트, 《억척어멈과 그 자식들Mother Courage and her Children》에서

게임이론은 개인들 간에 일어나는 상호작용이 의사결정에 미치는 영향에 대한 과학적 연구다. 이러한 이론은 정치, 생활, 경제, 생물학을 비롯한 그 밖의 모든 것들이 상대의 수를 예상해 선택을 결정하는 보드 게임과 비슷하다는 사실을 전제로 한다. 이 이론은 1940년대 헝가리 출신의 야노스 노이만János Neumann(후에 존 폰 노이만John von Neumann으로 개명), 독일 출신의 오스카어 모르겐슈테른Oskar Morgenstern 같은 이민자 출신의 수학자들이 창시했다. 그리고 파란만장한 인생이 〈뷰티풀 마인드A Beautiful Mind〉라는 영화로 만들어지기도 했던 존 내시John Nash에 의해 발전되었다.

가장 중요한 게임 중 하나는 '매–비둘기' 또는 '치킨' 게임이라 불리는 것인데, 이에 대해 권위 있는 책에서는 아래와 같이 설명한다.

"잭과 질은 길에서 우연히 100달러 지폐를 주웠다. 이들은 서로 큰 몫을 요구하든지(매의 특징) 또는 상대가 더 큰 몫을 가져가게 두든지(비둘기의 특징) 기본적 선택을 해야 한다. 큰 몫이 90달러라 할 때 둘 다 비둘기의 역할을 한다면 100달러를 똑같이 나눌 것이다. 하지만 둘 다 매처럼 행동한다면 싸움이 뒤따르고 100달러 지폐는 찢어지게 된다".[13]

이 글을 쓴 사람은 2015년 1월 그리스의 재무장관에 취임한 야니스 바루파키스Yanis Varoufakis다. 다양한 분야에서 널리 인용되는 뛰어난 학자이자 자신의 이름으로 출판된 다수의 저작물을 보유한 바루파키스는 인정받는 경제학자였다. 하지만 정치는 초보였다.

게임이론가는 자신의 책에서 설명한 것과 비슷한 마지막 결전에 깊이 연루되었다. 그리스 정부와 나머지 유럽 국가들은 '매-비둘기 게임'을 하고 있었고, 이 수사적 대결대로라면 바루파키스와 그의 동료들이 공동으로 쓴 교과서에 나온 예시에서 100달러 지폐가 찢기는 것과 똑같은 방식으로 유로존의 붕괴 위협이 뒤따른다. 이제 53세의 학자는 조국을 구하기 위해 무엇을 해야 하는지 고심하며 신타그마 광장 근처 아테네 중심의 새 사무실에 앉아 있었다. 그는 어떻게 그곳에 있는 것일까? 그 배경은 2012년 그리스의 정계 개편으로 거슬러 올라간다.

서방 세계가 러시아와 외교 분쟁을 벌이는 사이 유로 위기는 뒤로 밀렸지만 해소된 상태는 아니었다. 여기에는 정치의 영향도 있었다. 2012년 5월 그리스 의회 총선에서 어떤 당도 절대 다수를 차지하지 못했다. 절대 다수당이 없어 내각을 구성할 수 없자 전 장대높이뛰기 챔피언이었던 카롤로스 파풀리아스Karolos Papoulias는 5주 만에 교착 상태를 타개하기 위해 새로운 총선을 치렀다. 보수 정치인 안토니스 사마라스Antonis Samaras가 이끄는 중도우파인 신민주당이 소수 정부를 구성할 수 있었지만 6월 총선도 별반 다르지 않았다. 그의 입지는 위태로웠다.

이때 난데없이 시리자SYRIZA(급진좌파연합)가 원내 제2정당으로 등장했다. 13개 정파의 연합체는 5월 선거에서도 선전했지만 6월 선거에서는 더 좋은 성적을 거뒀다. 이제 신민주당과 거의 대등한 의석을 차지한 그들은 긴축 정책을 수용하지 않겠다고 공약했다. 그해 내내 사마라스는 돌파구를 찾으려 했지만 번번이 그의 노력은 방해받았다. 토목공학도 출신의 카리스마 넘치는 시리자의 당수 알렉시스 치프라스Alexis Tsipras가 계속해서 끈질기게 그리스의 오래된 병폐의 원인으로 '낡은 정당'을 비난하고 나섰던 것이다.

의회는 신임 대통령 선출에 합의하지 못하자 헌법에 따라 해산되었다. 그리고 새 총선(일 년 동안 세 번째 치르는 선거)이 2015년 1월에 치러졌다. 시리자는 36.3%를 득표해 의석 300석 중 149석을 차지했다. 며칠간의 협상을 거쳐 치프라스는 우파 파퓰리스트 정당 독립그리스당Anexartitoi Ellines과 연정 정부를 구성했다.

이렇게 해서 바루파키스 교수의 정치 경력이 시작되었다. 그는 새 정부의 재무장관으로 임명된 즉시 업무를 시작했다. 민머리에 가죽 재킷을 입고 야마하 XRJ1300 오토바이를 타는 바루파키스는 EU 회원국의 재무장관은커녕 학자도 아닌 폭력배처럼 보였다. 그가 동포들이나 동료, 인터뷰하러 찾아온 기자들에게 말하는 방식은 비타협적이고 거칠었으며 파퓰리스트 같은 발언도 하곤 했다. "왜인지 모르겠지만 유럽은 가장 약한 자의 어깨에 인류 역사상 가장 무거운 부채를 지우려 함으로써 이 파산 문제를 처리하기로 결심했다. 지금껏 우리는 이 나라를 '빚의 식민지'로 만들려는 재정적 물고문을 당해온 셈이다."[14] 즉시 세계 언론은 그리스가 다른 게임을 하고 있다는 사실을 감지했다. 게임이론의 용어를 빌려 설명하자면, 물러난 보수 정부가 '비둘기' 역할을 했다면 바루파키스와 치프라스는 '매' 역할임이 분명히 드러났다.

바루파키스와 치프라스가 취임한 바로 그 순간부터 공격의 대상을 삼은 것은 특정 나라, 바로 독일이었다. "계속해요, 앙겔라, 나를 행복하게 해줘요". 〈이코노미스트〉는 그리스 신화의 아프로디테 여신이 무기를 들고 있는 그림에 이렇게 헤드라인을 달았다. 시리자 정부는 '유럽'이라고 말했지만 사실상 독일을 의미했고 그들이 원한과 고통, 분노를 쏟아낸 주요 대상은 오직 한 사람, 바로 메르켈이었다.

하지만 메르켈 자신은 다른 게임, 최고 수준의 체스 선수, 그랜드마스터가 동시에 여러 상대와 경기하는 '동시 대국Simultaneous Exhibition'과 같은 게임을 하고 있었다. 외부, 특히 그리스 정부 입장에선 그녀가 자신들과의 '게임'에 주력하고 있는 듯 보였다. 하지만 실제로 가장 어려운 상대는 그녀의 평당원들이었다. 모든 정치는 세계적이지만 여전히 지역적이기도 했다. 멀찌감치 거리를 두고 메르켈의 경력을 연구해온 사람이라면 알 수 있듯 그녀의 기본적인 목표 대상은 독일과 독일의 유권자였다. 그녀의 신랄한 비판자 중 한 사람은 이렇게 썼다. "그녀에게 가장 중요한 목표는 독일의 선거에서 이기는 것이다. 이 목표를 달성하기 위해 그녀는 독일의 자금과 세계 시장에서 독일의 경쟁력을 보호해야 한다. 동시에 유럽을 구할 수 있다면 분명 반대하지 않을 것이다".[15]

그녀의 핵심 협상 전략은 독일 유권자들 그리고 더 이상의 자금이 마련되어 있지 않다는 사실을 알게 된 소속당의 원내 의원들을 달랠 방법을 찾는 것이었다. 하지만 동시에 그리스의 유로존 탈퇴(일명 그렉시트Grexit)가 그녀의 유산이 될 수 있다는 사실도 인지했다. 그녀는 유로의 붕괴를 이끈 여성으로 역사 뒤안길로 물러나고 싶지 않았다.

독일 총리는 회유책을 펼쳤다. 적어도 겉으로는 그렇게 보였다. 2월 12일 그녀는 브뤼셀에서 치프라스를 만났다. 회담은 화기애애한 분위기였다. 메르켈은 이 젊은 남성에게 호감을 느낀 것 같았다. 그의 입장에서는 자신에게 반한 것처럼 생각될 정도였다. 메르켈은 그를 달래며 많은 이들이 놀랄 정도로 긍정적 인상을 주었다. "유럽은 언제나 타협안을 모색하는 데 탁월했지요." 이 말에 치프라스가 모든 부채가 탕감되리라 생각했다면 오판이었다. "하지만 또한 우리는 유럽의 신뢰도는 법을 준수하는 데서 비롯된다는 사실을 분명히 이해해야 합니다."[16]

하지만 치프라스는 강경책을 고수했다. 그리고 어느 정도 성공을 거둔 듯 보였다. 때로는 '매'의 역할을 하는 것도 이점이 있는 법이다. 2015년 2월 유로존의 재무장관들은 그리스의 상환금 연장에 합의했다. 6월 말까지 총액을 지불하겠다는 확답에 대한 대가였다. 하지만 개혁 조치는 뒤따르지 않았다. 치프라스는 경쾌하게 아테네에 돌아오는 대신 그와 신 정부는 반드시 협상을 승리로 이끌겠다고 선언했다.

"우리는 각서상 참사에 가까운 정책들이 개발과 고용, 사회적 통합에 집중하는 정책으로 바뀐 최종 합의에 도달할 때까지 협상에서 새롭고 보다 실질적인 단계에 진입할 것입니다."[17]

그리스에서는 어떤 개혁도 실시되지 않았지만 놀랍게도 메르켈은 낙관적 태도를 고수했다. 그리스는 정치적으로 과열된 상태였다. 개혁 정책을 시행하는 대신 치프라스는 정치적 변화구를 던졌다. 4월 7일 그는 독일에 전쟁보상금 2,790억 유로를 요구했다. 원론적으로 독일이 생각하는 만큼 터무니없는 요구는 아니었다. 하지만 부총리 가브리엘은 이렇게 발언했다. "솔직히 말도 안 되는 요구라고 생각한다."[18] 하지만 그가 완전히 옳지는 않았다. 독일은 제2차 세계대전으로 발생한 그들의 빚을 완전히 청산하지 않았고 그리스에게는 약간의 보상을 요구할 정당한 권리가 있었다. 하지만 메르켈은 법적으로 이 문제가 완전히 청산되었다는 입장을 취했다.

그리스는 우쭐대다 큰코 다친 모양새였다. 제2차 세계대전 문제를 꺼내고 반나치 정서를 이용한 협상 카드는 유로존 내 다른 국가들에게 거의 효력을 발휘하지 못했다. 그들은 70년 전 끝난 전쟁에 대한 보복보다 자국의 재정에 대한 우려가 더 컸다. 치프라스는 협상 과정에서 더 이상 손쓸 수 있는 방안이 없었지만 꾸준히 메르켈의 허풍과 다정한 이야기와 더불어 무장해제시키는 미소를 마주했다. 독일 총리는 세부적인 논쟁은 쇼이블레에게 맡겨두고 차분하고 지속적으로 그리스는 개혁을 시행해야 하고 부채를 상환하는 데 동의해야 한다는 기본 방침만 반복했다.

치프라스는 전략을 바꿨다. 4월 8일 그는 모스크바로 향했다. 학자들은 국제 관계란 '연계정치Linkage Politics', 즉 한 국가의 요구와 다른 국가의 요구를 연계하는 전략이라고들 한다. 1970년대 키신저와 닉슨은 국제무역 정책과 안보 정책을 성공적으로 연계해 핵회담에서 러시아의 양보를 얻어냈다. 치프라스는 이와 같은 전략을 선택한 것이다.

표면상으로 대담한 행보였다. 그리스는 EU의 회원국으로서 러시아 제재 조치에 찬성할 수 있었다. 하지만 빈말이 아니었다. 실제로 시리자 정부는 금세 항복하기는 했지만 집권 직후 러시아에 대한 추가 제재 조치에 대한 합의를 미뤘었다. 이제 그들은 제재 조치와 자신들의 경제적 고민을 연계하는 게임에 돌입했다. 러시아는 얻을 게 많았다. 제재 조치 철회뿐 아니라 그리스 항구는 푸틴이 지중해 지역에서 가장 원하는 것이었다.

메르켈과 올랑드를 괴롭히는 것 외에 다른 이유가 없다면 푸틴도 기꺼이 치프라스의 손을 잡았을 것이다. 하지만 러시아 대통령 역시 실용적이고 현실적이었다. 그리스가 제재 조치를 철회시킬 수 있다는 보장이 없었다. 푸틴은 그리스가 지불해야 하는 자금을 조달해줄 수도 있었지만 화폐 가치가 폭락하고 유가가 최저치를 기록하는 상황에서는 쉽지 않았다. 게다가 가장 중요한 부분은 치프라스가 러시아에 제공할 것이 없었다는 점이다. 푸틴이 치프라스에게 자금을 조달해준다 해도 당장 그리스 항구에 접근하지 못할 것이다. NATO 회원국으로서 그리스 총리는 조약의 의무를 위반할 수 없기 때문이다. 결국 푸틴은 치프라스에게 아무것도 제공하지 않았고 유로 위기는 유럽의 문제일 뿐이라고 무뚝뚝하게 선을 그었다. 그는 치프라스를 도울 수도, 도울 생각도 없었다. 그것은 그의 이익에 부합하지 않았다.

치프라스는 다시 메르켈에게 회담을 요청했다. 그녀는 4월 23일 난민 문제에 대한 EU 정상회담에 참석하기 전 한 시간 동안을 그에게 할애해줬다. 메르켈은 평소처럼 호의적이었다. 사진기자들을 위해 의례적인 악수 장면을 연출하자 치프라스는 호응하는 수밖에 없었다. 그러고는 다른 만남에서처럼 그리스가 요청하는 자금은 연금 개시 연령 상향, 공공 부문 비용 삭감, 특정 기업에 대한 특혜 폐지 등의 구조 개혁을 조건으로만 가능하다는 주장을 반복했다.

상황은 치프라스에게 점점 절망적이 되어갔다. 6월 초 IMF에 채무를 상환하지 않으면 그 달 말까지로 연장 승인을 받아야 했다. 다시 게임이론 전술이 등장했다. 다른 나라들, 특히 독일은 그리스가 채무를 불이행하지 않을까 우려했다.

그리스 국민투표

6월 6일 오전 9시 45분 치프라스는 브뤼셀 중심가 드라루아 거리의 회의장에 들어섰다. 목요일이었고, 다음 화요일은 IMF에서 빌린 15억 유로 상환 만기일이었다. 지불할 자금이 없었지만 그리스 총리는 큰 걱정이 없는 듯 보였다. 어쨌거나 TV화면에는 그렇게 보였다.

그의 협상 상대들은 이미 자리하고 있었다. 메르켈과 올랑드 프랑스 대통령은 이야기 나눌 준비를 마친 상태였다. 그들의 제안은 명확했다. 은퇴 연령 상향, 부가가치세 개편, 조세 인상 조치가 동반되는 경우에만 구제금융의 연장이 가능하다는 것이었다. 회담을 주도한 것은 메르켈이었다고 한다. 치프라스는 45분 후 미소를 지으며 자리를 떴다. 그 사이 아테네에서는 그리스 국민들이 예금을 인출하러 은행으로 달려가고 있었다.

하지만 브뤼셀에는 낙관적 분위기가 감돌고 있었다. 오후 12시 30분 채권단은 구제금융 프로그램의 시한을 5개월 늦춰주는 데 합의했다. 그러면 그리스는 오는 30일에 채권단에 부채를 상환할 수 있을 것이다. 모든 이들이 안도한 것 같았다. 융커 EU 집행위원회 위원장과 도날드 투스크Donald Tusk EU 정상회의 의장은 오후 2시 45분 기자 회견을 열었다. 둘 다 미소 짓고 있었다. 투스크가 협상할 '진짜 기회'가 있다고 말했다. 융커는 좀 더 자세했다. "협상을 마무리할 '진짜 기회'가 있다고 낙관하고 있습니다." 운명을 뒤흔든 것은 어쩌면 이런 낙관적인 발언 때문이었을지도 모르겠다. 어쨌거나 오후 3시 30분 그리스 정부는 대변인을 통해 그리스는 오전 회의에서 메르켈과 올랑드가 제시한 방안을 거부하기로 결정했다고 발표했다.

치프라스는 아무런 발언을 하지 않았다. 그는 이미 긴급 내각 회의에 참석하기 위해 아테네행 비행기에 몸을 싣고 있었다. 오후 4시 30분까지 그리스 거리는 고요했다. 그때 바루파키스가 짧은 성명을 발표했다. 놀랍게도 그는 밝은 표정으로 미소 짓고 있었다. "우리가 협상하지 못할 이유는 없습니다. 불행히도, 매번 우리는 양보하며 4분의 3을 얻었지만 EU 측은 정확히 그 반대로 자신들의 입장만을 고수했습니다." 그리스가 무엇을 양보했는지는 불확실했다. 이에 대한 질문을 받자 그는 못 들은 체하며 자리를 떴다. 재무장관에 취임한 지 6개월 만에 그는 달갑지 않은 질문에 어떻게 반응하고 피해야 하는지 배웠던 것이다.

메르켈과 다른 유럽 정상들은 할 말을 잃었다. 할 수 있는 일이 거의 없었지만 대안을 모색하기 위해 28일 토요일에 다시 회의를 갖는 데 합의했다. 메르켈은 베를린으로 돌아왔다. 아테네에서 시위가 열리고 산타그마 광장에서 충돌이 벌어졌지만 전혀 새롭지 않은 소식이었다. 새로운 소식은 그날 밤 11시 치프라스의 성명이었다. "긴급 내각 회의 후 정부는 채권단이 밀어붙인 긴축 정책안에 대해 다음 일요일 국민투표에 부치기로 결정했습니다." 그리스 총리는 전 세계에 공표했다. 그러고는 말을 이었다. "5개월에 걸친 힘겨운 협상을 벌인 끝에, 불행히도 우리의 동반자들은 그리스의 민주주의와 그리스 국민들에게 최후통첩과도 같은 제안을 내놓았습니다."

브뤼셀의 재무장관들은 당혹감을 감추지 못했다. 그리스는 협상을 중단하고 IMF 부채 상환을 가능하게 했을 방안을 거절한다는 뜻을 말뿐만이 아닌 행동으로 보여줬다. 하지만 그러면서도 시리자 정부는 계속해서 요구했다. 전 같으면 이러한 전술은 효과를 거뒀을 것이다. 그들은 구제금융 만기를 7월 5일 국민투표를 치른 이후로 연장해달라고 요구했다. 회담장에 분노한 분위기가 팽배했다. 그리스보다 1인당 국민소득이 더 낮은 유로존의 많은 소국들은 그들이 이번 구제금융에 참여해야 한다는 사실에 좌절감을 표했다. 상황은 걷잡을 수 없어졌다.

메르켈과 올랑드는 다시 그리스 총리의 설득에 나섰다. 2011년 파판드레우가 국민투표를 협상 카드로 위협하자 메르켈과 올랑드의 전임자 사르코지가 다시 생각해보라며 설득하던 때와 똑같았다. 사실 메르켈은 크게 염려하지 않았다. 당과 대연정 정부의 상당수는 그리스의 유로존 이탈을 찬성하는 입장이었고, 그녀 역시 3차 구제금융안이 의회에서 통과되기란 어렵다는 사실을 잘 알고 있었다. 사실 치프라스는 그녀의 덫에 걸린 것이다. 하지만 한편으로는 그녀가 사태에 대한 비난을 뒤집어쓸 수도 있다는 점이 걱정되었다. 그렇게 되면 무관(無冠)의 유럽 여왕에서 유로의 붕괴를 초래한 정치인으로 비칠 것이다.

메르켈의 참모진들은 토요일 저녁 6시 45분에 화상 회의를 준비했다. 하지만 치프라스는 파판드레우와 달랐다. 논쟁 내내 긴장감이 감돌며 첨예하게 대립했다. 치프라스는 국민투표 취소를 거절했고 그리스 유권자들에게 유로존 잔류를 물으라는 제안도 거부했다.

기념비적인 주말이 지난 월요일, 그리스 은행은 문을 닫았다. 화요일, 그리스는 선진국 중 최초로 IMF에 채무불이행을 선언했다. 시리자 정부가 아직도 양측 모두 강경책을 고수한다면 상호 파멸로 끝나는 매─비둘기 게임을 하고 있는 것이 분명했다. 금융 분석가들조차 게임이론을 적용해 우려를 표했다.

하지만 세상은 경제학 교과서대로 움직이지 않는다. 바루파키스의 게임이론에 이어 독일과 유로존의 다른 국가들은 강경책으로 어느 정도 위협한 뒤 온건노선으로 전략을 바꿨다. 그들은 아무리 봐도 총액이 크지 않은 만큼, 그리스의 요구를 승인하고 유로의 붕괴라는 대재앙을 피하는 대가로 이 정도 최소한의 비용을 감수하는 편이 낫겠다고 생각했다. 마침내 메르켈은 '유로가 실패한다면 우리 모두 실패한다'고 분명히 밝혔다. 경제학자들이 즐겨 말하듯 모든 조건이 동일하다면 이번 분석은 정확하다고 할 수 있었다. 하지만 문제는 모든 조건이 동일하지 않았고 세계는 변화하고 있었다는 점이다. 유럽재정안정기금과 최근에 설립된 유로안정화기구는 그리스 위기가 유로존 다른 국가들에 미치는 영향이 비교적 적다고 파악했다. 시장이 생각하듯 그렉시트는 그리 큰 재앙이 아니라는 견해였다. 금융시장에서는 치프라스와 그의 급진좌파 동지들이 그리스의 구 화폐, 드라크마로 되돌아가기로 결정하는 편이 유로존에는 더 유리할 것이라는 분위기가 팽배했다. 치프라스가 국민투표를 선언한 뒤 하루 만에 뉴욕 증시에서 유로화 가치는 1% 상승했다.

이 점이 바루파키스의 분석의 오류였다. 그리스는 강경노선을 걸으며 매처럼 행동했지만 세상은 단순화된 게임이론과 달리 확실한 상호 파멸이란 결과가 없다. 독일 납세자들은 그렉시트로 고통받지 않을 것이다. 그들은 세금이 낮아진 덕분에 돈을 모을 것이고 심지어 휴가 비용을 더 많이 모아 계속해서 에게해나 아테네에서 휴가를 보낼 수도 있을 것이다.

7월 4일 그리스 유권자의 61%가 국민투표 안건인 긴축 정책에 대해 반대표를 던졌다. 다음 날 바루파키스는 일자리를 잃고 치프라스에게 쫓겨났다. 물러나는 재무장관은 다른 유럽 국가들이 자신의 제안을 수용하지 않기 때문에 사임하게 되었다며 트위터를 통해 불만을 표시했다. 시장은 이 소식에 긍정적으로 반응했다.

2010년이었다면 그리스의 유로존 이탈 가능성은 금융시장에 엄청난 충격을 안겨 유로화의 폭락으로 이어졌을 것이다. 하지만 2015년의 상황은 달랐다. 메르켈이 지지하고 밀어붙이는 금융 안정성 규제가 작용하고 있었다. 그리스에서 국민투표가 치러진 다음 날 유로화는 불과 0.05%이긴 하지만 달러 대비 상승했다. 〈파이낸셜타임스〉는 "10년 만기의 독일 국채 이익률은 최저 3%에 가까워졌다"고 보도했다. 쉽게 말하자면 부채의 위험이 감소되면서 대출금의 비용이 낮아졌다. 이 정책은 효과를 발휘했다. 유로존은 다시 시장의 신뢰를 회복했다. 독일 정치인들은 그리스에게 더 이상 돈을 줄 수 없다는 입장을 고수했다. 보수파이자 기민련의 중진 의원인 보스바크는 이러한 뜻을 분명히 밝혔다. "더 많은 자금이 투입된다고 해서 이 문제가 해결되지는 않는다. 중요한 것은 구조 개혁이다."[19] 메르켈은 그의 의견에 반박하지 않았다. 여전히 중대한 위기가 있었지만 어느 정도까지는 그녀의 전술이 먹혀들었다. 처음 계획과는 달라졌지만 여전히 해법이 필요했다. 그것이 그녀의 다음 과제였다.

분명 주말 동안 메르켈과 쇼이블레는 한목소리를 내지 않았다. 사실 정반대의 입장이었다고 해야겠다. 메르켈은 그리스가 유로존에 잔류하기를 바랐다. 반면에 재무장관은 그들에게 나가는 문을 보여줄 준비가 되어 있었다. 이후 나흘은 극적으로 흘러갔다.

메르켈과 쇼이블레의 또 다른 전투

바루파키스의 후임인 옥스퍼드대학교에서 공부한 귀족 가문 출신의 경제학자 유클리드 차칼로토스Euclid Tsakalotos는 협상 테이블의 정치적 문제를 청산할 수 있을 것 같지 않았다. 그의 조국은 그렉시트라는 두려운 결과를 향하고 있었다. 그는 프랑스 대통령에게 도움을 요청했다. 올랑드 대통령은 경제 자문들에게 그리스 문제를 재검토해 계획을 세우도록 했지만 분위기는 그리 긍정적이지 않았다. 프랑스 행정부의 용병들만큼이나 그리스 역시 어떤 협상이든 브뤼셀에서 결정되기 전 베를린에서 결정되어야 한다는 사실을 잘 알고 있었다. 하지만 동부 전선은 조용했다. 메르켈은 아무 말도 하지 않았다.

국민투표를 치른 일요일의 그다음 주 목요일, 메르켈은 쇼이블레와 가브리엘, 슈타인마이어를 만났다. 쇼이블레가 대화를 시작했다. 그는 자신의 계획을 간략히 발표했다. 그는 그렉시트를 주장했다. 영구 퇴출은 아니지만 치프라스 정부가 필요한 개혁을 시행하면 그리스가 유로존에 다시 가입하는 가능성을 열어둔 한시적 퇴출안이었다. 메르켈과 슈타인마이어, 가브리엘은 이 계획에 반대하지 않았지만 그들 중 누구도 그 생각을 공개적으로 말하지 않았다.

다음 날 독일 재무장관은 영어로 쓰인 보고서를 발표했다. '최근의 그리스 구제안에 대한 견해'라는 보고서의 작성자는 재무부 국장 토마스 슈테픈Thomas Steffen이었다. 보고서는 그리스가 유로존 재무장관들의 결정을 이행하지 않는다면 최소 5년간 유로존에서 퇴출될 수도 있다는 결론으로 마무리되었다. 하지만 쇼이블레는 토요일 아침 브뤼셀에 도착하자 한시적 그렉시트에 대한 조항이 독일 재무부에서 EU 재무장관들에게 발송한 서류에 포함되어 있지 않다는 사실을 깨달았다. 쇼이블레는 메르켈이 뒤에서 손을 썼다는 사실을 알고는 불같이 분노했다. 총리는 그의 제안에 반대해 계획의 핵심 부분을 빼버린 것이다.

하지만 쇼이블레는 포기하지 않았다. 재무장관 회의에 참석하기 전 그는 유럽의회에서 활동하는 보수와 기독교 민주주의 계열의 연합체인 유럽국민당European People's Party과 만나야 했다. 그들 대부분은 가혹한 조건을 내세워 그리스가 자발적으로 떠나게 하고 싶어 했다. 다른 EU 국가의 보수파 동료들과의 대화는 바라던 효과를 얻었다. 그는 계획을 언급했고 지지를 얻었다.

다시 쇼이블레와 메르켈 간에 전선(戰線)이 형성되었다. 쇼이블레는 이 안건을 다시 의제에 올렸다. 그러는 사이 메르켈은 다른 국가수반들과 협의했다. 그들은 그렉시트를 반기지 않았고 쇼이블레와 다른 재무장관들이 아테네를 몰아낼까 염려했다. 특히 이탈리아 총리의 걱정이 컸다. "나는 독일에 말했습니다. 이만하면 충분하다고."

메르켈은 공개 발언을 삼가고 재무장관이 자신의 외교 정책을 수행하도록 허용했다. 결국 최후의 발언을 하는 건 그녀일 테니 말이다. 따라서 전처럼 그녀는 뒤로 물러나 기회를 기다렸다. 아무런 입장 표명을 하지 않은 채 24시간이 흘러갔다. 마침내 일요일 오후 4시 15분 메르켈은 브뤼셀의 로베르트 슈만 빌딩 8층의 투스크 집무실에서 올랑드 대통령과 치프라스, 투스크를 만났다. 치프라스는 차칼로토스를 동반해도 되는지 물었다. 메르켈은 자신도 쇼이블레와 동석한다는 조건에 한해 그의 제안을 승낙했다. 하지만 그때 그녀는 말을 멈추고 투스크, 올랑드와 얘기를 나누고는 치프라스에게 마음을 바꿨다고 알려줬다. 어쨌거나 차칼로토스는 함께 자리할 수 있었다. 쇼이블레는 밖에서 기다려야 했다.

회담은 월요일 새벽 4시 45분까지 이어졌다. 쇼이블레의 계획은 더 이상 논의되지 않았고 이제 다른 계획에 대해 논의하고 있었다. 즉 그리스 국유 자산의 민영화를 통해 벌어들인 돈은 EU가 관리한다는 내용이었다. 치프라스는 절대로 수용불가한 방안이라고 생각했지만 이미 협정 초안에 명시되어 있었다.[20] 메르켈이 정상회담에 처음 참석한 2006년 EU 예산에 대한 협상에서처럼 이제는 모두가 수용할 수 있는 적절한 수치를 찾아내는 단계였다. 메르켈은 그리스가 관리하는 부분은 자산의 10%로 하는 안을 제안했다. 치프라스는 50%를 요구했다. 메르켈과 입을 맞춘 투스크가 12.5%를 제안하자 결국 치프라스는 받아들였다. 그리스 총리는 연금 제도 개혁 시행안 역시 수용했다. 그리스의 유로존 퇴출을 원했던 쇼이블레만큼이나 치프라스에게도 굴욕적인 거래였다. 메르켈이 주도한 계획이었다. 그녀는 마지막 순간까지 기다렸다가 합의했다.

"헤겔은 모든 역사적 사건과 개인들은 두 번 반복된다고 말했지만, 처음은 비극이고 두 번째는 희극이라고 말해주는 건 잊은 모양이다". 마르크스는 이렇게 썼다. 시리자의 그의 추종자는 1, 2차 구제금융의 비극이 3차 위기의 희극으로 반복된다는 사실을 고통스럽게 깨달았다. 그리스 정부는 그 며칠 전 국민들이 거부했던 안보다 훨씬 가혹한 안에 합의했다. 유럽의 여왕은 또다시 의지를 관철시켰다.

치프라스는 사악한 자본주의에 분개한 지 일주일도 채 지나지 않아 항복해야 했다. 메르켈은 핀란드와 에스토니아 같은 소국들의 재청으로 조건을 발표했다. 다른 소국들은 자국 국민들에게 3차 구제금융을 정당화할 수 없었다. 그녀가 중대한 양보를 받지 않았다면 그녀 역시 그랬을 것이다. 어쨌거나 그녀는 받아냈다.

고대 그리스 비극의 결말에서는 데우스 엑스 마키나가 무대에 내려와 풀리지 않던 문제를 해결해준다. 위대한 그리스 극작가 에우리피데스 Euripides도 이보다 더 멋진 결말을 쓸 수는 없었을 것이다.[21]

탈출기
●
●

> 너희와 함께 머무르는 이방인을 너희 본토인 가운데 한 사람처럼 여겨야 한다.
> —《레위기》 19장 34절

유럽이 유로 위기만큼이나 엄청난 위기를 알아차린 때는 그리스 차관 서류의 잉크가 채 마르기도 전이었다. 지난 수십 년간 아마도 몇 세기 동안 보지 못했던 대량 이민자가 몰려든 것이다. 2010년 메르켈은 다문화주의는 완전히 실패했다고 인정했다.[22] 하지만 난민과 이민자 문제는 그녀가 자주 언급하던 이슈가 아니었다.

사실 2015년 여름 그녀는 TV 프로그램에서 림Reem이라는 팔레스타인 소녀를 위로하려다 비난받은 적이 있었다. 이 난민 소녀는 유창하고 완벽한 독일어로 총리에게 독일에 머무르며 대학에 가고 싶다고 말했다. 메르켈은 그것이 불가능할 수도 있다고 대답했다. "정치란 가혹할 수 있어요." 그녀는 이렇게 덧붙였다. "당신은 굉장히 좋은 사람이지만 레바논의 팔레스타인 난민 캠프에 수천수만 명이 있다는 사실도 알아야 해요."[23] 소녀가 울기 시작하자 메르켈은 동정심을 보이며 그녀를 위로하려 했지만 발언을 바꾸지 않았다. 그녀는 이 소녀의 어려움에 공감했지만 한 번의 경우 때문에 정책을 바꿀 수는 없었다.

관료적이고 융통성 없는 처사라 비판할 수 있겠지만 궁극적으로는 법을 준수하는 이성적 접근이었다. 많은 이들, 특히 국제 언론들이 그녀를 무자비하다고 비난했다. 하지만 림은 메르켈을 두둔했다. "그녀가 정직하게 말하지 않았다면 저는 더 상처받았을 거예요. 저는 메르켈 총리님처럼 정직한 사람이 좋아요."[24]

하지만 한 달쯤 지나 등장한 메르켈은 전혀 다른 사람이었다. 시리아 난민의 대량 유입 때문이었다. 시리아 내전의 결과로 피폐해진 조국을 탈출한 난민의 수가 점점 증가해 2012년의 142,000명에서 2014년에는 230만 명, 2015년 8월에는 4백만이라는 전례 없는 수준으로 급증해 점점 더 많은 난민들이 유입되고 있었다. 대부분 난민들이 무슬림이라는 사실은 우려와 경계심을 유발했고 심지어 독일 남동부에서는 물리적 충돌도 일어났다. 극우 단체들은 작센주 드레스덴 남동부 하이데나우라는 작은 도시에 있는 난민촌을 공격했고 이 과정에서 경찰 31명이 다쳤다.

다른 나라에서도 적대적인 공격이 있었지만 이웃 국가들의 정치인들은 성난 군중들을 비난하려는 것 같지 않았다. 제2차 세계대전 중 유대인을 구했던 것으로 유명한 덴마크에서는 새로 선출된 진보진영의 총리 라르스 뢰케 라스무센Lars Loekke Rasmussen이 훌리건에 대해 무관용의 원칙을 엄격히 적용하겠다고 약속했지만, 난민촌 벽에 스와스티카를 그려놓은 신나치에 대해서는 별도로 대응하지 않았다.

메르켈의 접근 방식은 달랐다. 그녀는 하이데나우로 가서 그녀를 반역자라고 비난하는 스킨헤드들의 성난 외침을 직접 마주했다. 사실 그나마 순화한 표현이다. 한 시위자는 "나쁜 년! 엿 같은 네 차로 꺼져!"라고도 외쳤으니 말이다. 그녀의 대변인 슈테픈 자이베르트Steffen Seibert는 자신은 생명의 위협을 느꼈지만 메르켈은 평정심을 유지했다고 말했다. 그녀는 시위대를 강한 어조로 비난한 뒤 독일은 이민자들을 도와야 하는 도덕적 의무가 있다며[25] 회유 발언을 했다. 또한 독일은 정말 도움이 필요한 이 시기에 유입되는 수많은 난민들을 솔선해 환영하자고 제안했다.[26]

세계 언론들, 심지어 전통적으로 총리에게 회의적이었던 곳조차 그녀가 용감하게 개입하는 모습에 일제히 찬사를 보냈다. 〈이코노미스트〉는 논평에서 그녀의 연설이 용감하고 단호하며 정당했다고 평하며 이렇게 글을 이어갔다.

"앙겔라 메르켈은 유럽에서 가장 영향력 있는 정치인일지는 모르겠지만, 단호한 리더십을 보여준 적은 거의 없었다. 국내 정치와 유로 위기 사태에서 보면 독일 총리는 신중한 점진주의적 스타일이었다. 하지만 이런 배경과 달리 메르켈 총리가 유럽 이민자 위기에 접근하는 방식은 정말 놀라울 정도다. 아프리카와 아랍 세계의 수많은 인파가 그리스와 이탈리아의 섬과 동유럽의 기차역을 난민촌으로 만들어버릴 때(그리고 오스트리아 화물 트럭에서 죽은 채 발견된 경우도 있었다) 총리는 용감하게 입장을 밝혔다. 그녀는 외국인 혐오주의자들을 강하게 비난하며 독일은 기꺼이 시리아 난민들을 수용할 것이고, 정치적 폭발력이 큰 이 문제에 대해 유럽 차원의 해법을 찾겠다는 의지를 천명했다. 유럽이 자부심을 느끼기 힘든 위기에서 메르켈은 굉장히 탁월한 리더십을 보여줬다."[27]

물론 메르켈이 정치적으로 두려워할 것이 없었기 때문이라는 의견이 있을 수도 있다. 스칸디나비아, 저지대(벨기에, 네덜란드, 룩셈부르크—옮긴이) 그리고 영국의 정치인들이 극우 세력의 부상으로 선거에서 위협을 받고 있던 반면 메르켈의 상황은 달랐던 것이다. 정치적으로 그녀는 외국인 혐오증의 시위대를 비판하기 쉬운 입장이었다. 독일에 대안당의 지지 세력이 있을 수 있었지만 대안당은 당내 질서가 확립되지 않은 상태였던 터라 메르켈의 기민련과 어깨를 나란히 하기에는 신뢰도가 부족했다. 게다가 총리로서 다른 대안이 없기도 했다. 난민 위기가 터지고 두 달 지난 뒤 여론조사에서 기민련·기사련의 지지율은 8월보다 3% 하락한 37%를 기록했다. 사민당은 23%라는 저조한 결과를 얻었다.

이 전에 메르켈은 독일이 가난에서 벗어나려 아프리카에서 온 모든 이들을 받아들일 수는 없다고 발언했었다. 그녀의 이러한 입장은 변함없었지만 시리아 난민은 다른 문제였다. 그들은 죽음과 파괴, 잔혹한 IS를 피해 도망친 사람들이었다. 하지만 모든 나라들이 이렇게 이해한 것은 아니었다. 헝가리, 세르비아를 비롯한 많은 동유럽 국가들은 일정 수준 이상의 난민 수용은 거부했다. 영국 역시 일 년에 6,000명만 받아들이겠다는 입장이었다. 8월에서 9월에 이르는 동안 이민자 위기는 잦아들 기미가 보이지 않았다. 독일 정부는 자신들이 생각하기에 공정한 몫만큼을 받아들이도록 다른 나라들을 압박하고 회유했지만 다른 EU 국가들은 이를 거절했다. 일부 독일 정치인들도 공개적으로 총리에 반대하고 나섰다. 기사련 당수이자 바이에른 주지사인 제호퍼는 헝가리 총리 빅토르 오르반^{Viktor Orban}을 만나 연대의식을 보여주며 메르켈 총리에 반대한다는 뜻을 드러냈다.

메르켈은 이러한 도발은 무시하고 다른 국가들과 협상을 통해 난민 위기를 풀어가려 했다. 그녀는 신뢰하는 동지를 파견했고 논란을 일으킬 수 있는 발언을 피했다. EU 내무장관들은 2015년 10월 22일 브뤼셀에서 회의를 가졌다. 각자의 입장은 견고했다. 체코와 폴란드를 위시한 중부와 동부 유럽 국가들과 북쪽의 덴마크, 서쪽의 아일랜드는 일정 수준 이상의 난민 수용을 거부했다. 독일은 프랑스와 네덜란드의 지지를 업고 과반수 투표를 통해 문제를 결정하자고 제안했다. 이민자와 국경 통제, 망명 문제는 리스본 조약으로 개정된 과반수 투표 방식에 따라 결정될 수 있는 사안이었다.

하지만 EU에서 과반수는 단지 50 더하기 1이라는 의미가 아니었다. 1957년 EU의 전신인 EC가 설립된 이래 각료이사회에서의 투표는 정부의 규모에 따라 표를 할당받아 치러졌다. 리스본 조약 이후 독일은 표의 9.55%를 차지했다. 일명 가중다수결^{Qualified Majority Voting} 규칙에 따라 의사결정을 추진하려면 두 가지 조건이 충족되어야 한다. 상정한 안건이 할당된 표 55% 이상의 지지를 얻어야 하며 과반수는 EU 인구의 최소 65%를 대표해야 한다는 것이다.

잘 모르는 사람들에게 EU의 가중다수결 규칙은 굉장히 복잡해 보일 것이다. 흔히 사용되는 방식이 아니니 말이다. 가중다수결 방식이 요구되는 각료이사회조차 합의를 도출하는 편을 선호했다. 이사회가 전제적인 가중다수결보다는 합의를 통해 결정하려는 데는 그럴듯한 이유가 있었다. 브뤼셀의 강요가 느껴지는 결정이라면 대중영합적인 반EU 정당이 있는 국가는 반대 세력을 상대해야 하기 때문이었다.

게다가 일부의 결정을 따르면 EU가 필수적인 다른 안건을 논의할 때 그 분위기를 흐릴 수 있었다. 메르켈은 국내 정치뿐 아니라 EU에서도 합의와 협의, 타협을 통해 결정에 도달하는 경력을 쌓아온 정치인으로서 싸우고 싶은 생각이 없었다. 이것은 그녀의 방식이 아니었다. 이민 문제처럼 예민한 사안에 가중다수결 방식을 적용하는 것은 EU에 예상치 못한 결과를 가져올 수 있다는 사실을 정확히 인지하고 있었다. 하지만 지금은 절체절명의 시기였고 뭔가 조치를 취해야 했다. 당분간 다수결 투표를 통해 결정을 내릴 수 있다는 암시를 주는 것은 일종의 협상에 유리한 위치를 선점하려는 행위였다.

일부 전문가들은 8만 명의 이민자를 할당하는 내각장관 회의는 9월 23일 보다 중요한 국가 정상 회의를 앞두고 각 국가들의 입장을 확인하는 자리에 그치리라고 생각했다. 하지만 놀랍게도 독일이 강수를 뒀다. "유럽은 오늘 회의가 결론 없이 끝나는 걸 기다릴 여유가 없습니다."[28] 내무장관 데메지에르가 평소답지 않게 강경한 발언을 했다. 메르켈과 사전 협의가 있지 않고서는 하기 힘든 행동이었다. 독일은 투표를 주장했다. 루마니아, 체코, 슬로바키아, 헝가리를 제외한 모든 나라들은 독일의 계획에 찬성표를 던졌다. 핀란드는 기권했다. 독일 내무장관은 베를린에 충분한 표를 확보했다는 신호를 보냈다. 독일은 짐을 나눠질 상대가 필요했다. 충분히 상식적으로 납득되는 요구였다. 아무리 독일이 경제 수준이 높다 해도 혼자 감당할 수는 없었다. 어쨌거나 EU는 어느 정도의 유대를 기반으로 한 조직체 아닌가. 게다가 자국에서 불만의 목소리가 점점 높아지고 있었다. 지지율이 하늘 끝까지 치솟았던 총리는 점점 인기가 떨어지고 있었다. EU 정상회담이 열리던 날 그녀의 지지율은 그해 처음으로 50% 밑으로 떨어졌다. 거기다 이민자 문제에 대한 해법은커녕 합의에 도달하지도 못한다면 EU의 종말을 가져올 수도 있다는 전문가들의 경고까지 더해져 불안감을 가중시켰다.

메르켈은 드러내지는 않았지만 이 위기가 얼마나 심각한지 정확히 인식하고 있었다. 하지만 자신의 정치 인생을 걸고 인도적으로 난민 위기에 접근했다. 세계 최대의 수출국 중 하나인 독일은 언제나 숙련된 노동자들이 부족했다. 다임러-벤츠의 CEO 디터 제체 Dieter Zetsche는 난민들이 경제성장에 방해보다는 도움이 될 것이라고 공개석상에서 연설했다. 많은 난민들이 새로운 경제 기적을 일으킬 토대가 될 것이라는 내용이었다.

"나는 난민접수센터로 가면 독일에서 또는 다임러에서 일할 수 있는 자격과 가능성에 대한 정보를 얻을 수 있는 날을 상상합니다. 난민 대부분은 젊고, 교육 수준이 높으며 의욕도 상당합니다. 바로 이들이 우리가 찾고 있는 사람들입니다."²⁹

인구 노령화를 겪고 있는 독일 입장에서는 노인층을 부양할 청년층이 많이 필요했다. 난민 80만 명에게 거주지를 마련해줘야 하는 단기적 문제는 8천만 명이 넘는 독일인들의 연금에 기여하는 사람이 늘어난다는 장기적 장점으로 상쇄되었다. 독일 재무부는 이민자 유입으로 200억 유로가 소요되는 반면 그들이 정착하면 수요가 증가해 독일의 상점과 기업들은 더욱 많은 고객을 확보하게 될 것이라고 전망했다. 최종 결론은 이민자를 수용함으로써 2020년까지 독일 경제가 1% 이상 성장 가능하다는 것이었으며 EU의 추정치도 이와 같았다.

장기적인 생각이 타산적이기도 하지만 이번 경우에는 인도적이기도 했다. 메르켈은 브뤼셀의 정상회담에서 돌아와 다시 한 번 그녀의 모토를 반복했다. "우리는 해낼 수 있습니다." 제호퍼는 이 말을 거짓말이라고 흘려듣지 않았다. 바이에른 주지사는 이민자들의 별도 난민 캠프 수용과 독일 국경 폐쇄를 요구했다. 메르켈은 거의 발언하지 않았다. 그녀는 총리실 내 이민 정책 특별팀을 구성해 비서실장이자 전 원대대표였던 페터 알트마이어Peter Altmaier에게 책임을 맡겼다. 제호퍼는 압박을 지속했다. 바이에른의 정치가는 연타를 당하고도 기죽지 않고 다시 일어나 싸움을 이어가는 권투 선수 같았다.

11월 4일 메르켈은 3당 대표 회의(자신, 제호퍼, 가브리엘)를 소집했다. 그녀는 정중하고 협조적이었다. 제호퍼는 압박을 계속할 수 없었다. 메르켈의 회유책에 허를 찔린 셈이었다. "그녀는 정말 선수예요. 네, 우리는 합의했습니다. 완전하게요." 이 바이에른 사람은 〈쥐트도이체 차이퉁〉에 이렇게 말했다. 그가 강한 어조로 메르켈을 비난한 지 불과 며칠 만에 그와 그녀는 갑작스레 절친한 친구가 되었다. 메르켈은 조금도 양보하지 않았다. 시리아 외의 다른 나라에서 온 난민들은 우선 이민자센터에 수용되고 난민 캠프에 들어갈 자격을 얻지 못하면 본국으로 송환된다는 안에 합의했다. 아프가니스탄과 아프리카에서 온 대부분 이민자들이 해당되는 안이었다. 메르켈은 독일이 전 세계를 받아들일 수 없지만 시리아 난민들은 인도적으로 기꺼이 수용하겠다는 초가을의 입장을 반복한 것이다. 이 정책은 모든 정당의 승인을 받았다. 메르켈은 평정을 유지함으로써 다시 승리를 거뒀다. 가브리엘은 마지못해 이 안을 수용해야 했다. 그는 회의 전 당 간부회의에서 말했다. "우리는 평정심을 잃지 않는 법을 배워야 합니다. 메르켈 총리처럼 말입니다."

총리는 다소 다른 형태이긴 하지만 자신의 신조를 반복했다. "나는 몇 년 안에 사람들이 잘한 결정이었다고 말하게 되기를 바랍니다. 우리는 해낼 수 있습니다."[30] 11월 초 앞서 언급한 타협안이 발표된 후 메르켈은 인기는 떨어졌지만 그리 심각한 수준은 아니었다. 난민 위기 전에는 유권자 54%가 그녀를 지지했다. 두 달 동안 위기와 혼란이 이어지면서 그녀의 지지율은 49%로 하락했다.

메르켈은 겨울이면 난민 위기가 진정되리라고 예상했다. 하지만 그러지 않았다. 유난히 따뜻한 날씨가 이어지며 난민들이 계속해서 바다를 건너온 것이다. 게다가 EU 국가들이 난민 수용을 분담하자는 합의안은 이행되지 않고 있었다. 이탈리아 정부는 동참을 거부했다. 메르켈은 더 이상 전처럼 쉽게 자신의 의지를 관철할 수 없었다. 상황은 계획대로 흘러가지 않았다. 처음에 메르켈은 독일 내 일부 지역의 난민 반대 분위기를 크게 생각하지 않았고 또한 다른 문화권 사람들, 다시 말해 가치관이 다르고 독일인들에게는 받아들여지지 않는 방식으로 행동하는 사람들의 유입에 따른 문제에 대해서도 심각하게 생각하지 않았다. 새해 전날 쾰른에서 이민자들이 젊은 여성들을 성폭행했다. 해당 경찰서에서는 가해자들 중 일부가 난민이라는 사실을 덮으려 했다. 메르켈이 직접 지시한 것은 아니었지만 사건을 조용히 덮으려 했다는 의혹을 피할 수는 없었다. 그녀는 강경 발언으로 통제력을 회복하려 했다. 그는 이러한 행위를 규탄하며 이렇게 역겨운 성폭행 사건이 발생한 데 대해 분노를 표현했다.[31] 하지만 더 이상은 없었다. 새해 전날의 폭행 사건은 메르켈에게 탈출구가 될 수도 있었다. 그녀는 이 점을 생각하지 못했다. 어쩌면 실수였을지도 모른다. 주목받는 하원의원이자 라인란트-팔츠 주지사 후보인 줄리아 클뢰크너Julia Klöckner가 메르켈의 뒤를 잇는 상황이 생길 수도 있겠다고 생각하는 이들도 있었다. 쇼이블레 역시 메르켈의 사임 시 후임으로 거론되었다.

총리는 차분하게 이러한 루머에 맞섰다. 우선 당내 도전자들은 당수가 메르켈의 이민 정책을 지지하고 있는 사민당 측의 동의를 얻어야 할 것이다. 메르켈은 신년 메시지에서 독일은 '강한 나라'라는 신념을 반복하며 타협의 여지가 없다는 점을 강조하려는 듯 덧붙여 말했다. "중요한 것은, 미래에도 마찬가지로 우리가 자유롭고 동정심이 있으며 세계에 개방적인 국가가 되는 것입니다." 도전이 있건 없건 간에 그녀는 자신의 생각을 명확히 밝혔다. 새해 전날의 사건이 난민 문제에 대한 그녀의 태도에 근본적인 변화를 가져오지는 않았다. 이는 2011년 원자력 발전소를 단계적으로 폐지하겠다는 결정과는 다른 문제였다.

자신의 경력을 걸고 끝까지 해내겠다는 단호한 의지는 마침내 열정을 찾았다는 신호이기도 했다. 이는 자신의 경력보다 더 중요한 문제였고 템플린의 발도프에서 자라던 어린 시절 형성된 신념과 가치관으로 회귀했다는 뜻이었다.

2016년 1월 초였다. 메르켈과 그녀의 남편 요아힘은 난민 지원을 위한 자선 파티에 참석했다. 그녀는 귀빈들이 그렇듯 예의를 갖춰 주최자와 이야기를 나누고 있었다. 그때 갑자기 오랜 친구를 발견했다. 그녀는 양해를 구하고 그에게 다가갔다. 라이너 에펠만 목사였다. 그는 그녀의 아버지 카스너의 친구이자 그녀가 정치 경력을 시작한 단명한 정당 민주개혁의 창립자 중 한 사람이었다. 목사는 메르켈을 만나 기뻐하며 그녀가 난민에 국경을 개방한 정책을 고수한 데 축하 인사를 건넸다. 그는 반은 경고 차원에서 과거 그의 후배가 노선을 바꾸지 않도록 조언한 뒤, 전 체코 대통령이자 극작가, 반체제 인사인 하벨의 말을 들려줬다. "희망은 어떤 일이 잘될 거라는 확신은 아니지만, 결과의 성패와 상관없이 타당하다고 생각하는 신념이다." 이 말은 총리의 마음속에 큰 울림을 줬다.

과거 어린 시절 집과 소속 정당의 창당 이념인 기독교적 가치를 마지못해 따랐던 메르켈은 이제 진정한 자신의 모습을 재발견했다. 이제 그녀는 자신의 신념과 공산주의 치하에서 자란 어린 시절의 경험과 성패에 상관없이 자신이 옳은 일을 하고 있다는 인식에 따라 자신 있게 정책을 추진해나갈 것이다.

"그녀는 어린 시절 부모님께 배운 가치라는 단단한 기반 위에 서 있습니다." 에펠만 목사는 〈슈피겔〉에 말했다. "카스너 집안에서는 예수님과 주님의 말씀이 매일의 대화 주제였습니다. 매일 하는 말씀은 '너 자신처럼 네 이웃을 사랑하라'였습니다. 다른 독일인들과는 달랐지요. 주님은 모두를 사랑하십니다. 그래서 그녀는 IS로부터 도망쳐온 사람들에게도 그래야 한다는 사실을 이해한 것입니다."

메르켈은 정치가 중요한 이유, 즉 우리 자신보다 위대한 대의에 헌신해야 하는 이유를 다시 깨달았다. 그녀 자신이 살아남을지 여부는 중요하지 않았다. 중요한 건 그녀의 행동이 타당한가였다. 이는 2015년 12월 난민 위기가 한창이던 시기의 당내 연설에서 밝힌 메시지이기도 했다. 그녀는 그들의 당은 "기독교 가치, 주님께서 모든 인간마다 존엄성을 부여하신 뜻에 기반하고 있습니다. 이는 곧 우리나라에 도착한 이들을 집단이 아닌 개인으로 인식해야 한다는 의미입니다. 모든 인간은 주님께 부여받은 존엄성이 있기 때문입니다"라고 분명하고 직접적으로 발언했다. 9분 동안 기립박수가 쏟아졌다. 오직 한 사람, 쇼이블레만 그리 감동받지 않은 모습이었다. 그가 복수를 계획하고 있었는지는 확인할 수 없다. 하지만 메르켈은 마침내 세상을 향해 자신의 마음 깊은 곳에 자리한 신념을 드러내며 자신의 신조를 밝혔다.

브렉시트와 2016
·

유명한 일화가 있다. 한 기자가 해롤드 맥밀런Harold Macmillian(1957~1963년간 영국의 수상을 지냄—옮긴이)에게 물었다. "수상님을 힘들게 하는 건 무엇입니까?" "사건이라오, 젊은 친구. 사건 말이오." 그가 대답했다.

2016년 가을 독일을 통치하는 건 1950년대 후반 영국을 다스리는 것만큼, 아니 어쩌면 그보다 더 힘들었다. 사건이 계속해서 일어난 것이다. 트럼프가 미국의 45대 대통령으로 선출된 것은 예기치 못한, 그리고 개인적으로 달갑잖은 사건이었다. 뉴욕의 사업가에서 변신한 이 정치인은 메르켈에 대한 분노 섞인 트윗을 남겼다. 그의 당선이라는 충격적 결과가 나온 다음 날 메르켈은 인스타그램을 통해 대통령 당선자에게 축하 인사를 전했다. '진짜 트럼프(@realdonaldtrump)'에 직접 메시지를 보내는 대신 메르켈은 공개적으로 자신의 팔로워들에게 조건부 축하 인사를 포스팅했다. 독일어로 먼저, 뒤이어 영어였다. 그녀의 메시지에는 양국

간 영원한 우정 같은 진부한 내용은 없었다. 적어도 전통적인 기준으로는 말이다. 대신 축하 인사라고 하기에는 다소 부족한 조건부 인사였다. "민주주의, 자유, 법치 존중, 출신지, 피부색, 종교, 성별, 성적 취향, 정치 성향과 무관한 인간의 존엄성. 이러한 가치를 바탕으로, 총리 메르켈은 차기 미국 대통령과 긴밀히 협력하기를 바란다." 그들이 이견을 보이는 문제들을 나열하며, 프라우 메르켈은 친애하는 미스터 트럼프가 대통령 선거 유세 기간 동안 경솔하게 발언했던 이념들을 단념한다는 전제로 신중히 우정의 손길을 내민 것이다. 다른 지도자들 누구도 이렇게 공개적으로 그에게 도전장을 던지는 이는 없었다. 당연히 BBC 뉴스는 '메르켈 총리는 진보적 가치를 수호한 유일한 지도자'라고 보도했다. 트럼프는 아무런 대응도 하지 않았다. 하지만 그와 그의 참모들은 그녀와 관계가 틀어져서는 안 된다는 사실을 알고 있었다. 미국 '러스트 벨트Rust Belt(오하이오와 펜실베이니아 등 북동부 5대호 주변 지역. 한때 미국 제조업의 중심지였으나 이제는 쇠락한 공업 지대로 남았다—옮긴이)'의 일자리 6백만 개는 EU 수출에 달려 있다. 트럼프는 메르켈과 그녀의 의제에 동의해야 한다.

하지만 지금 와서 보면 트럼프 당선은 작은 사건에 지나지 않았다. 한 가지 문제가 2016년간 끈질기게 지속되었다. 2016년 3월 EU와 터키 정부가 협정을 맺은 뒤 다소 줄어들기는 했지만 난민들이 계속해서 유입되고 있었던 것이다. 메르켈과 그녀의 동료들은 다시 한 번 터키 국민의 유럽 무비자 여행 같은 회유책을 내놓아야 했다. 사소한 대가였지만 이로 인해 예기치 못한 결과가 이어졌다. 이번 반갑지 않은 소식의 발원지는 메르켈의 환영문화Willkommenskultur에 반대하는 바이에른의 반대파는커녕 에게해 근처도, 그리스도 아니었다. 골머리 썩일 소식이 날아온 곳은 바로 영국이었다.

데이비드 캐머런David Cameron 수상은 유로 회의주의자들을 회유하기 위한 조치로 영국의 EU 회원국 자격 유지 여부를 묻는 국민투표를 제안했다. 터키와의 협정 체결은 보수파 수상의 입장에서는 반갑지 않은 소식이었다. 오히려 전혀 달갑지 않았다. 메르켈의 영국 동료는 임기 초반에 치러진 웨일스 자치권 이양과 독립과 선거법 개정, 스코틀랜드 독립에 대한 국민투표에서 비교적 쉽게 승리를 거뒀지만, 이제 패색이 짙은 힘겨운 싸움을 벌이고 있었다. 경제 논쟁은 성과를 거두지 못했다. 탈퇴를 지지하는 진영은 EU에 들어올 터키인들이 수백만에 달한다는 전망으로 캠페인을 전개했다. 영국이 43년간 유지해온 회원국 자격을 끝내는 논쟁에 있어서 외국인 혐오증을 감추지 않은 이 전략은 효과적이었다.

메르켈은 역경에 처했다. 영국은 가끔 이상할 때도 있었지만 베를린의 좋은 동맹이었다. 개인적 반감은 차치하고, 1973년 영국이 EC에 가입한 이래 독일과 영국은 규제 완화에 대한 효율적인 동반자 관계를 형성해왔다. 사실 마가렛 대처와 콜은 서로 눈도 마주치지 않는 사이였지만 그럼에도 시장 자유화와 규제 완화에 대해서는 협력했었다. 메르켈과 다우닝가의 여러 관계만큼이나 블레어와 슈뢰더의 관계도 호의적이었다. 하지만 보통 시민들이나 기업체에서 일하는 사람들을 포함한 독일인 상당수는 브렉시트에 대해 긍정적으로 생각했다. 그들은 영국이 EU에서 탈퇴하면 프랑크푸르트가 유럽의 금융 중심이 될 거라고 믿었다. 메르켈은 캐머런이 국민투표를 결정하기 전 이미 자신의 입장을 분명히 밝혔다. 2014년 영국 의회 연설에서 메르켈은 직설적으로 말했다. "내 연설이 영국의 요구를 충족시킬 수 있도록 EU의 근본적 구조 개혁에 나서겠다는 의지를 천명하는 내용이라고 기대하는 사람들도 있을 것입니다. 하지만 유감스럽게도 그분들이 실망하게 되겠네요."[32]

그녀의 경고에도 불구하고 캐머런은 재선 직후 EU와 영국의 관계를 재협의하기 시작했다. 그는 이뤄낸 성과가 별로 없었다. 동유럽인들이 육아수당을 고향에 살고 있는 자녀들에게 송금하는 행위를 금지하자는 논의가 그나마 눈에 띄는 성과였다. 메르켈은 더 이상 양보할 입장이 아니었고 그럴 필요성도 느끼지 못했다. 여론조사 결과에서 드러났음에도 메르켈이나 수상 모두 2016년 6월 24일 아침 일찍 전해진 충격적인 결과를 예상하지 못했었다. 영국은 EU 탈퇴에 투표했고 유럽 대륙은 다른 위기를 맞이했다.

메르켈은 또다시 외교적으로 품위 있게 문제를 다뤘다. 신임 수상 테리사 메이[Theresa May]는 취임 후 베를린에 방문했고 의장대 사열로 성대하게 환영받았다. 영국 언론들은 우호적인 환영 인사에 안도하고, 심지어 한껏 고무되었다. 메이 총리는 약간의 문법 실수가 있었지만 적어도 초청국의 언어로 말하려는 성의를 보이며 "Vielen Danken(굉장히 감사하다는 뜻의 독일어—옮긴이)" 하고 인사하고는 "우리 두 여성은, 이렇게 말해도 된다면, 단지 최선의 결과를 도출하겠다는 생각뿐입니다"라고 말을 이었다. 메르켈은 적의라고는 없는 소녀 같은 미소를 지으며 다소 애매한 투로 "Genau(확실하다는 뜻의 독일어—옮긴이)"라고 대답했다. 독일 방송사 ZDF 역시 적잖이 당황해서 "우리 두 목사의 딸들은 합의에 도달할 것"이라는 메르켈의 발언을 인용했다. 그러니 안 될 이유가 없지 않은가? 메르켈은 영국이 시간이 더 필요하다는 점을 기꺼이 인정한다면서 충분히 이해되는 부분이라고 강조했다. 하지만 회유 발언을 두고 유약하다든가 결단력 부족으로 오해해선 안 된다. 다정한 말이 곧 타협의지를 뜻하지 않는다는 걸 2006년 블레어와 EU 예산 협상에서 보지 않았던가. 모든 신문들이 메르켈이 뒤에 덧붙인 말을 보도하지는 않았다. "물론 50조항이 발동되면 규정을 따라야겠지요."[33]

EU의 다른 회원국들과 마찬가지로 독일은 영국이 EU 역내 이동 자유는 허용하지 않으면서 단일 시장에 머무르는 호사를 누리게 두지 않을 거라는 전망이 점점 확실해져갔다. 메이는 '브렉시트는 브렉시트Brexit means Brexit'를 자신의 진언으로 삼았고, 메르켈은 어떤 '로지넨피커라이Rosinenpickerei(빵에서 건포도만 뽑아먹는 이기적 행동을 뜻함—옮긴이)'도 허용하지 않을 것이며 독일의 국익에 기반해 협상할 것임을 단호히 반복했다.[34] 쇼이블레는 영국이 탈퇴하면 EU는 혼란에 빠질 것이며 결국 그 대가는 독일이 지불하게 될 것이라고 불만의 목소리를 높였다. 메르켈은 이 상황에 그리 불만이 없는 것 같았다. 적어도 당분간은 그랬다. 브렉시트는 당장 시급한 근심거리가 아니었다.

영국의 EU 탈퇴 결정의 심각성을 간과한다고 그녀를 비난하기는 어렵다. 국내에서 메르켈의 입지는 크게 불안한 상태는 아니었지만 여전히 위태로웠다. 가장 큰 이유는 기민련과 기사련 간의 지속된 갈등이었다. 그로 인한 대안당의 득세로 상황이 더 악화된 것이다. 제호퍼는 결코 총리에게 충성하지 않았다. 그가 그토록 반항적이었던 것도 이해되지 않는가. 한때 지방정부의 사무보조였던 67세의 바이에른 주지사는 대중적으로 인기가 있었지만, 선거에서 대안당의 위협을 막아내 그의 뒤를 이으려는 젊은 정치인들은 이런 점을 그리 높이 평가하지 않았다. 제호퍼에게 끊임없이 압박받는 메르켈처럼 그 역시도 난민과 이민자 문제에 있어서 강경노선을 요구하는 주정부의 재무장관 마쿠스 쇠더Markus Söder의 지속적 비난에 시달리고 있었다.

하지만 기사련의 문제는 메르켈을 대신할 사람을 찾기 어렵다는 점이었다. 2016년 3월 실시된 지방선거에서 미인대회 '독일 와인 여왕Deutsche Weinkönigin'의 우승자 출신인 43세의 미인 정치인 클뢰크너가 라인란트-팔츠 주지사에 입후보했다. 메르켈을 향해 은근히 비난을 쏟아낼 때면 총리의 뒤를 이을 만한 유망주로 보였다. 하지만 그녀는 총리의 난민 정책을 지지하는 사민당의 말루 드라이어Malu Dreyer에게 패배하고 말았다. 기민련보다 보수적인 기사련은 기회를 잃었다.

메르켈의 입지가 실제로 위협받았는지는 분명치 않다. 기민련·기사련의 보수주의자들은 그녀를 반대한 만큼이나 대안당과의 동맹을 고려하지 않았다. 결국 사민당 없이 통치하기 어렵다는 계산이 나왔다. 좌파당, 녹색당과도 연방 정부 구성이 가능한 사민당에서도 받아들일 지도자를 찾아야 했다는 점이 기민련이 간단히 총리를 포기할 수 없었던 이유다.

기존 정당들의 세가 약해진 이유는 단 하나, 대안당과 그 당수 페트리 때문이었다. 책벌레 루케를 몰아내고 당수직에 오른 그녀는 난민 위기를 효과적으로 활용했다. 2016년 9월 전국 단위의 여론조사에서 이 극우정당은 15%가 넘는 지지를 얻었을 뿐 아니라 메르켈의 지역구가 있는 메클렌부르크-포어포메른주 선거에서 기민련을 물리치고 2위를 차지했다. 페트리는 이전의 반대파들과는 달랐지만 환경 면에 있어서 메르켈과 공통점이 있었다. 1975년 드레스덴의 개신교 가정에서 태어나 페트리도 동독에서 어린 시절을 보냈다. 총리처럼 화학 박사학위를 땄으며 정계 입문 전에 이혼했다. 하지만 공통점은 여기서 끝이다.

대체로 총리에게 우호적인 기사를 실어온 시사 잡지 〈슈피겔〉은 메르켈을 '자신의 실수로 형성된 부정적 여론의 희생자'[35]라고 평했다. 페트리는 이러한 환경을 적극 활용했다. 메르켈이 시리아 난민들에게 국경을 개방하고 1년이 지난 뒤 독일 국민의 77%가 '이슬람 근본주의자들에 두려움을 느끼며', 71%는 난민 포용 정책에 반대하고 있다. 하지만 모두가 그만큼 부정적인 것은 아니었다. 일부 언론들이 메르켈의 정치적 사망 소식을 준비하고 있었을 수도 있겠지만 경제가 굉장히 좋아질 것으로 기대하는 독일 국민이 늘어나고 있었다. 단 일 년 사이에 49%에서 54%로 증가한 것이다.[36] 게다가 국민 75%는 메르켈이 '만족스럽고' 62%는 그녀가 '신뢰할 만하다'고 생각했다. 반면 페트리에 대한 수치는 각각 14%, 19%였다.[37]

현실 안주는 정치적 쇠락으로 이어지는 원인이다. 기꺼이 방침을 바꾸는 유연성은 물론이고 이를 해낼 수 있는 능력은 많은 정치인들에게 보기 힘든 특징이다. 기회주의자이거나, 심지어 더 나쁜 것은 신념이 없기 때문이다. 사실 메르켈은 2011년 원자력 발전 문제에서 입장을 선회해 위기에서 벗어났다. 2016년 9월 말 난민 위기가 발생한 지 정확히 일년 후인 시점에서 메르켈은 다시 방침을 바꿨다. "가능하다면 몇 년 전으로 시간을 되돌리고 싶습니다. '우리는 할 수 있습니다'라는 문장은 공허한 문구에 그치고 말았습니다"[38]라며 자신을 비판하며 실수를 인정했다. 또한 실제 난민의 수는 예상했던 백만 명을 밑돈다고 거듭 밝혔다. 바이에른 주정부 재무장관 마쿠스 쇠더 Markus Söder 같은 비판자들조차 올바른 방향으로 나아가고 있다고 말했다.[39] (이 야심만만한 기사련 정치인은 그녀

재임 중에 자신이 주지사가 될 경우를 대비해 총리와 관계를 개선하고 싶었던 것이다.)

이 행동은 또 다른 방향 선회일까? 유권자들의 처벌을 피하기 위해 유죄를 인정한 행동은 아닐까? 선거는 모든 정치인들을 움직이게 하는 동기니까 말이다. 메르켈은 그녀의 정책을 완전히 폐지할 의향이 없음을 밝혔지만 원칙을 위해 기꺼이 자신의 경력을 희생하겠다는 의지를 보여줬다.

에필로그

국가와 국민 그리고
세계에 대한 깊은 관심

그녀가 베를린 필하모닉 오케스트라 연주회장에 들어서자 모두들 그녀를 알아봤다. 하지만 다들 그녀가 보통 베를린 사람인 듯, 다시 말해 91세의 거장 피아니스트 매너햄 프레슬러Menahem Pressler가 사이먼 래틀 경Sir. Simon Rattle이 지휘하는 베를린 필하모닉 오케스트라와 협연하는 모차르트 피아노 협주곡 23번 A장조를 들으러 온 교양인처럼 대했다. 뛰어난 관객들 대부분은(인정하지 않겠지만) 유명 정치인과 한 공간에 있는 짜릿함을 즐겼다.

메르켈은 과학 아카데미의 말단 연구원으로 있던 1980년대 초반 이래 먼 길을 돌아왔다. 그녀는 공산주의 청년 단체 FDJ에서 클래식 공연과 연극 관람 기획을 맡았었다. 한때 그녀는 첫 남편과 이혼하고 잠시 베를린에서 불법거주자로 지내기도 했다. 그 당시 그녀는 시골 목사의 딸에 불과했다. 1970년 러시아어 올림피아드에서 수상한 전도유망했던 학생은 능력에 어울리지 않는 삶을 살고 있는 30대 독신녀일 뿐이었다. 하지만 1989년 11월 9일 갑자기 베를린 장벽이 무너지면서 이후의 삶은 역사가 되었다. 불과 몇 주 만에 민주개혁당의 대변인이 되었다. 그리고 일년도 되기 전에 정치에 관심 없던 과학자는 독일 내각 최연소 장관이 되었다. 2006년 EU 예산 협상을 마친 뒤 그녀는 술 한잔하러 들른 바에서 동지들을 만나던 정치 초년병 시절을 떠올리기도 했다.

하지만 이제 권력의 정점에 있는 그녀는 너무도 바빠 가볍게 술 한잔하러 나갈 여유도 없다. 남편 요아힘과 클래식 공연에 갈 짬을 내는 것도 힐러리 클린턴^{Hillary Clinton} 말을 빌리자면 '어깨에 유럽을 짊어진' 여성에게는 흔치 않은 호사가 되었다.[1]

2013년 총선 전 기자들은(심지어 그녀에게 우호적이었던 이들조차) 선거 이후 그녀가 물러나게 될 것이라고 전망했다. 그녀가 2차 대연정 내각을 구성하자 이러한 루머는 말끔히 사라졌지만 2015년 말 난민 위기를 맞이하자 다시 대두되었다. 러시아의 크림반도 합병과 그리스의 비극적인 3차 구제금융에는 지도자가 필요했고 파리, 런던, 워싱턴뿐 아니라 베를린의 모든 이들이 그녀가 이 엄청난 위기를 해결할 돈줄을 쥐고 있다는 사실을 알고 있었다. 2015년 1월 메르켈은 기쁨에 겨워 이후 2년 동안 난국을 겪게 되리라곤 생각하지 못했다.

2015년 초 그녀는 '무관의 유럽 여왕'이라는 자신의 입지를 알고 있었고 심지어 이에 대해 농담을 하기도 했다(적어도 다른 사람들은 그렇게 생각했다). 그녀의 집무실 책상 위 은빛 사진틀에는 소피 폰 안할트체르프스트^{Sophie von Anhalt-Zerbst}의 초상화가 담겨 있다. 독일 소국의 공주였던 그녀는 예상치 못하게 러시아의 예카테리나 여제라는 이름으로 18세기 세계에서 가장 영향력 있는 여성이라는 자리에 올랐다. 그녀가 자신을 여제에 비유한 것인지 그저 사차원 유머 감각을 보여주는 예인지는 확실치 않다. "그녀는 지나친 억측은 무시하는 편입니다." 그녀와 마음이 맞았던 공식 전기 작가는 초상화 이야기가 대중들에게 알려지자 이렇게 말했다.[2] 하지만 메르켈의 대변인 역시 그녀는 예카테리나 여제와 닮았다고 기록했다. "계몽주의 정신에 입각한 정책을 추진하고 권력과 사람들을 활용하는 걸 즐긴다. 모두 그녀의 권한을 확장하기 위한 목적이다."[3]

그녀 자신과 그녀의 정책, 태도와 행동은 모두 과거의 산물이다. 공산주의 체제에서 보낸 성장기의 경험과 부모님께 물려받은 루터교 신앙은 그녀의 태도에 영향을 미쳤다. 특히 난민 위기 때 그녀는 자아를 되찾은 대신 지금껏 쌓아온 정치적 자산과 호의를 잃었다. 메르켈은 굉장히 특수한 상황에서 태어난 독특한 인물이다. 자국의 전통뿐 아니라 사실상 소비에트 연방이라는 외국의 지배를 받은, 굉장히 예외적인 환경으로 빚어진 정치인인 것이다.

메르켈은 자신의 폴란드계 혈통을 종종 이용하곤 하지만 전형적인 독일인이기도 하다. 그녀는 매년 바이로이트에 가서 당당하게 국수적인 작곡가 바그너의 음악을 듣는다. 하지만 동시에 가장 좋아하는 작가로 좌파 계열의 하인리히 뵐Heinrich Böll을 꼽는다. 어떤 점에서 전후 독일의 특징을 고스란히 보여주는 인물이라고 할 수 있다. 그녀가 보여주는 독일은 많은 이들이 떠올리는 '피와 땅Blood and Soil(나치 사상의 핵심. 아리아인 순수혈통과 토지에서 농사짓는 목가적인 삶을 상징함—옮긴이)' 식의 국수주의 국가와는 달랐다. 자신의 정치적 거점 지역에서 외국인 혐오주의자들의 반대를 마주하고도 난민 수용 입장을 고수한 것은 상당히 중요한 의미가 있지만 그리 놀랍지는 않은 선택이다.

기민련 내에는 독일 작가 에른스트 윙거식의 남성적인 강력한 애국주의를 지지하는 이들이 있다. 윙거는 1920년에 발표한 제1차 세계대전의 회고록 《강철 폭풍 속에서》에서 전쟁과 폭력, 남성성을 찬미했다. 한때 메르켈의 경쟁자였던 코흐와 메르츠 같은 기민련 정치인들은 독일이 강대국은 아니었지만 윙거의 이상을 품고 있던 시절을 들먹이곤 했다.

메르켈도 애국자였지만 그들과는 다른 부류였다. 그녀도 강한 독일이라는 신념을 품고 있었지만 다른 식으로 그 힘을 사용했다. 군사적이고 제국적인 강국이 아닌, 세계의 지표, 다른 나라의 본보기가 되는 나라를 만들고자 했다. 그녀가 난민을 수용한 것은 이처럼 세계주의Cosmopolitanism와 부모님께 물려받은 기독교적 가치관에 바탕한 신념 때문이었다.

역설적이게도 그녀는 여러 면에 있어서 오래전 독일, 강대국과 국수적 쇼비니즘이라는 비정상적인 사상에 경도되기 전의 독일의 정신을 구현한 인물이었다. 그녀의 가치관과 이상은 18세기의 개신교도 철학자 칸트, 영국의 자유주의자 존 스튜어트 밀John Stuart Mill과 질서자유주의Ordoliberalism에 영향을 준 교육학자 빌헬름 폰 훔볼트Wilhelm von Humboldt의 그것과 같았다.

인간의 사실적 묘사로 유명한 19세기 프랑스 작가 오노레 드 발자크Honore de Balzac는 1831년 발표한 〈붉은 여인숙〉에서 전형적인 독일인의 모습을 그려냈다.

뉘른베르크에서 상당히 큰 회사의 사장인 그는 친절하고 사람 좋은 몸집이 큰 독일인으로, 교양 있고 아는 것이 많았고, 파이프 담배를 피우고 뉘른베르크 사람답게 잘생긴 얼굴 위로 금발 머리가 흘러내려 있었다. 그는 7번의 침략에도 비폭력적으로 대응하는 순수하고 고귀한 게르마니아 혈통이었다.

파이프 담배를 피운다는 점만 제외하면 메르켈 시대의 보통 독일인들과 다르지 않았다. 적어도 난민을 환영한 절반의 인구는 말이다. 그녀가 지지하는 독일은 상업적이고 비폭력적인 거인, 경제적 영향력으로 정치적 야망과 이상을 추구하는 국가였다.

메르켈이 거둔 상당수 성과는 난민 위기에 가려진 면이 많다. 충분히 납득되지만 다른 성과를 기억하는 것도 중요하다. 핵보유국도, 유엔 안보리 상임이사국도 아닌 국가 지도자인 메르켈이 2014년 푸틴의 우크라이나 침공 때 협상을 주도했다는 사실은 주목할 만하다. 어째서 군사력이 더 강한 영국이 협상을 주도하지 않았을까? 어째서 프랑스는 보조적역할을 하는 데 그쳤을까? 그리고 미국은 어디에 있었던가?

개인적 특성, 특히 메르켈의 성격 때문이다. 위대한 인물들은 역사의유일한 동력이기보다는 그 과정에서 한몫을 하는 사람들이다. 메르켈은 다행히도 가까운 친구들과 자문들이라는 뛰어난 보좌진을 갖추고 있었다. 마키아벨리는 《군주론》에 이렇게 썼다. "통치자의 분별력을 보여주는 첫 번째 지표는 측근들이다. 그들이 능력 있고 충성스럽다면 군주도현명하다고 할 수 있다. 그들을 파악하고 발탁할 수 있는 능력이 있기때문이다". 참모장 베아트 바우만, 경제자문 옌스 바이트만, 외교 정책자문 크리스토프 호이스겐과의 긴밀한 관계가 없었더라면 유로 위기에서 유럽을 구원하고, 우크라이나 전쟁이라는 일촉즉발의 위기에서 유럽의 입장을 고수하고, IS의 공포를 피해 도망쳐온 무고한 시리아인들에게 동정심을 보인, 우리가 알고 있는 메르켈은 볼 수 없었을 것이다.

"오늘, 말에 올라탄 세계의 정신을 보았다." 1806년 독일의 도시 예나에서 독일 철학자 헤겔은 승승장구하는 나폴레옹 프랑스 황제가 말에 오르는 모습을 보고 이렇게 말했다. 그는 갈색 말에 올라탄 땅딸한 생명체로 구현된 시대정신을 본 것이다. 몇 달 전 나는 EU 정상회담에서 보라색 정장을 입은 중년 여성의 형태로 의인화된 '세계의 정신'을 보았다. 예나전투 이후의 나폴레옹이 그가 살던 시대의 정신을 상징했듯 브뤼셀의 메르켈도 마찬가지였다. 나폴레옹처럼 그녀도 모든 전투에서 승리하지 않았지만 정치에 접근하는 방식과 그녀의 이상은 유럽과 세계 정치에 되돌리기 힘든 영향을 남겼다. 인정하거나 말거나, 지금 우리는 앙겔라 메르켈이 이룬 세계에 살고 있다.

국내 정치 면에서 그녀는 '유럽의 병자'가 역동적인 경제대국으로 변신하는 데 일조했다. 물론 슈뢰더가 밑바탕을 다진 덕분이기도 하다. 하지만 가톨릭교회의 전통에 충실한 보수당의 대표자로서 무상보육제도를 도입하고, 복지국가 기조를 이어가며 은행가들의 보너스 제한 법안을 도입했다는 점은 주목할 만하다. 이 모든 정책은 헌법 개헌과 이념 차이를 극복하고 위기의 시기에 국가적 통합을 이뤄낸 정치인들의 용기 덕분에 가능했다.

2015년 난민 위기 전까지 메르켈은 미국식 자유주의, 영국식 보수주의, 심지어 스칸디나비아식 사회민주주의 등 다른 전통을 가진 정치인들을 대표하는 인물이었다. 하지만 난민 위기로 모든 게 바뀌었다. 메르켈은 우파의 미움을 샀고, 좌파의 누구도 그녀를 지지하려 하지 않았다. "그녀는 독일을 망치고 있습니다." 트럼프는 이렇게 의견을 밝혔다. 〈뉴욕타임스〉의 칼럼니스트 로스 다우댓Ross Douthat은 더 간단히 말했다. "앙겔라 메르켈은 물러나야 한다."

좌파, 우파를 막론하고 다른 나라의 많은 정치인들이 외국인에 대한 두려움을 이용하는 사람들의 뜻을 따를 때 메르켈은 다른 길을 갔다. 그녀가 난민 위기에 대처한 행동은 180도 태도 변화가 아닌 오랫동안 품어온 믿음을 실현한 행위였다. 난민 위기가 일어나기 1년 전인 2014년 12월 그녀는 라이프치히의 외국인 혐오 시위대들에게 정면으로 맞서는 발언을 했다. "이런 시위를 기획한 사람들은 편견과 냉정함 그리고 심지어 증오에 사로잡혀 있습니다."4 용기 있는 행동이었고, 이러한 신조는 말 그대로 수백만 난민들이 서유럽과 독일에 쏟아져들어온 2015년에도 반복되었다.

2015년이 저물어갈 무렵 메르켈은 탈바꿈해 독일에 들어오는 난민을 적극 수용하는 듯 보였다. 신중하기로 유명한 정치인답지 않은 놀라운 행동이었다. 그녀가 실용주의 또는 여론을 따르지 않았다면 정계에서 지금처럼 높은 위치에 오를 수 없었을 것이다. 2015년 그녀는 도전자가 없는 명실상부한 유럽의 여제였고 그때까지 독일에서 가장 영향력 있는 정치인이었다. 그해 여름 사민당의 슈타인브뤼크는 메르켈은 난공불락이라고 말하기도 했다. 그녀에 대해 자주 등장하는 표현은 바로 'alternativlos', 즉 대안이 없다는 것이었다. 하지만 이 모든 것이 난민 위기와 더불어 바뀌었다. 사람들은 목소리를 낮추긴 했지만 그녀의 후계자에 대해 이야기하기 시작했다.

오랫동안 메르켈의 주요 도전 과제는 경제 문제였다. 이후 주목받게 되는 다른 문제들만큼 그녀의 경제적 업적을 간과해서는 안 된다. 2000년대 초반 독일은 굉장히 혹독한 경제 개혁을 실시했다. 그녀의 전임자 슈뢰더가 제정하고 시행한 하르츠IV 개혁안에 따라 과도한 복지 예산이 삭감되었다. 독일식 모델이 성공을 거둔 데는 하르츠IV의 역할이 컸지만 엄격한 재정 규정과 고용주들의 참여가 따르고, 금융 분야의 고위 임원들이 2008년 서브프라임 모기지론 사태에 뒤따른 경제 위기에 책임이 있다는 사실을 메르켈이 인정했기 때문이기도 하다.

경제학자들과 경제사학자들은 질서자유주의는 가장 독일다운 경제 사상이라고 입을 모아 말한다. 메르켈은 철학자는커녕 정치경제학자는 아니지만(물론 경제자문 외르그 아스무센Jörg Asmussen과 옌스 바이트만의 영향이겠지만), 그녀의 경제 정책에는 '국가는 틀, 다시 말해 경제라는 게임의 규칙을 만들어야 한다'는 발터 오이켄의 경제 사상이 상당 부분 반영되어 있다.

정책 협상에서는 합의를 중시한다. 정계 입문 초기 그녀는 마가렛 대처와 비교되며, '새로운 매기New Maggie'라고 불리기도 했다. 진부하고 식상한 비유이긴 하지만 당연한 비교이기도 했다. 대처 남작부인도 그녀의 시대를 상징하지만 한 세대 뒤의 독일인 비교 상대와는 전략이나 방식이 달랐다. 영국의 철의 여인은 전통적 보수주의에 대한 흔들리지 않는 확신에 따라 행동했다. 반면에 메르켈은 경제적 지위를 미리 고려하지 않았고 경력이 끝장날 수 있더라도 신념을 따르려 했다. 2005년 선거운동 기간 동안 전직 판사이자 신자유주의자인 파울 키르히호프 교수를 임명한 것은 결코 순수한 의도가 아니었고, 그로 인해 선거에서 거의 패배할 뻔했다. 선거 후 그녀는 사상적 허세를 버리고 사회적 시장경제라는 실용주의적 노선으로 돌아갔다. 자본주의에 고용인 영향력과 합의를 중시하는 요소를 결합한 현실적인 경제 기조였다.

브란트의 노력에도 불구하고 독일은 스웨덴 같은 사회적 민주주의 국가가 되지 못했다. 메르켈이 이끄는 독일은 범기독교적 가치에 기반한 사회적 자유주의 국가가 되었다. 시민의 자유와 사회적 자유 기업 체제를 노선으로 내세우는 자민당이 2013년 의회에서 밀려난 뒤 그들의 염원이 법제화되어 시행되었다는 사실은 독일 현대사의 아이러니가 아닐 수 없다. 그리고 1990년대 초반 기민련·기사련의 보수주의자들에 맞서 임신중절 합법화 법안을 통과시킨 사람은 신임 장관 메르켈이었다는 사실도 잊지 말아야 한다.

메르켈은 국내외 양쪽에서 비판을 받았다. 미국 경제학자 폴 크루그먼Paul Krugman과 독일의 사회학자 울리히 벡은 자국에서는 사회적 민주주의를 따르면서 유로존의 다른 국가들에게는 신자유주의에 따른 비인도적 희생을 요구한다며 그녀를 비판했다. 이러한 비난이 지지받았는지는 의심스럽다. 독일도 긴축의 시기를 겪었고 긴축 정책을 거세게 비난하는 시위를 경험했기 때문이다. 차이점이라면 독일은 주요 정당들이 고통스럽지만 반드시 필요한 공공부문의 개혁을 추진하는 힘을 모은 덕분에 이 과정을 겪어낼 수 있었다는 점이다.

그녀가 집권하자 많은 이들이 그녀를 무시했다. 콜부터 영향력 있는 주지사들과 (남성인) 기민련 고위층까지 독일의 동료들 대부분이 그녀에게 정치적 무게가 부족하다고 생각했다. 그들이 위험한 수를 두고 실수를 통해 깨달았을 때는 이미 늦은 뒤였다. 국제 정계의 동료들도 마찬가지였다. 다른 나라 수도에 있는 외교관들은 1995년 베를린 기후변화협약에서 주빈이자 주협상자를 맡았던 그녀의 초기 경력을 주목했었어야 했다. 하지만 그들은 그러지 못했고, 많은 이들이 2006년 EU 정상회담에서 그녀가 조용한 외교술을 발휘해 회담을 주도하고 새로운 EU 예산안에 대한 찬성을 이끌어내자 깜짝 놀랐다. 블레어, 시라크, 심지어 전임자 슈뢰더마저 못 해낸 일인데 말이다. 메르켈은 국제무대, 특히 경제 정책과 금융 분야에서 가장 큰 성공을 거둔 것이다.

진부해 보이겠지만 셰익스피어의 이런 말이 떠오르지 않을 수 없다. "어떤 이는 위대하게 태어나고, 어떤 이는 위대한 업적을 이루고, 어떤 이에게는 위대함이 맡겨진다." 분명 앙겔라는 위대하게 태어나지는 않았다. 사람들 앞에서 울곤 했던 소심한 이 여성은 타고난 웅변가가 아니었다. 따라서 기억에 남는 명연설은 거의 없다. 난민 위기 때 반복되었던 진언만이 두드러진 예외라 할 수 있다. 하지만 브란트를 제외한, 제2차 세계대전 이후의 어떤 정치인도 재치 있는 말재간을 가진 웅변가는 아니었다.

그녀는 '위대함이 맡겨졌기' 때문에 위대해졌다. 그리고 무엇보다 경제 위기 같은 심각한 환경에서 특별하게 반응할 수 있었기 때문이기도 하다. 적어도 2015년 말 전까지 메르켈의 천재성은 명확한 통찰력보다는 단호한 실용주의, 특히 시간을 들여 신중히 생각하는 능력에서보다 빛을 발했다. 주저하고 망설인다는 뜻의 'Zaudern'이란 단어는 국정 운영을 논할 때 흔히 쓰이지 않는다. 하지만 메르켈은 이를 예술 형식으로 바꿔놓았다. 그녀는 시간 끌기의 거장, 즉 전체 상황과 자신의 행동이 미칠 영향을 이해하기 위해 시간 끌기를 요구하는 정치인이 되었다. 그리스를 비롯해 여러 상대들과의 협상 과정에서 봤듯이 그녀는 체계적으로 사실을 파악하고 달려들기 전에 조용히 의견을 정리한다.

난민 위기를 제외한 대부분 위기 상황에서 메르켈은 가장 늦게 반응하는 정치인이었다. 국제 정계의 다른 동료들이 신속하게 대응할 때 메르켈은 기다리며 멀리 내다봤고 상황이 진정되면 단호하게 행동했다. 2000년 6월 초 독일 잡지 〈디 보헤Die Woche〉는 그녀를 '장거리 달리기 선수'라고 평했다. 장거리 선수다운 이러한 성향은 2008년 서브프라임 모기지 사태, 2010년 그리스 구제금융, 러시아의 크림반도 합병 문제를 해결하는 과정에서 고스란히 발휘되었다. 언뜻 보기에는 2015~2016년 동안 난민 위기에서 보여준 접근 방식은 이와 다른 것 같다. 하지만 이 역시 오랜 시간 심사숙고한 끝에 나온 결론이었다. 많은 난민들을 수용한다는 것은 도덕적으로 옳은지만 생각할 수 있는 문제가 아니다. 1951년에 체결된 난민 조약을 준수할 뿐 아니라 독일의 장기적 경제적 이익도 고려해야 한다. 몇몇 유명 사업가들도 지적했듯 난민은 독일 경제를 튼튼하게 하고 연금을 지불함으로써 복지국가를 보존할 것이다.

이런 분석적 이유만 있었을까? 뇌생물학 강의에 동료들을 초대해 50번째 생일을 기념했던 메르켈 박사가 '여성의 뇌가 반구간 횡적 연결과 교차 연결에 강하다'는 글을 읽으면 굉장히 흥미로워할 것이다. 최첨단의 신경과학 연구에 따르면, '분석하고 순차적으로 생각하는 추론 능력'이 뛰어나다는 뜻이다. 영향력 있는 정치인의 행동을 신경학과 내분비학적으로 분석하는 것은 총리가 자신의 중요한 생일 파티를 위해 마련했던 것만큼이나 흥미로운 강의가 될 것이다. 하지만 메르켈을 단순히 생물학적으로 분석하기는 어렵다. 그녀가 거둔 많은 성공은 정보 조작 덕분이기도 하다. 다시 말해 가장 매체를 이용하지 않는 정치인인 그녀조차 아이들(독일)을 보살피고 그들이 나쁜 길에 빠지지 않도록 보호하는 전통적인 어머니상을 구현한 '엄마Mutti'라는 이미지를 만들어낸 참모진을 두고 있었다는 뜻이다.

또한 이런 이미지를 가진 가공의 인물이 떠오른다. 브레히트 희곡에 등장하는 억척어멈. 30년 전쟁의 위험으로부터 자식들 보호하려 고군분투하는 인물이다. 이러한 가상인물과의 유사점은 어느 정도까지만 살펴볼 수 있겠지만, 메르켈의 이념적이지 않은 실용주의적 정치 방식을 인정한다면 브레히트의 동명 희곡의 주인공과 21세기 여성 정치가 사이의 유사점을 믿을 수 있을 것이다. "나는 때때로 수레를 끌고 지옥의 거리를 지나는 내 모습을 봐요. 불타는 역청을 팔고 있죠… 총질 안 하는 곳을 찾을 수만 있다면 남은 자식들을 데리고 거기서 몇 년이라도 조용히 살고 싶어요."

메르켈이 유권자, 조국 그리고 궁극적으로 지구에 대한 깊은 관심(그녀는 언제나 환경 정책에 관심을 기울인다)에 따라 행동한다는 사실은 조금도 의심해선 안 된다. 가끔 그녀가 은퇴 후의 삶에 대해 얘기하기도 하지만 그녀가 온전히 집중하는 것은 정치뿐이다. 그녀는 분쟁을 통해 성장했고 좀 더 조용한 시대에 살았더라면 위대한 업적을 이루지 못했을 것이다.

메르켈은 특별한 정치가다. "앙겔라 메르켈은 무조건적인 권력 의지를 갖고 있다."[5] 정치평론가 게르트 랑구트Gerd Langguth는 이렇게 평했다. 그녀가 '메르키아벨리'라 불리는 데는 이유가 없지 않다. 불운했지만 친절했던 자민당 소속의 외무장관 베스터벨레는 2010년 그가 힘겹게 유엔 안보리에서 독일의 의석을 얻어낸 성과를 메르켈에게 빼앗겼다. 그 후 그녀는 사실 리비아 군사 개입에 대해 기권하기로 쌍방 모두 합의했음에도 자신은 서방 동맹을 지지하지만 그는 그렇지 않다는 소문을 퍼뜨려 그에게 굴욕감을 안겼다.

메르켈은 강인했고 종종 권력을 갈구하는 모습을 보였다. 그녀의 정치 인생 단계마다 가까운 친구나 동료들이 여론이나 유력 정치인들의 미움을 사면 그녀도 그들을 외면하곤 했다. 전 상사이자 후원자였던 데 메지에르가 과거 슈타지 요원이었다는 혐의로 사임해야 했을 때 그녀는 그에게 구원의 손길을 내밀지 않았다. 또 귄터 크라우스(메르켈에게 선거구를 마련해주기 위해 상당한 노력을 기울였던 인물)도 콜의 내각에서 쫓겨나야 했을 때 그녀의 지원을 기대할 수 없었다. 이상의 사건들로 그녀는 두 남성의 당 내 역할을 물려받았다. 그리고 이후의 정치 인생에서도 친구들이 품위를 잃으면 그들을 구하지 않았다. 교육부장관 샤반은 박사 논문 표절이 밝혀졌을 때 지지는커녕 동정도 얻지 못했다. 그녀가 도우려 했던 사람은 박사 논문 표절이 밝혀져 사임해야 했던 구텐베르크 국방장관뿐이었다. 하지만 세계에서 가장 영향력 있는 여성조차 이 귀족의 정치 경력을 구할 수는 없었다.

그녀가 선택한 작업 방식은 신중히 심사숙고하고 실행에 옮기기에 앞서 결과를 가늠하는 것이다. 2002년 당내 대부분이 그녀의 총리직 입후보에 반대하자 그녀는 물러나 바이에른 주지사 슈토이버에게 기민련·기사련 후보를 양보했다. 총선 이후 그녀에게 원내대표를 맡긴다는 조건에서였다. 슈토이버가 패배했지만 그녀는 그에게 약속을 지키게 했고 갑자기 당수와 원내대표를 겸직하게 되었다. 그리고 때를 기다려 경쟁자 메르츠를 압도해 명실상부한 다음 선거의 후보가 되었다. 그녀를 총리로 만든 선거였다.

2014년 서방 세계는 연대해 우크라이나 위기에 대응했다. 프랑스 철학자 베르나르앙리 레비는 프랑스 잡지 〈르 쁘엥Le Point〉에 기고한 글에서 유럽에는 메르켈이라는 위대한 여성이 있기 때문에 결국엔 모든 게 잘될 거라고 끝맺었다.

하지만 일 년 후 많은 이들이 그녀를 포기하거나 외면했다. 그녀는 자신의 권력으로 독일의 국경을 개방하려 했지만 그녀의 지지 세력조차 그녀에게 등을 돌렸다. 이제 다른 이들, 심지어 한때의 비판자들조차 그녀가 용기 있다고 여겼다. 금융투자가 조지 소로스George Soros도 그런 이들 중 하나였다.

"나는 과거 총리에 대해 비판적이었고 여전히 그녀의 긴축 정책에는 비판적인 시각입니다. 하지만 푸틴이 우크라이나를 공격한 이후 그녀는 EU, 그리고 간접적으로는 자유세계의 지도자가 되었습니다. 그때까지 그녀는 여론의 분위기를 읽고 거기에 영합하는 재능 있는 정치인이었습니다. 하지만 러시아의 공격에 저항하면서 그녀는 여론의 반대를 무릅쓰는 지도자가 되었지요. 이민 위기로 우선 국경 개방을 약속한 솅겐 체제가 무너지고, 뒤이어 시장공동체가 약화되면서 EU가 붕괴될 수 있다는 가능성까지 알아차렸다면 그녀는 굉장히 선견지명이 있다고 해야겠습니다. 하지만 불행히도 그 계획은 제대로 준비된 것 같지 않습니다. 위기는 해결되지 않고 유럽뿐 아니라 심지어 독일과 소속당에서도 그녀의 리더십은 위협받고 있지 않습니까."[6]

독일의 심야 시사 프로그램을 보면 독일인들이 정치인을 이상주의자와 현실주의자라는 두 부류로 구분한다는 사실을 알 수 있다. 이상주의자들은 결과가 어떻든 고결한 이상에 따라 행동하며, 현실주의자들은 결과를 계산해 대중적 정서와 이념에 맞지 않더라도 그 결과에 따라 행동한다. 메르켈은 궁극적 이상보다는 윤리적 책임감을 따르는 정치인으로 현실주의자 쪽에 단단히 자리 잡고 있다. 하지만 그 차이를 찾아낸 사회학자 막스 베버는 계산적이고 냉정한 합리주의자들도 때로는 "'나는 이쪽을 지지하겠어. 다른 건 안 돼'라고 말하기도 한다. 그리고 정신적으로 죽지 않은 사람이라면 모두 그런 입장에 처할 가능성이 있음을 인정해야 한다"[7]고 언급했다. 난민 위기는 메르켈이 실용주의를 버린 중요한 사건이었다. 실용주의자답게 그녀는 정치 현실이 가혹해지면 기꺼이 이상을 버릴 것이다. 그녀는 에펠만 목사가 옹호하는 이상만큼이나 현실주의도 품고 있기 때문이다. 그리고 2016년 가을 그녀는 이민 정책의 변화를 선언하며 이러한 모습을 보여줬다. 메르켈은 "궁극적 목적이라는 윤리와 책임감은 대비가 아닌 보완되는 개념이다"라는 베버의 말을 고스란히 구현한 인물이다. 아마 그녀도 그의 말에 동의할 것이다. "모든 희망이 부서질 때조차 용기를 낼 수 있는 견고한 마음으로 무장해야 한다".[8]

ANGELA
MERKEL

주

프롤로그

1 'Egal wie es ausgeht …', *Der Spiegel*, 26 January 2016.

1장

1 R.G. Reuth and G.L. Lachmann, *Das erste Leben der Angela M*, Munich: Piper Verlag 2013, p. 19.
2 Reuth and Lachmann, *Das erste Leben der Angela M*, p. 21.
3 Gerd Langguth, *Angela Merkel*, Munich: DTB Verlag 2007, p. 41.
4 Angela Merkel, *Bericht der Vorsitzenden der CDU Deutschlands*, Bundespartietag, 6 December 2004.
5 Langguth, *Angela Merkel*, p. 408.
6 Merkel quoted in H. Koelbl, *Spuren der Macht: Die Verwandlung des Menschen durch das Amt*, Munich: Knesebeck 1999, p. 99.
7 Merkel quoted in Koelbl, *Spuren der Macht*, p. 52.
8 'Es gibt kein Recht auf Glück', *Bild am Sonntag*, 10 June 2001.
9 Langguth, *Angela Merkel*, p. 40.
10 Archive, Bezirkstag/Rat des Bezirkes Schwerin, 4163b.
11 Landeshauptarchiv Schwerin; 7.21-1, Bezirkstag/Rat des Bezirkes Schwerin 4163a, 3 July 1957.
12 Landeshauptarchiv Schwerin; 7.21-1: Analyse über die kirchlichen Amsträger and Gemeindekirchenräte, 25 October 1961.
13 Langguth, *Angela Merkel*, pp. 40-1.
14 Rainer Eppelmann, *Fremd im einigem Haus. Mein Leben im anderen Deutschland*, Cologne: Kiepenheuer und Witsch 1993, p. 105.
15 Angela Merkel quoted in Koelbl, *Spuren der Macht*, p. 49.
16 Angela Merkel quoted in Koelbl, *Spuren der Macht*, p. 48.

17 Evelyn Roll, *Das Mädchen und die Macht: Angela Merkels demokratischer Aufbruch*, Berlin: Rowohlt Verlag 2001, p. 35.

18 Langguth, *Angela Merkel*, p. 51.

19 'Sie war mit Abstand die Beste', *Deutsches Allgemeines Sonntagsblatt*, 7 April 2000.

20 G. Bärtels, 'Russisch Olympiade – 1.Platz', *Cicero*, no. 12, 2004, p. 68.

21 Moritz von Uslar, *Hundert Fragen an ... Angela Merkel*, Cologne: Kippenhauer and Wietsch 2004, p. 109.

22 Langguth, *Angela Merkel*, p. 52.

23 Angela Merkel, *Mein Weg*, Hamburg: Hoffmann und Campe 2004, p. 43.

24 Merkel, *Mein Weg*, p. 44.

2장

1 Langguth, *Angela Merkel*, p. 55.

2 Langguth, *Angela Merkel*, p. 61.

3 Merkel, *Mein Weg*, p. 51.

4 N. Blome, *Angela Merkel – Die Zauder-Künstlerin*, Berlin: Pantheon Verlag, 2013, p. 1.

5 Langguth, *Angela Merkel*, p. 67.

6 Institut für Geschichte der Arbeiterbewegung, Zentrales Parteiarchiv der SED (IV A2/14/2), quoted in Besier, *Der SED-Staat und die Kirche*, p. 607.

7 Roll, *Das Mädchen und die Macht*, p. 25.

8 Professor Schröder quoted in Langguth, *Angela Merkel*, p. 64.

9 Langguth, *Angela Merkel*. p. 62.

10 Spiegel, 'Interview mit Angela Merkel: "Ich muss harter werden"', 3 January 1994.

11 Horst Kasner, 'Im Vergeßen liegt Vernunft', quoted in Langguth, *Angela Merkel*, p. 70.

12 Roll, *Das Mädchen und die Macht*, p. 54.

13 Landesarchiv des Landkreises Uckermark Prenzlau, Z 24/90-1663. Rat des Kreises Templin: Gespräch mit Pharrern zur Lage in der SSR, 23 August 1968.

14 Roll, *Das Mädchen und die Macht*, p. 54.

15 'Das Leben ist erbarmungslos – es deformiert', *Stern*, 20 July 2000, p. 46.

16 Langguth, *Angela Merkel*, p. 50.

17 Langguth, *Angela Merkel*, p. 60.

18 'Das Mädchen Angela und ihre Freundinnen', *Berliner Zeitung*, 20 February 2000.

19 'Das eiserne Mädchen', *Der Spiegel*, 1 March 2000.

20 Langguth, *Angela Merkel*, p. 46.

21 Merkel, *Mein Weg*, p. 51.

22 Langguth, *Angela Merkel*, p. 55.

23 Reuth and Lachmann, *Das erste Leben der Angela M*, p. 57.

24 *Bild an Sonntag*, 10 June 2010, quoted in Reuth and Lachmann, *Das erste Leben der Angela M*, p. 57.

25 Reuth and Lachmann, *Das erste Leben der Angela M*, p. 69.

26 Reuth and Lachmann, *Das erste Leben der Angela M*, p. 70.

27 Reuth and Lachmann, *Das erste Leben der Angela M*, pp. 69-70.

28 Das eiserne Mädchen', *Der Spiegel*, 1 March 2000.

29 Reuth and Lachmann, *Das erste Leben der Angela M*, p. 70.

3장

1 Merkel, *Mein Weg*, p. 55.

2 M. von Uslar *100 Fragen an ...*, Cologne: Kiepenheuer und Witsch 2004, p. 107.

3 'Interview', *Frankfurter Allgemeine Zeitung*, 15 September 1991.

4 G. Hofmann, *Essay: Willy Brandt – Porträt eines Aufklärers aus Deutschland*, Hamburg: Rowohlt 1988, p. 49.

5 Daniela Münkel, 'Der Feind meines Feindes ...', in Christian Staas (ed.), *Willy Brandt: Visionär, Weltbürger, Kanzler der Einheit, Zeit Geschichte*, 2013, p. 46.

6 Probably a reference to Brandt's chief of staff (Staatssekretär) Egon Bahr.

7 Egon Krenz quoted in Ulrich Mählert, *Rote Fahnen: Die Geschichte der Freien Deutschen Jugend*, Berlin: Opladen 1996, p. 207.

8 Angela Merkel, *Daran glaube ich: Christliche Standpunkte*, Leipzig: Benno 2013, p. 10.

9 'Interview mit Ulrich Merkel', *Focus*, 5 July 2004.

10 Jacqueline Boysen, *Angela Merkel: Eine deutsch-deutsche Biographie*, Munich: Ullstein Verlag 2001, p. 329.

11 Merkel, *Mein Weg*, p. 56.

12 'Interview mit Ulrich Merkel', *Focus*, 5 July 2004.

13 R. Der, R. Haberlandt and A. Merkel, 'On the Influence of Spatial Correlations on the Rate of Chemical Reactions in Dense Systems. II. Nu-

merical Results', *Chemical Physics* 53(3), 1980, pp. 437-42.

14 Angela Merkel quoted in Reuth and Lachmann, *Das erste Leben der Angela M*, p. 109.

15 Quoted in Ulrich Mählert, *Rote Fahnen: Die Geschichte der Freien Deutschen Jugend*, Berlin: Opladen 1996, p. 207.

16 Merkel, *Mein Weg*, p. 71.

17 Markus Wolf, speech at the University of Copenhagen, April 1999. The author interviewed Herr Wolf.

18 Angela Merkel quoted in W. Stock, *Angela Merkel: Eine politische Biographie*, Munich: Olzog 2000, p. 49.

19 Boysen, *Angela Merkel*, p. 44.

20 'Interview mit Ulrich Merkel', *Focus*, 5 July 2004.

21 'Merkel: "Wir schaffen das"', *Frankfurter Allgemeine Zeitung*, 31 August 2015.

22 Koelbl, *Spuren der Macht*, p. 49.

23 Koelbl, *Spuren der Macht*, p. 49.

24 Evelyn Roll, *Die Kanzlerin: Angela Merkels Weg zur Macht*, Berlin: Ullstein 2009, p. 63.

25 Ernst Jünger, *Siebzig Verweht III*, Stuttgart: J.G. Cotta'scher Buchhandlung Nachfolger GmbH 1993, p. 179.

4장

1 Horst Kasner quoted in an interview with Angela Merkel: 'Das Leben is erbarmungslos – es deformiert', *Stern*, no. 30, 2000, p. 46.

2 Reuth and Lachmann, *Das erste Leben der Angela M*, p. 136.

3 Koelbl, *Spuren der Macht*, p. 49.

4 Mündlicher bericht des IM 'Bachmann' von 22.9, Bachmann Bd. 1, 7768/91 BStU (file in the Stasi Archive).

5 'Michael Schindhelm: Zweimal täglich Mokka mit Angela', *Berliner Morgenpost*, 8 March 2000.

6 'Michael Schindhelm: Zweimal täglich Mokka mit Angela', *Berliner Morgenpost*, 8 March 2000.

7 http://www.lmz-bw.de/fileadmin/user_upload/Medienbildung_MCO /fileadmin/bibliothek/weizsaecker_speech_may85/weizsaecker_speech may85.pdf (Accessed 13 May 2015).

8 'A Size-Up of President Nixon: Interview with Mike Mansfield, Senate Democratic Leader', *U.S. News & World Report*, 6 December 1971, p. 61.

9 Gorbachev quoted in Milan Svec, 'The Prague Spring: 20 Years Later', *Foreign Affairs*, 1988, p. 982.

10 S. Kornelius, *Angela Merkel: The Chancellor and her World. The Authorized Biography*, Croydon: Alma Books 2013, p. 126.

11 Schindhelm, *Roberts Reise*, p. 373.

12 Angela Merkel, in Uslar, *100 Fragen an ...*, p. 107.

13 Merkel quoted in Langguth, *Angela Merkel*, p. 100.

14 Merkel, *Mein Weg*, p. 69.

15 Ulrich cited in Langguth, *Angela Merkel*, p. 117.

16 Merkel quoted in Stock, *Angela Merkel*, p. 56.

17 Merkel quoted in Stock, *Angela Merkel*, p. 56.

18 Merkel quoted in Stock, *Angela Merkel*, p. 56.

19 'Interview mit Kurt Hager', *Stern*, 9 April 1987.

20 Erich Honecker quoted in *Neues Deutschland*, 11 September 1987.

21 K.R. Korte, *Die Chance genutzt: Die Politik zur Einheit Deutschlands*, Frankfurt am Main: Campus Verlag 1994, p. 40.

22 Krenz in ZDF Nachrichten, 1 November 1989.

23 R. Eppelmann, *Fremd in eigenen Haus: Mein Leben im anderen Deutschlands*, Cologne: Verlag Kiepenheuer & Witsch 1993, p. 341.

24 Merkel, *Mein Weg*, p. 72.

25 Merkel, *Mein Weg*, p. 72.

26 'Interview mit Angela Merkel', *Berliner Morgenpost*, 12 January 2003.

27 'Interview mit Angela Merkel', *Berliner Morgenpost*, 12 January 2003.

28 Merkel, *Mein Weg*, p. 73.

5장

1 Horst Kasner cited in Reuth and Lachmann, *Das erste Leben der Angela M*, p. 160.

2 Angela Merkel quoted in Boysen, *Angela Merkel*, p. 88.

3 Christofer Frey quoted in Reuth and Lachmann, *Das erste Leben der Angela M*, p. 163.

4 Reuth and Lachmann, *Das erste Leben der Angela M*, p. 164.

5 Angela Merkel quoted in *Stern*, 20 July 2000.

6 The letter is on file with the West German theologian Christofer Frey and was published in Reuth and Lachmann, *Das erste Leben der Angela M*, p. 203.

7 Merkel, *Mein Weg*, p. 77.

8 Langguth, *Angela Merkel*, p. 127.

9 Walter Kohl, *Leben oder gelebt werden: Schriffe auf Weg zur Versöhnung*, Munich: Heyne 2011, p. 135.

10 Helmut Kohl quoted in Reuth and Lachmann, *Das erste Leben der Angela M*, p. 221.

11 Merkel, *Mein Weg*, p. 79.

12 Quoted in Reuth and Lachmann, *Das erste Leben der Angela M*, p. 228.

13 Merkel, *Mein Weg*, p. 80.

14 Thomas Schwarz quoted in Stock, *Angela Merkel*, p. 26.

15 Merkel, *Mein Weg*, p. 88.

16 Maaß quoted in Stock, *Angela Merkel*, p. 29.

17 Maaß quoted in Stock, *Angela Merkel*, p. 29.

18 'Meine Wende: Matthias Gehler war Regierungssprecher', *Thürigische Allgemeine*, 2 October 2010.

19 Langguth, *Angela Merkel*, p. 143

20 Margaret Thatcher was 'horrified' by the prospect of a reunited Germany: *Daily Telegraph*, 2 November 2009.

21 Quoted in Philip Short, *Mitterrand: A Study in Ambiguity*, London: Bodley Head 2013, p. 476

22 Mitterrand quoted in Philip Short, *Mitterrand*, p. 473.

23 Mitterrand quoted in Short, *Mitterrand*, pp. 474-5.

24 Cabinet minutes quoted in Attali, *Verbatim*, p. 322.

25 De Maizière quoted in Langguth, *Angela Merkel*, p. 143.

26 Zemke quoted in Reuth and Lachmann, *Das erste Leben der Angela M*, p. 271.

27 Kinder, Küche, Kabinett', *Focus*, 27 June 2005.

6장

1 Angela Merkel, *Mein Weg*, p. 97.

2 'Ich muß härter werden', *Der Spiegel*, 3 January 1994.

3 Geisler cited in Langguth, *Angela Merkel*, p. 158.

4 Angela Merkel, *Mein Weg*, p. 85.

5 Angela Merkel, *Mein Weg*, p. 85.

6 Angela Merkel quoted in 'Wer grüßt mich dann spatter noch?', *Märkische Oderzeitung*, 2 December 1992.

7 Ahlers quoted in Langguth, *Angela Merkel*, p. 160.

8 Merkel, *Mein Weg*, p. 86.

9 Merkel, *Mein Weg*, p. 91.

10 Helmut Kohl quoted in Hans-Peter Schwarz, *Helmut Kohl: Eine Politische Biographie,* Munich: Pantheon 2014, p. 635.

11 Helmut Kohl CDU Bundesvorstand, *Archiv für christlich-demokratische Politik der Konrad-Adenauer-Stiftung (KAS), Sankt Augustin,* 12 November 1990.

12 Gespräch des Bundeskanzlers mit dem britischen Premierminister Major (im Rahmen der deutsch-britischen Konsultationen)', Montag 11.3.1991, im Bundeskanzleramt, Bundeskanzleramt 21-Ge 28, Bd. 83.

13 Merkel, *Mein Weg*, p. 86.

14 Langguth, *Angela Merkel*, p. 167.

15 Cited in Langguth, *Angela Merkel*, p. 167.

16 Lothar de Maizière quoted in 'Angela Rennt', *Der Spiegel*, 4 November 2002.

17 Angela Merkel in *Süddeutsche Zeitung*, 21 February 1992, quoted in Langguth, *Angela Merkel*, p. 174.

18 'Interview', *Frankfurter Rundschau*, 19 November 1992.

19 DPA-Meldung, 16 May, 1993.

20 Angela Merkel interviewed in Koelbl, *Spuren der Macht*, p. 51.

21 'Rühes Kritik war heilsam', *Hamburger Abendblatt*, 14 December 1991.

22 Kornelius, *Angela Merkel*, p. 42.

23 Schwarz, *Helmut Kohl*, p. 658.

24 M. Jung and D. Roth, 'Kohls knappster Sieg. Eine Analyse der Bundestagswahl 1994', *Aus Politik und Zeitgeschichte* 23, 1994, pp. 51-2.

25 Kornelius, *Die Kanzlerin und ihre Welt*, p. 57.

26 Merkel quoted in Kornelius, *Die Kanzlerin und ihre Welt*, p. 58.

27 Merkel, *Mein Weg*, p. 99.

28 Schröder quoted in Kornelius, *Die Kanzlerin und ihre Welt*, p. 59.

7장

1 Schwarz, *Helmut Kohl*, p. 484.

2 Schröder quoted in Baring and Schöllgen, *Kanzler, Krisen, Koalitionen*, p. 285.

3 *Der Spiegel*, 14 December 1987.

4 DPA-Meldung, 26 November 1999.

5 Margrit Gerste, 'Die junge Frau von Helmut Kohl', *Die Zeit,* 12 September 1991.

6 Heriman Schwan and Tilman Jens, *Vermächtnis: Die Kohl-Protokolle*, Munich: Heyne 2014, p. 20.

7 Angela Merkel, 'Kohl hat der Partei Schaden zugefügt', *Frankfurter Allgemeine Zeitung*, 22 December 1999.

8 Angela Merkel quoted in Koelbl, *Spuren der Macht*, p. 54.

9 W. Schäuble, *Mitten im Leben*, Munich: C. Bertelsmann Verlag, 2002, p. 212.

10 Helmut Kohl, *Mein Tagebuch 1998-2000*, Munich: Droemer, 2000, p. 141.

11 Kohl quoted in Schwan and Jens, *Vermächtnis*, p. 22.

12 Kohl quoted in Schwan and Jens, *Vermächtnis*, p. 22.

13 Kohl quoted in Schwan and Jens, *Vermächtnis*, p. 30.

14 Interview with Wolfgang Schäuble, *Phoenix*, 7 April 2000.

15 *Bild*, 9 September 1993.

16 Angela Merkel quoted in Langguth, *Angela Merkel*, p. 212.

17 *Bunte*, 24 January 2002.

18 http://www.reuters.com/article/2012/05/16/us-germany-sauer -idUSBRE84F07420120516 (Accessed 19 February 2015).

19 Interview with Angela Merkel, *Bunte*, 24 January 2002.

20 Langguth, *Angela Merkel*, p. 214.

21 Langguth, *Angela Merkel*, p. 403.

22 *Bunte*, 24 January 2002.

23 DPA-Meldung, Rücktrittserklärung Wolfgang Schäubles, 16 February 2000.

24 Verena Köttker and Henning Krumrey, 'Königin der Macht', *Focus*, 5 July 2004.

25 Jutta Falke and Hartmut Kühne, 'Die Unterschätzte', in *Rheinisher Merkur*, 6 April 2001.

26 *Stern*, August 2000.

27 *Der Spiegel*, 26 June 2000.

28 Michael Schindhelm, 'Halbschwester von Parsifal', *Die Welt*, 16 June 2004.

8장

1 Martina Acht quoted in 'Geißler will Merkel mit neuem Outfit sehen', *Frankfurter Neue Presse*, 11 July 2003.

2 Udo Walz quoted in 'Geißler will Merkel mit neuem Outfit sehen', *Frankfurter Neue Presse*, 11 July 2003.

3 'Mehr Eleganz wagen', *Welt am Sonntag*, 6 March 2005.

4 Mary Fulbrook, *A History of Germany 1918-2014: A Divided Nation*, London: John Wiley & Sons 2015, p. 285.

5 Polenz quoted in Langguth, *Angela Merkel*, p. 224.

6 'Der Mann mit dem Missgriff', *Süddeutsche Zeitung*, 20 November 2000.

7 'Westfälische Zuverlässigkeit und rheinischer Frohsinn', *Frankfurther Allgemeine Zeitung*, 20 November 2000.

8 'Angriffen egal wie', *Süddeutsche Zeitung*, 21 November 2000.

9 Quoted in M. Morjé Howard, 'The Causes and Consequences of Germany's New Citizenship Law', *German Politics*, 17(1), 2008, p. 42.

10 Bodo Strauss, 'Anschwellender Bocksgesang', in *Der Speigel*, 8 February 1993.

11 *Die Zukunft der menschlichen Natur*, Frankfurt am Main: Suhrkampf 2001.

12 '"Leitkultur": Merz gegen Kopftücher im Unterricht', *Der Spiegel*, 2 December 2000.

13 Manfred G. Schmidt, *Das politische System Deutschlands*, Munich: Verlag C.H. Beck 2011, p. 162.

14 'Merz gegen Kopftücher im Unterricht', *Der Spiegel*, 2 December 2000.

15 Manfred Schmidt, *Das politische System Deutschlands*, Munich: C.H. Beck 2007, p. 169.

16 Susane Höll, 'Die Frau mit Maske', *Süddeutsche Zeitung*, 7 May 2001.

17 Interview Stoibers mit dem Nachrichtensender N 24, DPA-Meldung, 18 November 2000.

18 http://www.n-tv.de/politik/dossier/Euphorie-und-Depression-article816704.html (Accessed 19 June 2015).

19 Presse- und Informationsamt der Bundesregierung, quoted in Langguth, *Angela Merkel*, p. 234.

20 Goppel quoted in Langguth, *Angela Merkel*, p. 235.

21 Merkel braucht Stehvermögen', *Die Tageszeitung*, 12 November 2002.

9장

1 'Ein gutter Tag für die Küchin', *Süddeutsche Zeitung*, 18 August 2005.

2 Langguth, *Angela* Merkel, p. 308.

3 'Die Situation des Wahlkampfs: Merkels Kompetenzteam: Frischer Wind für CDU/CSU', *Handelsblatt*, 16 September 2005.

4 Langguth, *Angela Merkel*, p. 311.

5 'Ihr wisst gar nicht, wie viele sozialistischen Elemente ihr habt', *Frankfurter Allgemeine Zeitung*, 28 May 2005.

6 'Neoliberale Konzepte bringen keinen Wahlsieg', *Tagespost*, 30 September 2004.

7 'Stoiber lehnt Kirchhof-Model als unrealistisch ab', *Süddeutsche Zeitung*, 30 August 2005.

8 Schröder quoted in 'Kirchhofs Rentenpläne stossen auf Widerstand', *Süddeutsche Zeitung*, 1 September 2005.

9 '25 Perzent Steuer für Alle. Das ist die Obergrenze', *Frankfurter Allgemeine Zeitung*, 31 August 2005.

10 'Ich bin ein emotionaler Typ', *Der Kölner Stadt-Anzeiger*, interview with Merkel, 1 September 2005.

11 'Höhere Mehrwertsteuer trifft vor allem Familien', Deutschlandfunk, 8 July 2005.

12 'Was ist von diesem Mann zu halten?', *Die Tageszeitung*, 20 September 2005.

13 'Merkel gewinnt ihre Vertrauensfrage – und kann vorest verhandeln', DPA, 20 September 2005, italics added.

14 H. Herzog, 'Minor Parties: The Relevancy Perspective', *Comparative Politics*, 1987, pp. 317-29.

15 Fischer quoted in *Frankfurter Allgemeine Sonntagszeitung*, 25 September 2005.

16 'Merkel gewinnt ihre Vertrauensfrage – und kann vorest verhandeln', DPA, 20 September 2005.

10장

1 Gerhard Schröder, Regierungserklärung von Bundeskanzler Gerhard Schröder am 10. Dezember 1998 zum Thema Vorschau auf den Europäischen Rat in Wien, 10 December 1998.

2 Heisenberg, 'Merkel's EU Policy', p. 113.

3 http://www.theguardian.com/commentisfree/2015/mar/13/beware-the-superman-syndrome-politicians (Accessed 28 March 2015).

4 Kornelius, *Angela Merkel*, pp. 94-5.

5 Kornelius, *Angela Merkel*, p. 204.

6 'Merkel Tries to Act as Dealmaker in Change of German Style', *The Guardian*, 18 December 2005.

7 Campbell, *Winners and How they Succeed*, p. 47.

8 The relevant articles of the Basic Law are: Art. 70 (Länder), Art. 73 (Centre) and Art. 74 (Shared jurisdiction).

9 Bruce Ackerman, 'The Storrs Lectures: Discovering the Constitution', *Yale Law Journal*, vol. 93, 1984, p. 1022.

10 Föderalismus: Große Mehrheit für Reform', *Die Zeit* (2006), 1 April

11 Kornelius, *Angela Merkel*, p. 42.

12 http://www.n-tv.de/politik/dossier/Kurskorrekturen-der-CDU
-article200885.html (Accessed 2 April 2015).

13 U. Merkel, 'The 1974 and 2006 World Cups in Germany: Commonalities,
Continuities and Changes', *Soccer and Society* 7(1), 2006, pp. 14-28.

14 This account of Merkel's helicopter flight is based on information from
Margaret Heckel, *So regiert die Kanzlerin: Eine Reportage.* Munich:
Piper Verlag 2011, p.1

15 Rede von Bundeskanzlerin Merkel anlässlich des Kongresses 'Finanz-
marktregulierung nach der Krise – eine Zwischenbilanz' der CDU/CSU
-Bundestagsfraktion.

16 Angela Merkel quoted in A. Crawford and T. Czuczka, *Angela Merkel:
A Chancellorship Forged in Crisis*, Winchester: Wiley 2013, p. 49.

17 'CSU Faziniert mich immer wieder', *Münchner Merkur*, 22 September 2008.

18 Angela Merkel to the author, December 2008.

19 Walter Eucken, 'Vorwort', *Ordo: Jahrbuch für die Ordnung von
Wirtschaft und Gesellschaft*, vol. 1, no. 1, 1948, p. 1.

11장

1 *Der Spiegel*, 11 March 2009.

2 http://www.welt.de/politik/article3338318/Ministerin-Schavan-nennt
-Merkel-einen-Gluecksfall.html (Accessed 2 April 2009).

3 'Christlich geprägte Beliebigkeit', *Süddeutsche Zeitung*, http://www
.sueddeutsche.de/politik/neues-buch-ueber-angela-merkel-christlich
-gepraegte-beliebigkeit-1.390161 (Accessed 2 March 2012).

4 The clip in which Bishop Williamson made these remarks can still be found
on Youtube, https://www.youtube.com/watch?v=k6C9BuXe2RM (Ac-
cessed 9 March 2015).

5 Kornelius, *Angela Merkel*, p. 184.

6 Speech to the Knesset, 18 March 2008, cited in Kornelius, *Angela
Merkel*, p. 180.

7 http://www.merkur-online.de/politik/georg-ratzinger-verteidigt-seinen
-bruder-benedikt-69088.html (Accessed 18 February 2010).

8 http://www.zeit.de/online/2009/07/merkel-papst-vatikan-lob (Accessed
18 February 2010).

9 'Ministerin Schavan nennt Merkel einen Glücksfall', *Die Welt*, 8 March
2009.

10 V.O. Key, *The Responsible Electorate: Rationality in Presidential Elec-
tions*, New York: Vintage Books 1968, p. 30.

11 'Westerwelle will geschichte schreiben', *Der Tagesspiegel*, 20 September 2009.

12 http://www.spiegel.de/spiegel/print/d-17322733.html (Accessed 15 March 2013).

13 http://www.spiegel.de/international/germany/spiegel-interview-with-fdp -leader-westerwelle-i-consider-a-coalition-with-the-spd-and-greens-out -of-the-question-a-643586.html (Accessed 19 March 2014).

14 Kornelius, *Angela Merkel*, p. 61.

12장

1 'Merkels Routinestart und eine Mahnung', *Deutsche Presseagentur*, 28 October 2009.

2 http://www.c-span.org/video/?289781-1/german-chancellor-address -joint-meeting-congress (Accessed 20 March 2015).

3 Z. Havlas et al., 'Ab initio Quantum Chemical Study of the S_N2 Reaction, CH_3 F+ H– $\rightarrow$ CH_4 + F–, in the Gas Phase', *Chemical Physics* 127(1), 1988, pp. 53-63.

4 A. Crawford and T. Czuczka, *Angela Merkel: A Chancellorship Forged in Crisis*, Winchester: Wiley 2013, p. 65.

5 Crawford and Czuczka, *Angela Merkel*, p. 71.

6 Crawford and Czuczka, *Angela Merkel*, p. 71.

7 http://www.euractiv.com/priorities/greek-crisis-brings-village-poli-news -494452 (Accessed 20 March 2013).

8 Crawford and Czuczka, *Angela Merkel*, p. 61.

9 Merkel quoted in Crawford and Czuczka, *Angela Merkel*, p. 61.

10 http://www.spiegel.de/politik/deutschland/kinder-statt-inder-ruettgers -verteidigt-verbalen-ausrutscher-a-68369.html (Accessed 20 March 2015).

11 'Köhler tritt mit Tränen in den Augen zurück', DPA, 31 May 2010.

12 http://www.deutschlandradiokultur.de/koehler-mehr-respekt-fuer -deutsche-soldaten-in-afghanistan.1008.de.html?dram:article_id =163260.

13 'Nach heftiger Kritik: Bundespräsident Köhler tritt zurück', *Frankfurter Allgemeine Zeitung*, 1 June 2010.

14 Volker Resing, *Angela Merkel: Die Protestantin*, Leipzig: Benno Verlag 2009, p. 21.

15 http://www.bild.de/ratgeber/gesundheit/christian-wulff-mutter-multi-ple-sklerose-hg-11128936.bild.html.

16 http://www.nachrichten.at/nachrichten/society/Deutschlands-neue
-First-Lady-Bettina-Wulff-ist-jung-gross-blond-und-taetowiert;art411
,422809 (Accessed 21 May 2013).

13장

1 '"Wir wollen nicht auf die Kanzlerin schießen": Konservativer "Berliner Kreis" will andere CDU', *Rheinische Post*, 2 November 2012.

2 'Pofalla wegen Beleidigungen in der Kritik', *Die Zeit*, 2 October 2011.

3 '"Ich wollte es nicht glauben"', *Die Zeit*, 24 February 2011.

4 'Merkel sichert Guttenberg "volles Vertrauen" zu', *Die Welt*, 18 February 2011.

5 chavan quoted in 'Schavan: Plagiatsaffäre ist keine Lappalie', *Süddeutsche Zeitung*, 27 February 2011.

6 http://www.spiegel.de/politik/deutschland/guttenbergs-erklaerung-ich
-habe-die-grenzen-meiner-kraefte-erreicht-a-748372.html (Accessed 23 June 2015).

7 http://edition.cnn.com/2014/02/19/world/asia/japan-fukushima-daiichi
-water-leak/ (Accessed 23 June 2015).

8 Roland Pofalla quoted in Ralph Bollmann, *Die Deutsche: Angela Merkel und Wir*, Klett-Cotta 2013, p. 69.

9 Merkel quoted in Bollmann, *Die Deutsche*, p. 64.

10 Merkel quoted in Bollmann, *Die Deutsche*, p. 79.

11 Quoted in the *New York Times*, http://www.nytimes.com/2011/05/31
/world/europe/31germany.html?_r=0 (Accessed 25 June 2015).

12 Merkel quoted in Bollmann, *Die Deutsche*, p. 79.

13 'Cicero to Lentulus Spinther', in D.R. Shackleton Bailey (ed.), *Cicero's Letters to his Friends*, Penguin 1978, p. 67.

14 Wikileaks quoted by Reuters: http://www.reuters.com/article/2010/11
/29/us-germany-wikileaks-idUSTRE6AR3EC20101129 (Accessed 25 July 2015).

15 Kornelius, *Die Kanzlerin und ihre Welt*, p. 113.

16 Ludger Helms, 'Political Leadership', in Stephan Padgett, William E. Paterson and Reimut Zohlnhöter (eds), *Developments in German Politics Four*, Basingstoke: Palgrave 2015, p. 113.

17 As reported in 'Einmal Asiat, immer Asiat', *Die Tageszeitung*, 27 September 2009.

18 'Europe's Reluctant Hegemon: Special Report on Germany', *The Economist*, 15 June 2013.

19 Bollmann, *Die Deutsche*, p. 27.

20 Cited from Nikolas Blome, *Angela Merkel: Die Zauder Künstlerin*, Munich: Pantheon 2013, p. 150.

21 Crawford and Czuczka, *Angela Merkel*, p. 9.

22 'Gipfel-Durchbruch: Asiatische Börsen feiern den Euro', *Der Spiegel*, 27 October 2011.

23 George Papandreou quoted in 'Papandreou wins backing for referendum', *Financial Times*, 2 November 2011.

24 Ulrich Beck, *German Europe*, Cambridge: Polity 2013, p. 52.

25 Volker Kauder quoted in 'Kauders Euro-Schelte: "Jetzt wird in Europa Deutsch gesprochen"', *Der Spiegel*, 5 November 2011.

26 'Der Mann an ihren Seite', *Der Spiegel*, 21 July 2014.

14장

1 Vladimir Putin's address to the Nation, April 2005, quoted in Fiona Hill and Clifford G. Gaddy, *Mr Putin*, Washington DC: Brookings Institution Press 2013, p. 55.

2 Putin quoted in Fiona Hill and Clifford G. Gaddy, *Mr Putin: Operative in the Kremlin*, Washington DC: Brookings Institution Press 2013, p. 191.

3 http://tvzvezda.ru/news/vstrane_i_mire/content/201601110935-kh6x.htm (Accessed 10 November 2016; I am grateful to Bjørn Qvortrup for help with the Russian translation)

4 Mikhail Gorbachev, 'Russia Will Not Play Second Fiddle', *Moscow News*, no. 37, 22-28 September 1995.

5 Kornelius, *Die Kanzlerin und ihre Welt*, p. 198.

6 Elizabeth Pond, 'Germany's Real Role in the Ukraine Crisis', *Foreign Affairs*, vol. 94, no. 2, 2015, p. 173.

7 Pond, 'Germany's Real Role in the Ukraine Crisis', p. 174.

8 'Krim-Krise: Merkel kündigt neue Sanktionen gegen Russland an', *Der Spiegel*, 20 March 2014.

9 Vladimir Putin quoted in 'Vladimir Putin Leaves G20 After Leaders Line Up to Browbeat Him over Ukraine', *The Guardian*, 16 November 2014.

10 'Mehr Militär ist keine Lösung', *Der Tagesspiel*, 7 February 2015.

11 Pond, 'Germany's Real Role in the Ukraine Crisis', p. 176.

12 Angela Merkel quoted in 'Dokumentation: Neujahrsansprache von Angela Merkel im Wortlaut', *Der Spiegel*, 31 December 2014.

13 Shaun Hargreaves-Heap and Yanis Varoufakis, *Game Theory: A Critical Introduction*, London: Routledge 2004, p. 36.

14 Varoufakis quoted on the BBC News: http://www.bbc.co.uk/news/business-31111905 (Accessed 5 July 2015).

15 Ulrich Beck, *German Europe*, Cambridge: Polity 2013, p. 48.

16 'Merkel hofft auf Kompromiss mit Tsipras', *Die Zeit*, 12 February 2015.

17 'Greece and Eurozone Agree Bailout Extension', *Financial Times*, 20 February 2015.

18 'Gabriel rügt Athen für "dumme" Debatte um Reparationen', *Wirtschafts Woche*, 7 April 2015.

19 Bayern 5-Aktuel, 5 July 2015, 8.20.

20 This account is based on the events as chronicled in *Der Spiegel* ('Das Diktat', 18 July 2015) and *Die Zeit* ('Held des Konjunktivs'), 23 July 2015.

21 See Francis M. Dunn, *Tragedy's End: Closure and Innovation in Euripidean Drama*, New York: Oxford University Press 1996.

22 'Kanzlerin Merkel erklärt Multikulti für gescheitert', *Die Welt*, 16 October 2010.

23 http://www.bbc.co.uk/news/world-europe-33555619 (Accessed 18 August 2015).

24 'Worte der Woche', *Die Zeit*, 23 July 2015.

25 '"Wir sind das Pack" – Merkel wird ausgebuht', *Die Welt*, 26 August 2015.

26 'Merkel: "Wir schaffen das"', *Frankfurter Allgemeine Zeitung*, 31 August 2015.

27 'Merkel the Bold', *The Economist*, 5 September 2015.

28 http://www.dw.com/en/refugee-controversy-heats-up-ahead-of-eu-emergency-summit/a-18731170 (Accessed 23 September 2015).

29 'Flüchtlinge könnten Wirtschaftswunder bringen', *Frankfurter Allgemeine Zeitung*, 15 September 2015.

30 'Der Polit-Transformer', *Süddeutsche Zeitung*, 5 November 2015.

31 'Merkel verlangt harte Antwort des Rechtsstaats', *Frankfurter Allgemeine Zeitung*, 5 January 2016.

32 https://www.parliament.uk/documents/addresses-to-parliament/Angela-Merkel-address-20130227.pdf (Accessed 12 October 2016).

33 'Keine Eile beim Brexit', *Der Tagesspiegel*, 20 July 2016.

34 'Merkel will keine "Rosinenpickerei" bei Brexit-Verhandlungen zulassen', *Süddeutsche Zeitung*, 28 June 2016.

35 'Die Entrückten: Wie späte Kanzler ihr Volk verlieren', *Der Spiegel*, 9 September 2016.

36 Renate Köchner, 'Eine Erosion des Vertrauens', in *Denk ich an Deutschland: Eine Konferenz der Alfred Herrhausen Gesellschaft und der Frankfurter Allgemeine Zeitung*, 2016, p.8.

37 'Angriff von Rechts', *Stern*, 15 September 2016.

38 'Merkel räumt Teilschuld für schlechte Wahlergebnisse ein', *Die Zeit*, 19 September 2016.

39 'Ein Kurswechsel kündigt sich an', *Die Zeit*, 20 September 2016.

에필로그

1 Hillary Rodham Clinton, *Hard Choices*, New York: Simon and Schuster 2014, p. 211.

2 Kornelius, *Angela Merkel*, p. 13.

3 Kornelius, *Angela Merkel*, p. 12.

4 Angela Merkel quoted in 'Dokumentation: Neujahrsansprache von Angela Merkel im Wortlaut', *Der Spiegel*, 31 December 2014.

5 Langguth, *Angela Merkel*, p. 403.

6 The EU Is on the Verge of Collapse – An Interview: George Soros and Gregor Peter Schmitz', *New York Review of Books*, 11 February 2016.

7 Max Weber, *Politik als Beruf*, Cologne: Anaconda Verlag, p.94.

8 Weber, ibid.

유럽에서 가장 영향력 있는 리더

앙겔라 메르켈

제1판 1쇄 인쇄 | 2017년 9월 13일
제1판 1쇄 발행 | 2017년 9월 20일

지은이 | 매슈 크보트럽
옮긴이 | 임지연
펴낸이 | 한경준
펴낸곳 | 한국경제신문 한경BP
편집주간 | 전준석
외주편집 | 이근일
기획 | 유능한
저작권 | 백상아
홍보 | 남영란 · 조아라
마케팅 | 배한일 · 김규형
디자인 | 김홍신
본문디자인 | 김수아

주소 | 서울특별시 중구 청파로 463
기획출판팀 | 02-3604-553~6
영업마케팅팀 | 02-3604-595, 583 FAX | 02-3604-599
H | http://bp.hankyung.com E | bp@hankyung.com
T | @hankbp F | www.facebook.com / hankyungbp
등록 | 제 2-315(1967. 5. 15)

ISBN 978-89-475-4252-4 03340